Income Security for the Elderly

高齢期の所得保障
ブラジル・チリの法制度と日本

島村曉代 ──［著］
Akiyo Shimamura

東京大学出版会

Income Security for the Elderly:
Lessons for Japan from the Legal Systems of
Brazil and Chile
Akiyo SHIMAMURA
University of Tokyo Press, 2015
ISBN 978-4-13-036147-7

はしがき

　人はみな老いる．人生の終盤にさしかかり，就労による所得の割合が低下する傾向にある高齢期の所得をいかに保障するかということは，生きとし生ける者すべてに関係のある関心事である．充実した所得が保障されることに越したことはないが，いかなる制度がその土台を築くべきかについては，必ずしも共通の解が共有されている訳ではない．

　その一方で高齢期の所得保障制度の中心を占めると思われる公的年金制度は，度重なる制度改正の結果，極めて複雑な制度となっている．最近の社会保障・税の一体改革でも種々の改正が施され，一段と複雑性が増したといえるかもしれない．公的年金制度に関する問題に対処するには「基本」に立ち戻って考える必要があろうが，複雑化した制度の下では立ち戻るべき基本が何か鮮明ではない．そもそも年金とはどうして支給されるのか，年金の基本とは何なのか，そのような素朴な疑問が本書の出発点である．

　本書はこうした問題意識の下，高齢期の所得保障の中核たる公的年金制度を軸とした上で，公的年金と雇用との接続，企業年金や公的扶助にも目を向け，同じ機能を有する複数の国の制度を対象に，比較法的な観点から考察したものである．年齢要件のない年金をも高齢期の所得保障を担う給付と位置づけるブラジルとチリを比較対象国とし，公的年金制度における年金の基本構造を解明するために考察し，年金に年齢要件を付す意義を問い直している．国家主導の制度体系として現役世代が高齢者を支えるブラジルと，民営化された制度の下で自ら積み立てるチリ，全く異なる特徴を有する2つの法制度を沿革に遡りつつ考察することで，日本の法制度の特徴や問題点を析出している．

　本書は，2012年1月に東京大学大学院法学政治学研究科に提出した助教論文をもとに『法学協会雑誌』に掲載した論文（「高齢期の所得保障――ブラジルとチリの法制度を端緒とする基礎的考察（一〜五（完））」法学協会雑誌130巻（2013年）2, 7号，131巻（2014年）1, 2, 4号）に，その後の法改正等の動向を加えたものである．社会保障制度に関しては，社会保障・税の一体改革後も改正

がめまぐるしい．本書ではできるだけ最新の内容を盛り込むように心がけたが，取りこぼしがあるかもしれない．年金に年齢要件が付されていないことに着目してブラジルを対象国の1つに据えたが，本書の校正段階では年齢要件が加わる可能性が生じ，その法改正の最終的な行方がはっきりしないまま脱稿せざるを得なくなってしまった．また，基本的な検討や分析も甚だ未熟な点が多い．それでも，1つの区切りとして本書を刊行することで，様々な立場の方々から厳しいご批判・ご指導を賜ることができればと思っている．

未熟な筆者が上記助教論文を執筆し，そして本書を刊行するにあたっては，当然のことながら多くの方々のご指導やご助力が不可欠であった．この場を借りて一部の方々にではあるが，感謝の気持ちを表させていただきたい．

まずは，未熟ながらも研究者の端くれとなれるように導いて下さった東京大学の岩村正彦先生に厚く御礼申し上げる．論文の執筆にあたっては，私のどうしようもない疑問に辛抱強く耳を傾け，未開の荒野とも思えたブラジルとチリの法制度に関して，ときには一緒に悩み，ときには開眼させる鋭いご指摘を多数下さった．先生のきめ細やかなご指導のおかげで本書の内容は幅広くなった．諦めかけた本書の刊行にも粘り強く激励，ご支援いただき，出版助成が決まった際にはお電話で一緒に喜んで下さったこと等，言葉では言い尽くせないほど感謝している．

また東京大学労働法研究会の諸先生方，先輩方，同輩方からも多くのご指導・ご助言をいただいた．とりわけ東京大学の荒木尚志先生には日ごろから細やかなご指導・ご配慮をいただいているが，ブラジル出張に同行させていただけたことは，研究内容の検討の上で，実に貴重な体験であった．東京大学の太田匡彦先生には拙い原稿を非常に丁寧にお読みいただき，細部に渡って貴重で鋭いアドバイスを数多くいただいた．

ブラジル法の研究に関しては，きっかけを下さると共に，公的機関への訪問のコーディネートや本の調達，ご指導を下さったサンパウロ大学の二宮正人先生に感謝申し上げる．外国語学部の学生であった私は，先生の法律事務所で研修をしていなかったら，法学の研究者はおろか，法科大学院へ進学することすらなかったであろう．法的な観点から日本とブラジルを結ぶ架け橋になりたいという夢を抱いたのは，大きな大きな二宮先生の背中があったからこそである．

大学でポルトガル語を専攻し，1年間の研修生活を送り，その後も二宮先生を軸に多くの人脈を築けているブラジルに対し，チリはまさしく未開の地であった．チリの年金制度は有名であるものの，どこにいけばどのような情報に辿り着けるか，最初は全くわからなかった．スペイン語もままならず，路頭に迷っていた私に優しく手を差し伸べ，週に1回（ときにはほぼ毎日）スカイプにて指導下さったのが高橋正明先生（東京外国語大学名誉教授）である．ご専門から程遠いにもかかわらず，条文や議会文書を，ゼミ生でもなかった私（授業も一度も拝聴したことがない）と忍耐強く読んで下さった．不十分ではあるもののなんとかチリ法の全体像を描くことができたのは高橋先生のおかげであり，感謝の気持ちでいっぱいである．

　他にもお世話になった方々が何人も頭に浮かぶ．様々な分野にわたる偉大な先生方にご指導いただける幸運を改めて実感している．

　本書の刊行にあたっては，信州大学経済学部の五味志織氏（当時），村松恵美氏に，校正・引用文献一覧・索引作成等の骨の折れる作業を手伝っていただいた．東京大学出版会の山田秀樹氏には，折に触れて叱咤激励いただくと共に，冷静沈着なアドバイスを数多くいただいた．改めて御礼申し上げたい．なお，本書刊行に際しては，日本学術振興会科学研究費補助金・研究成果公開促進費（平成27年度）による助成を受けた．

　最後に，いつも私のわがままをききながら見守り支えてくれる母，夫，娘に感謝したい．そして，病に侵されながら高齢期を実地で歩み切った父の姿は，高齢期の所得保障とはどうあるべきかという問いを常に私に投げかけていたように思う．天国でも親バカぶりを発揮している気がするが，いつまでも私の応援団長であり続ける父に心から感謝すると共に，本書を捧げることをお許しいただきたい．

　　2015年8月

島 村 暁 代

　Gostaria de expressar aqui meu agradecimento ao Prof. Masato Ninomiya pelo apoio e cooperação de sempre. Agradeço ainda ao Prof. Marcus Orione Gonçalves Correia, e ao Juiz Dr. Omar Chamon pelas orientações didáticas. Finalmente, gostaria de registrar minha gratidão ao Juiz Dr. Bruno Takahashi e à Dra. Yuri Nabeshima.

目　次

はしがき　i

序　高齢期の所得保障はどうあるべきか …………………………………1
　Ⅰ　問題関心　1
　Ⅱ　比較対象国　2
　Ⅲ　検討の枠組み　4
　　1　検討の方法　4　　2　検討の対象　5
　Ⅳ　本書の構成　5

第1編　日　本

第1章　公的年金制度 ……………………………………………………9
　第1節　公的年金制度の沿革　9
　　Ⅰ　立法の経緯の全体像　9
　　　1　被用者年金制度の発足　9　　2　被用者年金制度と非被用者年金制度の併存体制　10　　3　年金制度の組み替え・一元化　12　　4　その後の改正状況　13
　　Ⅱ　給付に関する沿革　14
　　　1　国民年金制度　14　　2　厚生年金保険制度　16
　第2節　現行の公的年金制度　29
　　Ⅰ　国民年金制度　29
　　　1　概要　29　　2　財源　30　　3　給付　32　　4　その他の給付　34
　　Ⅱ　厚生年金保険制度　35
　　　1　概要　35　　2　財源　35　　3　給付　36　　4　在職老齢年金制度　39　　5　その他の給付　40
　第3節　社会保障・税の一体改革の概要　41

第 4 節　小　括　45

第 2 章　その他の所得保障制度 …………………………………………51
第 1 節　企業年金　51

　　　1　厚生年金基金　52　　2　確定給付企業年金　54　　3　確定拠出年金　56　　4　まとめ　58

第 2 節　就労による収入　59

　　Ⅰ　高齢者に対する雇用政策の流れ　59

　　　1　定年と年金支給開始年齢の一致　59　　2　失業対策と再就職支援から定年延長の推進へ　60　　3　高年齢者等の雇用の安定等に関する法律の制定とその後の改正　61

　　Ⅱ　在職老齢年金制度による賃金との調整　62

第 3 節　公的扶助　63

第 4 節　小　括　64

第 3 章　日本の法制度のまとめと外国法考察の課題 ……………………67

　　　1　日本の公的年金制度　67　　2　公的年金の基本構造に関する検討　67　　3　公的年金制度における選択　70　　4　高齢期の所得保障の基本的な設計　70　　5　課題の設定　71

第 2 編　ブラジル

第 1 章　狭義の社会保障制度 ……………………………………………75
第 1 節　会社単位の年金制度：CAPs　75

　　Ⅰ　背　景　75

　　Ⅱ　エロイ・シャベス法の制定　76

　　Ⅲ　エロイ・シャベス法の概要　78

　　Ⅳ　CAPs 制度の拡大と国家による介入　79

　　Ⅴ　小　括　79

第 2 節　産業単位の年金制度：IAPs　81

　　Ⅰ　1934 年憲法と 1937 年憲法　81

　　Ⅱ　IAPs の創設　82

Ⅲ　IAPs による給付内容　83
　　　Ⅳ　小　括　83
　第 3 節　混迷の時代と社会保障資金の他目的流用　84
　　　Ⅰ　ISSB 計画とその失敗　85
　　　　1　ISSB 計画の概要　85　　2　強い反対と ISSB 計画の失敗　86
　　　　3　1946 年憲法　86
　　　Ⅱ　LOPS 法制定に向けて　86
　　　　1　アルヴェス法案　87　　2　社会保険小委員会草案　88　　3　大統領令 35448 号　89　　4　社会保障資金の他目的流用　90　　5　改革論の再浮上　90
　　　Ⅲ　小　括　91
　第 4 節　LOPS 法の制定とその後の改正　93
　　　Ⅰ　制定当初の LOPS 法　93
　　　　1　LOPS 法の概要　93　　2　LOPS 法の特徴　96
　　　Ⅱ　1962 年改正　97
　　　Ⅲ　1966 年改正　98
　　　　1　年金受給者の就労に関する取扱いと勤続期間年金 ATS の改正　98
　　　　2　運営機関の一元化　99
　　　Ⅳ　年金の受給と就労　99
　　　　1　年金受給者の給付に関する変更　100　　2　退職の要否に関する変更　101
　　　Ⅴ　小　括　101
　第 5 節　現行憲法の制定と法律の再整備　103
　　　Ⅰ　背　景　103
　　　Ⅱ　新憲法の概要　103
　　　　1　社会権の保障　103　　2　広義の社会保障制度の枠組み　104
　　　　3　狭義の社会保障制度　105
　　　Ⅲ　勤続期間年金 ATS と比例年金に関する議論　108
　　　　1　年齢要件挿入の是非　108　　2　勤続期間の年数と比例年金　109
　　　Ⅳ　1991 年法による整備　109
　　　　1　給付の種類　110　　2　各給付の支給要件と支給額　110
　　　Ⅴ　小　括　111

第6節　憲法修正とその後の動向　113
　Ⅰ　改革の予兆　113
　　1　就労する年金受給者の拠出と償還金の廃止　113　　2　在職手当の廃止　114
　Ⅱ　憲法修正の経緯　114
　　1　大統領による発議　115　　2　下院による変更　117　　3　上院による変更　118　　4　下院による再議論　118
　Ⅲ　憲法修正の概要　119
　　1　社会的リスク　119　　2　拠出　119　　3　給付の種類と支給要件　119　　4　給付の算定方法　121　　5　給付の上限設定　121
　Ⅳ　1999年改正　121
　　1　算定基礎期間の拡大　121　　2　社会保障因数の導入　122
　Ⅴ　小　括　123

第7節　現行制度　125
　Ⅰ　制度の基本構造　125
　　1　一般社会保障制度（RGPS）　126　　2　適用対象者　127
　Ⅱ　財　源　128
　　1　概要　128　　2　社会保険料　129
　Ⅲ　給　付　131
　　1　給付の全体像　131　　2　前提となる概念　132　　3　各年金の支給要件等　134　　4　給付に関する諸問題　135
　Ⅳ　小　括　147

第8節　狭義の社会保障のまとめ　151

第2章　その他の所得保障　161

第1節　補足的保障制度　161
　Ⅰ　若干の沿革　161
　Ⅱ　補足的保障制度の種類　162
　Ⅲ　閉鎖的保障制度／年金基金　163
　　1　加入者カテゴリー　163　　2　概要　164　　3　給付プラン・規約　164　　4　監督　166
　Ⅳ　小　括　167

第2節　社会扶助制度　168
　　　Ⅰ　若干の沿革　168
　　　Ⅱ　LOAS法の制定　169
　　　　1　LOAS法の概要　169　　2　その他　170
　　　Ⅲ　小　括　171

第3章　ブラジルの法制度のまとめ………………………………173

　第3編　チ　リ

第1章　第1次年金改革……………………………………………183
　　第1節　背　景　183
　　第2節　新制度の概要　185
　　　Ⅰ　強制加入の拠出制の年金制度　185
　　　　1　具体的な制度内容　185　　2　保険料の拠出とその運用　187
　　　　3　最低運用益の保障　188　　4　年金の支給要件　189　　5　年金の受取方法　190
　　　Ⅱ　国家による最低保障　191
　　　　1　国家保障の最低年金（PMGE）　191　　2　扶助年金（PASIS）　192
　　第3節　小　括　192

第2章　第2次年金改革までの制度改正の諸相……………………195
　　第1節　年金基金の運用に関する変更　195
　　　Ⅰ　投資規制の変遷　195
　　　Ⅱ　複数基金制の導入　196
　　　Ⅲ　複数基金制に伴う変化　198
　　第2節　年金給付に関する変遷　199
　　　Ⅰ　重労働従事者への早期老齢年金制度の導入　199
　　　Ⅱ　繰上げ支給の老齢年金と年金の受取方法についての変化　200
　　　　1　1987年法改正　200　　2　2004年法改正　202
　　　Ⅲ　SCOMP（年金額相談・情報提供）制度の導入　203

第3節　補足的保障制度の発展　205
　Ⅰ　1987年改正　205
　Ⅱ　2001年改正　206
　　1　任意保険料と任意保障貯蓄預金　207　　2　協定預金　208
　　3　まとめ　209
第4節　小　括　210

第3章　第2次年金改革 ……………………………………………… 213

第1節　背　景　213
第2節　概　要　215
　Ⅰ　連帯制度の確立　216
　　1　問題の所在　216　　2　連帯年金制度　217　　3　女性への特別手当　221　　4　若年労働者への特別手当　222
　Ⅱ　強制加入の拠出制の年金制度の拡充　223
　　1　被保険者資格に関する変化　223　　2　AFP入札制度の導入　223
　　3　投資制度の導入と投資技術評議会の設置　225　　4　社会保障コンサルタントの設置　225
　Ⅲ　補足的保障制度の拡充　228
　　1　税法上の優遇の改善と特別手当の支給　228　　2　集団的任意保障貯蓄制度（APVC）の導入　229
第3節　小　括　232

第4章　現行制度 ……………………………………………………… 235

第1節　強制加入の拠出制の年金制度　235
　Ⅰ　加　入　235
　Ⅱ　拠出と運用　236
　　1　拠出　236　　2　運用　238　　3　最低運用益の保障　239
　　4　選択に関する環境整備　240
　Ⅲ　給　付　242
　　1　年金の支給要件　242　　2　年金の受取方法　243　　3　選択に関する環境整備　244　　4　就労との関係　245　　5　重労働に従事する場合の特別ルール　245

第2節　補足的保障制度　246
　　　　1　任意貯蓄勘定（第2勘定）　246　　2　任意保障貯蓄制度　247
　　第3節　連帯制度　248
　　　　1　連帯年金制度　248　　2　女性への特別手当　249　　3　若年労働者への特別手当　250
　　第4節　小　括　250

第5章　チリの法制度のまとめ…………………………………………257

第4編　総　括

第1章　ブラジルとチリの法制度の比較……………………………267
　　第1節　公的年金制度　268
　　　　1　制度の概要　268　　2　公的年金制度における年金の基本構造（課題A）　271　　3　公的年金制度における選択（課題B）　279
　　第2節　高齢期の所得保障制度　281
　　　　1　第1の柱　281　　2　第3の柱　284　　3　高齢期の所得保障の基本的な設計（課題C）　286　　4　公的年金制度の役割と限界　288

第2章　日本の法制度に関する検討……………………………………293
　　第1節　公的年金制度　294
　　　　1　制度の概要　294　　2　公的年金制度における年金の基本構造（課題A）　295　　3　公的年金制度における選択（課題B）　305
　　第2節　高齢期の所得保障制度　307
　　　　1　第1の柱　307　　2　第3の柱　307　　3　各柱の関係性　308　　4　高齢期の所得保障の基本的な設計（課題C）　310
　　おわりに　315

引用文献一覧　321
索　引　331

序　高齢期の所得保障はどうあるべきか

I　問題関心

　わが国の現行の公的年金制度[1]は，度重なる法改正によって複雑な様相を呈するに至り，様々な法制度設計上の諸問題も錯綜して，多くの問題について，その解決の糸口を簡単には見つけられない状況にある．そこで，公的年金制度の基本に立ち戻って考えたい．しかし，制度が複雑過ぎて立ち戻るべき基本自体が極めて不明瞭である．「年金の基本とは何か？」「なぜ年金はもらえるのか？」という素朴な疑問が本書の出発点である．本書はこうした素朴な疑問に対する解答を模索するために，公的年金制度を様々な角度，観点から考察しようとするものである．

　公的年金は，高齢期の所得を保障する中核的なツールであるが，同様の役割を果たすものには企業年金，就労による収入，公的扶助等がある．わが国の大まかな高齢期の所得保障制度の構造は，公的年金を軸とし，それを企業年金と就労による収入が補足し，とりわけ低年金者や無年金者に対しては今のところ公的扶助である生活保護が下支えする仕組みといえるであろう．そのため，本書では公的年金制度以外の所得保障制度をも考察の対象とし，今後の高齢期の所得保障の基本的な制度設計を考えることにも取り組みたい[2]．こうした検討によって，公的年金制度の役割やその限界を改めて確認することもできるであろう．

---

[1]　本書では，高齢期の所得保障を担う老齢年金（場合によっては退職年金）を対象とする．「公的年金制度」とは，現行法では基礎年金を支給する国民年金制度と，被用者を対象とする所得比例年金制度（被用者年金制度）とを指す．現行の被用者年金制度には，厚生年金保険，国家公務員共済組合，地方公務員共済組合，私立学校教職員共済といった複数の制度が含まれるが，社会保障・税の一体改革によって公務員及び私学教職員等の制度は2015年10月から厚生年金保険に統合され（2012年法律第63号），現存する制度的な差異は，基本的に厚生年金保険に揃える形で解消されることから，以下の検討では，厚生年金保険制度を中心にとりあげる．

Ⅱ　比較対象国

　本書では，上記の課題に関する手がかりを探る基礎作業としてブラジルとチリを対象とする比較法的な分析を行う．高齢期の所得保障の形態は一様ではないため，諸外国の制度を学ぶことは，わが国の制度を改めて考える上で，ひとつのシミュレーションとなりうる．それによってこれまでみえなかった日本の高齢期の所得保障制度，特に公的年金制度の特徴を少しでも浮かび上がらせることを試みたい．

　ブラジルを対象国とする理由はまず2つある．第一に，同国の公的年金制度には年齢を支給要件としない年金（具体的には保険料拠出期間年金ATC）が含まれているからである[3]．先進国では当たり前のように支給開始年齢の引上げが議論される中，支給要件としての年齢の位置付けや，ブラジルにおいて年齢の代わりに重要視される視点を探ることは，年金とは何かという問いを考える上で有益であると思われる．

　第二に，本書のテーマからは若干離れるが，ブラジルを考察対象とすることにより，2012年3月1日に発効した社会保障協定[4]の意義を検討すること

---

[2]　本書の用いる「所得保障」とは，社会保障制度による所得保障に限られず，高齢期の生活を支える淵源になりうる所得を広く捉えたものである（広義の所得保障）．そのため，就労による収入（具体的には賃金）も考察の対象とする．これは，わが国の高齢期の平均所得金額のうち，稼働所得の占める割合が比較的大きいことや公的年金との調整がありうることを考慮した結果であるが，少子高齢化が進展する中，高齢期の就労の重要性はますます高まる傾向にあるため，考察対象に加えることには一定の意義があると思われる．

[3]　保険料拠出期間年金ATCの取得にあたって年齢をも考慮する道が選択的にではあるが築かれつつあるところである（フォーミュラー85/95（90/100））．詳しくは本文で触れる．

[4]　2ヵ国での保険料の二重負担の問題と保険料の掛け捨ての問題を解消し，国際的な人材交流の活発化に伴う年金等の問題を解決することが狙いである（社会保険実務研究所［2011］13頁，2007年6月27日法律第104号参照）．協定の主眼は，両国の加入期間を通算して，年金の受給資格要件を満たすようにする点にある（協定13条1項，17条1項）．具体的には，日本とブラジルの各国の加入期間では給付を受ける権利を取得する要件（日本ではさしあたり25年，ブラジルでは15年）を満たさない者，たとえば，日本の制度に20年，ブラジルの制度に10年加入した者に対して，日本から給付を受ける権利を確立するためにブラジルでの加入期間を，ブラジルから給付を受ける権利を確立するために日本での加入期間をそれぞれ「考慮する」ことを認めることである．「考慮する」とは，合算対象期間（カラ期間）にするとの意味で，考慮される分は給付の算定基礎とはならない．そのため，上記の事例で受給できる給付は，日本については25年のうちの20年分に相当する給付額となり，ブラジルについては15年のうちの10年分となる（協定15条）．なお，ブラジルの制度に関しては当該協定によって通算される対象が老齢年金に限られ，保険料拠出期間年金ATCは通算対象から外れている（協定2条2項）．

につながるからである．社会保障協定締結の背景には，ブラジルにおける150万人にも及ぶ世界最大の日系人コミュニティの存在や，1990年の出入国管理および難民認定法の改正を主たる契機として多くの日系ブラジル人がデカセギ目的で来日している[5]との事情がある．在伯日本人，在日ブラジル人にこの協定が有意義であることは間違いないが，協定の真の意義を考えるにはブラジルの公的年金制度に関する仕組みを理解する必要があるだろう．本書はこの点にも留意して検討を進める．

次に，チリを対象国とする理由は，同国が個人積立勘定方式の下，民営の確定拠出型年金を公的年金制度として採用しているからである[6]．わが国でも特に1980年代後半から1990年代にかけて，現役の就労世代が引退世代を支える賦課方式には世代間の負担格差等の問題があるとして，主として経済学者が年金制度の積立方式への移行を推奨していた[7][8]．実際に賦課方式から積立方式に制度を移行し，30年以上制度を維持するチリの状況を把握することは，今後の制度設計を検討する際の素材となりうる．

そして，ブラジル[9]も，チリ[10]も，社会における所得分配の不平等さを測る指標であるジニ係数が比較的高い国として位置付けられる．アメリカ中央情報局CIAのデータによれば，ブラジルは53.9（2009年）で世界13位に，チリは52.1（2009年）で世界17位にある[11]．今のところ，わが国は37.6（2008

---

5) 2014年末現在のブラジル籍の外国人登録者数は，17万5410人である（国籍・地域別在留外国人数の推移：法務省入国管理局）．リーマンショックや東日本大震災の影響等で減少傾向にはあるものの，それでもなおブラジル人コミュニティの存在は大きい．この外国人登録者数は社会保障協定を既に発効した国の中では韓国に次ぐ数字である．日韓社会保障協定では年金の通算制度が対象外のため，日本とブラジルの協定の方が対象人数等も含めてその効果は大きいと試算される（社会保険実務研究所［2011］13頁）．

6) チリは公的年金に個人積立勘定方式による確定拠出型の制度を初めて採用した国であり，その後，世界銀行による推奨もあり，ラテンアメリカ諸国や中欧・東欧等に普及している（有森［2011］43頁）．なお，本書は，チリ国内の動きに焦点を充てたため，世界銀行の動向については触れていない．

7) 八田・小口［1989a］66頁，八田・小口［1989b］166頁等．最近では，鈴木［2012］，鈴木亘「一体改革 残された課題下 年金債務分離，税で処理を」日本経済新聞2012年7月19日の主張等が散見される．

8) 二重の負担等，積立方式への移行は非現実的であり「積立方式移行論は，現在ではほぼ終息したと考えられている」．もっとも，賦課方式と積立方式の組み合わせ等の政策はありうるとのことである（堀［2013a］87-88頁等）．

9) ブラジル日本商工会議所編［2005］229頁（三田千代子執筆），近田［2004］12頁，子安［2005］233頁．

10) 高橋［2006］34頁．

年)で世界77位にとどまるが,国内では「格差社会」の問題が頻繁に指摘されている[12].こうした社会的な背景を踏まえつつ,今後の高齢期の所得保障制度の設計を考えるにあたっては,世界的に見て格差の大きい国の法制度は参考になりうる.

最後に両国の高齢期の所得保障制度に関する先行研究は,法律以外の他分野を含めれば一定程度存在し,それによって両国の制度の大まかな概要を摑むことはできる[13].しかし,沿革から現行制度に至るまでを包括的に論じたものはほとんどなく[14],具体的な法律の条文を踏まえてどのような法的枠組みによって制度が成り立つかについては十分な解明がされていない[15].これらの理由から本書はブラジルとチリを対象国とする.

なお,チリの公的年金制度の発端は戦前に遡るが,1980年の改革によって大きく制度が転換され,それ以前の制度とは断絶があること,また,本書の執筆にあたってはできる限り政府資料等の一次資料を出典とするよう心掛けているが,それ以前の制度に関する資料の入手が困難である等の理由から,1980年改革以降を検討対象としたい.

Ⅲ　検討の枠組み

1　検討の方法

本書は,日本・ブラジル・チリの高齢期の所得保障制度,とりわけ公的年金制度の検討を通じてその基本的な構造に関する考察を行う.考察にあたっては,各国の制度に関する立法の沿革を辿る.両国の年金制度は,日本がそうであるように,数多くの改正・変遷が積み重なって,現行制度に至る.現行制度を正確に理解するには,制度の沿革の考察が不可欠だからである(チリにおいては1980年改革以降を考察対象とする).その上で,各国の制度において年金とはどのような支給要件の下で,何をカバーするために設計され,そ

---

11) このデータでは,0から100までの値をとっており,完全平等であれば0,完全不平等であれば100となる.数値が大きいほど,格差が大きいことになる.
12) 山田[2004],山田[2009],橘木[2006],湯浅[2008]他.
13) ブラジルとチリの年金制度に関する邦語文献については,島村[2013a]90-91頁参照.
14) ブラジルについては,特にオタヴィオ[1994],子安[2001],ブラジル日本商工会議所編[2005](子安昭子執筆)等が,チリについては岡本[1997]が沿革を検討している.
15) ブラジルについては,二宮[2005]が沿革を述べた上で,条文にもあたって現行制度を幅広く解説する.

の背景には何があるかという事柄，すなわち年金の基本構造について，その特徴を抽出し，比較・分析を行いたい．

また，高齢期の所得保障制度全般の基本的な制度設計を検討するために，公的年金制度以外の高齢期の所得保障制度についても，できる限り制度の沿革を辿って考察し，制度相互間の関係にも配慮しながら分析することにしたい．

2　検討の対象

本書が検討対象とする制度は，高齢期の所得保障を目的として定期的に金銭を支給する制度である．国によって制度体系が異なるため，概念の定義は難しいが，日本法でいうところの国民年金・厚生年金保険にあたる公的年金制度が主たる考察対象である．公的年金を補足する企業年金や公的年金と関連しうる就労による収入，公的扶助等のその他の所得保障制度についても，公的年金制度の役割や限界を問い，高齢期の所得保障制度全般の制度設計を考えるに資すると思われるため，考察対象とする．

Ⅳ　本書の構成

上記のような本書の問題関心と目的をより具体化するため，第1編では，わが国の高齢期の所得保障制度を概観する．日本の法制度の検討により析出される考察の課題を前提にそれへの手がかりを見つけるために，第2編ではブラジル，第3編ではチリについて検討する．公的年金制度の立法の経緯を辿ると共に，年金の基本構造に特に注目して分析を行い，各国における高齢期の所得保障がどのように展開されているかを確認する．

最後に第4編（総括）ではブラジルとチリの法制度の比較検討をした上で，公的年金制度ひいては高齢期の所得保障制度全般についてわが国との関係で得られる示唆を模索したい．

第1編　日　本

本書の問題関心と目的をより具体化するため，本編では，まず日本の高齢期の所得保障制度について概観する．わが国の高齢期の所得保障制度の中核を占める[1]のは公的年金制度であろう．具体的には国民年金制度による老齢基礎年金と厚生年金保険制度による老齢厚生年金が現行の法制度における基本的な内容である．そこで，検討のはじめに第1章では制度の発足から現在に至る立法の経緯を辿った上で，現行の法制度の内容を確認する．さらに，社会保障・税の一体改革の名の下で進められてきた一連の改革についても検討する．年金の基本構造を考えるために，年金の支給要件に関する変遷に特に着目して考察していくことにしたい．続く第2章では，公的年金制度以外の制度をとりあげる．具体的には企業年金や就労による収入，公的扶助が高齢期の所得を保障するために機能していると思われるので，それらの制度について可能な範囲で沿革を辿りながら考察していく．そして第3章では，本編の締めくくりとしてわが国の高齢期の所得保障制度の全体像や特徴をまとめると共に，その検討を踏まえて第2編以降で外国法を考察していくにあたっての検討すべき課題を具体的に抽出し，設定することにしたい．

第1章　公的年金制度

本章では，日本の公的年金制度の沿革を検討した上で（第1節），現行の制度を概観し（第2節），現在，議論が完全に収束した訳ではない社会保障・税の一体改革の概要を明らかにしたい（第3節）．

第1節　公的年金制度の沿革

ここでは，わが国の公的年金制度について立法の経緯を辿った上で（Ⅰ），老齢年金の給付を具体化する支給要件に着目して，給付に関する沿革を考察しよう（Ⅱ）．

Ⅰ　立法の経緯の全体像

1　被用者年金制度の発足

日本の年金制度は，文官及び軍人を対象とする恩給制度に端を発するが[2]，民間の労働者を対象とする年金制度もその嚆矢は戦前に遡る．1939年には船員を対象とする船員保険法が，1941年には一般被用者を対象とする労働者年

---

1) 平成25年国民生活基礎調査（厚生労働省）によると，高齢者世帯1世帯当たりの平均所得金額のうち，68.5％が公的年金・恩給であり，稼働所得（18.0％），財産所得（7.2％），仕送り・企業年金・個人年金・その他の所得（5.4％）と続く．また，公的年金・恩給を受給している高齢者世帯における公的年金・恩給の総所得に占める割合別世帯数の構成割合をみてみると，約7割の世帯において公的年金・恩給の総所得に占める割合が80％以上である（100％の世帯は57.8％，平成25年国民生活基礎調査（厚生労働省））．さらに公的年金制度に関する世論調査（平成15年内閣府）によると，高齢期の生活設計では，29.0％がほぼ全面的に公的年金に頼っており，41.7％が公的年金を中心として自助努力を組み合わせているため，年金を頼りにする人は7割を超える．
2) 明治8年海軍退隠令，明治9年陸軍恩給令，明治17年官吏恩給令がそれぞれ公布され，明治23年に軍人恩給法・官吏恩給法として集約された．さらに大正12年にはこれらの法律が恩給法として統一された（嵩［2006］2頁，岩村他編［2013］46-47頁）．

金保険法（1941年法律60号）がそれぞれ制定された．労働者年金保険法は，1944年に「厚生年金保険法」（以下，「旧厚年法」という）と改称されるが，現行法とは異なる内容であった．すなわち，労働者年金保険法は，保険方式を採用し当初の財政方式は積立方式（かつ平準保険料方式)[3]であった．しかし，1948年には，戦後の急激なインフレにもかかわらず急激な保険料の引上げを行わなかったため，積立方式から修正積立方式に移行した[4]．

保険者は政府であり，被保険者は「一定の適用事業者であって常時10人以上の労働者を使用する者に使用される男子労働者」とされた．もっとも，1944年には「常時5人以上を使用する者に使用される者」と改正され，職員（ホワイトカラー）や女子も被保険者となり，事業所の適用範囲も広げられた[5]．

主たる財源は，労使が折半する保険料[6]であり，高齢期の所得を保障する給付は，「養老年金」と呼ばれ，定額部分を含まない完全な所得比例の年金であった．

2　被用者年金制度と非被用者年金制度の併存体制

その後，職業に応じた複数の年金制度が併存した形で[7]発展していく．一般の被用者の年金制度を規律した旧厚年法は1954年に全文改正され，厚生年金保険法（以下，「厚年法」という．1954年法律115号）となった．この厚年法は，旧厚年法の基本的な仕組みをほぼ踏襲するが，以下のとおり，被保険者と給付内容の点で改正された．

厚年法では，常時5人以上の従業員を使用し，法定された事業を実施する

---

3)　保険料（率）を将来にわたって一定（率）に保ち，その保険料（率）で将来的にも収支の均衡が図られる財政方式のことである（嵩［2006］2頁）．
4)　嵩［2006］3頁．
5)　有泉・中野編［1982］23頁．
6)　当初の料率は6.4％であり，1944年改正によって11％に引き上げられた．1948年改正では，インフレに伴う保険料の急激な引上げを回避するため，本来9.4％であるべきところを3％に引き下げた．加えて当時は国庫による負担があり（労働者年金保険法57条），保険給付に要する費用として，坑内夫である被保険者であった期間に係る費用には10分の2を，その他の被保険者であった期間に係る費用にはその10分の1を国が負担した．こうした国庫負担は，1985年改正まで続いた．
7)　1953年に私立学校教職員共済法，1948年・1958年に国家公務員共済組合法，1962年に地方公務員等共済組合法がそれぞれ成立した．

事業所を「適用事業所」として括り出し,「適用事業所に使用される者」が被保険者となった[8](8条). この時点では被保険者資格に年齢要件は付されていなかった.

高齢期の所得を保障する給付については, 完全な所得比例年金であった「養老年金」が廃止され,「老齢年金」が支給されることになった(32条1号). 老齢年金は, 定額部分と所得比例部分とから構成される基本年金額[9]に, 加給年金額[10]を加算した額のことである(43条). 年金の所得保障機能を重視する趣旨で定額部分が加えられた[11].

他方, 国民皆年金を求める声の高まりに応えて, 非被用者, 特に農林漁業者を含む自営業者らを対象とする年金制度を規律する国民年金法(以下,「国年法」という. 1959年法律141号)が1959年に成立する. 国民年金は, 政府が管掌する年金制度であり(3条1項), 財政方式は, 積立方式(かつ平準保険料方式)であった[12].

被保険者は,「日本国内に住所を有する20歳以上60歳未満の日本国民」であり(7条1項), 厚年法等の被用者年金制度の被保険者・組合員およびその配偶者等は, 強制被保険者から除外された(7条2項).

国民年金事業の財源は主として保険料と国庫であり, 拠出制年金である老齢年金については, 原則として当該年度に納付された保険料総額の3分の1が国庫負担とされた(85条1項, 87条). 保険料額は定額であり, 1月あたり35歳までは100円, 35歳以上は150円(87条3項)である. 保険料については免除制度や追納制度が当初から盛り込まれたが, この点については後述しよう.

高齢期の所得を保障する給付には,「老齢年金」(15条1号)と「老齢福祉

---

8) 1954年改正は「適用事業所」の概念を明確にし, 適用事業所と被保険者という2つの構成を明文化した. 適用事業所には, 強制適用事業所と任意適用事業所があり, 被保険者は, 当然被保険者, 任意単独被保険者および第4種被保険者に区分される. 本書では当然被保険者を扱っている.

9) 基本年金額とは2万4000円〈定額〉に, 被保険者であった全期間の平均標準報酬月額の1000分の5に相当する額に被保険者期間の月数を乗じて得た額〈所得比例〉を加算した額のことである(厚年法34条1項).

10) 加給年金額は, 配偶者または子どもひとりについて4800円である(厚年法34条4項).

11) 荒木(誠)[1999] 57頁以下.

12) 1966年改正によって保険料が段階的に引き上げられ(段階保険料方式), 不足する給付費用を将来の負担に委ねる修正積立方式に移行した.

年金」[13](53条1項)の2種類があった.国年法の柱といえる老齢年金については,後に詳述する.

国年法の制定によって,被用者らを対象とする厚生年金保険制度とそれ以外の者を対象とする国民年金制度とが職業によって棲み分けて併存する「国民皆年金」が達成された[14].

3 年金制度の組み替え・一元化

1959年に国民皆年金が達成されたが,職業による併存体制のため,二極化が生じる.被用者を対象とする厚生年金保険制度では,1973年改正[15]をはじめ,所得保障の充実が図られ,年金水準が向上したが,非被用者を対象とする国民年金制度は,産業構造や就業構造の変化,農業者等人口の減少によって加入層が激減し,制度の財政基盤が極めて不安定となった.国民皆年金といっても制度が分立し,制度毎に給付と負担の面で不均衡があり,制度に対する信頼を失いかねなかった.こうした問題の解決には職業毎の分立体制をやめ,全国民をひとつの制度にとり込む体系に改める必要があった[16].さらに将来に向けて給付水準を見直し,負担も可能なレベルに引き下げることが狙いとされたのである[17].

そこで,抜本的な組み替えを内容とする改正が1985年に行われた(1985年法律34号).この改正では,全国民[18]を対象にする1階部分の年金として「基礎年金」が導入された(国年法).従前,定額部分と報酬比例部分とを支給していた厚生年金については,前者の定額部分は基礎年金(国年法)に移行し,新制度における厚生年金は,基礎年金に上乗せする2階部分として報酬比例の給付を支給するものに生まれ変わった[19].かくして,定額の老齢基

---

13) 老齢福祉年金は,制度の発足当時,既に高齢に達し,老齢年金を受給できない高齢者を対象に,経過的・補完的な措置として給付する非拠出制の年金であり,保険料免除期間又は保険料免除期間と保険料納付済期間とを合算した期間が30年を超えることと70歳に達することが要件で(国年法53条),支給額は1万2000円と低額であった(54条).受給権者が前年において13万円を超える所得を有した場合には支給が停止された(64条4項).
14) もっとも,労働者を夫とする専業主婦や学生は任意加入であった.
15) 定額部分が増額され,年金額計算の基礎となる過去の標準報酬月額の現在価額への再評価制度等が導入された(1973年法律92号附則5条).
16) 法研編[2002]222頁.
17) 法研編[2002]222頁.
18) 20歳以上の学生が強制加入となるのは1991年である.

礎年金（1階部分）は，衣食住を中心とする老後の生活の基礎的な部分，根幹となる部分，「基礎的ニーズ」を保障するもの[20]，報酬比例の老齢厚生年金（2階部分）は，従前の生活水準を維持するもの[21]と整理された．なお，老齢基礎年金の実際の給付水準の決定には，当時の総理府が実施する全国消費実態調査報告の数字が参考とされたが，高齢者世帯に支給される生活保護の生活扶助の基準額も念頭に置かれた[22]．

4 その後の改正状況[23]

1985年改革によって導入された基本構造は，現行制度にほぼ受け継がれるが，急速に進む少子高齢化に伴い，年金財政が一層厳しくなり，多くの改正が行われた．高齢化の過程に，いかに長期的な安定を図って公平・公正な制度を確立するかが課題となり，後述する1989年改正（1989年法律86号）[24]，1994年改正（1994年法律95号）[25]，2000年改正（2000年法律18号）[26]，2004年改正（2004年法律104号）[27]が実施される．特に2000年改正と2004年改正は，

---

19) 将来に向けて給付水準を見直し，負担も可能なレベルに引き下げることが必要とされ，給付と負担の適正化が図られた（法研編［2002］222頁）．労働者の妻（専業主婦）に，夫とは別個独自の年金受給権を与えることを目的に国民年金の第3号被保険者資格も創設された．
20) 基礎年金導入に際して開かれた衆議院社会労働委員会での政府委員および中曽根首相（当時）の発言を参照（第102回国会衆議院社会労働委員会議録第5号・昭和59年12月18日14, 15, 20頁）．荒木（誠）［1995］26頁，岩村［2005a］267頁．
21) 荒木（誠）［1995］27頁．
22) 基礎年金導入に際して開かれた参議院社会労働委員会での政府委員の発言を参照（第102回国会参議院社会労働委員会議録第8号・昭和60年3月26日19頁，同第17号・昭和60年4月23日2頁）．
23) 本沢［2008］91頁以下，中村［1995］31頁以下，厚生省年金局監修［1998］，厚生省年金局監修［1999］．
24) 1989年改正では学生の強制適用等が実施された．
25) 1994年改正では本格的な高齢社会を迎え，年金制度を長期的に安定させるための諸施策として，支給開始年齢の引上げや雇用保険法による失業給付との併給調整，年金額算出基準の改定，育児休業期間中の保険料の免除などが実施された．1994年改正については，中村［1995］31頁以下，堀［1994］38頁以下，岩村［1995a］，岩村［1995b］が詳しい．
26) 2000年改正では年金財政を安定化するために，支給開始年齢の引上げ，給付の適正化（減額），賃金スライド制の廃止，60歳代後半への在職老齢年金の導入，総報酬制の導入，学生の国民年金保険料の納付特例の創設等が実施された．
27) 2004年改正では公的年金制度の持続性を確保する観点から，将来における保険料率水準の固定化，下限の設定，給付水準（所得代替率）の漸進的引下げを行うと共に，マクロ経済スライドの導入，基礎年金の国庫負担割合の引上げ，国民年金保険料の多段階免除や，時限措置ではあるが，若年者への納付猶予特例制度の導入等が行われた．同制度改正については，「特集 少子高齢化社会に向けての法施策」ジュリスト1282号（2005年）が詳しい．

少子高齢化の急速な進行に伴って，将来の年金財政のバランスが崩れることが予測されたため，年金制度の持続性を高めることを主眼に実施された[28]．

Ⅱ　給付に関する沿革

以上の立法経緯の大枠を踏まえて，以下では，高齢期の所得を保障する給付に絞って制度の発足当初から現行制度に至る変遷を辿る．とりわけ年金の受給権を具体化していると思われる支給要件に着目し，年齢，拠出と給付の牽連性，退職という点を視角とする[29]．

1　国民年金制度

(1)　発足当初の支給要件

1959年に制度が発足した当初の老齢年金の支給要件は，以下のとおりである（国年法26条）．

　① 65歳に達すること
　②(a) 保険料納付済期間が25年以上であること
　　又は
　②(b) 保険料納付済期間が10年以上で，保険料納付済期間と保険料免除
　　　 期間とを合算して25年以上あること

国民年金の支給要件としては，年齢要件と保険料拠出要件が規定され，退職要件は不要である．これは国民年金制度が想定する対象者が農林漁業を含めた自営業者等であることから雇用を被保険者資格にできないためである[30]．

次に，年齢要件が65歳とされたのは，被保険者である自営業者は，一般

---

28) 岩村［2011］179頁．
29) 老齢の本質については，所得の喪失に対する保障（廃疾の推定）と休息権という2つの考え方がある．もっとも，両者は二者択一の関係ではなく，前者を基本に捉えつつ，後者を加味するという議論かと思われる（荒木（誠）［1983］17頁）．年金の支給開始年齢については，前者の見解に立つ場合，何歳で身体的に消耗が激しくなり労働不能となるかといういわば生理学的視点が考慮されるが，後者の休息権の考え方では，give and take の論理であるため，個人が社会に対してなした貢献と社会がその個人に対して報いるべき時間との対価的な均衡が考慮される（良永［1979］13頁）．いずれを重視するかによって若干の差異は生じるが，明確な具体的年齢は引き出すことができず，結局は，年金水準，年金財政，人口構造（総人口中に占める老齢者の比率の高低），労働市場の状態（特に，高齢労働者の就業機会の広狭），高齢労働者の労働能力，勤労意欲等が相互緊密に関連して，支給開始年齢は決定されるといわれている（氏原［1978a］12頁，氏原［1978b］72-75頁，良永［1980］97頁等参照）．
30) 有泉・中野編［1983］64頁．

に生産手段を有している関係上，所得活動に従事しうる期間が長く，生活実態，就労実態からみて無理がないことや，60歳からでは将来の受給者があまりにも多くなり，保険財政上見込みが立たないこと，諸外国でも65歳が一般的であること等が考慮された結果である[31]．

最後に，保険料拠出要件には，保険料納付済期間が25年以上の場合か[32]，10年以上の同期間と保険料免除期間とを合算して25年以上の場合が選択的に規定された．保険料納付済期間とは保険料を納付した期間であり，保険料免除期間とは保険料を納付することを要しない期間である．この保険料免除制度は他の公的年金制度にはみられない国民年金独自の仕組みであり，保険料納付に困難を感じる低所得者層にこそ，所得保障として年金が必要であるとの観点から導入された（89条，90条）[33][34]．免除を受けると，保険料を納付する必要がなく，免除期間は受給資格期間に算入される．もっとも，制度発足当初には免除期間は受給資格期間となるにとどまり，給付額には反映されなかった．さらに25年に比較すれば短いものの，10年の保険料納付済期間を要した点は，国民年金制度が拠出制の仕組みを基調に創設された[35]ことを窺わせる．

(2) 保険料拠出要件と免除制度

その後，国民年金の支給要件で変遷があるのは保険料拠出要件である．すなわち，1962年改正は，保険料納付が困難な低所得者層への処遇を厚くするために，保険料免除期間についても年金を支払うようにした[36]．具体的には保険料免除期間について国庫負担相当額（保険料納付済期間に対応して支給される額の3分の1）を支給することにした．これに伴い，上記②(b)の支給要件から「10年の保険料納付済期間」を取り除いた．その上で年金の要件を，「保険料納付済期間，保険料納付済期間と保険料免除期間とを合算した期間又は

---

31) 関［2008］44頁．
32) 25年という期間は，一般に20歳から60歳までの40年という長い被保険者期間があること，被用者年金の資格期間が20年であったこと等が考慮された（有泉・中野編［1983］63頁）．
33) 有泉・中野編［1983］235頁．
34) 免除には，法律上当然に免除される法定免除（国年法89条）と，被保険者からの申請に基づき都道府県知事の決定によって免除される申請免除（同法90条）の2つがある．
35) 国民年金制度の創設に尽力した小山進次郎の講義録では，国民年金の基本構想に摂取した主要点の第一として，「基本は拠出制に」という視点を挙げ，この点がイギリスの事情を勉強することで強めた信念であると記されている（日本国民年金協会広報部［1980］33頁）．
36) 有泉・中野編［1983］235頁．

保険料免除期間が 25 年以上である者が 65 歳に達した」ことと整理し，拠出なくして給付に辿り着く方途を築いた．

　厚生年金保険制度との一元化を図った 1985 年改正は，全国民に支給する老齢基礎年金の要件を「保険料納付済期間又は保険料免除期間を有する者が 65 歳に達したときに，その者に支給する．ただし，その者の保険料納付済期間と保険料免除期間とを合算した期間が 25 年に満たないときは，この限りでない．」（国年法 26 条）と定め，特に変更を加えなかった．

　その後，国民年金を巡っては農林漁業者を含む自営業者を主たる対象とする第 1 号被保険者に保険料未納者や保険料免除者が多いとの空洞化の問題が議論されるようになる．原因のひとつとして保険料免除制度の硬直性が指摘され[37]，さらに保険料額の段階的な引上げの影響で，低所得者が保険料負担に耐えられないという問題も浮上した．そこで，2000 年改正は，従前の全額免除に加えて，半額免除を創設した（国年法 90 条の 3）．続く 2004 年改正は，保険料免除制度の多段階化・柔軟化を実現し，所得に応じた 4 分の 3 免除及び 4 分の 1 免除を導入した（国年法 90 条の 2 第 1 項，3 項）．

　このように国民年金の支給要件については，年齢要件や退職要件との関係では特段の議論・修正がないものの，保険料拠出要件との関係では免除制度の位置付けを巡る変遷が特徴的である．発足当初より低所得者層の保護を狙って免除制度が設けられたが，当時は 10 年の保険料納付済期間が必要であったし，免除の効果は受給資格期間への算入にとどまり，年金額の算定基礎ではなかった．それが，1962 年改正によって低所得者への処遇を手厚くするために，保険料納付済期間は不要となり，年金額の算定基礎へと変更された．その後，基礎年金の空洞化問題に対処するために，免除対象を従前の全額以外にも，半額，4 分の 3，4 分の 1 と多段階化した．これによって，定額拠出，定額給付の当初の仕組みに，低所得者層に限った片面性があるものの，保険料の拠出に応じた段階的な給付という新たな性格が付け加えられたといえる．

2　厚生年金保険制度

　国民年金に比較して，特に年齢や退職要件の点で，変遷が激しいのが厚生

---

[37]　岩村［2005b］45 頁．

年金保険（被用者年金）である．

(1) 発足当初の支給要件

1941 年の労働者年金保険法は，その後の老齢年金に相当する「養老年金」について資格要件，年齢要件，資格喪失要件（退職要件）を規定した（同法 31 条）．

① 20 年以上の被保険者資格を有すること[38]
② 年齢 55 歳以上であること
③ 被保険者資格を喪失していること

本書が着目するのは，55 歳という年齢要件，さらに「退職」を意味する被保険者資格喪失要件である．

(2) 支給開始年齢に関する変遷

1941 年の労働者年金保険法は年金の支給開始年齢を 55 歳とした．これは，当時，大企業で 55 歳定年が一般化していたこと[39]や，工場統計等による平均稼働年齢が 50 歳ないし 55 歳であることが考慮された結果であった[40]．このように戦前の労働者年金保険法では，年金の支給開始年齢が定年年齢（労働市場からの引退年齢）と連結するように配慮された[41]．しかし，こうした配慮は長くは続かなかった．

　ア　55 歳から 60 歳への引上げ

旧厚年法から厚年法に切り替えた 1954 年改正は，55 歳から 60 歳に支給開始年齢を引き上げた．ここでは，戦後における平均余命の延長と保険財政への配慮が主として考慮され[42]，さらに諸外国の支給開始年齢と比較しても 55 歳では早きに過ぎる点も斟酌された[43]．当時の企業の定年制は 55 歳が未だ主流であったため，年金の支給開始年齢と定年の連結に 5 歳のギャップが生じた[44]．そこで，付帯決議では定年制の見直しが掲げられたが，定年の延

---

38) 20 年以上という被保険者資格期間は，一定の年金額を前提にすれば，資格期間を短くすると早く年金受給権を取得する反面，保険料負担が重くなり，逆に，資格期間を長くすると保険料は低くなるが，受給権に結びつかない者が多く生じることとなるため，こうした点を考慮して，当時の勤労者の勤務状況に照らして設定された（有泉・中野編［1982］105 頁）．その後，1985 年の基礎年金制度導入によって，厚生老齢年金についても要件が整理された．
39) 濱口［2008］172 頁．
40) 厚生省年金局監修［1998］207 頁．
41) 良永［1980］94 頁．
42) 厚生省保険局編［1958］135-136 頁，良永［1980］95 頁．
43) 荒木（誠）［1999］58 頁，有泉・中野編［1982］10 頁，106 頁．

長はそう簡単には進まなかった．

イ　本来支給（本則）と特別支給（附則）の分立

こうして年金の支給開始年齢は 60 歳に引き上げられたが，高齢化がじわりじわりと進展し，年金財源が一段と厳しくなると，65 歳へのさらなる引上げ議論が 1970 年代後半から開始された[45]．1985 年の基礎年金導入時にも議論の俎上に上るが，将来避けて通れない問題とされつつも，当時の段階では雇用の状況，定年制の状況から支給開始年齢の引上げは時期尚早と見送られた[46]．もっとも，同改正はその後の引上げを予感させる給付体系の組み替えを行った[47]．すなわち，厚生年金保険法の本則では老齢厚生年金の支給開始年齢を 65 歳とし（以後，この年金を「本来支給の老齢厚生年金」という：厚生年金保険法 42 条），60 歳代前半の年金は「特別支給の老齢厚生年金」として附則に落として規定した（附則 8 条）．本来支給の老齢厚生年金（65 歳以上）は基礎年金による下支えがあるため，報酬比例部分を，他方，特別支給の老齢厚生年金（60 歳以上 65 歳未満）は基礎年金の支給がないため，報酬比例部分のみならず定額部分をも支給するものと整理した．

こうした本則と附則を使い分けた改正について当時の政府は「支給開始年齢は，基礎年金の支給開始年齢が 65 歳であることから，基礎年金を中心，核に据えて 65 歳とし，他の制度は独自の給付をするということで，厚生年金に関しては現行の 60 歳を維持する」と説明した[48]．もっとも，学説は 60 歳からの年金は経過的・暫定的なものであることを意味し，将来的には廃止されることが含意されていたと指摘している[49]．

その後，学説の予測通りに展開する．急速な高齢化の進行の結果，60 歳を

---

44) 定年から年金支給開始年齢までの差を埋めるものとしては企業が支給する退職金が想定された．
45) 荒木（誠）教授は，1983 年の時点で，行政指導や組合の要求によってようやく企業の定年制が 60 歳に到達してきた段階で年金年齢を 65 歳にすることは労働者の生活維持に重大な脅威をもたらすとして，老齢年金の将来像は雇用保障の将来計画と不可分に結びつけるべきと主張された（荒木（誠）［1983］17 頁）．
46) 第 102 回国会衆議院社会労働委員会議録第 5 号・昭和 59 年 12 月 18 日 18 頁，政府委員発言，厚生省年金局監修［1998］207 頁．
47) 支給開始年齢を引き上げる伏線として 1985 年改正を捉える見解に，岩村［1998］313 頁，320 頁．
48) 第 102 回国会衆議院社会労働委員会議録第 5 号・昭和 59 年 12 月 18 日 18 頁，政府委員発言．
49) 堀［1994］39 頁．

維持することが困難になり，特別支給の老齢年金を廃止しようとする議論が再来した．1989 年改正と 1994 年改正での最大の争点が 65 歳への支給開始年齢の引上げとなったのである[50]．

まず，1989 年改正では，60 歳代前半の雇用機会の不足や低賃金，健康上の理由で就労を継続できない者もいるといった見地での反対が特に労働組合側から強く上がったことに加え[51]，60 歳代前半層の雇用問題が等閑視され，年金財政の見地からのみ[52]支給開始年齢の引上げが論じられたこと，当時の政治状況が年金給付水準に触れることを許さなかったこと等から見送られた[53)54)]．

ウ　60 歳から 65 歳への引上げといわゆる部分年金の導入

続く 1994 年改正の財政再計算の際には，引上げ等の制度改正をしなければ，厚生年金の保険料率は将来 34.8 ％にも上るとの推計が明らかとなった．こうして制度の抱える限界についての認識がかなり一般化したことに加え，改正法案の基礎となった年金審議会の意見書において「高齢者雇用の促進」が政策目標[55]に掲げられたこと[56]が奏功し，65 歳への段階的な引上げが決まった[57]．その他にも雇用保険法の改正を含む政策的な工夫がされたことや政治状況の変化等の事情が背景にあった[58]．厚生省は引上げの根拠を，高齢化によって将来労働力人口の減少が予想される中，高齢者の雇用を促進しなければならず，そのために支給開始年齢を引き上げて，職業生活からの引退年

---

50) 岩村［1998］315 頁．
51) 「年金審議会の意見書に対する連合，総評の見解」週刊社会保障 1514 号（1988 年）43 頁．
52) 年金審議会［1988］42 頁．
53) 厚生年金保険法附則 16 条の 2 には，附則 8 条の規定に基づく老齢厚生年金の特例については，平成 2 年以降において初めて行われる財政再計算の際において，見直しを行うことが規定された．
54) 岩村［1998］320 頁．雇用機会の保障がなかったことが不成立の大きな原因と述べるものに高藤［1983］121 頁がある．
55) 将来の若年・中年層の労働供給力の制約に備えて，60 歳代前半層の雇用を促進する必要があり，それと連携のとれた年金制度にするために年金を中心とした生活は 65 歳からとの意見であった（年金審議会「国民年金・厚生年金保険制度改正に関する意見」（1993 年 10 月 12 日））．
56) 高齢者雇用の促進という政策目標が，そのための手段として年金支給開始年齢の引上げを行うことを必然化するかを検証し，成立し難いと論ずる文献に，岩村［1995a］72 頁がある．
57) 男性の被保険者については 2001 年から 2013 年にかけて，女性の被保険者については 2006 年から 2018 年にかけて，3 年毎に 1 歳ずつ徐々に引き上げられた（1994 年法律 95 号附則 19 条，20 条）．
58) 岩村［1998］320 頁．

齢を65歳にする必要があること，加えて賦課方式を基本とする厚生年金保険での現役世代の負担と引退世代の受益との将来にわたる均衡を図る必要があることと説明した[59]．

　もっとも，1994年時点では，60歳定年制を採用する企業が多く，必ずしも60歳代前半の雇用が保障されていなかったため，労働組合は引上げに反対した[60]．こうした反対層との折り合いをつけるために妥協の産物として生まれた仕組みが「なだらかな引退」を描くいわゆる「部分年金」の制度である[61]．すなわち，60歳代前半には賃金（部分就労）とあわせて生活を支える年金（部分年金）を支給し，65歳以後に年金を中心にするという生活設計が基本的なモデルとされた．それまで定額部分と報酬比例部分とを含んでいた特別支給の老齢厚生年金のうち，支給開始年齢を引き上げるのは定額部分にとどめ，報酬比例部分は従来のとおり60歳とした（いわゆる「部分年金」の制度，厚生年金保険法附則8条）．

　エ　いわゆる部分年金の問題点と段階的な廃止

　しかし，妥協の産物として導入されたいわゆる部分年金には問題があった[62]．すなわち，当時，政府が主張していた繰上げ減額年金とは異なり，65歳より前に受給しても年金額が減額されないため，いわゆる部分年金を受給する方が，生涯受給年金総額が上回り有利であった．そのため，部分年金の請求を促し，その分，老齢年金の支給開始年齢引上げの効果は減殺されたのである[63]．

　そこで，2000年改正はいわゆる部分年金も段階的に廃止した．いいかえれば，60歳が支給開始年齢であった報酬比例部分も段階的に65歳に引き上げられた[64]（厚生年金保険法附則8条の2）．少子高齢化が世界最速のスピードで進む中，こうした改革をしなければ，制度の存続自体が危ぶまれる．そこで，

---

[59] 厚生省年金局監修［1994］9頁．
[60] 堀［1997］49頁．当時の連合の主張とそれに対する反論については堀［1994］参照．
[61] 菅野・堀・山口［1991］2頁以下，森戸［1994］288頁以下，藤田［1989］42頁他．
[62] いわゆる部分年金は，高齢化による年金給付総額の膨張の抑止という政策目的とは相容れない性格を持ち，1994年改正では妥協の産物として導入されたとし，再検討を促す指摘に岩村［1998］340頁がある．
[63] 岩村［2009］7頁．
[64] 男性については2013年度から2025年度に，女性については2018年度から2030年度に1歳ずつ引き上げられる．

給付総額の伸びを抑えるために報酬比例部分の支給開始年齢も引き上げられた65).

このように，年金の支給開始年齢については，国民年金は一貫して65歳を維持する一方，厚生年金保険は55歳から60歳へ，60歳からまず定額部分のみを65歳へ，さらに報酬比例部分（いわゆる部分年金）をも65歳へというように，じわりじわりと引き上げられ，2015年度現在も引上げ過程の只中にある．こうした引上げは，平均余命の伸長による高齢化と財政問題に端を発していた．

(3) 坑内労働者への特例

年齢要件に関しては，坑内労働者を対象とする特例が労働者年金保険法制定当初から設けられた．具体的には一般労働者には55歳とされた支給開始年齢が坑内労働者には50歳とされ，一般労働者には20年とされた受給資格期間の要件も坑内労働者は15年でよかった（労働者年金保険法31条2項）．このように，坑内労働者が優遇されたのは，当時産業戦士といわれ，石炭等の増産に従事する炭鉱労働者に早くから年金が出るようにして欲しいとの強い要望があったこと66)や過酷な労働から肉体的消耗が著しく，稼働期間が短いという特殊事情があったからである67)．1954年改正では，坑内労働者の支給開始年齢も50歳から55歳へと引き上げられたが（当時の厚生年金保険法42条1項3号，3条1項3号），一般労働者よりも早期の受給を認める特例自体は維持された．

しかし，この特例は坑内労働者の減少等最近の雇用情勢等を勘案し，1985年に廃止された68).

(4) 退職要件と在職老齢年金制度

年齢要件の変遷に続いて，1941年の労働者年金保険法で規定された被保険

---

65) 厚生省年金局監修［1999］5頁.
66) 吉原［2004］20頁.
67) 法研編［2002］454頁.
68) 法研編［2002］454頁．なお，船員保険の年金制度は，当初別個であったが，1985年改正によって厚生年金保険に統合され，坑内労働者と同じ規律が適用された．こうした特例には，「近代的な船舶については機械の操作だけを行う船員も存在するし，また労働がはげしいのはこれらの者に限られない．さらに，雇用の流動化が進んでいる現在においては，若いときに15年船員または坑内員として就業した後，その他の職種に転ずる者も少なくないと考えられる．」「他の重労働に従事した者との均衡の観点からも問題がある．」との指摘がある（堀［1997］51頁).

者資格喪失要件の変遷をみてみよう．被保険者資格の喪失とは退職のことであり，この要件を考察することは，支給される年金に，退職によって所得が喪失又は減少したことをカバーするという意味での「退職年金的な性格」があるのか，それとも一定の年齢に到達したことによって支給するという「老齢年金的な性格」があるのかを探る手がかりとなりうる（以下，上記の意味で「退職年金的な性格」と「老齢年金的な性格」という用語を使用する）．

　ア　発足当初の退職年金的な性格

　1941 年の労働者年金保険法の養老年金を得るには退職する必要があった．というのも養老年金が社会保障の一環である所得保障として支給される以上，所得を得て働く者にまで支給する必要はないと考えられたためである[69]．ここでは，所定年齢に到達したから支給するという老齢年金的な発想ではなく，所定の年齢に到達し，所得の喪失・減少が生じるからそれを補うために支給するとの発想がとられた．所得の喪失や減少を推定する要件として退職要件が機能し，当時の養老年金は退職年金的な性格を有していたといえる．

　こうした基本的な立場は，1954 年の厚年法にも受け継がれる[70]が，1965 年改正を皮切りに少しずつ揺らぎ始め，退職要件の形骸化が始まっていく[71]．いいかえれば，退職せずに在職しながら年金を受給できる在職老齢年金制度が始まったのである．

　イ　60 歳代後半への在職老齢年金制度（高在老）のスタート

　1965 年改正は 65 歳以上の者に対して退職要件を一律に不要とした上で，在職中の場合（被保険者資格がある場合）には，賃金額にかかわりなく，加給年金額を除いて，年金の 20% を支給停止すると整理した（厚生年金保険法 42 条 1 項 4 号，46 条 1 項）．65 歳以上を対象とするこうした在職老齢年金制度は，後に始まる 60 歳代前半を対象とする在職老齢年金（「低在老」：低所得者在職老齢年金）との比較で，「高在老」（高年齢者在職老齢年金）といわれている．

　ではなぜ高在老が始まったのか．高在老の導入には，当時の低い年金水準と低い賃金水準とが関係していた．当時の厚生年金の平均月額は僅か 3500

---

69)　有泉・中野編［1982］107 頁．
70)　1954 年改正では，支給開始年齢と資格期間が注目され，被保険者資格の喪失については特に問題とされなかったようである（厚生省保険局編［1958］134-137 頁，348-351 頁，良永［1979］3 頁以下）．
71)　良永［1986］128 頁．

円で，当時の生活保護の生活扶助基準を下回っていた．退職後に生計を維持する手段として年金を期待できないとなると再就職せざるを得なかった[72]．しかし，高齢では再就職口を見つけることすら困難で，たとえ見つけられても得られる賃金は低水準が通例であった．こうして，低水準の年金と低賃金がもちつもたれつ補足しあえるように，65歳の年齢要件と被保険者資格要件を充足する限りにおいて，年金の80％を支給することを認めたのである[73]．この改正は，65歳以上の者に対して，従来必要であった退職（被保険者資格喪失）要件を不要とした改正であり，退職年金的な性格に，老齢年金的な要素を加えた注目すべき改革といわれている[74]．

　ウ　60歳代前半への在職老齢年金制度の拡大（低在老のスタート）

　65歳以上を対象に始まった在職老齢年金制度は，1969年から守備範囲を60歳代前半にも広げていく．もっとも，退職要件を一律に削除し，在職の場合に2割の支給停止をかける高在老の仕組みがそのまま拡大された訳ではない．低在老には別の仕組みとして，原則的に従来どおり退職要件を課し，低報酬の場合に限って例外的に年金の支給要件を満たすとした．そして，賃金の多寡に応じて支給停止する割合に差を設けた（46条1項）．つまり退職要件か稼得要件かのいずれかを満たす場合に，年金を支給した．低在老は，高在老と同じく高年齢では必ずしも十分な報酬を得られずに働く事例が多いこと等を考慮して導入されたが[75]，支給要件からして低賃金をカバーする仕組みであることが窺える．

　その後，低在老については，主として受給権を発生させるのに必要な報酬額の上限を引き上げることで受給者の範囲を広げる改正が何度か行われた[76]．

　エ　60歳代後半への在職老齢年金制度（高在老）の廃止

　基礎年金を導入し，一元化を図った1985年改正は，既に見たとおり，厚生年金を，65歳以上を対象とする「本来支給の老齢厚生年金」と，60歳代前

---

72)　良永［1979］5頁以下．
73)　1976年改正は，高齢の被保険者の生活実態等を勘案し，報酬月額が11万4000円未満の者には，20％の支給停止を解除した（厚年法46条1項）．
74)　荒木（誠）［1999］60頁，70頁，関［2006］153頁．
75)　有泉・中野編［1982］110頁．
76)　1973年，1975年，1976年，1978年，1979年，1980年，1985年，1989年改正である．在職老齢年金制度の経緯は，厚生省年金局監修［1999］357頁がわかりやすい．

半を対象とする「特別支給の老齢厚生年金」とに組み替えた．従前どおりに在老制度を引き継ぐのであれば，本来支給の老齢厚生年金には高在老が，特別支給の老齢厚生年金には低在老が存続するかと思われた．しかし，この法改正は高在老を廃止し，在職老齢年金制度を低在老に限定した（附則8条1項3号，附則11条）．この改正では厚生年金制度の被保険者資格に「65歳未満」という年齢要件が付け加えられたが[77]，それに伴って高在老が廃止されたのである．いいかえれば65歳になれば，在職してどれだけ高額の賃金を得ようが，厚生年金保険の被保険者として保険料を負担する必要はなく，また年金も全額支給されるようになった．この改正は基礎年金との平仄を合わせて整合性を保つために行われた．すなわち1985年改正は，全国民に共通の基礎年金を導入し，65歳になれば一律に国民年金から老齢基礎年金が支給されるため，それとの均衡上，厚生年金保険の適用範囲（被保険者の範囲）も65歳未満の者とし，65歳以上の者は年金受給者と整理した[78]．かねてより在職老齢年金制度の導入によって退職年金的な性格に代えて老齢年金的な性格が強まっていたが，この改正は，在職・退職にかかわらず65歳に到達すれば年金を支給するとし，厚生年金に老齢年金的な性格を決定づけたといえる．

オ　在職老齢年金制度の問題点

かくして在職老齢年金制度は60歳代前半を対象とする低在老に限られたが（附則8条1項3号，11条），低在老の問題も顕在化していた．すなわち在職老齢年金制度は，賃金収入が上がっても，年金と賃金との総額は増加しない（場合によっては減少する）ため，就労を抑制していたのである[79]．この背景には年金水準の向上が関係しているだろう[80]．というのも1960年代後半以降，改正の度に年金の給付水準は改善され，1973年には物価スライドや賃金

---

77) 従来厚生年金の被保険者資格には年齢要件がなかったが，1985年改正は被保険者を「適用事業所に使用される65歳未満の者」と規定し，年齢要件を加えた（厚年法9条）．厚生年金の被保険者を65歳未満に限定したのは，①65歳は一般的な引退年齢であること，②自営業者の場合は65歳になるといくら稼得収入があっても国民年金から満額の老齢基礎年金が支給されるのに対し，被用者は在職する限り年金が支給停止されるのはアンバランスであること，③老齢基礎年金は加入期間40年，月額5万円（昭和59年度価格）が最高で，それ以上加入しても年金額は増やせないことからである（厚生省年金局監修［1999］357頁）．

78) 法研編［2002］461頁．

79) 岩村［1998］327頁，関［2006］154頁．

80) 国民のサラリーマン化によって被用者年金の加入期間が伸長したことも関連する（江口隆裕教授の指摘による）．

スライドも導入されて，年金水準の実質的な価値が保障されていたため，年金はもはや在職老齢年金制度が導入された当初のような低水準ではなくなっていたからである．一定水準の年金が支給されるのであればそもそも就労する必要はなく，就労すれば年金額が減額されるのであればなおさら就労インセンティブは下がる．この問題に対して年金審議会は，「厚生年金の在職老齢年金については，高齢者の就労意欲を阻害しないよう，年金と賃金との合計が，賃金の上昇に応じて増加するように仕組みを改めるべきである」と提言した[81]．

カ　在職老齢年金制度の改正

そこで，1994年改正は低在老の支給停止額の計算方法を，賃金の増加に応じて，賃金と年金（定額部分と報酬比例部分の両方）の合計額も増額するように変更した（1994年法律95号附則21条）．具体的には賃金収入がある場合には年金額を20％停止し，20％の減額後の年金と賃金の合計額が月22万円に達しない場合はそれ以上停止しないが，22万円を上回る場合は超えた分について賃金の増加2に対して年金額1を停止することにした．さらに賃金が34万円を超える場合にはそれを超えて賃金が増加した分だけ支給停止するとした（附則11条1項2項）．こうして就労意欲促進型の制度設計に変更された．

同じく1994年改正は，従前あまり語られていないが，低在老の条文上の枠組みにも根本的な変更を施したように思われる．端的にいえば，特別支給の老齢厚生年金（60歳代前半）の要件から退職を完全に撤廃した．従前の法律では，年金の支給要件を定める附則8条1項のうち，1号と2号は「被保険者資格の喪失」（退職要件）を，3号は「被保険者のときは低賃金であること」（稼得要件）を要求していた．こうした規定によって年金の支給には原則として退職が必要であるが，例外的に低賃金の場合には退職不要と規律していた．1994年改正はそれを変更し，年金の支給要件を，「60歳以上であること」，「1年以上の被保険者期間を有すること」，「保険料納付済期間と保険料免除期間とを合算した期間が25年を満たすこと」の3つに整理した（附則8条）．支給要件の充足という従来の入口規制を撤廃し，一定の年齢が来れば支給要件は充足するとして年金の受給権を発生させ，その上で在職する場

---

[81]　年金審議会「国民年金・厚生年金保険制度改正に関する意見」（1993年10月12日）．

合に支給停止をかけることで賃金との調整を図った. こうした条文構造の変更は実際上の効果に変化をもたらすものではないが[82], 少なくとも理論的には 60 歳代前半の年金にも老齢年金的な性格を強めたといえるだろう.

キ 65 歳以上 70 歳未満への制度の復活

1985 年改正が高在老を廃止したため, 65 歳以上には満額の年金が支給されていた. しかし, こうした扱いも少子高齢化の影響を受けざるを得なくなる. 1998 年に年金審議会は, 少子・高齢化が進行し, 現役世代の負担が重くなることを考えると, 60 歳代後半の在職者に満額を支給するのは現役世代の理解を得にくいとして, (1) 保険料の負担を求めること, (2) 厚生年金 (報酬比例部分) の支給も一定の制限が適当であることという意見を提出した[83]. そこで, 2000 年改正は, 厚生年金の被保険者資格を 65 歳未満から 70 歳未満に拡大して 65 歳以上 70 歳未満の在職者にも保険料の負担義務を課し[84], 在職老齢年金の仕組みを再度導入した[85] (厚年法 46 条 1 項～3 項). もっとも, 60 歳代前半の者に比べると, 稼働能力が落ちていることや公的年金は基礎年金も含め 65 歳支給が原則であること等から, 低在老に比べて緩やかな仕組みとされた[86]. 具体的には賃金収入と老齢厚生年金 (報酬比例部分) との合計が 37 万円を超えると, 賃金の増加 2 に対して 1 の割合で支給停止した (46 条). なお, 支給停止の対象は老齢厚生年金に限られるため, 老齢基礎年金は全額支給されるし (この意味で, 自営業者との不均衡は生じていない), 70 歳を超えれば, 老齢基礎年金も老齢厚生年金も全額受給できる.

このように, 2000 年改正は, 65 歳以上 70 歳未満の在職者について厚生年金保険の被保険者として保険料を賦課・徴収し, 賃金額に応じて年金を支給停止する構成を採用した. 老齢年金的な性格が決定づけられていた年金に, 在職によって年金の一部又は全部を停止するとの意味で退職年金的な性格を舞い戻らせたといえるだろう.

---

82) 従来は, 年金の受給権が不発生であったケースが, 受給権は発生した上で支給停止されると整理された. 年金が支給されない点では同一であるが, その理由が異なる.

83) 厚生省年金審議会『国民年金・厚生年金保険制度改正に関する意見』(1998 年 10 月).

84) 2000 年改正は, 厚生年金の被保険者資格を「適用事業所に使用される 70 歳未満の者」と規定し, 年齢要件を引き上げた (厚年法 9 条).

85) この改正は, 65 歳を労働市場の「出口」と位置付けてきたこれまでの日本の雇用政策の原則を変更する重要なものといわれている (森戸 [2001] 94 頁).

86) 関 [2006] 151 頁.

ク　70 歳以上への制度の拡大等

　続く 2004 年改正はさらなる変更を加えた．予想を上回る少子高齢化の進行によって，現役世代に厳しい負担を求めていかざるを得ない中，世代間の公平性や高齢世代内の公平性の観点から，就労し負担能力のある 70 歳以降の者にも 60 歳代後半層と同様の内容で在職老齢年金制度を導入したのである[87]．被保険者資格の上限年齢は変更されなかったので，保険料の負担義務はないが，70 歳以降でも在職すれば年金が支給停止されることになった（厚年法 27 条，46 条 1 項～3 項）．在職によって年金の額が減少するので，退職年金的な色彩が一段と強められたといえよう．

　加えて，2004 年改正は，1994 年改正によって就労促進型の算定方法に切り替わっていた 60 歳代前半の低在老についてもなお改善の余地があるか否かを検討した．社会保障審議会年金部会の意見書[88]は，賃金や年金の額にかかわらず，在職すると一律に年金を 20％支給停止する制度では，就労に抑制的に機能し，低賃金での就労を促進するから，就労を阻害せず，働くことに中立な制度とするために，20％支給停止する仕組みを廃止する案を提案し[89]，それが採用された（厚年法附則 11 条，11 条の 2，11 条の 3，改正後の国民年金法等の一部を改正する法律（1994 年法第 95 号）附則 21 条 1 項）．特別支給の老齢厚生年金のうち，定額部分の支給開始年齢が徐々に引き上げられる中で，報酬比例部分だけでは比較的低額になる場合が多いことが考慮されて，20％の一律支給停止が廃止されたのである[90]．この在職を促す改正は，退職年金的な性格を後退させる改正として位置付けられるだろう[91]．

ケ　まとめ

　このように，厚生年金保険の創設当初は，退職要件が必須とされ，退職年金として位置付けられていたが，年金の給付水準の低さや高齢者の低賃金の問題を端緒として在職老齢年金制度が導入され，年金に老齢年金的な性格が

---

87)　社会保険研究所編［2004］73 頁．導入によって就労抑制の問題も懸念されている（関［2006］158 頁）．
88)　社会保障審議会年金部会は，2003 年 9 月 12 日に『年金制度改正に関する意見』を提出した．
89)　「多様な働き方に対応できる中立的な年金制度を目指して　雇用と年金に関する研究会報告（2003 年 3 月）」．
90)　社会保険研究所編［2004］66 頁以下．
91)　関［2006］155 頁．

加えられた．そして，1985 年改正は，高在老を廃止することで，65 歳以上に支給する年金には老齢年金的な性格があることを確固たるものにした．他方，60 歳代前半に支給する低在老に関しては，年金水準の向上を 1 つの背景として，就労インセンティブを阻害するとの新たな問題が提起され，その解消のために支給停止額の算定方法を立て続けに変更している．さらに，2000 年改正は 65 歳以上 70 歳未満の在職者に，2004 年改正は 70 歳以上の在職者にも，在職老齢年金制度（高在老）を改めて導入し，退職年金的な発想への揺り戻しを図った．こうした在職老齢年金制度の仕組みは，社会保険の給付に所得要件を課すようなものであり，社会保険の意義を損なうとの問題[92]も孕んでいる．在職老齢年金制度は，一方で高齢者の就労を阻害しないように，年金を支給する方向での改正（老齢年金的な構成）と，他方で賃金収入等のみで生活する現役世代とのバランスや年金財政の健全化・安定化の観点から支給を制限する方向での改正（退職年金的な構成）がたび重なり，相反する要請の中でせめぎ合い，折り合いを付けながら，退職年金的な構成と老齢年金的な構成の中間的な手法として現在に至っている[93]．

　結局，現在では年金の取得に被保険者資格の喪失（退職）は不要であり，一定以上の賃金があると，年金額の一部又は全部が支給停止される枠組みがとられている．

---

[92]　70 歳以上への在職老齢年金の仕組みの導入に関しては，「社会保険方式（拠出制）に依拠する厚生年金保険制度において，年金の受給に所得要件を付すことは，社会保険の意義を損なう」という疑問が呈されている（岩村［2005b］48 頁）．その一方で，在老制度は，所得制限のようにみえるが，賃金を得ている者の年金を支給停止する制度であって，所得制限とは異なるとの指摘もある（堀［2013b］46 頁）．所得を受給権発生の要件にすることと受給権を発生させたうえで支給停止にすることは，理論的には異なるが，給付が得られない効果は同一であり，両者を区別する意義を検討する必要がありそうである．

[93]　在老制度については就労意欲阻害効果や賃金抑制効果だけで判断すべきではなく，公的年金の趣旨目的，被用者に対する老後の年金の基本的考え方に沿って検討する必要があるとした上で，年金全額不支給案と年金全額支給案の過不足を補うところに意義を見出し，積極的に評価する見解（堀［2013b］46 頁）や，引退要件の全廃も，引退要件の厳格化も，どちらも社会的に不公平感を生じさせるので，高齢者の就労意欲をできるだけ阻害しないような形で引退要件を課すために在老の複雑な仕組みがあると説明する見解（森戸［2001］102 頁以下）がある．他方，高齢者雇用を促進するために在職老齢年金制度の廃止を主張する見解もある（関［2009］234 頁以下，江口［2013］37 頁）．

　賃金と年金の調整は必要としつつ，老齢厚生年金の保険事故を明らかにした上で，その保険事故の原則的取扱いから当該調整がどの程度逸脱するか，その逸脱はどう正当化できるかという観点から議論の必要性を訴える見解に，嵩［2012a］224-225 頁がある．

第2節　現行の公的年金制度

　以上の立法の経緯を踏まえて現行の公的年金制度を検討しよう．現在のわが国の公的年金制度は，全国民をカバーする国民年金（老齢基礎年金）と，被用者を対象に老齢基礎年金を上乗せする厚生年金保険（老齢厚生年金）との二層構造である．老齢基礎年金には，基礎的な生活を保障する機能が，老齢厚生年金（報酬比例年金）には，退職後に落ち込む生活水準を従前の生活に近づける機能がある[94]．

I　国民年金制度

1　概　要

　国民年金の事業は，政府が管掌し（国年法3条），行政機関の中でも厚生労働省が所管する（厚生労働省設置法4条1項99号）．したがって，国民年金に関する権限は基本的に厚生労働大臣に属する．もっとも，大臣の権限・事務の多くは，日本年金機構に委任又は委託される（国年法109条の4，109条の10）．

　被保険者には第1号被保険者，第2号被保険者，第3号被保険者の3種がある．第2号被保険者は，被用者年金各法（厚生年金保険法，国家公務員共済組合法，地方公務員等共済組合法，私立学校教職員共済法）の被保険者，組合員又は加入者である．第3号被保険者は，第2号被保険者の配偶者であって，主として第2号被保険者の収入により生計を維持する者のうち，20歳以上60歳未満の者である．第1号被保険者は，日本国内に住所を有する20歳以上60歳未満の者であって第2号・第3号被保険者でない者である（同法7条）．主として農林漁業者を含む自営業者，学生，無職者等が第1号被保険者に該当する．第1号被保険者と第3号被保険者には年齢要件があり，60歳に到達すると，自動的に被保険者資格を喪失する[95]．

---

94)　堀［2013a］14頁．

2 財　源

国民年金制度の財源には，保険料，国庫負担，基礎年金拠出金の3つがある．

(1) 保険料

第1号被保険者は，2015年度現在で月額1万5590円の定額保険料を納付する義務がある（87条，88条）．保険料には，6カ月分，1年分，2年分の前納制度があり，前納すると一定額が控除される（93条2項）．国民年金の保険料については，経済的な理由等で一時的に保険料を納められない場合もあることから，保険料免除や猶予の仕組みが用意されている．

　ア　保険料免除制度

免除制度には，法定免除（89条）と申請免除（90条，90条の2）があり，前者の要件に該当する場合は当然に保険料の納付義務が免除されるが，後者についてはその適用を希望する場合，厚生労働大臣に対して免除申請をして決定を受ける必要がある．免除決定によって，保険料納付義務が免除されるだけでなく（全額・半額・4分の3・4分の1という種類がある），年金の受給資格期間に反映されるし（26条），さらに免除期間については（免除された割合に応じて）国庫負担分に相当する給付を得られる（年金の算定基礎，27条参照）．免除制度の多段階化に伴って老齢基礎年金の算定方法も低所得者への片面的な形ではあるが多段階化されている[96]．

　イ　保険料猶予制度

他方，保険料の猶予制度には学生納付特例制度[97]と納付猶予制度[98]とがあ

---

95) 60歳に到達すると国民年金の被保険者資格を自動的に失う一方（国年法7条1項1号，9条3号），年金の支給開始年齢は65歳であるため，60歳から65歳は任意加入をしない限り（附則5条1項2号），被保険者でも受給者でもない受給待機期間となる．待機期間は，国民年金の対象者は一般的に60歳までは保険料の負担が可能であるが，60歳を超えれば次第に稼得能力が減退し，65歳に達すれば稼得活動が困難になると考えられたので設けられたが（有泉・中野編［1983］64頁），近年，国民年金の被保険者資格を65歳までに延ばす案が浮上している（日本経済新聞2014年2月26日）．支給開始年齢の引上げの前に国民年金の加入期間の伸長を検討すべきとの指摘に江口［2014b］33頁がある．

96) 定額保険料では逆進性の問題があるので，免除制度の多段階化によって事実上応能負担化を実現できると積極的に評価する指摘に菊池［2000］176頁，中野［2012］205頁等がある．
　　免除の多段階化や老齢年金の算定方法の多段階化は，従来の老齢基礎年金の基本的な発想から離れ，所得階層の低い被保険者層について定額保険料・定額年金給付という基本設計を断念するもので，老齢基礎年金の制度の在り様に相当重要な変更を加えるものと指摘する見解に岩村［2005b］45頁がある．

る．法律上はこちらも「免除」と規定されるが，先の免除とは法的効果が異なるため，「猶予」とする．すなわち，猶予の場合も保険料納付義務が免除され，年金の受給資格期間に反映される（5条4項，26条）．しかし，免除と異なり，給付には反映されず（27条8号），いわゆる合算対象期間（カラ期間）になるにとどまる．

　ウ　追　納

　免除や猶予を受けた場合は，厚生労働大臣の承認を得ることで，納付が不要となっていた保険料を追納できる（94条1項）．追納すれば保険料は納付されたとみなされ（94条4項），追納できるのは承認の日の属する月から起算して10年である．保険料債務の時効は2年であるため（102条4項），滞納した場合には，2年の経過によって保険料の支払いができなくなる[99]ところ，免除や猶予を受けていれば，10年前の保険料の支払いも許される．もっとも，時限措置ではあるが，時効消滅した場合でも，過去5年に限って後納する仕組みがあるため，この仕組みが機能する間[100]は，免除や猶予を受けた場合との実質的な差は5年に限られる．

(2) 国庫負担

　国庫負担は，従来，基礎年金の給付に要する費用総額の3分の1に相当する額であったが，2004年改正によって，2分の1に引き上げられた[101]（国年法85条1項1号，厚年法80条1項）．

---

97) 家族の所得にかかわらず，学生本人の所得が一定以下の場合に，在学中の保険料納付が猶予される（国年法90条の3）（2000年改正により導入）．

98) 非正規雇用の若年者が低所得である一方，世帯主が低所得でない限り，保険料免除の対象から外れ，親が成人した子の保険料を負担する事態が生じていたことから，若年者納付特例制度が2004年に設けられた．30歳未満の第1号被保険者について，同居する世帯主の所得にかかわらず本人と配偶者の所得が一定以下の場合に保険料納付を猶予するものである（2004年法律104号附則19条，2015年6月までの時限措置，その後，2025年6月までに延長（2013年法律63号附則19条2項））．

　最近では，全年齢層に非正規労働者が増加したので，30歳から50歳までの者も納付猶予できるように制度が改正された（2014年法律64号附則14条，2016年7月から2025年6月までの時限措置）．

　猶予期間は，受給資格期間としてカウントされても，追納されない限り，その期間分の年金は支給されないため，追納の必要性を呼びかける等，年金教育が不可欠である．

99) 滞納等の場合に保険料を支払えなくなる追納禁止原則の理論的根拠として，倉田教授は，「納付期限を守ることでリスク分散にまじめに参加していた他の被保険者（＝保険集団）の正当な行為を台無しにするアンフェアな行為」であるからと述べている（倉田［2009］184頁）．

(3) 基礎年金拠出金

　基礎年金拠出金は，被用者保険の保険者が厚生年金保険の保険料等を原資に負担する[102]．いいかえれば，第2号被保険者，第3号被保険者には，国民年金の保険料は課されず（国年法94条の6），第2号被保険者とその事業主が負担する厚生年金保険の保険料に含まれる．厚生年金保険から国民年金への財政調整が基礎年金拠出金の形で行われている．

3　給　付

　国民年金制度の高齢期の所得保障には老齢基礎年金がある．65歳を支給開始年齢とするが，一定の要件を満たすと，繰上げ支給や繰下げ支給が可能である．

(1) 原　則

　老齢基礎年金の支給要件は，以下の3つである（26条）[103]．

　① 保険料納付済期間又は保険料免除期間を有すること
　② 65歳に達すること
　③ 保険料納付済期間と保険料免除期間とを合算した期間が25年以上であること[104]

　なお，③要件との関係では，学生納付特例制度や若年者納付猶予制度を受けた期間が合算対象期間（カラ期間）となる他，日本人や永住権を有する外

---

100) 2015年10月から2018年9月30日までであり，後納するには厚生労働大臣の承認を受ける必要がある（2014年法律64号附則10条）．なお，2012年10月から2015年9月30日までは過去10年分の保険料を後納することができた（2011年法律93号附則2条1項）．
　　納付期限を守ることでリスク分散にまじめに参加していた者との間の不公平をもたらすこと，および保険料を納めるべきときに納めなくても後で救済されるという一種のモラル・ハザードを引き起こし，保険料の納付意欲にかえって悪影響を与えうることを考慮して，安易にとるべきではないとの見解に堀［2009］374頁以下，中野［2012］206頁がある．
101) 2014年から消費税増税（8％）による税収が基礎年金の国庫負担2分の1の維持にあてられている（2012年法律62号（以下，「年金機能強化法」という）8条によって改正された2004年法律104号附則16条）．
102) 基礎年金の給付に要する費用の総額に，国民年金の被保険者総数に対する当該被用者年金制度の被保険者・組合員・その被扶養配偶者の総数の比率を乗じて得た額である（国年法94条の3第1項）．
103) 要件の充足により法律上当然に年金の受給権は発生するが，年金の支給には，受給権者による厚生労働大臣への裁定請求と，大臣による裁定が必要である（国年法16条）．裁定は，年金受給権が存在することを公的に確定する処分（確定行為・確認行為）である．

国人が海外で暮らす期間も，合算対象期間（カラ期間）となる（附則7条1項，5条1項3号）．

　従来，80万4200円とされていた老齢基礎年金額（年額）は，2004年公的年金改革によって「78万900円に改定率を乗じて得た額」と変更され（27条），同時にマクロ経済スライド[105]が導入された．年金額が増えない経済状況下ではマクロ経済スライドは発動されていなかったが[106]，2015年4月より初めて発動された[107]．なお，過去にマイナス改定が行われなかったため，本来支給されるべき水準より高い水準の年金が支給されてきたが，現在，その解消がなされているところである[108]．

　年金の支給額は，2015年度現在で，年額78万100円（月額6万5008円）である[109]．この額は，保険料納付済期間が480カ月（40年）の場合である（満額年金）ため，保険料納付済期間がこれに満たないと保険料納付済期間および保険料免除期間の長さに応じて減額される（27条）．保険料の免除を受けた期間・部分については国庫負担相当分だけが支給されることは既述のとおりである．なお，基礎年金の支給額は，高齢者世帯に支給される生活保護における生活扶助の支給額を念頭に設定されている[110]．

---

104) 納付した保険料に応じた給付を行い，将来の無年金者の発生を抑えるという観点から，受給資格期間が10年に短縮される（年金機能強化法2条により改正される国年法26条）．当初は2015年10月の施行を予定していたが，消費税率の引上げ延期を踏まえて，2017年4月に施行される予定である．

105) 社会全体の保険料負担能力の伸びを年金改定率に反映させることで給付水準を調整することである（国年法27条の4，27条の5）．マクロ経済スライドについては，駒村［2005］60頁以下，および中野［2005］67頁以下参照．

106) 第1回社会保障審議会年金部会資料1-3年金に関する資料（2011年5月23日），中野［2012］197頁．

107) 2015年度については物価・賃金の上昇に合わせると年金の支給額は2.3％増となるはずであったのが，マクロ経済スライドによる0.9％と過去の物価下落時に年金額を下げなかった払い過ぎの特例措置の解消に向けた0.5％（注（108）参照）がそれぞれ差し引かれ，0.9％増にとどまった．

108) 世代間公平の観点から年金額の特例水準（最大2.5％）は2013年度から2015年度までの3年間で解消されている（国民年金法等の一部を改正する法律等の一部を改正する法律（2012年法律99号））．

109) 第1号被保険者・任意加入被保険者は，定額保険料に加えて付加保険料（月額400円）をプラスして納付すると（国年法87条の2），老齢基礎年金に付加年金（200円×付加保険料納付月数）が上乗せされる（国年法43条，44条）．

110) 第1回社会保障審議会年金部会資料1-3年金に関する資料（2011年5月23日），中野［2012］197頁．

(2) 繰上げ・繰下げ制度

国民年金における65歳という支給開始年齢は，制度の対象である農林漁業を含む自営業者等がその生産活動から引退し，一般的に所得能力がなくなるであろう年齢を推定した上で設定された[111]．しかし，生産活動からの離脱については極めて個人差が大きいことから，申し出によって60歳から65歳までの間に支給開始を認める繰上げ支給（附則9条の2）と65歳から70歳までの間に支給を遅らせる繰下げ支給（28条）がある．現在では厚生年金保険にも同様の措置があるが，制度発足当初は国民年金に固有の措置であった[112]．

繰上げ・繰下げ支給制度は，年金財政に影響を与えない範囲で支給開始年齢に弾力性を持たせるために導入された[113]．平均余命まで生存することを前提に，支給期間の長短が年金財政に中立的になるよう数理計算して支給額が決められる．したがって，年金の支給を繰り上げると支給期間が長くなるので年金額は減額され，他方，繰り下げると支給期間が短くなるので増額される．1カ月繰り上げる毎に，年金月額の0.5％が減額され（附則9条の2第4項，国年令12条の2），1カ月繰り下げる毎に，0.7％分が増額される（国年令4条の5第1項）．減額あるいは増額された年金額は，生涯続く．

4 その他の給付

日本国籍を有しない者には脱退一時金の仕組みがある（国年法附則9条の3の2）．これは，老齢年金の受給資格期間を満たさないために，保険料を納付しても給付が得られない問題への措置として1994年改正によって始まった[114]．対象者は，日本国籍を有しない者で，国民年金の被保険者ではない者である（附則9条の3の2）．要件は，第1号被保険者としての保険料納付済期間が6カ月以上あること，老齢基礎年金その他の老齢給付の受給資格期間を満たしていないことである．もっとも，日本国内に住所を有する場合や国民年金の被保険者資格を喪失した日から起算して2年を経過した場合等に

---

111) 有泉・中野編［1983］62頁，68頁．
112) 有泉・中野編［1983］62頁．
113) 有泉・中野編［1983］68頁．
114) 手塚［2005］322頁以下，髙畠［2008］15頁以下，岩村［2007］107頁以下．

は請求はできない．

脱退一時金の支給額は本人負担分保険料に相当する．もっとも，上限があり，保険料納付済期間が36カ月を超える場合には一律となる．脱退一時金の支給を受ける場合には，その額の計算の基礎となった期間は，被保険者でなかったものとみなされる[115]．

Ⅱ　厚生年金保険制度

1　概　要

厚生年金保険は，政府が管掌する（厚年法2条）．国民年金事業と同じく，厚生労働省が所管し（厚生労働省設置法4条1項98号），厚生年金保険に関する権限は，基本的に厚生労働大臣に属する．もっとも，大臣の権限・事務の多くは，日本年金機構に委任又は委託されている（厚年法100条の4, 100条の10）．

厚生年金保険の被保険者は，適用事業所に使用される70歳未満の者である[116]（9条）．

2　財　源

厚生年金保険の財源は労使折半の保険料であるが，保険料の徴収等には標準報酬制度が利用されている．

(1) 標準報酬制度

標準報酬制度とは，実際に被保険者が受け取る報酬（賃金や賞与[117]）を基礎に設定される報酬で，報酬額に応じて定型化し，かつ1年間その報酬額を

---

115) そのため，脱退一時金を受給すると，社会保障協定における年金加入期間の通算対象から外される．
116) 現在，短時間労働者は，通常の就労者の所定労働時間，所定労働日数の4分の3以上働く場合に，厚生年金の適用対象（国民年金の第2号被保険者）となり，年間年収が130万円未満で配偶者が厚生年金等の被用者保険の被保険者である場合には国民年金の第3号被保険者となる（根拠：4分の3基準について昭和55年6月6日各都道府県保険課（部）長あて内かん，第3号被保険者の認定基準について昭和61年3月31日庁保発第13号都道府県知事あて通知参照）．年金機能強化法によって，2016年10月からは短時間労働者に対する厚生年金の適用が拡大される．①1週間の労働時間が常勤の1週間の所定労働時間の4分の3以上であるもの又は，1カ月の所定労働日数が常勤の1カ月の所定労働日数の4分の3以上であるもので，②週20時間以上，③勤続期間1年以上，④月額賃金8.8万円以上で，⑤学生でない場合に厚生年金保険の被保険者となることが法定された（中小零細事業所への適用は猶予）．もっとも具体的な法律では適用除外の形で規定されている（年金機能強化法3条によって改正される厚年法12条6号）．

用いることで，大量の事務を正確かつ迅速に処理するためのものである．

標準報酬月額は，原則として毎年4～6月の報酬を基礎に厚生労働大臣が決定する（21条）．現行法では，最低額を9万8000円[118]（第1級），最高額を62万円（第30級）とする[119]（20条1項）．どれほど賃金が少なくても9万8000円とみなされ，逆にどれほど高額でも62万円とみなされる．低所得者にも一定以上の給付を確保する観点から下限が設けられ[120]，上限は高額所得者および事業主の保険料負担に対する配慮及び保険給付額の上で格差が広がりすぎないために設けられている[121]．

他方，標準賞与額は，1000円未満を切り捨てた上で厚生労働大臣が決定する賞与額であり，上限は150万円である（24条の3）．

(2) 保険料

厚生年金保険の保険料は，標準報酬月額と標準賞与額に，保険料率16.766％（2014年9月から2015年8月分：81条4項）を乗じて算出される（81条3項）．保険料は，被保険者と事業主による折半の負担であり，事業主に納付義務がある[122]（82条）．

3 給 付

厚生年金保険制度の高齢期の所得保障には老齢厚生年金があるが，既にみたとおり，老齢厚生年金には，65歳から支給される「本来支給の老齢厚生年

---

117) 従来，賞与には保険料が賦課されていなかったが，1994年改正は，給付に反映されることのない1％の特別保険料を課し，その後，2000年改正は，月給と同一の保険料率で賞与にも保険料を課し，給付にも反映させる総報酬制を導入した（厚年法24条の3，43条1項，81条3項）．
118) 最低額は，直近の地域別最低賃金の最低値に，直近のサービス業を除く調査産業計（事業所規模5人以上）の出勤日数の平均を乗じて算定されている（社会保障審議会 短時間労働者への社会保険適用等に関する特別部会（第1回）参考資料Ⅰ（制度関係）106頁）．
119) 2016年10月から，標準報酬月額表の等級が31等級になり，最低額（1級）が8万8000円に変更される（年金機能強化法3条で改正される厚年法20条1項）．
120) 社会保障審議会 短時間労働者への社会保険適用等に関する特別部会（第2回）における年金課長の発言及び説明資料（2011年9月21日）5頁参照．
121) 有泉・中野編［1982］58頁．なお，社会保障審議会 短時間労働者への社会保険適用等に関する特別部会（第2回）における年金課長の発言及び説明資料（2011年9月21日）5頁では，高所得であった人の年金額が余り高くならないように配慮して上限が設定されると説明されている．
122) 使用者は，前月の標準報酬月額に係る保険料を控除できる（賃金全額払い原則の例外：労基法24条1項，厚年法84条1項）．

金」と，60歳以上65歳未満の者に支給される「特別支給の老齢厚生年金」の2種類がある[123]．さらに一定の要件を満たす場合には繰上げ支給や繰下げ支給が可能である．

(1) 本来支給の老齢厚生年金

まず，本来支給の老齢厚生年金は，報酬比例部分の年金で，支給要件は以下のとおりである（46条）．

① 厚生年金の被保険者期間を有すること
② 65歳以上であること
③ 保険料納付済期間と保険料免除期間とを合算した期間が25年以上あること[124]

老齢厚生年金は，標準報酬月額や標準賞与額が高いほど高くなる報酬比例の年金であるが，具体的には以下のように決定される．すなわち第1に各月の標準報酬月額と標準賞与額の合計に，再評価率[125]を乗じて得た数値を，2003年4月以降の被保険者期間の月数で除して，全被保険者期間の平均標準報酬額を算出する．第2に算出された全被保険者期間の平均標準報酬額に，給付乗率[126]（5.481/1000）を乗じ，さらに被保険者期間の月数を乗じる（アとする．厚年法43条）．2003年4月以前は，賞与額は，算定基礎ではないため，それを外した上で上述と同じ計算をし（給付乗率は，7.125/1000である），算出する（イとする）．アとイの合計額が年金の年額となる．

2004年公的年金改革によって再評価率は国民年金における改定率と同様の仕組みで決まることとなり，同改革で導入されたマクロ経済スライドもようやく[127]2015年4月より発動されたところである．現在，特例水準の解消を行っているのは基礎年金と同様である[128]．

---

123) 老齢厚生年金も受給権者による裁定請求と厚生労働大臣による裁定を経て，年金が支給される（厚年法33条）．
124) 国民年金と同じく，将来の無年金者の発生を抑えるために，受給資格期間が10年に短縮される（年金機能強化法3条により改正される厚年法42条2号）．消費税率の引上げ延期を踏まえて2017年4月に施行予定である．
125) 過去の標準報酬額が賃金の変動によって現在価値とは異なるため，現在価値に直すための係数である（堀［2013a］201頁，250-251頁，397頁）．
126) 年金水準を決定するための係数である（堀［2013a］397頁）．2003年4月以降，給付乗率が7.125から5.481に下がるのは，算定基礎に賞与額を加えた上で年金水準を一定に保つためである．
127) これまで発動されていなかったことについては嵩［2012a］217頁．

老齢厚生年金の受給権を取得した後も就労を継続する場合には，70歳までは厚生年金への加入が強制されるため，保険料の負担義務が課される．もっとも，その期間は当面，年金額の算定基礎には含まれず（43条2項），確定的に就労を辞めたとき，すなわち被保険者資格を喪失し，かつ被保険者となることなく被保険者資格を喪失した日から起算して1カ月を経過したときに，在職期間中の保険料納付をも基礎とした年金額に改定される．これを「退職時改定」という（43条3項）．

(2) 特別支給の老齢厚生年金

他方，特別支給の老齢厚生年金は，報酬比例部分だけでなく，定額部分も支給していた．しかし，両者共に支給開始年齢の引上げが決定されており，2015年4月2日現在では，定額部分の引上げは男性については終了し（男性には定額部分はもう支給されない），女性は引上げ中で64歳が支給開始年齢の下限である[129]．報酬比例部分については男性が引上げ中で61歳が下限であり，女性については2018年度から引上げが開始される．こうした①年齢要件の他に，②厚生年金の被保険者期間が1年以上あること，③保険料納付済期間と保険料免除期間とを合算した期間が25年以上あること[130]，が必要である（附則8条，8条の2第1項2項）．

特別支給の老齢厚生年金の年額は，男性については以下の報酬比例部分であり，女性については以下の定額部分の額と報酬比例部分の額を合算した額である（1994年法律95号附則18条〜20条）．

- 報酬比例部分＝平均標準報酬(月)額×給付乗率×被保険者期間の月数
- 定額部分　　＝1628円×被保険者期間の月数×改定率

(3) 繰上げ・繰下げ制度

現在では，厚生年金保険にも繰上げ支給制度と繰下げ支給制度がある．支給開始年齢の引上げによる激変を緩和し，支給開始年齢が引き上げられた者の60歳代前半の生活を保障するために[131]，本来支給の老齢厚生年金には繰上げ支給制度が用意されている[132]（厚年法附則7条の3第1項，13条の4第1

---

128) 注（108）参照．
129) 坑内労働者と船員労働者に対する特例は廃止されたが，経過措置が適用中である（制定法附則8条の2第3項）．
130) 2017年4月から受給資格期間は10年に短縮される予定である（厚年法附則8条3号，年金機能強化法3条により改正される厚年法42条2号）．

項).1カ月繰り上げる毎に,年金額は 0.5 ％減額され(附則 7 条の 3 第 4 項,13 条の 4 第 4 項,厚年令 6 条の 2,8 条の 2 の 3),これが生涯続く.ただし,繰上げ後に,就労して厚生年金に加入した期間分の年金は減額されない.

他方,65 歳以上の老齢厚生年金の受給権を有する者は,厚生労働大臣に申し出ることで支給を繰り下げられる[133](厚年法 44 条の 3 第 1 項本文).繰下げ支給制度は,1985 年改正時に一旦導入されたが[134],2000 年改正による 60 歳代後半への在職老齢年金制度の創設に伴って廃止されていた.しかし,再び 2004 年改正によって 65 歳以降の繰下げ支給制度が導入された.というのも,さらなる高齢者の就労が見込まれると共に,実際に引退後の年金受給を望む人が増えていくと考えられたからである[135].自らの引退年齢を自分自身で選択できるように繰下げ支給制度が復活した.

繰下げ可能な期間は,最長 5 年である(厚年令 3 条の 5 の 2 第 1 項).老齢基礎年金との併給はできるが,他の年金との併給はできない.1 カ月を繰り下げる毎に,年金額が 0.7 ％増額される(厚年法 44 条の 3 第 4 項,厚年令 3 条の 5 の 2 第 1 項).

4 在職老齢年金制度

厚年法には年金受給者が就労をすると,年金の一部又は全部が支給停止される在職老齢年金制度がある(厚年法 46 条 1 項).在職老齢年金制度には,今のところ,60 歳以上 65 歳未満を対象とする「低在老」と 65 歳以上を対象とする「高在老」とがあるが,低在老は特別支給の老齢年金の廃止(つまり,

---

131) 堀[2013a]384 頁.
132) 65 歳になる以前に(繰上げ支給の老齢厚生年金や特別支給の老齢年金の形で)年金を支給している際に,退職し,ハローワークで求職の申込みをすると基本手当を受給でき,申込みをした月の翌日から受給を終了するまで,年金の全額が支給停止される(繰上げ支給との調整は厚年法附則 7 条の 4 第 1 項,特別支給について同法附則 11 条の 5).65 歳以後に退職する場合は一時金(基本手当日額の 50 日分)が支給され,年金の支給停止はない.
133) 特別支給の老齢厚生年金は,繰下げ支給の申し出をすることができない(厚年法附則 12 条).
134) 導入の背景には,①従前から国民年金には繰下げ支給制度があったところ,老齢厚生年金と老齢基礎年金は,一体として支給されるものであることや,②65 歳以上のものは 1985 年改正以降,在職中でも年金の受給権が発生することとなったが,老齢を支給事由とする年金給付を真に必要とする時期は退職後であるケースもありうると考えられるようになったことがあった(法研編[2002]692 頁).
135) 社会保険研究所編[2004]71 頁.

年金の支給開始年齢の引上げ）にしたがって将来的にはなくなる．低在老は低賃金の在職者の生活を保障するために支給する仕組みであり（低所得者在職老齢年金），高在老は高賃金の在職者の年金を支給停止する仕組みである（高年齢者在職老齢年金）[136]．

低在老[137]は，標準報酬相当額に応じて報酬比例部分と定額部分の両方を含みうる特別支給の老齢厚生年金を支給停止するものである．具体的には，在職中でも総報酬月額相当額と老齢厚生年金（特別支給）の月額の合計が 28 万円[138]未満の場合には，支給停止されずに済み，全額支給されるが，合計が 28 万円を上回る場合には，賃金の増加 2 に対して年金額 1 が停止される．総報酬月額相当額が 46 万円[139]を超える場合には，さらに総報酬月額相当額が増加する分だけ年金が停止される．

他方，高在老は，報酬比例部分に相当する本来支給の老齢厚生年金だけを支給停止するものであり，低在老に比較して緩やかである．具体的には総報酬月額相当額と老齢厚生年金の月額の合計が 46 万円以下の場合には支給停止されないが，46 万円を超える場合には賃金の増加 2 に対して年金額 1 が支給停止される．

5　その他の給付

厚生年金保険にも国民年金と同様，日本国籍を有しない者には脱退一時金の仕組みがある（附則 29 条）．これは，老齢年金の受給資格期間を満たさな

---

136) 堀［2013a］386-387 頁．
137) 60 歳以上 65 歳未満の人が 60 歳時点の賃金に比べて 75% 未満の賃金で働き続ける場合は，職業生活が円滑に継続するよう，雇用保険から高年齢雇用継続給付が支給される（5 年以上の雇用保険の被保険者期間も必要．高年齢雇用継続基本給付金について雇保法 61 条，高年齢再就職給付金について同法 61 条の 2）．この受給者が併せて年金も受給している場合には，年金には 2 つの支給停止がかかる．ひとつは本文で述べた在職老齢年金制度による支給停止であり，もうひとつは上記継続給付の受給を理由とするもので最高で賃金の 6% が支給停止される（繰上げ支給の年金との調整については厚年法附則 7 条の 5，特別支給の老齢年金との調整については同法附則 11 条の 6）．
138) 28 万円は，夫婦 2 人の標準的な年金額相当を報酬月額とする現役被保険者の平均月収を基準に設定されている（厚生労働省年金局年金課発表資料「平成 23 年度の年金額，国民年金保険料，在職老齢年金の支給停止基準額等について」）．
139) 46 万円は，現役男子被保険者の平均月収を基準に設定されている（厚生労働省年金局年金課発表資料「平成 23 年度の年金額，国民年金保険料，在職老齢年金の支給停止基準額等について」）．

いために，保険料の納付が給付に結びつかない問題への経過的な措置として1994年改正によって始まった[140]．

第3節　社会保障・税の一体改革の概要

　現行の年金制度は，1985年の年金制度改革によってその基盤が敷かれた．それから25年以上が経過する中，抜本的な改革の必要性が幾度も主張されてきたが，なかなか具体化されることはなかった．そうした中で，民主党政権の発足もひとつの契機となり，社会保障・税の一体改革と呼ばれる改革[141]が議論の俎上に上がり，改革が実現されつつある．現行制度の概観にあたっても年金の受給資格期間の短縮や短時間労働者に対する厚生年金の適用拡大等について言及したが，ここでは改めて，社会保障・税の一体改革の内容について，2012年2月17日に閣議決定された社会保障・税一体改革大綱（以下，「大綱」という）をひとつの手がかりにその概要を概観したい[142]．

　大綱の内容に入る前に，改革の前提となった公的年金制度の課題を確認してみよう[143]．

①国民年金・厚生年金の加入者の変化

　　雇用の在り方が変化し，非正規雇用の就労形態が増加したことで，国民年金が自営業者のための制度から，非正規雇用者が加入する年金制度に変化している．もっとも，国民年金制度は，非正規雇用者の受け皿となっていないため，将来的に低年金・無年金となる可能性が高い．

②年金制度が雇用・就労や人生の選択に影響を与えること

　　労働時間や収入によって年金制度への適用関係が変わるため，労働者の就

---

140)　法研編［2002］954頁以下（注（114）も参照）．
141)　社会保障・税一体改革で成立した年金改革関連法案の政策担当者がその立法過程を詳らかに紹介・考察したものに和田［2014］173頁以下がある．
142)　「社会保障・税一体改革大綱」（2012年2月17日）の他に，「社会保障・税一体改革素案について」（2012年1月6日閣議報告），「社会保障・税一体改革素案」（2012年1月6日閣議報告），内閣官房社会保障改革担当室作成の「社会保障・税一体改革成案における改革項目参考資料（年金関係抜粋）」（第一回社会保障審議会年金部会2011年8月26日資料12），2011年8月26日に再開された社会保障審議会年金部会での議論等を参照している．
143)　第2回社会保障審議会年金部会2011年9月13日資料1「現在の公的年金制度の課題と改革の方向性について」参照．

業行動や事業主の雇入れ行動に影響を与えている．他方で，保険料を負担することなしに基礎年金を受給できる第3号被保険者制度があり，専業主婦の優遇との批判がある．

③低年金・無年金者の存在

老齢基礎年金の平均受給額は月 5.4 万円で，老齢基礎年金のみの平均受給額は，月 4.85 万円．無年金見込み者を含めた無年金者は最大 118 万人と推計される．

④年金制度への不信・不安

給付と負担の関係が分かりにくく，被用者年金も職域毎に分立し，官民格差がある．また，国民年金保険料の未納率の上昇により制度が破綻するのではとの不安・誤解がある．

⑤長期的な持続可能性に不安

基礎年金国庫負担財源を賄う恒久財源が確保されていないし，諸外国の動向及び高齢化の一層の進展を踏まえると将来的に更なる支給開始年齢の引上げが必要でないかと言われている．また，デフレ経済でマクロ経済スライドの発動がなく，長期的な財政安定性にも不安がある．

こうした課題に対処するために，大綱に明記されたのは新しい年金制度の創設と現行制度の改善である[144]．新しい年金制度とは，社会保険方式の「所得比例年金」と税財源で所得制限のある「最低保障年金」であるが，お蔵入りとなった可能性が高いため[145]，以下では，一部実現した現行制度の改善についてみよう．現行制度の改善点として挙げられたのは，以下の点である．

(1) 基礎年金国庫負担2分の1の恒久化
(2) 最低保障機能の強化
　(i)低所得者への加算，(ii)障害基礎年金等への加算，(iii)受給資格期間の短縮
(3) 高所得者の年金給付の見直し

---

[144] 改革の目指すべき方向性としては，①新しい仕事への挑戦や女性の就労を妨げる年金制度ではなく，働き方，ライフコースの選択に影響を与えない一元的な制度とすること，②単身高齢者，低年金者，無年金者の増大に対して，最低保障機能を有し，高齢者の防貧・救貧機能が強化された制度とすること，③国民から信頼され，財政的にも安定した制度とすることが挙げられている．

[145] 2012 年 12 月 16 日の衆議院選挙において再び政権交代が行われたため，民主党による新しい年金制度はお蔵入りしたといっていいだろう．本書が注目する現行制度の改善については既に法律となったものもあること等から今なお検討に値する．

(4) 物価スライド特例分の解消
(5) 産休期間中の保険料負担免除
(6) 短時間労働者に対する厚生年金の適用拡大
(7) 被用者年金一元化
(8) 第3号被保険者制度の見直し
(9) マクロ経済スライドの検討
(10) 在職老齢年金の見直し
(11) 標準報酬上限の見直し
(12) 支給開始年齢引上げの検討[146]
(13) 業務運営の効率化
(14) その他

　急速に少子高齢化が進展する中，年金財政の持続性を保持しつつ，低年金や無年金の問題を解決するために幅広い観点からの改善点が指摘された．大綱から読み取れる政策方針は，(2)(i)低所得者への加算，(ii)障害基礎年金等への加算や，(3) 高所得者の年金給付の見直し，(11) 厚生年金の標準報酬上限の見直し等，低所得者には厚い給付を施す一方，高所得者には負担能力に応じてより適切な負担を求め，給付を比較的抑制しようとの姿勢である[147]．公的年金制度の枠内で所得の再分配機能の強化を図ろうとしているようである．

　このうち年金関連四法[148]として既に成立した項目は，(1) 基礎年金国庫負担2分の1の恒久化[149]，(2)(iii)受給資格期間の短縮，(5) 産休期間中の保険料負担免除，(6) 短時間労働者に対する厚生年金の適用拡大等[150]と

---

146) マスコミでも注目され，多くの批判に遭った結果，大綱や改革素案（2012年1月6日閣議報告）では記述されなかったが，それらに先立つ改革成案（2011年7月1日閣議報告）の段階では，68歳から70歳へのさらなる引上げを視野に検討すると記述された．支給開始年齢の引上げが将来の課題として棚上げされた理由については，石崎［2014］55頁参照．
147) 同様の分析に，菊池馨実「厚生年金基金の方向性」3頁，第一回厚生年金基金制度に関する専門委員会 2012年11月2日資料4がある．
148) 年金関連四法とは，2012年に成立した①年金機能強化法（2012年法律62号），②被用者年金一元化法（2012年法律63号），③国民年金法等の一部を改正する法律等の一部を改正する法律（2012年法律99号），④年金生活者支援給付金法（2012年法律102号）を指す．
149) 国民年金法等の一部を改正する法律等の一部を改正する法律（2012年法律99号）による．
150) (2)(iii)，(5)，(6) の改正は年金機能強化法（2012年法律62号）による．

(7) 被用者年金一元化[151]である．これに対して，(2)(i)(ii)，(3) は衆議院での修正により法案から削除され，とりわけ (2)(i)(ii) に関しては新たな低所得高齢者・障害者等への福祉的な給付措置（年金生活者支援給付金）を講ずることとし[152]，2012 年 11 月 16 日に「年金生活者支援給付金の支給に関する法律」が成立した[153]．

なお，社会保障制度全般に関しては，時間は前後するが 2012 年 8 月に社会保障制度改革推進法（2012 年法律第 64 号）が制定され，同法を根拠に社会保障制度改革国民会議が設置された．国民会議での議論[154]を踏まえて 2013 年に成立した社会保障制度改革プログラム法[155]では，社会保障制度改革の全体像や進め方が明らかにされたが，公的年金制度に関しては，「マクロ経済スライドの見直し」，「短時間労働者に対する厚生年金の更なる適用拡大」，「高齢期の就労と年金給付の在り方」，「高所得者の年金給付の見直し」等について検討を加え，その結果に基づいて必要な措置を講ずるものとされた状況である[156]（同法 6 条 2 項）．

---

151) 被用者年金一元化法（2012 年法律 63 号）による．
152) 年金機能強化法附則 2 条の 2．
153) 2012 年法律 102 号．具体的な内容は以下のとおりである（厚生労働省年金局年金課「年金生活者支援給付金法について（上）（下）」年金実務第 2027 号（2013 年）44 頁，第 2028 号（2013 年）50 頁以下が詳しい）．すなわち，所得額が一定の基準を下回る老齢基礎年金の受給者に国民年金の保険料納付済期間及び保険料免除期間を基礎に算定される老齢年金生活者支援給付金を支給すること（1 条，2 条，3 条）と，所得の逆転が生じないように上記所得水準を上回っても，一定範囲の者に国民年金の保険料納付済期間を基礎に補足的老齢年金生活者支援金を支払うこと（1 条，10 条，11 条）が骨子である（2017 年 4 月施行予定）．老齢基礎年金の受給者でなければ給付金を受給できない点や国民年金の保険料納付済期間や保険料免除期間が基礎となり支給額が決定される点，2 カ月に一度の後払制である点（6 条 3 項），支払事務が日本年金機構に委任される点（41 条）等，この福祉的な措置は国民年金制度と密接な関係にあるといえる．もっとも，別個の法律に基づくことや財源は全額国庫負担であること（26 条）等，国民年金制度とは一線が画されているともいえる．この福祉的な給付措置については，「給付金」として本文でも触れる．
154) 年金分野については，年金関連四法によって相応の改革がなされたことを踏まえて，「長期的な持続可能性をより強固なものとする」と「社会経済状況の変化に対応したセーフティネット機能を強化する」との 2 つの要請から課題の整理が行われた（社会保障制度改革国民会議「社会保障制度改革国民会議報告書――確かな社会保障を将来世代に伝えるための道筋」（2013 年 8 月 6 日），堀［2013c］50 頁以下，菊池［2013b］118 頁も参照）．
155) 正式名称は，持続可能な社会保障制度の確立を図るための改革の推進に関する法律（2013 年法律 112 号）．
156) 2014 年 6 月 3 日には，「国民年金及び厚生年金に係る財政の現況及び見通し（平成 26 年財政検証結果）」が発表された．この内容や今後の課題については菊池［2014a］36 頁以下参照．

第4節　小　括

　第1節では，公的年金制度の沿革を辿り，現行制度の概要を確認した上で，現在も完全には議論が収束していないと思われる社会保障・税の一体改革の概要について触れてきた．本章を終えるにあたって，わが国の公的年金制度について重要と思われる点をまとめておこう．制度の概要や改革論にも触れながら，特に着目するのは，年金の基本構造に関係する保険料拠出と給付との関係，年齢要件や退職要件の帰趨といった視点である．

(1) 公的年金制度の概要

　わが国の公的年金制度は，被用者の退職による所得の喪失・減少をカバーするための養老年金を規定した1941年の労働者年金保険法にその起源があり，同法はその後，厚生年金保険法にとって代わられた．1959年には，農業従事者や自営業者らに対する年金制度を規律する国民年金制度が創設され，国民皆年金が実現した．国民年金の場合は，被保険者の性質上，退職を観念できないことから，退職は要件とはされなかった．

　その後，厚生年金保険は年金水準が引き上げられるが，国民年金は産業構造や就業構造の変化に伴い加入者数が激減し，財政基盤は不安定となる．制度の分立による不均衡を是正するために1985年に抜本的な改革が実施され，全国民に共通する定額給付の基礎年金と，それを上乗せする報酬比例の厚生年金とに整理された．この二層構造の年金制度には数々の改正が加えられるものの，現在でもその基本構造は維持されている．

(2) 国民年金制度における扶助的機能

　発足当初の国民年金制度は，定額拠出と定額給付の制度体系であり，国庫負担分も含めた給付が得られる仕組みであった．保険料の納付に困難を感じるような低所得者層にこそ，所得保障として年金が必要との考えから免除制度が当初から導入されたが，少なくとも10年の保険料拠出期間が必要であり，免除期間は年金額の算定基礎ではなく，受給資格期間として機能するにとどまった．

　しかし，1962年には低所得者への保護を厚くするために，保険料納付済期間要件は不要となり，免除期間についても国庫負担分が支給されるように改

正された．保険料の拠出なくして給付に辿り着くよう制度が変更された．その後，従来の全額免除に加えて，半額免除等，多段階免除が導入されることになる．その結果，いまや免除制度の存在によって，定額拠出・定額給付の制度体系から，低所得者に対してだけであるが拠出に応じた段階的な給付を支給する性格も有するように制度の位置付けが変更された．

　国民年金制度には，その財源に国庫が含まれること，低所得者が拠出なくして給付に辿り着ける方途があることから扶助的な機能が認められるといえるだろう[157]．最近の改革では，後述のとおり，最低保障機能のさらなる強化が模索されている[158]．

(3) 厚生年金保険の年齢要件をめぐる諸相

　わが国の公的年金制度のもうひとつの柱である厚生年金保険は，被用者を対象とする報酬比例の年金である．この厚生年金の支給要件に関しては，2点の興味深い変遷があった．それは年齢要件の引上げと退職要件の要否を軸に年金と就労をどう調整するかという問題である．

　まず，支給開始年齢要件は制度の発足当初には，定年制の存在等から55歳に設定されたが，平均余命の延長と保険財政への配慮等から1954年に60歳に引き上げられた．その後，1985年には65歳以上に支給する本来支給の老齢厚生年金（本則）と60歳以上65歳未満に支給する特別支給の老齢厚生年金（附則）とが分立して規定された．急速な高齢化によって保険財政が切迫する中で65歳へのさらなる引上げが喫緊の課題とされた結果，1994年改正は，特別支給の老齢厚生年金のうち，定額部分について65歳に段階的に引き上げ，続く2000年改正は，報酬比例部分（いわゆる部分年金）にも同様の引上げを決めた．

　こうした段階的な引上げ過程にある現在，年金財政の持続可能性の確保を図るために，さらなる引上げが検討課題として挙げられている．

---

[157] 基礎年金はやや特殊な形の社会保険方式で運営されていると解した上で，社会保険は，保険原理と扶助原理に基づき，前者の保険原理の基盤の1つに，貢献原則（貢献に応じた給付）があると指摘するものに，堀［1997］159頁，164頁がある．

[158] 扶助的な機能と最低保障機能とが同一の概念か否かは検討の余地があるかもしれないが，さしあたり類似すると考えてよいだろう．本書では改革案に触れる場合には改革案どおり，「最低保障機能」と記述する．

(4) 退職要件の帰趨から検討する厚生年金保険の性格付けの変遷

次に，退職要件についての変遷をまとめておこう．制度の発足当初には年金の支給には退職が必要と規定され，年金には退職年金的な性格が認められた．しかし，1965 年には，当時の低水準の年金と低賃金が補足しあえるように，65 歳以上の者には退職要件を一律に不要とし，在職する場合には年金の 80％を在職老齢年金として支給することにした（高在老）．その後，1969 年には 60 歳代前半の者が在職する場合で賃金が低い場合には，それを補てんするために在職老齢年金（低在老）を支給するとした．このように，年金が低くて働かざるを得ないが，働いても賃金が低い問題を解決するために，在職老齢年金の仕組みが導入され，これによって，当初の退職年金的な性格に，一定の年齢になれば年金を支給する老齢年金的な性格が加えられた．

その後，1985 年には基礎年金との整合を付けるために，高在老が廃止され，在職する場合でも 65 歳以上なら全額が支給されることになった．従来の退職年金的な性格を払拭し，老齢年金的な性格を決定づけたといえる．しかし，少子高齢化の影響から 2000 年には 65 歳以上 70 歳未満を対象に高在老が復活する．在職者には，保険料負担義務を課す（退職すれば退職時改定によって年金額に反映される）と共に，所得に応じて年金を支給停止すると整理したのである．さらに 2004 年には 70 歳以上の者に対しても，支給停止の仕組みを導入した．高在老の復活とその拡大は，1985 年に決定づけられた老齢年金的な性格から退職年金的な性格へと再び方向を転換する動きといえそうである．

その一方で，在職老齢年金制度の導入当初に比較すれば，年金の給付水準が引き上げられたため，それを 1 つの背景に制度の有する問題点が顕在化する．この制度は在職することで年金を支給停止するため，高齢者の就労インセンティブを阻害するのである．この問題に対処するために支給停止額の計算方法の変更等を立て続けに行っているが，在職すれば年金を支給停止して調整する基本的な枠組みは引き続き維持されている．そして，今なお，就労抑制の問題が根強く残っている．

退職要件の要否や在職老齢年金制度に関しては以上のような立法の経緯がみられる．理論的に考えると，そもそも年金の低水準を契機に在職老齢年金制度を導入したのであるから，支給水準が引き上げられたのであれば，むしろ制度を廃止し，退職要件を課す規律に戻せばよかったのかもしれない．そ

うすれば制度発足当初の退職年金的な性格が貫徹された．しかし，実際には制度は維持され，就労インセンティブを阻害するという別の問題を浮上させ，現在に至る．結局，厚生年金には退職によって所得の喪失・減少が生じたことで支給されるという退職年金的な性格があるのか，一定の年齢に到達したことを理由に支給されるという老齢年金的な性格があるのか，定まらないまま絶えず制度は揺れ動き，玉虫色的な位置付けが与えられているといえよう．

(5) 厚生年金保険の拠出と給付の牽連性

国民年金の拠出と給付の牽連性については既に述べたので，ここでは厚生年金保険について簡単にまとめたい．厚生年金保険は，標準報酬制度を採用し，報酬に比例した保険料を拠出することで，世代間扶養に貢献[159]したことを下に給付が決められるため，拠出と給付との間に一定の牽連性が認められる．国民年金制度にもみられる外国人への脱退一時金の制度は，年金給付に辿り着けない場合の救済策として保険料の拠出を給付に反映させる制度といえる．また，合算対象期間（カラ期間）の仕組みは，保険料納付済期間と保険料免除期間とが25年に到達しなくても，拠出分に応じた給付に導く方途として機能する．

(6) 公的年金における年齢の位置付け

国民年金制度も，厚生年金保険制度も，年金の支給要件についてはそれぞれ上述のとおり，興味深い変遷を辿る．両制度は年齢を年金支給の主たる要件とする点で共通するといえよう．（厚生年金保険制度では引上げの渦中にあるものの）共に65歳を基本的な支給開始年齢とする．もっとも，両制度には，年金額を減額した上で65歳になる以前に年金の受給を前倒しできる繰上げ支給の老齢年金と，支給を遅らせて年金の増額を図る繰下げ支給の老齢年金とが含まれる．とはいえ，繰上げは60歳以上である必要があるし，繰下げも70歳までとなっているので，年齢による枠づけがある．

こうした仕組みの結果，年金を受給しようとする者は，年金額の増減を考慮した上で，何歳から年金の受給を開始するか，自ら選択できるように設計されている．

---

[159]「年金額が納めた保険料額に比例する年金（老齢厚生年金等）は，緩やかな形ではあるが，給付反対給付均等の原則の貢献原則に即している．」との指摘に，堀［2013a］41頁がある．

(7) 社会保障・税の一体改革の概要

　昨今の社会保障・税の一体改革の大綱では，低所得者への加算等を導入して国民年金の最低保障機能の強化を図ると共に，高所得者には国庫負担相当額を調整する制度を創設しつつ，負担能力に応じてより適切な負担を求めようとしていた．大まかにいえば，こうした大綱は，公的年金制度の枠内で低所得者に手厚い給付を施す一方，高所得者には重い負担と薄い給付を実現しようとするものであった．これは，拠出と給付の牽連性には重きを置かずに，その代わりに公的年金制度内における所得の再分配機能を強化しようとする動きと評価することも可能であった．

　もっとも，衆議院での修正によって低所得者への加算や高所得者への調整は法案から削除され，前者に関しては別の法律にて国庫を財源とする福祉的な給付措置（年金生活者支援給付金）が講じられることとなり，今後はこの給付金を年金制度との関係でどのように位置付けるかが問題となりそうである．

第2章　その他の所得保障制度

　高齢期の所得を保障する中核的なツールが第1章で考察した公的年金であるとすれば，それ以外のツールには，企業年金や就労による収入，さらには公的扶助がある．本章ではそれらの制度を概観する．

第1節　企業年金[160]

　企業年金は，公的年金を補完し，上乗せ給付を提供する仕組みである．企業年金と一口にいっても，厚生年金基金，適格退職年金，確定給付企業年金，確定拠出年金，自社年金等，複数の仕組みがある．その中でも本書では，厚生年金基金と確定給付企業年金，確定拠出年金を扱う．というのも，適格退職年金は，2011年度をもって廃止されたし，自社年金は，企業毎に仕組みが異なるからである．厚生年金基金についてはいわゆる代行割れ等，厚生年金基金が抱える構造的な問題やAIJ投資顧問による年金資産消失事件を背景として，制度が見直され，基金の新設は認められず，既設の基金も解散や他の企業年金制度への移行を促す法改正がなされたところであるが[161]，健全

---

[160]　ここでは高齢期の所得保障をひとつの立法趣旨とする法制度をとりあげる．企業年金は元をたどれば退職金であり（森戸［2015］82-83頁），退職金を分割して（いいかえると年金方式で）受け取るルートには他にも中小企業退職金共済（中退共）等があるが，それらは考察対象から除外する．

[161]　厚生年金保険制度の見直し及び国民年金第3号被保険者の加入記録不整合の解消を目的として，2013年に「公的年金制度の健全性及び信頼性の確保のための厚生年金保険法等の一部を改正する法律」（平成25年法律63号）が成立した（以下では「基金改正法」とする）．基金改正法は，厚生年金保険法の本則から厚生年金基金等に関する規定（第9章106条～188条）を削除し，施行時に現存する厚生年金基金や企業年金連合会は「存続厚生年金基金」，「存続企業年金連合会」として原則，改正前厚生年金保険法の適用を受けるが，加入員だけでなく受給者・待機者への業務概況の周知も義務化される等，一部の事項について取扱いを変更した（基金改正法附則3～5条）（「厚生年金基金制度の現状と課題」週刊社会保障2739号90頁以下，石田［2013］121頁以下参照）．本書では基本的に旧厚年法の規定だけを引用する．

な基金は今なお存続し，その重要性は否定できないため取り扱うことにする．

1　厚生年金基金

　厚生年金基金制度は，厚生年金と当時普及していた企業年金・退職金との調整措置を望む使用者の声を反映して1966年に発足した[162]．加入員の老齢について給付を行い，もって加入員の生活の安定と福祉の向上を図ることを目的とする（旧厚年法106条）．

　厚生年金基金は，一定数以上の被保険者を使用する事業主が，厚生労働大臣の認可を得て設立したもので，再評価部分とスライド分を除く老齢厚生年金（いわゆる代行部分）を国に代わって支給すると共に，厚生年金基金独自の上乗せ（プラスアルファ部分）をするために，年金資産を管理・運用する法人である．根拠法は，改正前厚生年金保険法の第9章であるが，当事者間の法律関係は，厚生労働大臣の認可を受けた規約による（115条）．

　① 保険者

　厚生労働大臣の認可を得て既に設立された厚生年金基金という法人である[163]（108条1項）．

　② 加入員

　基金の設立事業所に使用される被保険者が当該基金の加入員となる（122条）．

　③ 保険料・掛金

　基金に加入する被保険者は，厚生年金保険制度に納付する保険料が一部免除され，その免除された保険料相当分（基本掛金）[164]を，その他の掛金（加算掛金等）と合わせて，基金に支払う．掛金は，原則労使折半であるが（139条1項），規約で事業主側の負担を増やすことができる（139条2項）．

---

162) 制度創設に至る経緯，論点については坂本［2014a］，坂本［2014b］が詳しい．
163) 1つの企業で設立する単独型，企業グループで設立する連合型，企業グループを構成しないいくつかの企業が共同して設立する総合型があったが，大企業中心の単独型や連合型は，経済の低迷による金融市場環境の悪化や2000年の新企業会計基準の導入を背景に，代行資産を厚生年金本体に返還する代行返上を行った上で，他の企業年金に移行していた．その一方で，複数の中小企業が共同設立する総合型は，企業間の合意形成が難しかったり，新会計基準の影響を受けないことから代行返上が進んでいなかった．そもそも返還すべき代行資産がない，いわゆる「代行割れ」の基金が増加して解散できない状況であった．そうした中，AIJ問題の発生が契機となって制度改革が実施され，基金の新設はできなくなった（厚年法111条〜113条の削除）．

④　積立金の運用

　年金給付等の積立金は，信託会社等への信託，生命保険会社等への保険料の払込み，金融商品取引業者との投資一任契約等，法令で定まった方法で運用しなければならない（136条の3）．

⑤　税制上の措置

　存続する厚生年金基金には現在のところ，従前どおり，拠出時・運用時・給付時の3場面で税制上の優遇が付されている．すなわち，被保険者負担の掛金は社会保険料控除として全額非課税となり，事業主負担の掛金は全額損金算入される．運用時には特別法人税が課されるが，特別措置によって実質非課税である[165]．給付時には，公的年金等控除の対象となる雑所得扱いとなる．

⑥　給付内容

　給付内容は規約の定めに拠るものの，厚生年金基金の支給する給付には，老齢年金給付を含める必要がある（130条1項）．支給額は，代行給付を超える水準でなくてはならない（132条1項2項）．結局，老齢厚生年金の報酬比例部分のうちスライド・再評価を除いた部分（代行部分）と，厚生年金基金独自の上乗せ（プラスアルファ部分）とが厚生年金基金から支給される．他方，再評価部分・スライド部分に相当する給付は，国（厚生年金保険本体）から支給される．

⑦　財政方式

　積立方式による確定給付である．

⑧　支払保証事業

　母体企業の倒産等によってやむを得ず厚生年金基金が解散する場合において，給付に必要な原資が不足することがありうる．そのような場合の年金をできるだけ確保するために，厚生年金基金制度では，支払保証事業が実施されてきた[166]．これは，各基金からの拠出金を原資とする共済制度であり，

164）　制度発足当初は，厚生年金保険の被保険者全員で基金を設立した場合の男子，女子それぞれの代行給付に係る標準保険料率に基づいて保険料が決められ，一律に，男子は2.4％，女子は2.0％であった（詳しくは坂本［2014b］26-27頁）が，基金によって年齢分布に差が生じたため，1996年4月より，基金の年齢構成等に応じて個別に保険料率を定められるようになった（坂本［2014d］57頁）．

165）　特別法人税に関する問題点については坂本［2014f］29-30頁．

受給者に対して，企業年金連合会が一定の給付を保証するものであった（159条4項1号，161条）．しかし，改正法の制定を受け，多くの基金が解散・代行返上に向かうことから，支払保証事業は清算された[167]．

2 確定給付企業年金

確定給付企業年金は，2001年の企業年金改革によって導入されたが，この制度の立法以前は，厚生年金基金と適格退職年金とが中心に企業年金は発展していた．しかし，バブル崩壊後の運用環境の悪化に伴い，企業年金の財政が厳しさを増し，終了する企業年金が増加した．適格退職年金は税制上の優遇のために法人税法で認められた制度であるため，受給権の保護規定を欠いていたし，他方，厚生年金基金は，国に代わって厚生年金の一部を代行するため，一定水準以上の年金額の確保等，公的性格から生じる制約があって企業の負担が重かった．そこで，代行部分がなく，労使による柔軟な制度設計が可能な反面，受給権保護も整った企業年金制度の創設が望まれ，制定されたのが確定給付企業年金法である（以下，「確給法」という）[168]．

確定給付企業年金には，労使合意の年金規約を制定し，厚生労働大臣の承認を受ける「規約型」と企業が法人格のある企業年金基金を厚生労働大臣の認可を受けて設置する「基金型」との2種がある．基金型は代行部分がない点で厚生年金基金と異なるが，基本的にはそれと同様の仕組みなので割愛し，以下では規約型について述べる．

---

166) 支払保証事業は，基金の普及と充実を目指して行われた1988年改正によって導入された（坂本［2014c］52頁）．
167) 支払保証事業のあり方に関する検討会は，①支払保証事業を継続しても，保障給付を行うことができないこと，②多くの厚生年金基金が解散・代行返上に向かうことが想定される中，存続する少数の厚生年金基金から保証リスクに見合った拠出金を徴収することは困難であることから，支払保証事業の継続は困難であり，終了すべきとの意見で一致した．基金改正法附則40条4項1号ロは，厚生年金基金が代行返上により確定給付企業年金に移行する場合や資産を移換し確定拠出年金に移行する場合，連合会が，事務経費の補助を行う支援事業を行うことができると規定したが，支払保証事業の積立金は保障給付の実施を目的に納付された拠出金から形成されるため，目的外流用になることや公平性の問題が指摘され，移行支援事業には利用されないことになった．その上で，約370億円（2012年度末）となる積立金は，厚生年金基金及び過去に厚生年金基金として支払保証事業の拠出金を負担していた連合会会員・非会員の確定給付企業年金に分配されることになった（「支払い保証事業のあり方に関する検討会報告」平成26年1月16日参照）．上記の内容に従って，2014年4月から連合会の規約が変更された．
168) 坪野［2005］11頁．

① 保険者

規約型の保険者は，事業主である．

② 加入者

加入者は，実施事業所に使用される被用者年金の被保険者等である（確給法 25 条）．

③ 掛　金

事業者は，掛金を拠出する義務があるが，規約で定めることで加入者にも負担させることができる（55 条 1 項 2 項）．

④ 積立金の管理・運用

規約型の場合，事業主が，主として掛金を原資とする積立金を積み立てるが，その管理・運用には，信託会社等を相手方とする信託契約，生命保険会社を相手方とする生命保険契約，農業協同組合連合会を相手方とする生命共済の契約のいずれかを締結する必要がある（65 条）．

⑤ 税制上の措置[169]

確定給付企業年金には，拠出時，運用時，給付時の 3 場面で税制上の優遇が付されている（92 条，附則 22 条，24 条）．具体的には事業主の負担する掛金は全額損金算入され，加入者の負担する掛金は生命保険料控除の対象となる．運用時には特別法人税が課されるが，特別措置によって実質非課税である（2017 年 3 月 31 日まで）．老齢給付金のうち年金として支給されるものは，加入者が負担した掛金に相当する部分を除いて，雑所得として所得税が課税され，公的年金等控除の対象となる．

⑥ 給付内容

規約で労使が自由に設計できるが，法律上，最低限の枠組みが決まっている．例えば，老齢給付金，脱退一時金を給付しなくてはならないこと（36 条 1 項，29 条 1 項 2 号，41 条 1 項，42 条），支給開始年齢は原則として 60 歳以上 65 歳以下の範囲でなくてはならないこと（36 条 2 項 1 号），年金方式を外せないこと（38 条 1 項），年金の支給期間を有期にできるが，少なくとも 5 年は必要であること（33 条）等である[170]．

---

[169]　坪野［2005］107 頁．
[170]　島村［2011］215 頁以下．

⑦　財政方式

積立方式による確定給付である．

⑧　支払保証事業

支払保証事業は整備されていない[171]．

3　確定拠出年金

　厚生年金基金も確定給付企業年金も給付があらかじめ確定するため，それに応じた積立金が必要であり，積立不足の場合には，その補てんに必要な額を特別掛金として事業主が負担することとなる．それに対して，確定拠出年金は，拠出は確定しているが，給付は確定していない仕組みであり，積み立てた掛金とその運用収益の結果によって事後的に給付水準が決まる．確定拠出年金は，主に経済界からの要求に応える形で，2001年の企業年金改革において新たな選択肢として確定拠出年金法（以下，「確拠法」という）によって導入された[172]．確定拠出年金には，企業単位の企業型と個人単位の個人型とがある．

(1) 企業型

　企業型の確定拠出年金は，労使合意の年金規約を制定し，厚生労働大臣の承認を受けることで始まる[173]（確拠法3条）．

①　加入者

加入者は，実施事業所に使用される被用者年金被保険者等である（9条）．

②　掛　金

掛金を支払うのは，事業主である[174]（19条）．拠出された掛金は，個人毎

---

171) この問題については，島崎［2006］38頁が詳しい．
172) 企業年金二法（確定給付企業年金法，確定拠出年金法）の成立から10年以上が経過し，社会経済情勢や労使を取り巻く状況が大きく変化したことから，企業年金等に関する見直しが開始されており，確定給付と確定拠出の二者択一ではなく，双方の特徴を併せ持つ制度等，選択肢の多様化が模索されている（「企業年金部会における検討課題」（第23回社会保障審議会年金部会（2014年8月20日）参考資料4参照））．2013年10月からは社会保障審議会に企業年金部会が新たに設置され，厚生年金基金制度関係の基金改正法施行に向けた検討や，今後の企業年金制度等の基本的なあり方が審議された（「社会保障審議会企業年金部会における議論の整理」平成27年1月16日参照．そして，確定拠出年金法の改正法案が国会に提出されているところである（2015年9月17日現在）．以下では「確拠改正法案」として注で触れる．
173) 確拠改正法案が成立すれば，従業員100人以下の中小企業を対象として，設立手続き等を大幅に緩和した「簡易型DC制度」が創設される（確拠法新3条5項）．

に明確に区分される．加入者が拠出することも可能である．

③　積立金の管理・運用

事業主は，運営管理業務について，確定拠出年金運営管理機関に委託することが可能であるが（7条），積立金の管理については，信託契約，生命保険契約，生命共済契約，損害保険契約のいずれかを締結しなくてはならない（8条）．

事業主，および確定拠出年金運営管理機関は，法律（23条）で決められた運用方法のうち，元本確保型の運用商品を含む3つ以上の運用方法を選択して，加入者に提示し，提示した運用方法について，加入者が指図を行うのに必要な情報を提供する必要がある[175]（23条，24条）．これをもとに加入者が自分の個人別管理資産の運用指図を行う（25条）．

④　給付内容

高齢期に関する給付内容は，老齢給付金であり（28条），老齢給付金には年金方式を含める必要がある（35条1項）．給付額は掛金と加入者の運用指図による運用益との合計額をもとに決められる．

⑤　財政方式

積立方式の確定拠出である．

⑥　税制上の措置

事業主の負担する掛金は損金算入される．運用時には特別法人税が課されるが，特別措置によって実質非課税である（2017年3月31日まで）．老齢給付金のうち年金として支給されるものは，雑所得として所得税が課税され，公的年金等控除の対象となる．

(2)　個人型[176]

個人型の確定拠出年金は，国民年金基金連合会（以下，「連合会」という）

---

174)　企業型の拠出限度額は，他の企業年金等を実施していない場合は，月額5万1000円から5万5000円に，実施している場合は，月額2万5500円から2万7500円にそれぞれ引き上げられた（確拠法施行令11条）．

175)　確拠改正法案は，元本確保型の運用商品を含む3つ以上の運用方法を選択する現行の規制を変更し，分散投資を促すためにリスク・リターン特性の異なる3つ以上（上限あり）の運用商品の提供義務を課し（新23条1項），また運用商品を選択しない者が一定数いることを踏まえ，「あらかじめ定められた指定運用方法（いわゆるデフォルト商品による運用）」に係る規定（新23条の2）を整備しようとしている．

176)　坪野［2005］176頁．

が実施する．連合会は，個人型年金に係る規約を作成し，当該規約について厚生労働大臣の承認を受ける（55条）．連合会は，運営管理業務を確定拠出年金運営管理機関に委託しなければならない（59条）．

① 加入者

国民年金の第1号被保険者（第1号加入者）や60歳未満の厚生年金保険の被保険者のうち，企業型年金や厚生年金基金に加入していない者（第2号加入者）が，個人型年金の加入者となれる[177]（62条）．

② 掛　金

掛金を支払うのは，加入者であり[178]，その拠出は国民年金法の保険料の納付が行われた月についてのみ行うことができる（68条）．なお，掛金には拠出限度額が設定されている（69条）．第1号加入者の拠出限度額は，国民年金の付加保険料および国民年金基金の掛金との合算で68,000円，第2号加入者の拠出限度額は，23,000円である．

③ その他

資産運用，給付，行為準則については，企業型の定めが準用される（73条）．税制上の措置は概ね企業型と同様であり，加入者による拠出は所得控除される．

4　まとめ

このように企業年金には，本書でとりあげただけでも，厚生年金基金，確定給付企業年金，確定拠出年金（企業型，個人型）という選択肢が取り揃えられている．確定拠出年金の個人型を除いて，使用者によるイニシアティブの下，高齢期の所得保障が図られる点が特徴的である．使用者による保険料・掛金の拠出が前提とされており，特に確定給付型の厚生年金基金と確定給付企業年金とでは，積立不足の際の使用者による補てんも想定されるため，高齢期の所得保障について使用者に大きな役割が課されているといえる．こう

---

[177] 確拠改正法案では，労働の多様化を踏まえて，生涯にわたって継続的に老後に向けた自助努力を可能とするために，国民年金の第3号被保険者や企業年金加入者（規約で定めた場合のみ），公務員等の加入も認めている（新62条1項）．

[178] 確拠改正法案では，企業年金の普及・拡大を図るため，個人型DCに加入している従業員に対して，事業主が追加で掛金を拠出することを認めている（個人型DCへの小規模事業主掛金納付制度，新68条の2）．

した企業年金は，公的年金の支給水準を補足するものとして機能している．

現在では，転職等で企業を移動する労働者が企業年金を通算できるように，企業年金間でのポータビリティ性が認められている．すなわち，確定給付企業年金間での移換（確給法79条），確定給付企業年金からの確定拠出年金への移換（82条の2）がそれぞれ可能である[179]．厚生年金基金に関しては，他の企業年金への移行（一例として確定給付企業年金への移行（代行返上））を促しつつ，特例的な解散制度が導入されている[180]．

第2節　就労による収入

公的年金の支給開始年齢の引上げに伴って高齢期の所得を保障するツールとしてより重要性を増すのが，就労による収入（具体的には賃金）であろう．そこで，ここでは，賃金の発生根拠である雇用，すなわち高齢者の雇用について簡単に触れる[181]．

I　高齢者に対する雇用政策の流れ

1　定年と年金支給開始年齢の一致

日本型雇用システムの中核を占める定年制[182]は，1941年の労働者年金保険法の制定当時から既に大企業を中心に存在し，その存在をもとに公的年金の支給開始年齢（55歳）が決められたのは既に見たとおりである（第1章第1節Ⅱ2(2)参照）．そのため，公的年金の支給開始年齢の引上げは，定年制

---

179) 確拠改正法案は老後の所得確保に向けた継続的な自助努力を行う環境を整備するために，制度間のポータビリティを拡充している．たとえば従来認められていなかった企業型確定拠出→確定給付，個人型確定拠出→確定給付，確定拠出→中小企業退職金共済，確定給付→中小企業退職金共済が認められることになる（それぞれ確拠法新54条の4，新74条の4，新54条の5，確給法新82条の4）．

180) 基金改正法は，同法施行日から5年以内は，事業所間の連帯債務を外したり，最低責任準備金の納付期限を30年に延長すること等により，解散しやすく促す一方，5年以降は，代行割れを未然に防ぐために厳格な積立基準を設け，それを満たさない場合は厚生労働大臣が解散命令を発動できる仕組みを導入した（詳しくは坂本［2014e］60頁）．基金解散時における受給権保護をめぐる問題については，森戸［2013b］406頁以下．

181) 本節の叙述では，森戸［1992］1481頁以下，櫻庭［2004］2007頁以下，濱口［2008］165-195頁，関［2009］216頁以下を特に参考にしている．

182) 定年制とは被用者が就業規則等で定める一定年齢に到達した場合に雇用関係が終了する制度である．

の見直しとセットに議論される傾向にある．1954年に年金の支給開始年齢が60歳に引き上げられる際には，55歳の定年制と5歳のギャップが生じるため，付帯決議で定年制の見直しが掲げられた．

　もっとも，定年制は年齢に応じて賃金が上昇する年功序列の給与体系と密接不可分な関係にあるため，定年制の見直しは労務コストの上昇をただちに意味し，そう簡単には受け入れられなかった．そのため，高齢者雇用政策が定年延長の推進に焦点をあてるのにも，時を経る必要があった．

2　失業対策と再就職支援から定年延長の推進へ

　高齢者雇用政策がはじめに焦点を充てたのは，中高年齢者の失業対策と高年齢者の再就職支援である．すなわち，1963年の職業安定法改正は，中高年齢（35歳以上）の失業者に対して専門の就職促進指導官を置く等の就職促進措置を規定し，1966年の雇用対策法改正は，公共部門について中高年齢者の雇用率を設定した（同法19条1項）．そして，職業安定法では，中高年齢者（35歳以上）に適するとして選定された職種について，労働大臣が雇用率を設定できるとし（同法47条の2第1項），雇用主は当該職種の中高年齢者の比率が所定の雇用率以上になるよう努めなくてはならないと規定された（同条2項）．これらの規定を受けて1968年に国や地方公共団体についての雇用率が設定された．こうした雇用率制度は，45歳以上を対象として1971年制定の中高年齢者等の雇用の促進に関する特別措置法に移され（同法7条），民間企業もその対象とされた[183]．

　そして，定年延長の必要性を指摘する1967年の第一次雇用対策基本計画を皮切りに，高齢者雇用政策が定年延長の推進へとシフトする．続く第二次雇用対策基本計画では，定年と年金開始年齢とのギャップをなくすことを前提に，初めて具体的に60歳を定年延長の目標として設定した（1973年閣議決定）．こうした姿勢は，第三次雇用対策基本計画（1976年6月閣議決定），第四次雇用対策基本計画（1979年8月閣議決定）に受け継がれた．

　雇用対策法の分野では，1973年改正によって国による定年引上げ施策の充

---

183) その後，中高年齢者等の雇用の促進に関する特別措置法は，1976年に改正され，高年齢者を55歳以上と定義した上で，事業主は職種にかかわりなく，一律6％の高年齢者雇用率を達成するよう努めなければならないと規定した（同法10条2項）．

実が規定され，同時に定年延長奨励金を始めとする高年齢者雇用に関する助成措置（高年齢者雇用奨励金の創設（1975年），定年延長奨励金の大企業への拡大，継続雇用奨励金の創設（1976年），高年齢者雇用安定給付金の創設（1977年））の充実も図られた．

3 高年齢者等の雇用の安定等に関する法律の制定とその後の改正

こうした施策を通じて徐々に定年を60歳に引き上げる企業が増える中，それを決定づける立法が1986年に制定される．中高年齢者等の雇用の促進に関する特別措置法を抜本改正して制定された「高年齢者等の雇用の安定等に関する法律」（以下，「高年法」という）である．制定当初の高年法は，60歳定年を努力義務とし（同法4条），60歳から65歳の高年齢者のための雇用・就業の場の確保を図る施策の法制化を進めた（1条，4条の2, 4条の3, 6条, 9条等参照）．

その後，1990年代には60歳定年制が定着するところ，1990年には，高年法が改正され，事業主による65歳までの高年齢者についての定年後の再雇用の努力義務が新設された（4条の5）．1994年に特別支給の老齢厚生年金のうち，定額部分の65歳への引上げが決定された際には，合わせて高年法も改正強化され，60歳定年制が法的な義務となり（4条），同時に65歳までの継続雇用が努力義務となった（4条の2）．高年齢者に係る労働者派遣事業の特例を設けることで，再就職を促進する諸措置を随時強化し（1994年法律34号），2000年には雇用促進措置の対象が中高年齢者と高年齢者の双方となり，再就職促進に焦点があてられるようになった（2000年法律103号）．

2000年の高年法改正では，同法の目的に，「定年の引上げ」と「継続雇用制度の導入」を明記し（1条），続く2004年改正は，65歳までの雇用確保措置を法的義務化した（9条1項）．すなわち，従来どおり，60歳未満の定年制が無効とされる（8条）一方で，事業主には，①定年の引上げ，②継続雇用制度の導入（もっとも，労使協定等に基準を定めることで対象者の限定が可能），③定年の定めの廃止[184]，のいずれかの措置を講じる法的義務が課された（9条1項1号, 2号, 3号）．さらに，高年齢者等の再就職の促進に関する措置の充実が図られた[185]．こうした改正の背景には厚生年金の支給開始年齢の段階的な引上げや特に中高年齢層の雇用状況が依然厳しく，いったん離職する

と再就職が困難である事情があった．

また，2007年の雇用対策法改正は，労働者の募集および採用について，年齢制限禁止を義務化し，事業主に対しては，厚生労働省令で定める一定の場合以外は，その年齢にかかわりなく均等な機会を与えることを義務づけた（同法10条）．

さらに昨今2012年の高年法改正（2012年法律78号）は，事業主がとりうる3つの措置のうち，②の継続雇用制度について，労使協定等による対象者の限定の仕組みを廃止したり（厚年法附則5条の削除），高年齢者雇用確保措置義務に関する勧告に従わない企業名を公表する規定を設けたりした（10条3項）．

このように現行の高年齢者の雇用政策は，60歳未満の定年制の禁止，65歳までの継続雇用制度の導入，および募集・採用時の年齢制限の禁止等を通じて，中高年齢者の再就職を促進するものとなっている[186]．

II　在職老齢年金制度による賃金との調整

高齢者に対する雇用政策を背景として就労により生じる賃金がある場合には，在職老齢年金制度が適用される．この適用によって，賃金の多寡に応じて年金額の全部又は一部が停止される．重要な点だけを述べると，従来は賃金が上がっても，年金と賃金の合計額は上がらない設計であったので，就労促進を阻害すると批判された．そこで，1994年改正は，在職老齢年金の算定方法を変更し，賃金の上昇に合わせて年金との総額も引き上がるように組み替え，2004年改正は，在職による一律20％の年金支給停止を撤廃し，より就

---

184) 定年制の廃止は，年齢差別禁止の発想やエイジフリーの考え方を反映したものであり（岩村［2005c］3-10頁），定年制を中核とする年齢に基づく日本型の雇用管理システムが，能力に応じて解雇されうる雇用管理システムに転換するかという問題を投げかけている（池田悠「日本の高齢者雇用関連法制度および政策」2011年韓国労使関係学会報告原稿，未発表）参照）．

185) 事業主都合の解雇等により離職する高年齢者等が希望するときは，事業主がその職務の経歴，職業能力等の再就職に資する事項を記載した求職活動支援書を作成し，交付する義務が定められたり（高年法17条），労働者の募集及び採用について，事業主が上限年齢を定める場合には，求職者に対して理由を明示しなければならない（同法18条の2）とされた．

186) 定年後引き続き雇用される有期雇用労働者に対しては，通常の有期雇用労働者であれば発生するはずの無期転換申込権（労契法18条第1項）が，一定の手続きを経ることにより発生しない特例が作られた（専門的知識等を有する有期雇用労働者等に関する特別措置法・2014年法律137号2条3項2号，6条，8条2項）．

労インセンティブを高めるように変更した．他方で，制度の適用対象者は70歳以上を含む60歳以上のすべての労働者とされ，60歳から64歳の場合には年金と賃金の月額合計が28万円を超えると，65歳以上の場合は46万円を超えると，それぞれ決められた割合で支給停止される．ただし，在職老齢年金制度には今なお，就労抑制的との批判があり，引き続き検討課題となっている状況である（第1章第2節Ⅱ4，第3節参照）．

第3節　公的扶助

次に，高齢期の所得を保障する公的扶助について，わが国の状況を確認したい．社会保障・税の一体改革によって低所得高齢者等への福祉的な給付措置（年金生活者支援給付金）が導入されたが，その施行待ち（2017年4月施行予定）の現在，高齢者に的を絞った固有の公的扶助の仕組みは設けられていないといっていいだろう．もっとも，既述のとおり，国民年金制度には保険料免除制度が組み込まれ，これが最低保障機能，扶助的機能を担っている．とはいえ，免除制度によって国庫負担分の給付を得るには，保険料納付義務の課される現役時代に前もって免除申請をし，行政庁より免除決定を受ける必要がある（もしくは法定免除の要件を充足する必要がある）．そのため，免除決定を受けず，保険料を滞納したままで高齢期に突入すると低年金や無年金の状態に陥る．たとえ保険料の免除を受けても，支給額は国庫負担分に限定されるため，40年間，保険料を拠出した場合の満額年金に比較すれば低額となる．このような低年金，無年金の状態にある高齢者を救う制度として生活保護制度が機能している．そこで，簡単に生活保護制度をとりあげる．

生活保護は，生活困窮者一般を対象とする包括的な制度であるところ，生活保護受給世帯における高齢者世帯の割合は高い[187]．そのため，高齢期の所得保障を考える上で，生活保護の果たす役割を看過することはできない．生活保護を利用する高齢者世帯が多い理由には，公的年金の額がそれだけで

---

[187] 大きく分けて生活保護には，高齢者世帯，母子世帯，障害者世帯，傷病者世帯，その他の世帯の5つの世帯区分があるが，平成27年1月の被保護者調査では，被保護世帯数1,618,817のうち，高齢者世帯が765,735を占め，最も高い区分である（被保護者調査平成27年1月分概数）．

最低生活を維持できる水準にない場合があること（低年金）や公的年金の支給要件を満たさず無年金に陥る場合があること等が挙げられる．生活保護に関する重要な原則は，補足性の原理（生活保護法4条）である．これは，生活保護を受給するには，その前提条件として，あらゆる資産・能力・その他の手段を活用及び利用して，その生活の維持に努めなければならないということである．親族による扶養[188]を含む，あらゆる資産[189]・能力・その他の手段を活用・利用しても，なお，最低限度の生活を維持できない場合に初めて，生活保護の受給が認められる[190]．そのため，資産を有さず，また，扶養する親族もいない高齢者が，最後のセーフティネットとして生活保護制度による保護を受けることになる．

このように，日本では，高齢期の所得を保障することに特化した公的扶助制度は現在のところまだなく，より一般的な生活保護制度がそれをカバーするという制度設計がとられている．

第4節　小　括

公的年金以外の高齢期の所得保障として，本章では，企業年金，就労による収入，公的扶助をとりあげた．

(1) 企業年金

企業年金は，確定給付型であれ，確定拠出型であれ，税制上の優遇と組み合わさった高齢期の所得を保障するツールである．個人型の確定拠出年金を除いて，使用者が制度設計に関するイニシアティブを有し，保険料・掛金の負担義務も負っている点が特徴的である．そして，企業年金は，公的年金を支給水準の面で補足・カバーするものとして機能しているようである．

(2) 就労による収入

高齢期の雇用については，高年齢者等の雇用の安定等に関する法律（高年法）によって，60歳未満の定年制が禁止される一方で，65歳までの継続雇用

---

[188] 2013年改正によって保護の開始決定にあたって保護の実施機関が知れたる扶養義務者に通知することが義務化された（生活保護法24条8項）．
[189] 生活保護の受給にあたっては，ミーンズテストが実施される．
[190] もっとも，急迫した保護の必要がある場合には，補足性の原理は適用されない（同法4条3項）．

制度が導入されている．また，募集・採用時の年齢制限の禁止等を通じて中高年齢者の再就職を促進する仕組みとなっている．賃金と公的年金との関係では在職老齢年金制度が設けられ，就労抑制との批判がありつつも，賃金額に応じた支給停止が行われている．もっとも，公的年金との調整が図られるのは，厚生年金の標準報酬（賃金）に限定される．先に述べた企業年金やその他の所得は調整されないため，どれだけ高額であっても公的年金は全額支給される[191]．

(3) 公的扶助

最後に，低年金や無年金の場合に所得を保障する制度として公的扶助がある．といっても，現在のところ高齢者だけを対象とする公的扶助制度はなく（年金生活者支援給付金は2017年4月施行予定），代わりに包括的に生活困窮者一般を対象とする生活保護制度が高齢者世帯に対しても機能している．生活保護は，公的年金によっては所得を得られない人（無年金者）だけでなく，十分な所得を得られず，最低限度の生活を維持できない人（低年金者）をもカバーしている．つまり，生活保護には，公的年金の人的範囲の限界や支給額の限界を補てんするという役割が与えられている．

---

191) 在職老齢年金制度が適用されるのは，厚生年金保険の被保険者である場合のみであるとの問題点を指摘するものとして，森戸［2001］102頁等がある（堀［2013b］47頁も参照）．

第3章　日本の法制度のまとめと外国法考察の課題

　第1編では，日本の高齢期の所得保障制度について公的年金制度（第1章）とその他の所得保障制度（第2章）に分けて考察した．本章では本編の締めくくりとして日本の法制度をまとめると共に，次編から外国の法制度を考察するにあたっての課題を設定したい．

1　日本の公的年金制度

　まず，日本の公的年金制度は，老齢基礎年金（国民年金）と老齢厚生年金（厚生年金保険）による二層構造であり，前者は全国民を対象とする定額拠出，定額給付の仕組みであり，後者は被用者を対象とする所得比例の仕組みである．といっても，前者には，保険料の免除制度が挿入されており，免除を受けると国庫負担分の支給がなされることから，拠出がなくても給付に辿り着きうる構造といえる．しかも近年では，保険料の免除が多段階（全額，4分の3，半額，4分の1）で認められることから，低所得者に限定した片面的な形ではあるが，段階的な給付体系である．免除制度の存在の他に，国民年金の財源には国庫負担も2分の1入っており，国民年金には扶助的な機能が認められる．他方，厚生年金保険は，労使折半での保険料負担である．老齢厚生年金の支給要件としては，引上げ最中である年齢要件と，当初は要求されていたが現在では要求されなくなった退職要件とがあり，これらについての変遷を第1節では確認してきた．

2　公的年金の基本構造に関する検討

　さて，公的年金の基本構造について日本法の状況を確認してみよう．年金の基本構造を考える上で重要と思われる拠出と給付の牽連性，年齢，就労という3つの視点から分析してみる．

① 拠出と給付の牽連性

　厚生年金保険も国民年金も，基本的には保険料を拠出したことによって制度に貢献したことへの対価として年金を支給する．厚生年金保険は，報酬に比例して支給額が決まるため，報酬に所定の比率を乗じることで算出される拠出（世代間扶養への貢献）に応じた給付といえる[192]．他方，国民年金の支給額は，40年保険料を拠出した場合を満額として，拠出期間に応じて減額する方法で決定される（ただし，25年の受給資格期間は必要である）ので，同じく拠出と給付の牽連性を確認できる．厚生年金保険にも，国民年金にも含まれる，合算対象期間（いわゆるカラ期間）の考え方や一時滞在の外国人を対象とする脱退一時金の制度も，拠出に応じた給付を支給するための方途といえるだろう．在職年金受給者が確定的に退職する場合には，在職中の保険料拠出をも考慮して年金額が改定されることになる（退職時改定）が，これも拠出を給付に反映させる一例に位置付けられる．このように現行の公的年金制度では，拠出と給付の牽連性がかなり認められるといえそうである．

　もっとも，国民年金については，既に述べたとおり，保険料の免除制度が設けられている．たとえば，保険料拠出期間の全期間について全額の保険料免除を受ければ，保険料の拠出なくして給付（国庫負担相当分）に辿り着ける．さらに，社会保障・税の一体改革の大綱では，こうした最低保障機能を一段と強化することが模索され，低所得者への加算や高所得者への年金額の調整が検討課題とされた．両者は衆議院での修正によって削除されたが，前者に関しては福祉的な給付措置を講ずることが決定された．こうした動きの是非を考えるには，年金における拠出と給付の関係を改めて問い直す必要があるだろう．

② 年金と年齢との関係

　日本の年金制度は，国民年金も，厚生年金保険も，創設当初から支給開始年齢の要件を設けている．特に，厚生年金保険は，少子高齢化に伴う年金財政の悪化を主たる背景として，幾度も支給開始年齢の引上げを議論し，実施するという立法の経緯を辿ってきたし，現在でもその引上げ過程の只中にある．日本の公的年金制度では，繰上げ支給も，繰下げ支給も認められている

---

[192]　もっとも，わが国の現行制度は，完全賦課方式ではなく，修正積立方式で，一定の積立金があるため，その点には留保が必要である．

が，60 歳以上 70 歳未満という枠づけがある．つまりところ，わが国の年金は，切っても切り離せない重要な位置付けを年齢に与えているようである．そして，昨今の社会保障・税の一体改革ではさらなる支給開始年齢の引上げも検討課題とされた．いわば年金財政の調整弁として機能してきたし，今後も機能することが期待される年齢要件であるが，果たしてその引上げに限界はないのだろうか．そもそも年金を考える上で年齢が持つ意味とは何なのか，年金と年齢の関係を考察する必要があるように思われる．

③ 年金と就労との関係

厚生年金保険では，制度の発足当初（労働者年金保険法），年金の取得にあたって退職する必要があった．年金には退職による所得の喪失・減少をカバーするために支給するとの退職年金的な性格が窺えたのである．しかし，在職老齢年金制度の導入によって老齢年金的な性格[193]が加えられることになり，1985 年には，65 歳以上の者には，退職の有無にかかわらず年金の支給が認められた．つまり，老齢年金的な発想が決定づけられた．とはいえ，その後，65 歳以上 70 歳未満の者への在職老齢年金制度の復活と 70 歳以上の者への拡大を経て現行制度に至るという経過をみると，退職年金的な性格への揺り戻しが起きているといえる．就労抑制的との批判が絶えず指摘されながらも，わが国では在職老齢年金制度が維持されているのである．

結局のところ，厚生年金保険は所定の要件を満たした上で 65 歳になれば年金の受給権は発生するので老齢年金的な性格を確認できる一方で，在職すると所得に応じて年金が停止されることから退職年金的な性格も窺える．このように老齢年金的性格と退職年金的性格が混在する[194]わが国の状況に鑑みると，改めて年金と就労との関係を整理することが有益であるといえる．具体的には年金の取得に関して「退職」を要件等とするか否か，年金を受給した上で就労をする場合，受給する年金にいかなる影響が及ぶか否か，さらには，年金受給後の就労による新たな保険料賦課の要否とその給付への跳ね返りをどう考えるかを検討する必要があるだろう．

以上のような日本の公的年金に関する状況を踏まえ，本書では，特に拠出，

---

193) 一定の年齢に到達したことによって年金を支給するという考え方のことである（「老齢年金的な性格」という）．
194) なお，老齢基礎年金は，純粋な老齢年金である（堀［2013b］43 頁）．

年齢，就労という3つの視点から改めて年金を分析することとしたい[195]．

3 公的年金制度における選択

既に述べたとおり，日本では原則として65歳で年金が支給されるが，支給額の減額を甘受することで65歳以前（60歳まで）に前倒しできるし，他方，65歳以降に遅らせて支給額を増やすことも可能である．いいかえれば，年金の支給額を考慮しながら，年金の支給開始年齢を選択できる仕組みとなっている．

公的年金制度にこのような選択の余地を認める動きは，近年有力に主張され始めている学説の動きとも親和的といえるだろう．菊池教授は，社会保障制度全般について個人の自己決定を尊重するとの立場から，「自律」指向性を軸に選択の原則を認めることを唱える[196]．教授によれば，「受給者や利用者の意思にかかわりなく一方的に給付の可否・内容が決められる仕組みは，基本的には消極的に評価されるべきであり，自らの意思による選択が可能であることが求められる」．

そこで，被保険者による「選択」という観点から公的年金制度を分析したい[197]．

4 高齢期の所得保障の基本的な設計

わが国の高齢期の所得保障制度は，公的年金制度に限られない．公的年金を支給額の面で補足する企業年金や公的年金と調整関係にある就労による収入（賃金）も重要な役割を果たす．さらに，最後のセイフティネットである

---

195) 本書が設定する3つの視点は別個独立した視点ではなく，相互に関連し合うし，その関わり方もそれぞれ異なる．加えて，それのみで年金制度を十分に分析できる訳でもない．そのため，3つの視点からの分析では不十分であることを認識しつつも，考察を展開する上での手がかりとして本書では3つの視点を置く．

196) 菊池［2010］19頁．年金制度において個人の自由を認めるかという点と選択を認めるかという点は密接に絡みあい，選択を重視する菊池教授は，そもそも所得比例部分（厚生年金保険）の加入強制について疑問があるとする（菊池［2000］155頁以下）．本来であれば個人の自由の視点を飛ばして選択の視点だけを議論するのは適切ではないかもしれないが，その点に関しては今後の課題とし，本書では「選択」という視点を抽出して考察を試みる．

197) 社会保障制度において自己決定や選択を安易に認めると逆選択の危険が生じうることは自覚しているが，本書は選択に関する議論の素材を増やすことに主眼を置く．公的年金制度への当事者の参加インセンティブを高めるという観点から年金制度を幅広く考察する文献に駒村編［2009］がある．

生活保護制度も，公的年金制度による人的な限界や支給額の限界をカバーするものとして，高齢期の所得保障の一翼を担っている．このように複数のツールによって，高齢期の所得保障の現行制度は成り立つ．

ところで，社会保障・税の一体改革のうち，少なくとも大綱では，低年金や無年金の問題を解決するために，公的年金制度の最低保障機能を強化すると共に，その財源を捻出するために高所得者への負担増と給付抑制の実現を検討していた．いいかえれば，公的年金制度の枠内で，所得の垂直的再分配を強化することを模索していたようである．果たして公的年金制度におけるそのような再分配はどこまで実現可能なのだろうか．各制度の役割が重複し，混乱が生じないだろうか．これに対して衆議院の修正の結果，低所得者への加算は削除され，福祉的な給付措置が講ぜられることとなったが，施行に至っていない．こうしたわが国の状況を踏まえると，公的年金制度をはじめとして，高齢期の所得保障制度全体をどのように制度設計するか，制度相互間の関係をどのように考えるかが問われていると思われる．そこで，こうした観点も本書におけるひとつの分析軸としたい．

5　課題の設定

わが国の法制度を踏まえると，次の3つの課題を設定できるように思われる．

（課題A）　公的年金制度における年金の基本構造

第1に，年金がカバーしようとするリスクや給付の支給要件に着目しながら，特に①拠出，②年齢，③就労という3つの視点から年金の基本構造を模索することである．とりわけ③就労の視点に関しては，年金の取得に関して「退職」を要件等とするか否か，年金を受給した上で就労をする場合，受給する年金にいかなる影響が及ぶか否か，さらには，年金受給後の就労による新たな保険料賦課の要否とその給付への跳ね返りをどう考えるかといった点に着目したい．

（課題B）　公的年金制度における選択

第2に，年金制度ではどのような「選択」を想定できるか，「選択」の可能性を追究すると共に，選択の導入によって生じうる弊害やその解決策をも検討対象に含め，今後，わが国が被保険者による「選択」の余地をさらに公

的年金制度に加えるかということを議論する際に素材となるような点を模索することである.

(課題C) 高齢期の所得保障の基本的な設計

第3に,公的年金制度から視野を広げて,高齢期の所得保障制度全般について,どのように制度を設計するか,制度相互間の関係にも配慮しながら,その基本的な設計を検討することである.

第2編　ブラジル

本編では日本の法制度に引き続いて，ブラジルの高齢期の所得保障制度を検討する．ブラジルの高齢期の所得保障制度の中核を占めるのは，いくつかの種類がある「年金（aposentadoria[1]）」であり，この年金は Previdência Social の給付内容のひとつに位置づけられる．Previdência Social を本書ではさしあたり，「狭義の所得保障制度」と訳出するが，これは高齢・障害・疾病・死亡等による所得の喪失・減少への保障を主たる内容とする拠出制のメカニズムである．

　現行の狭義の社会保障制度によれば，高齢期の所得保障に関する給付は，老齢年金，保険料拠出期間年金 ATC，特別年金の3つである．しかし，現行制度に至るまでには多くの変遷がある．そこで第1章では，狭義の社会保障制度に関する立法の経緯を辿ると共に，現行の法制度の内容や問題点を考察していきたい．続く第2章では，それ以外の高齢期の所得保障制度をとりあげる．具体的にはいわゆる企業年金制度を含む補足的保障制度と，社会扶助制度をそれぞれ沿革に辿りながら考察したい．その上で第3章では，ブラジルの高齢期の所得保障制度の全体像や特徴をまとめると共に，第1編で設定した課題に対するブラジルの法制度の応答を確認することにしたい．

第 1 章　狭義の社会保障制度

　ブラジルの狭義の社会保障制度の起源は，鉄道会社の従業員を対象に年金等の仕組みを導入した 1923 年のエロイ・シャベス（Elói Chaves）法に遡る．それ以前にもそれ以後にも慈善的・扶助的な性格を有する組織・給付はあったが[2]，これらの給付は被保険者からの保険料拠出を前提とはせず，国が恩恵的に付与するもので，狭義の社会保障には含まれないと考えられていた[3]．

第 1 節　会社単位の年金制度：CAPs

I　背　景

　拠出を前提とする狭義の社会保障制度の先駆は，1923 年制定のエロイ・シャベス法である．エロイ・シャベスとは法案作成者の名前であり，この制定は当時の社会情勢に関連する．すなわち，19 世紀後半からイギリスによる圧力もあってブラジルでは奴隷解放に関する法令が段階的に策定され，1888 年には奴隷を全面的に禁止する法律が制定された[4]．奴隷解放に端を発する労働力不足の解消のため，19 世紀終わりから 20 世紀初めに多くの移民が出現する[5]．イタリア・ポルトガル・スペインからの移民が圧倒的に多かったが，移民の登場は複数の矛盾する効果をもたらした．労働力増強の結果，労働者の交渉力が弱体化した一方で，特にイタリア系移民はイデオロギー的な

---

1) 年金を意味するポルトガル語には aposentadoria と pensão とがあるが，ブラジルでは後者は「遺族年金」を意味し，前者はそれ以外の年金（たとえば老齢年金や障害年金等）を意味する．本書は高齢期の所得保障を扱うため，aposentadoria を検討対象とする．
2) 具体的な内容については，島村［2013c］117 頁注（4）参照．
3) CASTRO; LAZZARI［2011］p. 7.
4) 1871 年法律 2040 号が，法の公布以降に出生した者を解放し，1885 年法律 3270 号が 60 歳以上を解放し，1888 年皇帝法 3353 号が全面的に奴隷を解放した．
5) MALLOY［1979］p. 32. ブラジル日本商工会議所編［2005］221 頁以下（三田千代子執筆）．

思想を持ち込み，攻撃的で急進的なイデオロギーの支柱となった．1920年までに支配的なリーダーとなるのが，特にサンパウロで勢力を有したアナーキストである．

20世紀初頭には，労働者と中流階級が任意の自助団体を作り，相互主義の下，一定の拠出を前提に，葬式・退職・医療・その他の給付を提供していた．しかし，こうした活動は，現状の変革を求める積極的で攻撃的な内容ではないため，アナーキストの攻撃の的となった[6]．また教会からの支援も批判された．アナーキストは，相互主義は階級としての意識の形成を妨げ，労働者間でのサービス精神を助長させるとし，後退的な組織形態と非難した．同時期には経済の中心であったサンパウロと政治・行政・商業の中心であったリオデジャネイロを拠点に，賃金や労働時間の改善を求める多くのストライキやデモが決行された．

当時の鉄道会社等は強制加入の給付金庫[7]を設置していたが，同金庫は賃金から控除した額を財源とした．そのため，労働者の抗議が多く，金庫の廃止がストの目的となることもあった[8]．こうした急進的な労働者層を政府としては弱体化させ，抗議活動を抑え，体制を維持することが必要であった．

また，第一次世界大戦の影響で従来どおりの輸入を維持できなくなったため，その補完として国内工業が発展していった．1915年から1919年に6000社が設立され，これを受けて，1916年から失業者数が減り始め，新しい息吹が労働運動にもたらされた．賃金の要求にとどまらず，労働条件や社会的な保護を要求するようになったのである[9]．

Ⅱ　エロイ・シャベス法の制定

こうした背景を踏まえて，鉄道会社の従業員を対象に，年金・遺族年金等の制度を創設する大統領令4682号——エロイ・シャベス法が1923年1月

---

[6]　MALLOY［1979］p. 36, ZANIRATO［2003］p. 33.
[7]　規約の定めに従い，疾病時の医療給付や，死亡時・高齢時・障害時の保障を提供した（ZANIRATO［2003］p. 42）.
[8]　1906年のパウリスタ鉄道会社に関するストライキが有名である（MALLOY［1979］p. 37）.このストの影響で15日間，鉄道が運休し，サンパウロ州のほぼ全土が麻痺した．スト終了後，首謀者は解雇され，国外追放された．その後も，アナーキストへの迫害は続き，結果として給付金庫への強制加入は停止された（ZANIRATO［2003］p. 44）.
[9]　MPAS［2002］p. 19.

24 日に制定された．策定者は，サンパウロ出身の下院議員エロイ・マルコンデス・デ・ミランダ・シャベス[10]である．

エロイ・シャベスは，1921 年に電力発電所への視察にあたり，旧ソロカバ鉄道に乗車中，2 人の鉄道員から，「火夫や機関士の仕事は体力的に消耗が激しいんだが，高齢になっても，家族のために働き続けないといけないんだ」と聞かされる．このような鉄道員の状況を改善するためにエロイ・シャベスは，この法案を作成したといわれている[11]．エロイ・シャベス法は，ヨーロッパで発展していた社会保険のモデルに似たものであるが，直接の影響を受けたのはアルゼンチンであり[12]，非拠出制の公務員の年金制度も参考にされた[13]．

エロイ・シャベスは，法案提出時に「この法案は，国の重要な労働者階級である鉄道会社の労働者の切望を表明したものであります」と述べた．そして，「長年の労働を終えたことへの代償が与えられてこそ，労働者は労働によるいばらと苦悩を乗り越えることができる」として，労働インセンティブの向上のために年金基金を創設すると説いた[14]．年金とは，高齢期に休息と平穏を与えるための労働に対する代償と位置付けられたのである[15]．彼は「鉄道会社の労働者の切望を代表して」と述べたが，法案策定にあたっては一切，労働者や組合に相談しなかったようである．アドバイスを求めたのは，当時攻撃的な組合の存在から多くのストの対象とされたパウリスタ鉄道会社の重役らや弁護士であった[16]．

このようにエロイ・シャベス法は，当時高まっていた労働者からの圧力に応答する側面はあるものの，法律の策定者は弁護士・会社の重役・議員とい

---

10) エロイ・シャベスは法律家であり（サンパウロ大学法学部卒），鉄道会社での勤務経験もあった．1902 年には 27 歳の若さで連邦下院議員に選出された（MPAS［2002］p. 21, MARTINEZ［2010］p. 309, 子安［1997］398 頁）．
11) MPAS［2002］p. 21.
12) MALLOY［1979］p. 43. 当時のサンパウロ鉄道の技術者ウイリアムは，チリへの視察のときにアルゼンチンを通り，ブエノスアイレスで承認されたばかりの退職金庫に関する法律を手にしていた（MARTINEZ［2010］p. 309）．ウイリアムからアルゼンチン法のコピーがエロイ・シャベスに渡された（ZANIRATO［2003］p. 127）．
13) MTIC［1952］p. 20.
14) MPAS［2002］p. 20, MALLOY［1979］p. 46, 邦訳は，子安［1997］410 頁に拠る．
15) ZANIRATO［2003］p. 128, p. 133.
16) エロイは，演説において混沌を取り除くことはエリートたちの責任であると述べて，責任あるリーダー（エリート）の点を強調した（MALLOY［1979］p. 47）．

う少数のエリートであり，労働者の要求や交渉の結果としてではなくむしろ「上からの」発想で行われた[17]．鉄道会社が対象となったのは，エロイのエピソードもさることながら，当時，ブラジルの輸出経済を支える重要セクターである鉄道会社の経営者たちが，強力な労働組合の不満を解消し，スト等による生産活動の妨害を阻止することが重要と考えたからであった[18]．

Ⅲ　エロイ・シャベス法の概要

　この法律は，鉄道会社の従業員のために，年金・遺族年金基金（Caixa de Aposentadoria e Pensões）（以下，「CAPs」という）を設置した（1923年大統領令4682号）．鉄道会社毎の賦課方式の仕組みであり，会社に6カ月以上，継続的に役務を提供する職員もしくは工員を被保険者とした（2条本文，単項）．保険料は労働者と使用者に課され（3条）[19]，労働者は月々の賃金の3％，使用者は1年の総収入の1％を支払うこととされた．その他にも鉄道料金を1.5％割増しし，その総額（3条c）等がCAPsの財源とされた．使用者が納付義務を負い，徴収された資金はCAPsの運営者が選択する銀行に月々積み立てられた[20]．

　高齢者の所得保障に関する給付としては，通常年金が規定された（10条）．通常年金とは後に勤続期間年金ATSに改称され，現行制度での保険料拠出期間年金ATCに相当する[21]．要件は以下のとおりで（9条，12条a），支給額は年金支給前の直近5年の平均賃金をもとに計算され，賃金が上がるほど額は増えるが右肩上がりではなく，なだらかなカーブを描くように設計された（11条）．

- 30年勤続及び年齢50歳→満額支給
- 30年勤続及び50歳未満→25％減額支給
- 25年以上30年未満勤続及び60歳以上→勤続年数（30が最高）を30で除した割合の額の支給

---

17) 子安［1997］410頁．労使対立が企業の生産性の低下をまねくことを危惧した経営者陣が労働者を懐柔し，それ以上の対立を避ける意味で賛同した（同401頁）．
18) 子安［1997］409頁．
19) ROCHA［2004］p. 53.
20) AMADO［2011］p. 67.
21) MARTINS［2014］p. 8.

通常年金は，原則として勤続期間と年齢を要件とする．もっとも，一定の勤続期間を満たせば所定年齢以前でも低額ながら受給できる点が特徴的であり，後に問題となる．また，支給要件として保険料の拠出自体は問われていないことを確認できる[22]．

CAPsの監督は，当初，国立労働審議会[23]が担い，1930年以降は労働省[24]が担った．このようにCAPsは国の規制下にあるため，半公的な団体といわれていた[25]．

なお，エロイ・シャベス法は民間企業に勤める労働者に会社別の基金を設置する今日の補足的保障制度（第2章参照）の基礎にもなっている[26]．

Ⅳ　CAPs制度の拡大と国家による介入

その後，CAPs制度はその他の職種の労働者にも広がると共に，国家によるCAPsへの介入も強化された[27]．CAPsは，国立労働審議会への年間報告書の提出を義務付けられ，同審議会は予算の承認のみならず，収支の修正等，排他的な権限をも有するようになった．加えて，CAPsによる年金の支給決定に対して同審議会に不服申立てできるようになった．

1931年にはCAPs数は98となり[28]，その後183まで上り，1953年に一元化された（1953年大統領令34586号）．

Ⅴ　小　括

(i) このように狭義の社会保障制度は，会社単位のCAPs方式でスタートした．労働者からの圧力に応える側面はあるが，主としてエリート層から労働者階級への贈り物として，いわば権威主義的な文脈での始まりであった．エロイ・シャベス法で規定された年金は勤続期間と年齢を主たる要件とする通

---

22) 勤続期間と保険料拠出期間とは別個のものと捉えられ，後述の1952年草案以前は年金の支給要件として保険料拠出期間が重視されていなかった（MTIC [1952] p. 19）．
23) 1923年に設置された社会保障制度に関する法令・規則の正確な実現を行う国の機関である（1923年大統領令16037号）．
24) クーデターによって登場した独裁者ヴァルガスが1930年に設置した．
25) ROCHA [2004] p. 52.
26) MPS [2008] p. 68.
27) 1926年12月20日大統領令5109号によるが，同令は複数の会社が1つのCAPsを設置することも認めた．
28) 詳しくは，島村 [2013c] 127頁参照．

常年金（その後の勤続期間年金 ATS に相当）であり，所定年齢以前でも一定の勤続期間を満たすと減額されるが受給できた．制度の導入にあたっては，アルゼンチンの制度や公務員の非拠出制年金制度が参考とされた．年金は体力等が消耗する労働に長年就くにもかかわらず，家計維持のために就労を継続する必要がある労働者の現状を改善するために作られた．そして，労働によるいばらと苦悩を乗り越えた労働者の高齢期に休息と平穏を保障するために，長年の就労に対する代償として年金が位置付けられたのである．

(ⅱ) CAPs による年金制度は，国の主要なインフラであり，輸出に重要な役割を果たす鉄道会社の労働者を対象とし，徐々にその守備範囲を拡大していく．このプロセスでは労働者による参加はほとんど重要ではなく，国家による介入の度合いは徐々に強化された．その結果，国家が CAPs に積み立てられた資金の利用に重要な役割を果たし，その資金が国のインフラや基幹産業の建設に流用されることになる[29]．

(ⅲ) CAPs 制度の拡大と共に問題点も露呈する．ひとつには通常年金が一方では年齢を要件としつつも，他方で年齢や保険料拠出実績にかかわらず一定の勤続期間を満たせば支給される仕組みであったため，財政を圧迫する問題が生じた．また不正取得のケースも横行した．「この年金は基金の財政を赤字にするものである」と述べる大臣もいた[30]．そのため，通常年金に警鐘を鳴らす多くの法案が提案されたが，立法には至らなかった．

(ⅳ) CAPs 制度の問題点が浮き彫りになる中，政局では 1930 年のクーデターによってジェトゥリオ・ヴァルガス[31]が登場していた．ヴァルガスは，CAPs 制度の運営上の崩壊や不正取得の問題に鑑み，制度を見直すために 6 カ月間，年金の支給を停止した[32]．さらに財政上の問題に対処するため，勤続期間を唯一の要件とするのをやめ，年齢（50歳）を必須の要件とした[33]．それでも財政への影響は大きく，問題は依然深刻であった[34]．

---

29) ROCHA [2004] p. 53.
30) MTIC [1952] p. 21.
31) 世界恐慌に端を発するコーヒー価格の暴落による経済混乱の中，反サンパウロを掲げるヴァルガスは，1930 年 10 月にクーデターを起こし政権を牛耳った．労働者の強力な支持を得るために，多くの労働者保護立法を制定し，『過剰な法律制定期』に突入した（オタヴィオ [1994] 184 頁，ROCHA [2004] p. 55)．ヴァルガスは労働組合等の支持に加え，自らを「貧者の父」と称し，大衆動員の手法を選択した（ブラジル日本商工会議所編 [2005] 31 頁（住田育法執筆))．

その他にも会社単位では規模が小さく構造上脆弱であるとの問題もあった．そこで1930年代には会社単位のCAPsから，産業単位のIAPsに，年金の構造を転換していくことになる．

第2節　産業単位の年金制度：IAPs

1930年代には国際的な金融危機の影響で貿易収支のバランスが崩れ，従来輸入に頼っていた製品を，国内で生産し始めていた[35]．その過程で国家は役割を拡大し，経済や社会への干渉を強めていた．工業化の過程において独裁者ヴァルガスは，コーポラティズム[36]を基盤に，社会保障制度の再構築を試みた．

I　1934年憲法[37]と1937年憲法[38]

年金の前に，ヴァルガスが制定した2つの憲法（1934年と1937年）をみておこう．1934年憲法は，ワイマール憲法の影響を受け[39]，労働者を社会的に保護する規定を盛り込んだ．そして初めて財源の三者負担（労働者，使用者，国）原則を定めた（121条1項h）．この規定に基づき三者の平等負担が規定された（1935年法律159号）．しかし，役割を拡大していた国家が規定どおりに負担することはなく，それどころか他目的に流用するのは後で見るとおりである（第3節II4参照）[40]．矢継ぎ早に作成された1937年憲法は，より独

---

32) 1930年大統領令19554号，1931年大統領令20048号による（MPAS［2002］p. 43）．1931年の大統領令19810号も，財政上の均衡を保障するために，通常年金の給付を停止した（1957.11.23, DCN Seção 1, Suplemento ao N. 214, p. 14．なお，DCNとは国会議事録の略で，以下もこの略語を用いる）．
33) 1931年大統領令20465号25条，MPAS［2002］p. 44.
34) MTIC［1952］p. 21.
35) MPAS［2002］p. 39.
36) ブラジル流のコーポラティズムとは，イタリアのファシズムを模倣し，国家の下に使用者・労働者それぞれに官製組合を結成し，資本・労働両階級を体制内化した政治制度のことである（ブラジル日本商工会議所編［2005］51頁（堀坂浩太郎執筆））．
37) 1934年憲法が初めて「Previdência」という用語を使用するが，まだ「Social」という形容詞は付いていなかった．
38) 1937年憲法は，「社会保険（Seguro Social）」という用語を用いた．
39) ROCHA［2004］p. 57.
40) 二宮［2005］16頁，MARTINS［2006］pp. 18-19.

裁色を増し，個人の権利を大幅に制限したため，社会保障制度の進展はみられなかった．

Ⅱ　IAPs の創設

会社単位の CAPs 制度は規模が小さく，構造上脆弱であったことや，社会保障の枠外に置かれる労働者が多数いたことから抜本的な改革が模索された．そして年金制度の構造が会社単位から産業単位に転換された．

独裁者ヴァルガスは，自らの支持基盤となる組織労働者を優遇すると共に，彼らの「下からの」動きを抑え，体制側にとり込もうとした．これは「君主制や共和政時代における自由主義の伝統を破り，政治権力（＝国家）が社会や経済秩序に干渉していくこと」[41]の幕開けであった．こうして 1933 年から 1938 年に，産業全体をカバーする年金・遺族年金機関（Instituto de Aposentadoria e Pensões）（以下，「IAPs」という）が設立された．創設された IAPs は，以下のとおりである．

年	年金基金名称	根拠法令
1933	船舶年金・遺族年金機関 IAPM	1933 年大統領令 22872 号
1934	商業年金・遺族年金機関 IAPC	1934 年大統領令 24272 号
1934	銀行年金・遺族年金機関 IAPB	1934 年大統領令 24615 号
1936	工業年金・遺族年金機関 IAPI	1936 年法律 367 号
1938	運輸・運搬業者年金・遺族年金機関 IAPETC	1938 年立法府命令 651 号

IAPs は，直接，国家のコントロールや運営に属していたことに加えて，産業単位であったため，対象者を増やすことができた[42]．国家が国民にコントロールを及ぼし，社会的にとり込む手段として社会保障制度が使われたのである[43]．

会社別 CAPs から産業別 IAPs への転換はヴァルガスの政策とも関係があった．ヴァルガスは企業別の組合を禁止し，産業別とし，その組織化には労働省の認可を要する等，組合を全面的に政府の統制下としたため，その一環として年金制度も産業別とされたのである．

---

41) オタヴィオ［1994］169 頁，子安［1997］403 頁．
42) AMADO［2011］p. 68.
43) ROCHA［2004］p. 63.

Ⅲ　IAPs による給付内容

複数ある IAPs はそれぞれ独自の根拠規定を有したため，IAPs 毎に給付内容が異なっていた．高齢期の所得保障に関する「年金」といっても，その内容は統一性を欠いていた．

高齢期の所得保障に関する給付内容一覧

機関	年金名称	要件	支給額
CAPs	通常年金	・65 歳 ・10 年勤続	直近 12 カ月の平均賃金の 30 分の勤続年数
IAPM 船舶	通常年金	・60 歳 ・30 年勤続 ・(地上職) 5 年拠出 (船職) 43 カ月乗船	(地上職) 直近 36 カ月の平均賃金の 70％の 30 分の勤続年数 (最大 30) (船職) 直近 32 カ月の平均賃金の 70％の 255 分の乗船月数 (最大 255)
IAPC 商業	老齢年金	・65 歳 ・360 カ月拠出	直近 36 カ月の平均賃金の 30％＋すべての保険料拠出期間の平均賃金の 30％に，表にしたがって，被保険者の年齢の係数を乗じたもの
IAPB 銀行	通常年金	・60 歳 ・30 年勤続 ・5 年拠出	360 カ月の保険料拠出で，賃金の 70％相当額 (拠出数に応じて比例的)
IAPETC 運輸・運搬	老齢年金	・65 歳 ・60 カ月拠出	直近 24 カ月の平均賃金の 66％
IAPI 工業	なし		

出典：Fundação Getúlio Vargas. A Previdência Social no Brasil e no Estrangeiro. 1950, Rio de Janeiro, pp. 56-57

高齢期の所得保障のある IAPs とそれがない IAPs (IAPI) に分かれ，ある IAPs でも，通常年金を支給する IAPs (IAPM, IAPB) と，老齢年金を支給する IAPs (IAPC, IAPETC) に分かれていた．通常年金は，主として年齢と勤続期間を要件とし，老齢年金では特に勤続期間は問われなかった．従前軽視されていた保険料の拠出の視点がいくつかの IAPs で重視されるようになった (IAPM, IAPC, IAPB, IAPETC)[44]．

Ⅳ　小括

このように 1930 年代はヴァルガスの登場に伴い，年金制度に対する国家

---

44) MTIC [1952] p. 19.

の介入が一段と強化された．会社単位の CAPs から産業単位の IAPs へ規模が拡大されたが，それぞれの IAPs の給付内容は一律ではなかった．特に高齢期の所得保障は，全くない IAPs もあり，あっても内容は IAPs 毎であった．エロイ・シャベス法に端を発する通常年金には，若くして受給すると財政を圧迫する問題があったため，年齢要件が必須とされた．他方，年齢を主たる要件とする「老齢年金」を支給する IAPs も出現し，また保険料の拠出期間を勘案する傾向も生まれた．こうした産業単位の IAPs 制度には，大きく3つの問題点があった．

　第一に，会社単位から産業単位への規模の拡大によって少しは広がったが，それでも一定の産業が前提であるため，対象者の範囲が限定されていた．

　第二に，IAPs は，それぞれ別の根拠法に基づくため，支給内容や要件はバラバラで，高齢期の所得保障給付のない IAPs さえあった[45]．給付も拠出も不統一で公平性に欠け，制度間格差が問題だった．そこで，給付内容の格差をなくし，給付を統一する必要性が指摘される[46]．

　第三に，IAPs を通じた社会保障政策によって，国家権限が拡大し，行政組織が肥大化し，都市の中流階級は公務員となった．その結果，IAPs 毎に制度が分立すると，運営上の効率が悪かった．IAPs 単位では事務所も人手も複数必要で不合理であり，特に，IAPs は医療サービスも提供していたため，医療機器を IAPs 毎に用意するのは非効率的であった．

　ヴァルガスが IAPs の台頭を主導したものの，彼の予期せぬ結果も生じた．CAPs や IAPs が政治的に大きな影響力を有して台頭したのである．というのも，資金の投資先，クレーム対応の早さ，都市の中流階級への就職先の提供の点で優れていたからである[47]．こうして肥大化した IAPs をコントロールするためにも新たな改革が必要となった．

第3節　混迷の時代と社会保障資金の他目的流用

　IAPs の抱える問題点を解消し，対象者の拡大（普遍化），拠出と給付の統

---

45) RUSSOMANO [1962] p. 17.
46) 1957.11.23, DCN Seção 1, Suplemento ao N. 214, p. 16.
47) MALLOY [1979] p. 72.

一化，運営上の一元化の3点を目指して1940年代から改革の議論が始まる．しかし，改革は右往左往し，なかなか前進せず，社会保障にとっては混迷の時代の到来であった．混迷の時代に終止符を打つのが1960年のLOPS法制定である．

LOPS法は，高齢期の所得保障に関して老齢年金・特別年金・勤続期間年金ATSの3種を規定した[48]．この3種の年金は要件の変更は多々あるものの，大枠は現行制度に引き継がれている．老齢年金とは，いくつかのIAPsに存在した高齢に着目した給付であり，混迷の時代でも揺らぐことなく盛り込まれた[49]．特別年金とは，負担が重い等，特別な業務に従事する場合の年金である．最後に，混迷の時代に一番問題とされた年金が勤続期間年金ATSであり，エロイ・シャベス法に端を発する通常年金である．

以下では，無数の改革案の中でも1945年ISSB計画（Ⅰ），1947年アルヴェス法案（Ⅱ1），1952年社会保険小委員会草案（Ⅱ2），1954年大統領令35448号（Ⅱ3），1957年法案2119B号（Ⅱ5）を主たる素材とし，いかなる経緯でLOPS法に3種の年金が盛り込まれたのかとの議論に特に着目する．

Ⅰ　ISSB計画とその失敗

1　ISSB計画の概要

改革を初めて試みたのが1945年立法府命令7526号である．この試みは有名なベバリッジプランの影響を受けて，1943年にジョアン・カルロス・ヴィタルの指導下で執り行われた[50]．社会保障に関する国家レベルの唯一の機関としてブラジル社会サービス機関（Instituto de Serviços Sociais do Brasil）（以下，「ISSB」という）の設置を求めたため，ISSB計画と呼ばれている．

ISSB計画では，連邦設置のISSBを通じて，社会保障サービスと社会扶助サービスを提供し，管理しようとした（1条，16条）．計画の主たる目的は，老齢，一時的もしくは永続的な障害，生計維持者の死亡が原因で所得を喪失した場合に，必要な所得を保障することであった（2条）．給付内容の要件等

---

48)　3つの年金は，併給禁止の関係にある．
49)　老齢年金には，被保険者が申請する「自発的老齢年金」と，使用者が年金の受給を労働者に強制する「非自発的老齢年金」の2種類があるが，紙幅の関係上，本書では前者のみを扱い，後者については全面的に割愛する（島村［2013c］を参照）．
50)　ヴィタルは，ヴァルガスから直々に指揮された（MALLOY［1979］p. 180）．

を定めた規定はなかったが，目的規定からして高齢期の所得保障には老齢年金を前提としたことが窺える．いいかえると，ISSB 計画には勤続期間年金 ATS と特別年金とは含まれていなかったようである．

2　強い反対と ISSB 計画の失敗

しかし，ISSB 計画は，民間保険業者，IAPs の加入者，CAPs や IAPs の職員，組合や政治のリーダー，経営者等々，複数の有力団体から強い反発を受けた[51]．強い抵抗に政情の不安定が重なり，ISSB 計画は，ヴァルガス政権の終了と共に終焉した．これによりブラジル社会保障制度の発展が 20 年遅れたといわれている[52]．

3　1946 年憲法

ヴァルガス政権の終了は全体主義の終了を意味し，民主主義が復活する．陸軍大臣から大統領になったエウリコ・ガスパール・ドゥトラは，直ちに憲法制定議会を招集する．その結果，大統領の直接選挙制や行政権の制限等を定める民主的な新憲法が 1946 年に制定された[53]．

1946 年憲法は社会保障に関する法律の制定権を連邦に置き（5 条 XV b），社会権に関する章で狭義の社会保障に関する規範を初めて規定した．社会保障に関する立法[54]は，高齢等のリスクに対して，労働者・使用者・連邦の負担を通じて保障すると規定された（157 条 XVI）．

その後，1965 年に憲法が修正され（憲法修正 11 号），新しい原則が追加された（157 条）．社会保障給付の創設，増加，もしくは拡大のためには支出への財源を前もって確保する必要があるとの原則である．

II　LOPS 法制定に向けて

ISSB 計画は失敗したが，その理念が消えることはなかった．

---

51)　ROCHA［2004］p. 62. それぞれが反対した理由については島村［2014］138-139 頁参照．
52)　RUSSOMANO［1962］p. 12, p. 36.
53)　ブラジル日本商工会議所編［2005］31 頁（住田育法執筆）．
54)　「社会保険（seguro social）」に代わり「狭義の社会保障（previdência social）」という用語が初めて使用された（157 条）．

1　アルヴェス法案

　1947年7月，連邦議員のアルイージオ・アルヴェスは，民主的な原則を強調した1946年憲法に刺激を受け，ベバリッジプランを導入するために社会保障に関する法案を提出する[55]（法案996号）．この法案は新しい社会保障組織法の制定を目的とし，この法案こそ，LOPS法の原案である．

　アルヴェスは，当初からISSB計画の背後に存在する3つの重要な原則——運営上の一元化，対象者の拡大（普遍化），拠出と給付の統一化——を達成しようとした．しかし，最も抵抗の強い運営上の一元化は，時期尚早と見送り，対象者の拡大と拠出と給付の統一化に改革の焦点を絞った[56]．とりわけ重要なポイントは，根拠法が異なることにより均一性を欠いていた拠出プラン及び給付プラン[57]を統一しようとした点である[58]．

　法案と共に提出した報告書でアルヴェスは，一部のIAPsには勤続期間を基礎とする「通常年金」が規定されているが，他のIAPsには通常年金よりも「より現代的なプラン」が規定されていると指摘する．現代的なプランとは勤続期間ではなく，年齢を主たる要件とする「老齢年金」のことである．そのため，アルヴェス法案は基本的な高齢期の所得保障給付を老齢年金（23条）とし，特別な規則を設けることで通常年金（15条Ⅰ）も導入できるとした．老齢年金の支給要件は，「年齢60歳」および「60カ月のcarência[59]」（23条，14条Ⅰb）である．アルヴェスは，老齢年金について以下のように説明した[60]．

> 「老齢年金は，就労して60歳に到達した被保険者を保護するものであり，60歳以降は就労から解放され，休息をとるに値する．年金の取得には，こうした個々の被保険者にかかわる側面だけではなく，一般的な利益もある．すなわち，会社における労働者の世代交代を可能にするのである．」

---

55)　1957.11.23, DCN Seção 1, Suplemento ao N. 214, pp. 14-15.
56)　MALLOY［1979］p. 92, p. 181.
57)　アルヴェスは，社会保障に関する法律・立法府命令・大統領令の数は約261に及び，その上，全面的あるいは部分的に削除されているものもあり，大変複雑であると説明した．法律等の相互の矛盾や不統一を放置できず，こうした欠陥を補正するために，組織的な新制度を作る必要があると述べた（1957.11.23, DCN Seção 1, Suplemento ao N. 214, p. 16, p. 25）．
58)　ROCHA［2004］p. 65. MPAS［2002］p. 82.
59)　同法案でのcarênciaは待機期間を意味し（14条4項），後に説明する現行制度のように，「最低拠出月数」を意味してはいなかった．
60)　1957.11.23, DCN Seção 1, Suplemento ao N. 214, p. 24.

他方，通常年金は「年齢 50 歳」と「35 年の勤続期間」を要件とし (15 条 I)，従来の鉄道会社の従業員等による要求に応えるために導入された．もっとも，通常年金はより個別的で，就労への代償としての性格があるため，全てのセクターの労働者への一般化や国家によるコスト負担は望ましくないとされ，保険料の増額に合意すれば，特別な規則[61]を設けることで導入できるとした．ここでは通常年金の莫大なコストを懸念し，追加的な保険料支払いを課すと共に，要件に年齢が付された．このように，アルヴェス法案は，老齢年金を原則的な給付とし，特別な規則によって通常年金も導入できるとの立場を採用し，特別年金は含めなかった．

しかし，当時の政権には受け入れられなかった[62]．その後，1950 年の大統領直接選挙で政権に復帰したヴァルガスは，法案の基本的な考え方には賛成していたものの，自らの対立勢力に属するアルヴェスが提出していたため，公に支持することはなかった．

2　社会保険小委員会草案

続いて 1952 年には社会厚生国立委員会の社会保険小委員会が社会保障に関する草案を提出する．草案の骨子は，対象者の拡大と給付の統一である[63]．

(1) 草案の内容

この草案で規定された高齢期の保障に関する給付は，老齢年金と特別年金である (20 条 I cd)．特別年金は混迷の時代における立法作業過程で初めて規定された．

まず老齢年金の支給には，① 60 カ月の最低拠出月数，② 65 歳以上であることが必要とされた (28 条 1 項，25 条 4 項)．支給額は，給付算定基礎賃金の 70% に相当する額をベースとし，12 カ月の保険料拠出毎に 1% ずつ，最大で 30% まで増額された[64]．①のとおり，60 カ月の保険料拠出が必要であるため，

---

61)　特別な規則とは，労使の合意を国が承認し，官報に公布して効力を持たせる仕組みのようである．
62)　MALLOY [1979] p. 91.
63)　MTIC [1952] p. 9.
64)　この草案はそれまであまり重視されていなかった保険料の拠出の点を考慮した．低額での早期の年金取得は，年金受給者に就労を促し，労働市場を混乱させるだけでなく，社会保障制度を苦しめるため，それを避けようとした (MTIC [1952] p. 19)．

老齢年金の最低額は給付算定基礎賃金の75％である．支給開始日は，申請日または退職日（申請日後の退職の場合）とした（28条1項）．

他方，特別年金の受給には①55歳以上であること，②15年の最低拠出月数，③負担が大きい，もしくは健康に有害な業務に少なくとも15年間従事したことが必要である（29条）（支給額等は老齢年金と同様）．

(2) アルヴェス法案との比較

この草案では勤続期間年金ATSが含まれず，特別年金が規定された．社会保険小委員会は勤続期間年金ATSを廃止しそれに代えて特別年金を導入したかったようである．というのも，勤続期間年金ATSには財政上のコストが大きく，不正受給の問題もあったからである．年齢を要件にしたり，支給を停止したりするなど一定の策を講じてきたが，財政の圧迫に変化はなく，問題状況は深刻化していた．その上，年金の要件を勤続期間とすることは保険原理と適合しないという問題もあった．こうして勤続期間年金ATSの問題が浮き彫りになる一方で，就労による消耗が激しい業務の労働者は，65歳以前に死亡するケースが多く，通常の労働者よりも受給開始を低い年齢にする必要があった[65]．そこで，消耗の激しい業務に限定し，早期の年金取得を可能とするために，特別年金という新たな類型を設けた．就労による消耗が特に激しくない業務は老齢年金でカバーしようとした．しかし，この草案も受け入れられなかった．

3　大統領令35448号

1954年5月1日，ヴァルガスは社会保障の改革に関する法案について国会の同意を得られなかったため，独裁的な手法によって大統領令35448号を発令した．これはISSB計画を基礎にした内容で，主として対象者の拡大や拠出と給付の統一化を目指した．

しかし，ヴァルガスの衝撃的な自殺により政権が終焉したため，後任のカフェ・フィーリョはかかる大統領令を立法権の違憲な行使と判断し，廃止した（1954年大統領令36132号）．こうしてヴァルガスによる改革は終了した．

---

[65] MTIC［1952］pp. 20-21.

4　社会保障資金の他目的流用

ところで，制度の発足当初は収入が多い反面，受給者が僅かであったため，多くの資金がCAPsやIAPsに集まった．国家が拠出することはなかったものの（第2章Ⅰ参照），記録によれば社会保障制度は黒字であり[66]，多額の余剰金があった．

IAPsらに集まった社会保障資金は，「国家によるコントロールと保障」との格言の下，政府の予算と混同され，国庫として流用された．代表的な流用は，クビチェッキ大統領主導の新首都ブラジリアの建設である[67]（ブラジル工業化政策の一端）．現在まで未返還であるが[68]，200億ドル近くが流用されたといわれている[69]．

5　改革論の再浮上

社会保障資金の他目的流用や受給者の増加に伴う給付拡大の結果，それぞれのIAPsの財政状況は危機的となる．既存制度に不満を持つ労働運動も勃発し，社会保障制度の改革が政権運営の重要課題となり，改革論が再浮上する[70]．

社会保障の改革法案を作成する目的でクビチェッキ大統領により委員会が設置され，1956年10月17日に法案2119A号が提出された[71]．しかし，法案2119A号は運営構造に関する規定を主とし，給付に関する内容を含まなかった．法案2119A号に代わる法案2119B号に初めて給付規定が設けられた．その後，多くの変更があったが，本書の検討事項には特段の変更はなくLOPS法（法律3807号）として成立したのである．

(1)　法案2119B号の内容

高齢期の所得保障給付としては，老齢年金・特別年金・勤続期間年金ATSの3種が規定された（22条）．老齢年金の受給には，①60カ月の最低

---

66)　1938年から1939年にかけて，支出は徴収した保険料総額の30％であり（MARTINS [2006] p. 20)，1945年には42％であった（MARTINS [2006] p. 21)．
67)　その他にもリオデジャネイロとニテロイを結ぶ橋やアマゾン道路，イタイプ発電所の建設等のインフラ整備に社会保障資金が流用された（MARTINS [2014] p. 305, CASTRO; LAZZARI [2011] p. 72)．
68)　MARTINS [2006] p. 23．
69)　MARTINS [2006] p. 24．
70)　MALLOY [1979] p. 100．
71)　1957.11.23, DCN Seção 1, 22 de Novembro de 1957, p. 11549．

拠出月数，②男性65歳以上・女性60歳以上であることが必要である（30条）．特別年金の支給には，①50歳以上であること，②15年の最低拠出月数，③負担が大きい，もしくは健康に有害な業務に，15年，20年，25年のいずれかにわたって従事したことが要件とされた（31条）．最後に，勤続期間年金ATSの支給には，①30年から35年の勤続期間，②55歳以上であること，③勤続するものの保険料が未払いの場合には，IAPsに追納[72]することが必要であった（32条）．

(2) これまでの案との比較

老齢年金には男女間に5歳の差が設けられた[73]．いまひとつの違いには勤続期間年金ATS（従来の通常年金）と特別年金とが共に盛り込まれた点がある．長年の懸案の勤続期間年金ATSがなぜ含まれたのか．法案提出前の公共サービス委員会における記録によれば，職業団体や組合からの多くの要求があったことやヴァルガスの流れを汲む社会民主党とブラジル労働党の政党間合意があったことが理由であった[74]．専門家の見解では，勤続期間年金ATSは財政を圧迫するため，この法案では労使負担の保険料が引き上げられた．そして，勤続期間年金ATS導入の理由として次のように説かれた．

> 「連続して35年保険料を支払い，もちろん会社の業務を向上させた被保険者は，同時に生物的現象によって通常の就労能力が減退する．それにもかかわらず，障害者となるか，65歳に到達するかしないと年金を取得できないとするのは公正でなく，人間的ではない．」

1952年草案では特別年金は勤続期間年金ATSに代わるものとされたが，この法案では両年金の関係に関する議論はないまま，併存して規定された．

Ⅲ　小　括

(ⅰ) このように，社会保障立法の統一を目指して右往左往した混迷の時代には，本書でみただけでも数々の法案，草案が提出された．高齢期の所得保障に関する年金の種類と支給要件を表にすると，以下のようになる．

---

72) 原語はindenizarという「補償・賠償」を意味する語であるが，内容をわかりやすくするために「追納」と意訳した．
73) 男女間で年齢に差があるのは，女性の体は，男性の体よりも脆弱で，時間の経過による破壊的な影響に敏感と考えられたためである（RUSSOMANO [1962] p. 201）．
74) 1957.11.1, DCN Seção 1, p. 9084, p. 9085.

年	根 拠	老齢年金	勤続期間年金 ATS	特別年金
1945	ISSB 計画	○ 要件規定なし	×	×
1947	アルヴェス法案	○ 60 歳 60 カ月待機期間	△ 50 歳 35 年勤続 (特別規則)	×
1952	小委員会草案	○ 65 歳 60 カ月拠出	×	○ 55 歳 15 年拠出 15 年特別就労
1957	法案 2119 B 号	○ 男 65 歳・女 60 歳 60 カ月拠出	○ 55 歳 30 ～ 35 年勤続 未払時，追納	○ 55 歳 15 年拠出 15・20・25 年特別就労
1960	LOPS 法	◎	◎	◎

(ii) この表から，老齢年金は年齢や性別の点で多少の変更があるが，高齢期の所得を保障する一貫した支柱として位置付けられてきたことがわかる．65・60 歳になれば，労働から解放され，休息に値するとしてその後の収入を補うために同年金を機能させようと考えられた．さらに，会社における人材の定期的な入れ替えの観点も考慮された．

(iii) 立法過程で最も問題とされたのは勤続期間年金 ATS（旧通常年金）である．ブラジル社会保障の起源であるエロイ・シャベス法に端を発するこの年金は，財政上のコストが大きい点や保険原理に沿わない勤続期間が要件となる点が，たえず問題点として指摘されていた．それでも職業団体や組合等からの権利要求や政党間合意を理由に挿入された．背景には長年の就労による疲労・消耗のため，就労能力が低下するのに，障害者となるか，65 歳になるまで年金が支給されないのは，公正ではなく，人間的でないとの議論があった．コストの増大を懸念して，年齢要件や保険料未払時の追納要件が付された点は特筆に値しよう．

(iv) 最後に，特別年金は，負担の大きい業務等では体力の消耗等が激しく，65歳以前に死亡するケースが多いため，導入された．1952 年草案では勤続期間年金 ATS の代替案として登場したが，その計画は失敗し，特別年金と勤続期間年金 ATS との棲み分けは必ずしも十分に議論されずに併存することと

なった．負担の大きい業務等には特別年金が機能する一方，その範疇に入らない業務でも継続的な就労により，就労能力が減退するので，その場合には勤続期間年金 ATS が機能することになったのである．これ以降，特別年金は，勤続期間年金 ATS の特別類型として位置付けられる．

こうして 14 年にも及ぶ混迷，紆余曲折の末，1960 年に LOPS 法が作られた．

第 4 節　LOPS 法の制定とその後の改正

LOPS 法の正式名称は，社会保障組織法（Lei Orgânica da Previdência Social）である（1960 年）．これによってピーク時には 200 を超える根拠法で規律された社会保障制度がひとつの規範で規律されることとなった．長年の悲願であった拠出と給付の統一化が実現したのである．本節では LOPS 法の概要を述べた上で（Ⅰ），その後の法改正を辿る（Ⅱ-Ⅴ）．年金制度の基本構造を明らかにするため，各年金の支給要件や年金と就労との関係，年金受給者の取扱い等に注目する．

Ⅰ　制定当初の LOPS 法

1　LOPS 法の概要

LOPS 法は老齢と勤続期間を社会的なリスクとして賦課方式によって保障する仕組みである（1 条）．運営機関の一元化は見送られたので従前どおり各 IAPs が運営した．稼得活動を行う者が被保険者とされ（2 条，3 条），具体的には都市で就労する被用者や自営業者が含まれた[75]（5 条Ⅰ，Ⅳ）．年金受給者については就労しても被保険者に該当しないと整理された[76]（5 条 3 項）．

保険料の負担義務は，労働者・使用者・連邦に課され，前 2 者には，最低賃金の 5 倍を上限とする保険料算定基礎賃金の 6％から 8％の保険料を負担する義務が課された（69 条 ac）．

高齢期の所得保障に関しては，老齢年金・特別年金・勤続期間年金 ATS

---

75)　農村労働者や家事被用者は除外されたままである（CASTRO; LAZZARI [2011] p. 71）．
76)　年金の受給は，その後の労働契約を禁止せず，逆に労働契約も年金の受給を阻害しないと考えられた（RUSSOMANO [1977] p. 57）．

が規定され（22条Ⅰcde），この他に勤続期間年金ATSと選択的な関係の在職手当も導入された（32条）．

　ア　老齢年金（aposentadoria por velhice）

　老齢年金は，一定年齢に達した者が肉体的に働けず経済的に困難な状況に置かれることが珍しくないことに鑑みて支給される給付である[77]．支給要件は，①60カ月の最低拠出月数[78]，②男性65歳・女性60歳以上であることである（30条）．支給開始日は申請日であり，就労継続の場合には退職日と規定された（30条1項）．こうした支給日の設定から，LOPS法は年金受給に退職を要求する立場であることが窺える．

　老齢年金の支給額は，給付算定基礎賃金の70％を基礎とし，1年拠出が増える毎に，1％ずつ増える（30％が上限）（30条本文，27条4項）．老齢年金の受給には最低60カ月の拠出が必要なため，同年金の最低額は給付算定基礎賃金の75％になる．

　イ　特別年金（aposentadoria especial）

　特別年金は，就労の性質を考慮し，負担が重い，健康に有害，もしくは危険と考えられる就労を保護する年金であり[79]，①最低50歳であること，②15年の最低拠出月数，③負担が大きい，健康に有害，もしくは危険な業務に15年，20年，25年のいずれかにわたって従事したことが必要である（31条）．支給日については老齢年金の規定が準用され（31条1項，30条1項），特別年金の支給額も，給付算定基礎賃金の70％を基礎に，拠出が1年増える毎に1％ずつ増額される（上限30％）（30条本文，27条4項）．最低でも15年の拠出が必要なため，特別年金の最低額は，給付算定基礎賃金の85％となる．

　ウ　勤続期間年金ATSと在職手当

　（ア）勤続期間年金ATS（aposentadoria por tempo de serviço）

　LOPS法は勤続期間年金ATSを盛り込んだ．従来の「通常年金」であり，

---

77)　RUSSOMANO［1962］p. 200.

78)　Carênciaとは「待機期間」と訳されることもあるが，ここでは給付を受給するのに必要な保険料拠出月数を意味し，月々の支払いという点が重要である（RUSSOMANO［1962］p. 315）．当時のコンメンタールでは「5年は間違いなく長期間」と記されている．「長期」に設定するのは，高齢者が早期に年金を受給する目的で制度に入るのを防ぐためである（RUSSOMANO［1962］p. 201）．

79)　RUSSOMANO［1962］p. 209.

支給には，①30年以上勤続したこと（35年が上限）（32条本文），②年齢55歳以上であること（32条1項），③保険料の未払期間については，被保険者がIAPsに追納すること（32条6項）の3要件が必要である．条文としては「勤続期間（①）を充足した場合に勤続期間年金ATSを付与する」と定めるので，②③の要件は同年金の本質的な要件ではないことが窺える．そしてこの点こそ後の改正に影響する．

支給額は，給付算定基礎賃金の80％をベースに，1年拠出が増える毎に4％増額された（上限20％）．35年勤続した場合に給付算定基礎賃金の100％が支給された（32条本文，32条2項）．ただし，支給日に関する規定はなかった．

このように勤続期間年金ATSの取得には，本質的な要件でない可能性があるが，年齢要件（55歳）が課された．年齢を定めないと早期の取得が可能となり，財政を圧迫することが法案・草案段階で常に問題視されていたため，年齢要件が付されたようである．

次に，勤続期間年金ATSには，老齢年金等とは異なって，最低拠出月数要件が規定されず，その代わりに保険料の未払分に対する追納の規定が設けられた[80]（32条6項）．この規定や保険料の拠出が1年増える毎に支給額が増える仕組みであること（32条2項）に鑑みれば，30年から35年にわたる保険料の拠出が，勤続期間年金ATS受給の前提と思われる[81]．法案段階の説明でも「35年保険料を拠出し，会社の業務を向上させた被保険者が，生物的現象によって通常の就労能力が減退しているのに，障害を有するか，65歳に到達するかしないと年金を取得できないとするのは，公正ではなく，人間的ではない」（圏点は筆者による）と述べられていた[82]．しかし，保険料の拠出は明確な要件ではなかった．

（イ）在職手当（abono de permanência em serviço）

LOPS法では，①55歳になること，②勤続期間年金ATSの権利があること，の2要件を充足した上で，③在職を希望する場合，に在職手当を支給すると規定された（32条4項）．支給額は，勤続期間年金ATSの25％に相当

---

80) 最低拠出月額（carência）と追納（indenizar）には，1カ月毎の支払いを要求するか，一括払いかの違いがあると思われる（オマール・シャルモン連邦裁判官の指摘による）．
81) 同様の理解にRUSSOMANO［1962］p. 316がある．
82) 1957.11.1, DCN Seção 1, p. 9085.

する額である．

(ウ) 勤続期間年金 ATS と在職手当の関係

LOPS 法は，勤続期間年金 ATS と在職手当の2つを規定したが，両給付の存在は年金と就労の関係を考える上で有益であろう．当時のコンメンタール[83]によると，勤続期間年金 ATS が通常年金と呼ばれていた頃，年金を受給しても就労する人がいた．当時の学説や法律は，年金の受給に伴い労働契約は自動的に終了すると考えていたが，以前と同様に就労する者に労働法の保護を及ぼさない訳にはいかなかった．そこで，年金受給者との間でも労働契約は継続すると解された．しかしこの解釈には「年金なんて必要ない」とか，「年金が単なるご褒美に化している」等の批判が相次ぐ．

こうした混乱を収束させるため，LOPS 法は，年金を受給すると労働契約は終了し，他方，就労する場合には在職手当を支給すると整理した．この整理によれば勤続期間年金 ATS の受給は，労働契約の終了つまり退職を前提とすると解するのが妥当であろう．就労継続の場合には在職手当を支給し，年金取得を遅らせることが在職手当の目的であった[84]．

2　LOPS 法の特徴

LOPS 法は，それまで分立していた社会保障制度を，ひとつの法律によって初めて統一し，ブラジルの社会保障制度に重要な進展をもたらした[85]．そして，高齢期の所得保障に関して現行法につながる3本柱（老齢年金・特別年金・勤続期間年金 ATS）を構築した．勤続期間年金 ATS については財政上のコストの問題を憂慮し，年齢要件を付すと共に，「30 年から 35 年にわたる拠出」を前提にしたようである．ただ，要件として明確ではなかった．

就労との関係では，老齢年金と特別年金では支給日の操作によって間接的に退職が必要との立場をとった．他方，勤続期間年金 ATS については支給日規定を置かず，就労の継続については若干の争いがあったが，在職手当創設の経緯等に鑑みると立法者は退職を前提としたことが窺える（本節Ⅰ１ウ（ウ）参照）．

---

83) RUSSOMANO [1962] p. 227.
84) 1991.5.9, DCN Seção 1, p. 5726.
85) RUSSOMANO [1962] p. 14.

このように当初のLOPS法は総じて年金の取得には退職する必要があると考えていた．もっとも，年金受給者が就労すれば，それを禁止はできないとも考えており，その場合には被保険者から外し，保険料の負担義務を課さないと整理した（5条3項)[86]．

こうして出来上がったLOPS法は，基本的な枠組みこそ維持されるものの，多くの改正を辿る．以下ではその経緯をみてみよう．

Ⅱ　1962年改正

LOPS法制定から2年，左傾化を強めるゴラール政権は，勤続期間年金ATSと在職手当に関して，年齢要件を削除するとの法改正を行う（1962年法律4130号1条）．これによって，他の要件を満たせばどんなに若くても年金受給が可能となった．これは，「憲法に規定された公務員の年金に平仄を合わせる」ために行われた．当時の1946年憲法191条1項は，公務員の年金取得に年齢を要求せず，こうした仕組みは，35年働くと，通常疲労し，望ましい生産力を有しなくなるので，休息の権利を付与するに値すると憲法制定権者が考えたために採用されていた[87]．公務員との平仄を考慮して年齢要件が削除されたのであり，その背景には組合からの圧力もあったようである[88]．

年齢要件の削除は，エロイ・シャベス法制定以来の通常年金・勤続期間年金ATSに関する議論や反省点（具体的には財政コストの増大）を全く顧みないものである．そして，この改正こそ，今後生じる問題，つまり十分な就労能力を有する者に早期に年金を付与しなくてはならない「早熟年金」問題の引き金を引き，制度に大きな影響をもたらしていく．この改正によって社会保障財源が流出し，90年代に起きる社会保障の莫大な赤字の要因となったといわれている[89]．

---

86) この規定は保険料負担を課さない点で労働者に有利な規定といわれている（RUSSOMANO [1977] p. 58).
87) 1961.7.1, DCN Seção 1, p. 4483.
88) 1988年憲法制定時の議事録には，「過去にも年齢要件が存在したが，組合執行部の強大な圧力を考慮して，年齢要件は削除された」との発言がある（1987.8.22, DANC, p. 361)．なお，DANCとは制憲議会議事録の略で，以下もこの略語を用いる．
89) MPAS [2002] p. 85.

Ⅲ　1966 年改正

4 年後，LOPS 法は再び改正される．1964 年 3 月 31 日未明に起きた軍部によるクーデターの結果，その後 21 年にわたる軍事政権に突入していたため，改正は軍事政権が主導した．

1　年金受給者の就労に関する取扱いと勤続期間年金 ATS の改正

軍事政権は，年金受給者で就労を継続する者の取扱いや，勤続期間年金 ATS の要件について LOPS 法を改正した（1966 年立法府命令 66 号）．

(1) 年金受給者の就労に関する取扱い

当初の LOPS 法は，年金受給者が就労しても被保険者としないと整理していた（5 条 3 項）．しかし，社会保障制度はチャレンジング[90]な制度との考えに基づき，すべての稼得活動や営利活動を制度にとり込み保険料を徴収しようとした[91]．そこで，就労に復帰する年金受給者にも制度への加入と保険料の負担を義務づけた（1966 年立法府命令 66 号 1 条）．そして，就労を終局的にやめる時あるいは死亡時に，払った保険料相当額を「償還金 (pecúlio)」として支給することにした．

(2) 勤続期間年金 ATS

加えて 1966 年改正は，勤続期間年金 ATS に関して，従前不明確であった支給開始日と最低拠出月数を規定した[92]．

ア　支給開始日

従来は支給日が不明確であったが，在職手当導入の経緯に鑑みれば，立法者は退職を必要と考えていたようである（本節Ⅰ1ウ（ウ）参照）．しかし，退職の要否に関する裁判例は分かれていた．そこで，本改正は退職が必要なことを明確にした（32 条 7 項）．

イ　最低拠出月数

また当初の LOPS 法は，老齢年金等とは異なり，勤続期間年金 ATS については最低拠出月数の規定を置かず，保険料の未払時に追納義務を課してい

---

[90]　原語では ambicioso であるが，おそらく財源の確保を意味すると思われる．
[91]　RUSSOMANO [1977] p. 58.
[92]　RUSSOMANO [1967] p. 233.

た（旧32条6項）．この追納規定と支給額決定の仕組み（旧32条2項），さらには法案提出時の説明内容から，「勤続期間年金ATSは30年から35年の保険料拠出を前提としている」と推論したことは，前述のとおりである（本節Ⅰ1ウ（ア）参照）．しかし，この推論を不可能にする改正が行われる．勤続期間年金ATSについても最低拠出月数60カ月を要求したのである（新32条8項）．不可解なことに未払時の追納規定も存続し（新32条5条），両規定の関連性や整合性に疑問があるものの，1966年以降の文献では専ら最低拠出月数の規定が指摘され，追納規定については一切説明されなくなった[93]．これによって，勤続期間年金ATSの取得には60カ月の最低拠出月数が重要となったのである．

LOPS法制定過程では財政コストが幾度となく問題視され，追加的な保険料負担を要するとまで議論されたが，そうした議論は吹っ飛んだ．保険料の拠出が明確に定められていなかったことが裏目に出て，わずか5年の拠出で勤続期間年金ATSが支給されることとなった．この改正が1962年の年齢要件削除と並んでその後の社会保障財政に深刻な影響をもたらすことになるのはいうまでもない．

2　運営機関の一元化

LOPS法制定時に見送られていた運営機関の一元化は1966年立法府命令72号によって達成された．同命令は当時存在した6つのIAPsを統合し，国立社会保障機関（Instituto Nacional de Previdência Social）（以下，「INPS」という）を1967年に設立した．これにより運営機関の分立が解消され，管理コストが減少し，効率性が向上した．そしてINPSが保険料の徴収や給付の支給を担うことになった．

Ⅳ　年金の受給と就労

1966年改正に続く改正は主に年金の受給と就労の関係に変更をもたらす

93）1962年版のコンメンタールでは，「勤続期間年金は，場合に応じて30年から35年の保険料を支払う必要がある」と書かれていた（RUSSOMANO [1962] p. 316）が，改正後の1967年版では，「勤続期間年金の最低拠出月数は60カ月である」と書かれるだけで，保険料の未払時の追納規定と最低拠出月数規定の関係については特に説明されていない（RUSSOMANO [1967] p. 319）．勤続期間年金ATSの箇所でも特に記載はない（RUSSOMANO [1967] p. 234）．

ものである.そこでまず当初の LOPS 法の立場を確認すると,年金の支給には退職を要求していた.その一方で,年金受給者が就労すると年金はそのままで,保険料負担義務を課し,終局的にやめる場合に償還金を支給していた.1973 年と 75 年改正は後者について,80 年と 81 年改正は前者についての改正を施した.

1 年金受給者の給付に関する変更

1973 年改正[94]は,就労によって年金の支給を停止し,その代わりに年金の 50%に相当する復帰手当(abono de retorno)を支給することにした[95](12 条).保険料負担義務を課す点に変わりはないが,終局的に退職すると就労期間に応じて上乗せした年金を支払うことにした(1 年で 5 %,最長 10 年)(12 条 1 項).

しかし,2 年後には年金の停止や復帰手当を規律する上記規定は削除され[96](1975 年 6 月 4 日法律 6210 号 2 条),償還金の仕組みが復活した(1976 年社会保障統合法典第 1 版[97]・1980 年法律 6887 号[98]).

結局のところ,年金受給者が就労すると社会保障制度への加入義務と保険料負担義務が課され,終局的にやめる場合に保険料相当分の償還金が支給される仕組みに舞い戻った[99].

---

94) 詳細については島村 [2013c] 166 頁注(149)参照.
95) 勤続期間年金 ATS との関係で規定され(12 条),老齢年金や特別年金にも準用される(12 条 4 項).
96) LADENTHIN; MASOTTI [2010] p. 33.
97) LOPS 法制定以降,多くの法改正がされたため,統合法を作成する必要性が生じ,1976 年に社会保障統合法典第 1 版が,1984 年に第 2 版が作られた.本書との関係では特に目新しい点はないため,これらの改正には深入りしていない.
98) 同法は,勤続期間年金 ATS または老齢年金を取得した後,就労に復帰するか,就労を継続する場合には退職時に,償還金を支給すると規定した(1 条)(LADENTHIN; MASOTTI [2010] p. 76, CORREIA [2009] p. 1033).
99) 1977 年法律 6439 号は,社会保障の組織構造を,国家社会保障・扶助制度(SINPAS)として一元化した.保険料の徴収,監督については社会保障・扶助財政管理機関(IAPAS)が,給付の支給等については国立社会保障機関(INPS)が,それぞれ担った(MPAS [2002] p. 105).この法律は,組織的な構造を変更するだけであった(COIMBRA [2001] p. 36).

2 退職の要否に関する変更

(1) 1980 年改正

LOPS 法は基本的に年金の受給に退職を要する立場であった．しかし，1980 年法律 6887 号は支給日を修正し，「申請日」に改め，退職を不要とした．こうした改正は，年金の申請後，支給に至るまでの事務手続が遅延していたために行われた．いつ支給されるかわからないのに退職して収入が途絶えるのは不利益である．年金も賃金もなく保護がない状況を回避するために支給日が変更され，年金受給予定者は就労しながら年金支給を待てるようになった[100]．

(2) 1981 年改正

しかし，1 年も経たないうちに再び退職が必要と改められた（1981 年法律 6950 号 3 条）．この改正は，年金にはもともと働けないことを前提に休息を付与する考え方があることと，退職させることで若年労働者に新たな雇用を確保する政策的意図とに基づいて行われた[101]．

V 小 括

(i) 当初の LOPS 法は高齢期の所得保障に関して老齢年金・勤続期間年金 ATS・特別年金の 3 本柱を設定し，この 3 本柱の大枠には変更がない．しかし，年金の支給要件等は大きく改正された．特に勤続期間年金 ATS には重要な改正が相次いだ．年齢要件（55 歳）が削除され（1962 年），60 カ月の最低拠出月数が要求された（1966 年）．逆に，追納要件は軽視され，後に削除された（1973 年）．LOPS 法の法案提出時には，35 年の保険料拠出が支給の前提であったにもかかわらず（本節 I 1 ウ（ア）参照），具体的な要件ではなかったため，こうした改正を辿り，30 年から 35 年の勤続期間とわずか 5 年の保険料拠出を満たせば，若くても支給されることになった．こうした一連の改正は，十分な財源の確保なく早期の支給を認めることにつながり，その後に生じる社会保障財政の赤字の温床となっていく．1923 年のエロイ・シャベス法から 1960 年の LOPS 法制定に至るまでの通常年金・勤続期間年金 ATS の問題点に関する議論を全く顧みない改正といえる．

---

100) MARTINS［2014］p. 368.
101) MARTINS［2014］p. 368.

⒤ 次に年金と就労の関係を少しまとめておこう．ブラジルの社会保障法（LOPS法，社会保障統合法典第1版，第2版）は年金の取得にあたって主として退職を要求する立場である．というのも，年金の支給開始日を申請日又は退職日（申請後の退職の場合）と定めるからである．在職手当を勤続期間年金ATSと選択的な給付としたのも，後者の取得に退職が必要なことを裏付けている．1980年には年金の申請から支給までに時間がかかることから，被保険者保護のために退職不要とされたが，すぐ翌年には退職を要する立場に戻った．こうした経緯を踏まえると，立法者は老齢年金の場合は高齢になったことで，他方，勤続期間年金ATSの場合は就労によって消耗したことで，就労能力が低下し，休息の権利として年金を付与するに値すると考えたようである．

しかし，退職を要する考えは例外を許さない訳ではない．というのも，実際に年金受給者が就労すれば禁止はできないと考えられていたからである．その結果，在職中の年金受給者というカテゴリーが創出される．このカテゴリーを認めること（認めざるを得ないこと）は一貫するがその取扱いには変遷がある．LOPS法当初は在職中の年金受給者を被保険者から除外したが，1966年改正は被保険者として制度加入させ，保険料の負担義務を課した．そして，終局的な退職時に保険料相当分の償還金を支給した．社会保障制度はチャレンジングな制度との考えの下，さまざまな稼得活動から保険料を徴収したかったようである．あくまで推測であるが，労働者負担分は後に償還金として清算されることを考えると，この改正の真の目的は使用者負担分の保険料の徴収にあったのかもしれない．

その後，1973年には年金受給者が就労すると，年金が停止される代わりに復帰手当が支給され，終局的な退職時に増額調整した年金が支給される仕組みに変わった．しかし，この取扱いも長くは続かず1975年に廃止される．二転三転した挙句，在職中の年金受給者には保険料の負担義務があり，拠出相当分は終局的な退職時に償還金として支給されるもとの仕組みに立ち戻った．

このようにLOPS法の制定以降，財政悪化の要因となる改正が相次ぐと共に，年金と就労の関係，さらに就労する年金受給者の取扱いに関し右往左往する混沌とした状況が続いていたのである．

第5節　現行憲法の制定と法律の再整備

Ⅰ　背　景

　1985 年, 21 年にわたった軍事政権は幕を閉じ, 民政移管が実現する. それに伴いサルネイ大統領は, 再民主化を根拠づけるため, 憲法制定国民議会を発足させる. 2 年の検討の末,「市民の憲法」と呼ばれる新憲法が, 新共和制の精神に基づき 1988 年 10 月 5 日に公布された. 2015 年現在まで 87 回にも及ぶ修正が加えられるが, これが現行憲法である.

　この憲法は社会権を保障し (6 条), 社会正義の原則の下で, 広義の社会保障制度 (Seguridade Social) の仕組みを作り, その一部を構成する狭義の社会保障制度 (Previdência Social) に関しても詳細な規定を置いた. 従来の憲法は, 高齢期の所得保障について若干の規定を置きつつも具体的な内容は法律等に委任していたが, この「市民の憲法」は基本的な枠組みや理念のみならず, 年金の具体的な要件までを詳細に定めた[102]. そのため, 制度の検討には 1988 年憲法の制定過程の分析が有益である. ここでは社会保障に関する新憲法の概要を紹介した上で (Ⅱ), 一定の争点に関する議論状況を整理しよう (Ⅲ).

Ⅱ　新憲法の概要

1　社会権の保障

　この憲法は基本権の保障を強化・拡大し, 同時に現代憲法の特徴といわれる社会権を明文化して積極的に保障した[103]. 具体的には「基本的権利と保障」を規定する編に「本憲法の定めるところに従い, 教育, 保健医療, 労働, 余暇, 安全, 狭義の社会保障, 母性及び幼児保護, 貧困者援護を社会権とする」とした 6 条を置いた. 続く 7 条は, 34 項目にわたって都市および農村労働者の社会権の内容を規定し,「年金」もその 1 項目となった (7 条 XXIV).

---

102)　憲法で定めると, 憲法修正という通常の法改正よりも厳格な手続を経ないと変更できなくなる点に意味があった. 憲法修正については注 (152) 参照, 憲法の制定手順については, 島村 [2013c] 172 頁参照.
103)　矢谷編 [1991] 18 頁.

2 広義の社会保障制度の枠組み

(1) 概　念

1988年憲法は，従来さまざまな機関や仕組みが分立していたブラジルの社会保障制度を体系化したといわれている[104]．そして広義の社会保障制度を規定する第II章が，社会秩序の編（第VIII編）に設けられ，その冒頭に「社会秩序は，労働の優位性を基礎とし，社会福祉と社会正義を目的とする」と書かれた（憲法193条）．社会福祉のために広義の社会保障（Seguridade Social）と呼ばれる制度が導入された．

広義の社会保障とは，①保健医療（Saúde），②狭義の社会保障（Previdência Social），③社会扶助（Assistência Social）の3つに関する個人的および集団的な権利を保障する憲法上のルールの総体を指す[105]．広義の社会保障の章では，法律に従い広義の社会保障を組織する権限は公権力にあるとの前提の下，基礎とすべき目的を定めた．また，主に労使が負担する社会負担金（contribuição social）[106]を含む財源規定も整備した．

財源規定に続いて憲法は広義の社会保障の具体的な内容である上記①②③の制度を規定する．本書の着目する狭義の社会保障は拠出制の仕組みであり，社会負担金の拠出なくして給付は得られない点で他の2制度とは異なっていた．

(2) 財　源

憲法194条は，広義の社会保障制度の組織化にあたり「財源基盤の多様化を図ること」をひとつの目的とし（194条単項VI），続く195条は，広義の社会保障の財源を次のように定めた．

憲法195条
広義の社会保障（Seguridade Social）の財源は，連邦，州，連邦地区，市の予算と（略）社会負担金（contribuição social）を通じて，法律の規定に従って社会全体によって直接的もしくは間接的な形式で確保する．

---

104) FORTES; PAULSEN [2005] p. 28.
105) BALERA [1989] p. 34.
106) 訳出困難であるが，1988年憲法で規定されるcontribuição socialは，労働者の賃金明細をベースとするもの以外も含まれることや，年金を含む狭義の社会保障だけでなく，保健医療や社会扶助の財源にもなることを考慮し，ここでは「社会負担金」と訳している．その上で，労働者の賃金明細をベースに課される社会負担金を「社会保険料」と訳する（第7節参照）．

従来のLOPS法等とは異なり，狭義の社会保障だけでなく保健医療や社会扶助をも含む広義の社会保障制度全体との関係で財源の確保が図られた．具体的な内容は，現行制度の検討に委ね，ここでは従来の制度からの変更点とその後の憲法修正にかかわる点を指摘しよう．

1988年憲法は社会負担金の負担者を使用者と労働者とし，使用者については，賃金，売上げ，利益をベースに賦課した（憲法194条単項Ⅵ）（従前は賃金のみであった）．当時の社会保障大臣は，「賃金は経済活動による変化に非常に脆弱であるため，それに限定すべきではなく，その他の多様な財源を作る必要がある」と説明した[107]．こうして収入を増大させるべく，社会保障財源の多様化が図られた．

3 狭義の社会保障制度

狭義の社会保障については，憲法第Ⅷ編第Ⅱ章第Ⅲ節が詳細に規定する．これに関しては，当時の社会保障大臣の提案がもととなり，多くの規定が策定された[108]．

(1) 適用対象者

LOPS法等を根拠法とする従来の制度は，主として都市労働者を適用対象者とし，農村労働者は別の，「農村労働者のための扶助プログラム」[109]に委ねていた（1971年補足法11号）．しかし，都市と農村とでは著しい格差があった[110]．農村の制度にも65歳を支給開始年齢とする老齢年金があったが，就労開始年齢の早さ[111]，地主からの搾取[112]，天候に左右される就労条件の悪さ，就労内容としても体力の消耗が激しいこと[113]等の要因が重なり，農村労働者の寿命は短く，65歳前に死亡する者が多くいた[114]．制憲議会では農村の状況を憂い，都市労働者と同様の保障を求める演説が連発した．

---

107) BACHES［2009］p. 477.
108) BACHES［2009］p. 477.
109) このプログラムは，農村労働者への扶助基金の資金を原資とし，社会保障的な性格よりも扶助的な性格の方が強かった（FORTES; PAULSEN［2005］p. 32）.
110) 格差の具体的内容については島村［2013c］176頁．
111) 1987.4.10, DANC, p. 193, 1987.5.6, DANC, p. 36, 1987.8.12, DANC, p. 435, 1987.10.15, DANC, p. 363, 1987.11.14, DANC, p. 122, 1988.9.1, DANC, p. 478.
112) 1987.5.6, DANC, p. 36.
113) 1987.4.30, DANC, p. 544, 1987.8.12, DANC, p. 435, 1988.9.2, DANC, p. 63.
114) 1987.7.20, DANC, p. 402, 1988.9.2, DANC, p. 9.

その結果，1988年憲法は，「適用範囲や給付の普遍性」（194条単項Ⅰ）と「都市および農村人口に対する給付の均一性と等価」（194条単項Ⅱ）を広義の社会保障制度の目的とし，農村労働者にも，都市労働者と同じ制度を適用することとした．また，普遍性の原則に則り，何人も負担金の拠出によって制度に参加できるとした[115]（201条2項）．

(2) 社会的リスク

狭義の社会保障は，「老齢」を社会的なリスクと捉えた（201条Ⅰ）．

(3) 給付の種類と要件

憲法202条本文は法律の規定に従い年金を保障すると規定し，年金の取得に関する具体的な要件を以下のとおり規定した．

憲法202条
Ⅰ　男性65歳・女性60歳．もっとも，農村労働者等についてはそれぞれ5歳引き下げた年齢[116]．
Ⅱ　男性35年・女性30年の勤続期間，もしくは，健康または身体の完全性を害すると法律で定められる特別の条件下での就労の場合はさらに短い勤続期間．
Ⅲ　教職に従事する場合は，男性30年・女性25年の勤続期間．

これら3つの要件は選択的で，Ⅰが老齢年金，Ⅱ前半が勤続期間年金ATS，後半が特別年金，さらにⅢが教員への年金[117]を意味する．加えて憲法202条2項は，勤続期間年金ATSの一類型として，男性30年以上35年未満・女性25年以上30年未満の勤続の場合に，勤続期間に比例する年金（以下，「比例年金」という）を保障した．

(4) 給付の算定方法等

年金の支給額は，直近36カ月の保険料算定基礎賃金の平均をもとに算出されることが憲法で決まった（憲法202条）．従来は下位法令で規定されたが，憲法に定めることで，立法者が自由に給付の算定方法を変えられなくなった．当時の政府は支給額を減額する算定方法を検討していたため，憲法で歯止めをかけたようである[118]．また，当時はハイパーインフレに直面し，あらゆ

---

115)　この規定によって主婦や失業者等の制度加入が実現した（任意的被保険者）．
116)　寿命の短さが考慮されて農村労働者の年金支給開始年齢は，都市労働者よりも5歳引き下げられた（1988.9.2, DANC, p. 9, p. 63）．
117)　教職の特殊性（大声を出す，チョークの粉を吸う）から消耗が激しいと考えられ，教員は通常より5年，勤続期間が短縮された（MARTINS [2014] p. 354）．

る賃金政策を講じても購買力が回復されず[119]，特に年金受給者は大きな損害を被っていた．というのも，当時の法律は支給額算出に必要な直近 36 カ月の保険料算定基礎賃金のうち，直近の 12 カ月分にはスライド制（通貨価値修正）を適用していなかったからである[120]．さらに 1979 年から 1984 年の賃金政策は現役労働者と年金受給者との格差を拡大させ[121]，その他に政情も混乱していた[122]．

　こうして窮状にあえぐ年金受給者は新しい服を買う金もないことをアピールするためボロボロの服を着て，年金額の再調整を求めるデモをブラジル全土で展開した[123]．彼らの主張によれば，年金受給者の 75％は最低賃金以下しか支給されず，貧困と空腹を強いられている[124]．薬を買う金もなく死亡するケース[125]や，実際の支給額がハイパーインフレによって 55％減るケースもある[126]．それまで最低賃金の 10 倍相当の年金を受けていた者が 2 倍相当しか受けられなくなり，中流階級から貧困層に転落した[127]等，当時の年金受給者の状況は惨憺たるものであった．

　かねてよりブラジルでは年金は就労への代償と位置付けられていたが，惨状の結果，そうしたイメージからかけ離れ，ある制憲議員の言葉を借りれば，年金とは「罰に匹敵する苦しみ」と化していた[128]．年金受給者は，低年金のため，生存自体が危うく，就労を継続せざるを得ず[129]，年金の受給には退職が必要とはいっていられなくなる．年金の要件を満たす十分な就労の後に，さらなる就労を強いられるのは苦痛であった．加えて，年金受給就労者

---

118) MARTINS [2006] pp. 58-59. 憲法修正については注（152）参照.
119) 1987.2.19, DANC, p. 344, 1988.5.19, DANC, p. 376, 1988.9.2, DANC, p. 74.
120) 1987.8.22, DANC, p. 361, 1987.8.11, DANC, p. 387, 1987.2.19, DANC, p. 344, 1987.8.3, DANC, p. 25, 1988.2.22, DANC, p. 153, 1988.2.18, DANC, p. 344, 1988.5.19, DANC, p. 369, 1988.2.18, DANC, p. 357.
121) 1987.4.15, DANC, p. 323, 1987.8.27, DANC, p. 478 , 1988.5.19, DANC, p. 376, 1988.8.30, DANC, p. 203.
122) 1988.2.12, DANC, p. 16.
123) 1998.1.27, DANC, p. 329, 1988.1.20, DANC, p. 254, 1988.1.27, DANC, p. 337.
124) 1988.1.27, DANC, p. 337.
125) 1988.1.27, DANC, p. 337.
126) 1987.3.26, DANC, p. 296, 1988.2.12, DANC, p. 16.
127) 1998.1.27, DANC, p. 329.
128) 1988.2.18, DANC, p. 345.
129) 1987.4.2, DANC, p. 28, 1988.9.2, DANC, p. 7, 1987.5.16, DANC, p. 359, 1987.7.23, DANC, p. 508, 1987.8.3, DANC, p. 25.

の存在は労働市場における低賃金の問題をもたらし，新たに就労する若年層をも苦しめ，労働市場に歪みを生じさせた[130]．

そこで，年金支給額を立て直し，現在価値を維持することが，最低賃金との関係も含めて議論の中心となった[131]．その結果，1988年憲法は，恒常的に実質額を維持するために，支給額の再調整を保障し，直近12ヵ月分にもスライド制を適用し，年金の支給額は法定最低賃金を下回ってはならない旨を規定した（201条2項，3項，5項）．

Ⅲ 勤続期間年金ATSと比例年金に関する議論

1988年憲法は，男性35年・女性30年の勤続期間の場合に満額の勤続期間年金ATSを，他方，男性30年以上35年未満・女性25年以上30年未満の場合に比例年金を保障したが，議会では，年齢要件を挿入するかや，必要な勤続期間を何年にするかが議論された．詳しい議論内容は省略し[132]，ここでは大まかな内容を確認しよう．

1 年齢要件挿入の是非
(1) 概　要

1962年に勤続期間年金ATSから年齢要件が削除されたが，平均寿命の延長等の理由から，いくつかの政権は年齢要件の再挿入を提案していた．しかし，労働者や組合，政党（特に労働党やブラジル民主運動党）の強固な反対に遭い，失敗していた[133]．

そうした中で憲法制定作業と同時期に，社会保障省は，勤続期間年金ATSへの年齢要件（55歳）の挿入を試みた[134]．詳細は不明なものの，制憲議会での議事から推測するに，最初は憲法の規定に年齢要件を付そうとしたのではなく，下位規範で付そうとし，それに対して議員が制憲議会で抗議する構図が展開された．その後，憲法編纂委員会提案の代替案に年齢要件（男

---

130) 1987.10.29, DANC, p. 476, 1987.7.23, DANC, p. 508.
131) BACHES［2009］p. 476.
132) 詳しい議会での議論の経緯は，島村［2013c］183-190頁を参照．
133) 1987.8.22, DANC, p. 361, 1987.8.21, DANC, p. 250, 1988.8.31, DANC, p. 318.
134) 55歳に設定されたのは，都市労働者の年金取得の平均的な年齢が55歳だったからである（1987.7.20, DANC, p. 402）．

性53歳・女性48歳）が挿入されたため，批判が相次いだ．

　まず政府が年齢要件を挿入しようとしたのは，勤続期間年金 ATS の受給者が高所得者で高額の長期にわたる年金支給が必要であるため，財政上の負担が大きいからであった．議員の演説によれば，1955 年に始まったブラジル工業化政策から 1990 年で 35 年を迎えるとの背景があった．工業化に貢献した人々が年金を受給すれば，年金財政を圧迫することは目に見えている．そこで，支出の増加を回避し，収入の確保を試みたようである[135]．

(2) 反対論

　こうした意向に批判が続出する．賛成と思しき意見は確認できなかった．「年齢要件を導入すると，貧困のために早くから就労しなくてはいけない人々を苦しめる」という主張に代表されるように，主として貧困層の存在に着目して反対が唱えられたのである．他方，政府のそもそもの趣旨は，勤続期間年金 ATS の受給者は，貧困層ではなく，正規雇用に就く高所得者層であることなので，嚙み合わない対立構造といえる．嚙み合わないながらも，反対意見が相次ぎ，年齢要件の挿入は見送られた．

2　勤続期間の年数と比例年金

　この他，満額年金に必要な勤続期間を男性 30 年・女性 25 年に引き下げる案も提出されたが，比例年金を付与すれば十分との主張によって比例年金の導入で落ち着いた[136]．もっとも，比例年金の導入に対しては，現役が年金受給者を支えられないことや低所得者が勤続期間を立証できないこと等を懸念して反対する主張[137]もあった．こうして新憲法では年齢要件のない勤続期間年金 ATS が，満額および比例の形で保障された．

Ⅳ　1991 年法による整備

　新憲法の制定を受けて法律が再整備された[138]．1991 年に制定された社会

---

135) 具体的な大臣による説明については，島村［2013c］183-184 頁．
136) 詳しくは島村［2013c］186-187 頁．
137) 詳しくは島村［2013c］187-188 頁．
138) 従来，給付の承認や付与等は INPS が，保険料の徴収，監督等は IAPAS がそれぞれ行っていたが，1990 年に国立社会保険院（INSS）が設置され，給付と保険料に関する両方の業務を担うようになった（1990 年大統領令 99350 号）．

保障（広義）の組織と費用負担を規律する法律8212号と，給付を規律する法律8213号である．ここではその後の憲法修正に関連する法律8213号をとりあげ，法律8212号は次節で触れることにしよう．

1 給付の種類

既に見た憲法規定を前提に，法律8213号は以下の給付を規定した．

- 老齢年金
- 勤続期間年金ATS（含　比例年金）
- 特別年金

その他に憲法の規定はないが，従来から存在していた以下の2つの給付も規定された．

- 在職手当
- 償還金

2 各給付の支給要件と支給額

老齢年金および特別年金については，原則として次節に譲り，ここでは従前からの変更点を2点明確にしておく．

第一に，従前の法律では最低拠出月数を各年金の要件を定める条文でそれぞれに規定していたが，法律8213号は最低拠出月数に関する一般規定を設け，各年金の取得に180カ月の保険料拠出が必要な旨を明記した．従来老齢年金と勤続期間年金ATSの取得に必要な最低拠出月数は60カ月であったため，3倍への増加である．こうした増加は，給付を受ける期間に見合うように保険料の拠出を増やし[139]，年金の受給を遅らせる[140]ことで，社会保険の健全な運営を図るために行われた．また，任意的被保険者として5年だけ制度に加入し，老齢年金を取得する財政圧迫行為をやめさせることも狙っていた[141]．

第二に，これまで原則として年金の取得には退職が必要であったのを，退職不要に改めた．この背景には，申請から支給まで時間がかかり，賃金も年

---

139) MARTINS［2014］p. 326.
140) MARTINS［2014］p. 356.
141) 1991.5.9, DCN Seção 1, p. 5725.

金もない状況に追い込まれる者が続出したことや，年金額が低いため，就労の継続を認めざるを得ない事情があった．

　以上の点を踏まえて，以下ではその後の憲法修正や法改正で変更される勤続期間年金 ATS（比例年金を含む），在職手当，償還金に関する法律 8213 号の内容を確認しよう．

　ア　勤続期間年金 ATS（比例年金を含む）

　勤続期間年金の要件は，①180 カ月の最低拠出月数（25 条Ⅱ）と②男性 30 年以上・女性 25 年以上の勤続期間である（52 条）．既述のとおり，年齢要件は課されなかった．

　支給額は，勤続 30 年の男性と勤続 25 年の女性については，給付算定基礎賃金の 70％をベースに，それ以降は，1 年勤続が増える毎に 6％を増額された（男性は 35 年まで，女性は 30 年まで）（53 条Ⅰ，Ⅱ）．男性 35 年・女性 30 年勤続すると，給付算定基礎賃金の 100％が支給されることとなった．

　イ　在職手当

　在職手当は，①勤続期間年金 ATS の権利があること，②在職を希望する場合に支給される（87 条本文）．支給額は，35 年以上勤続する場合には，給付算定基礎賃金の 25％であり（87 条Ⅰ），申請日から支払われる．賃金が上昇しても支給額の見直しはなく，在職手当を受けても，後の年金額が減らされることはない（87 条単項）．

　ウ　償還金

　①勤続期間年金 ATS，老齢年金の受給者が就労したこと，②就労を終局的に辞めることが支給要件である（81 条Ⅱ）．インフレ指数によるスライド（通貨価値修正）をした上で，年金受給者が在職期間に支払った保険料相当額が支給される[142]（82 条）．

Ⅴ　小　括

(i) 長期間の軍政が幕を閉じ，市民による市民のための憲法が規定された．これにより，社会権の保障や広義の社会保障制度の基本的な仕組みが整備され，年金の具体的な要件等も，憲法自体に規定された．年金の種類は，LOPS

---

[142] ここでは，従来と異なり 4％の利子は付かない（MARTINEZ［2010］p. 886）．

法以来の3本柱——老齢年金・特別年金・勤続期間年金 ATS ——であるが，問題となるのはやはり勤続期間年金 ATS であった．政府としては，受給者が高所得者で支給額が高く，支給期間も長期に及ぶため，高コストであることから年齢要件を付加することでコストの抑制を望んだ．しかし，制憲議会では早くから就労を開始し，寿命も短い貧困層の存在に焦点があてられる．所定年齢以前に死亡するため，貧困層は給付を享受できない点や，支給開始年齢までの期間をつなぐ雇用の問題（失業・低賃金），その結果生じる年金支給額の低下の問題が指摘された．若年層との雇用の奪い合いも生じ，労働市場に歪みをもたらす点も議論された．他にも公務員との平仄の視点など，批判が続いた結果，勤続期間年金 ATS への年齢要件の挿入は失敗に終わった．

次に，比例年金を認めるかに関しても，早くに就労を開始し，寿命の短い人を保護する主張が大勢を占め，その導入が決まった．

こうして多くの給付が憲法で規定された．その上，憲法を前提に制定された法律8213号は，従来どおり，在職手当や償還金も規定し，かくしてブラジル社会保障史上，最も充実した給付内容を取り揃えることとなった．

(ⅱ) 充実した給付を賄う財源については，「財源基盤の多様化」原則の下，特に使用者に重い負担が課された．さらに年金支給に必要な最低拠出月数の上乗せ等，財源確保に向けた一定の努力がなされた．しかし，肥大化する支出を全てはカバーできず，財政見通しは極めて甘かった．その結果，支出に見合う財源の確保なしに，給付する事態に陥った[143]．

(ⅲ) 比例年金に関しては，賦課方式を維持できないとか，比例年金は高所得者が取得するので，低所得者の所得保障には役立たない，比例年金を認めると低所得者から高所得者への逆方向での所得分配が生じるなどの反対意見もあった．こうした政府見解にも通じる指摘は，1988年の段階では少数に過ぎないが，次節で述べる憲法修正につながっていく．

(ⅳ) 年金と就労との関係では，年金支給に時間がかかることや年金の低額化を背景に，退職不要に改められた．

---

143) MPAS [2002] p. 85.

第 6 節　憲法修正とその後の動向

　1988 年憲法や法律の再整備によって，ブラジルの社会保障制度は収入に見合わない給付を支給する必要性に迫られた．財政面での大きな圧迫を受け，その対処が喫緊の課題となる．憲法上保障された 3 種の年金を「中核」とすると，憲法に規定のない「周辺部」の給付から，じわりじわりと削減する方向での改革が始まった．

Ⅰ　改革の予兆

1　就労する年金受給者の拠出と償還金の廃止

　1990 年代のブラジルは，広義の社会保障の領域で，公的資金の投入規模を縮減せざるを得なくなり，収支が均衡せずに給付の削減が急務となった[144]．そこでまず年金受給者が退職する際に得ていた償還金が 1994 年，1995 年に廃止された[145]．

　償還金の廃止に伴い，年金受給者については，いったんは保険料負担義務も免除されたが（「拠出なければ給付なし」）（法律 8212 号 20 条，法律 8870 号 24 条），制度の合理化・効率化を目指す 1995 年改革[146]で再び負担義務が課された（法律 9032 号 2 条 3 条）．

　年金受給後の就労については，保険料負担義務を課すが退職時には償還金の形で実質的な払戻しがあるからこそ公正と考えられていた[147]．しかし，1995 年改正は保険料負担義務はあるのに，負担分の償還を廃止し[148]，「拠出あるのに給付なし」との不均衡をもたらした．この不均衡にはその後，批判が続出し，不均衡を修正する唯一の手段として，次節で触れる年金の放棄（Desaposentação）の議論が浮上する[149]．

---

144) LADENTHIN; MASOTTI［2010］p. 22.
145) 1994 年法律 8870 号，1995 年法律 9032 号，9129 号である．
146) 1995.4.21, DCN Seção 1, p. 7002.
147) LADENTHIN; MASOTTI［2010］p. 23.
148) DUARTE［2003］p. 76.
149) MARTINS［2014］p. 417, LADENTHIN; MASOTTI［2010］p. 24.

2 在職手当の廃止

さらに1994年法律8870号は在職手当も廃止した．在職手当は年金の取得を遅らせる財政節約目的で創設されたが，当時の勤続期間年金ATSの平均的な支給開始年齢は約50歳であり，期待した成果が得られなかったからである[150]．また，1991年法律8213号は退職不要と改めていたため，その点も考慮された．

II 憲法修正の経緯

周辺部から始まった改革は本丸の憲法修正[151]につながる．年金の内容が憲法で詳細に規定されているため，改革には「憲法修正（Emenda Constitucional）」という通常の法律改正よりも厳格な手続を踏まざるを得なかった[152]．カルドーゾ大統領[153]は1995年に憲法修正を発議する[154)155]．

この政府案は，下院を経て，上院へ行き，再び下院に戻る経緯を辿り，4年の議論の末，1998年憲法修正20号として結実するが，その過程で二転三転する．ここでは勤続期間年金ATSの要件，比例年金の帰趨に関する議論を中心に，憲法修正の制定経緯を追跡し，その上で憲法修正の概要を説明しよう．

---

150) 1991.5.9, DCN Seção 1, p. 5726.
151) ブラジルでは憲法修正が多いが，全ての事項を憲法修正によって改変できる訳ではない．個人の権利や保障に関する規定を廃止することは，憲法修正の手続によって行うことはできない（憲法60条4項）．
152) ブラジルの法規範の序列は，憲法＞補足法（lei complementar）＞普通法（lei ordinária）（本書の「法律」とは普通法のことである）である（憲法59条I II III）．憲法修正が認められるには，両院の2つの読会で審議・表決され，2つの読会において，両院それぞれの議員の5分の3の票が必要である（憲法60条2項）．これに対して，補足法改正には，出席議員数にかかわらず，各院の総議員数の過半数の賛成（69条）が，普通法改正には，議員の過半数の出席と出席議員の過半数の賛成（47条）が必要である．
153) 社会学者であるカルドーゾは，イタマール・フランコ政権下で財務大臣を務め，インフレ終息のためにレアル・プランを実施した．これによってハイパーインフレが鎮静化したので高く評価された．インフレなき経済改革の指導者として，自由競争を容認する経済開放政策を掲げ，外国資本の積極的な誘致を行い，国際競争の時代にブラジルが乗り遅れないよう尽力した人物である（ブラジル日本商工会議所編［2005］33頁（住田育法執筆））．
154) 憲法60条IIは「憲法は，共和国大統領の発議により，修正することができる」と定める．
155) 憲法修正案1995年第33A号，Mensagem No.306.

1 大統領による発議
(1) 問題状況の把握[156]

政府は,「狭義の社会保障は,保険料を通じて,被保険者が終局的もしくは一時的に就労できない場合に就労に基づく所得に代わって所得を保障することを目的とする」とした上で,狭義の社会保障制度を公正なものとし,財政上の持続性を確保するには憲法修正が急務であると説明する.そして,現行制度に存する複雑に絡み合う問題を次のように指摘する.

① 経済・雇用の問題

マクロ経済が不安定であるため,雇用水準が低く,賃金も低い.その結果,保険料を定期的に支払う正規の労働関係に影響が生じている.レアル・プラン[157]の導入により持続的に通貨が安定し,経済が安定したが,労働市場の好転にはいまだ中長期的な期間を要する.

② 運営上の問題

保険料の未納や遅滞,不正受給が多く,制度運営上のコストが大きい.こうした構造的な問題を解決しないと制度が破たんしてしまう.

③ 財政上の問題

保険料としての徴収額と給付としての支出額の差額がマイナスであり,給付の急激な増大がその要因である.1960年から1990年にかけて人口の増加率は109％である一方,受給者数は12倍以上に増加している.受給者数は,ブラジル人口の約9.4％を占め,農村受給者の数だけでも1990年から1993年にかけて50％増大した.

その結果,1950年代には8人の現役が1人の年金受給者を支えていたところ,今日では2人の労働者が1人を支え,このまま放置すれば25年後には,1人で1人を支えなければならなくなる.

④ 人口構造の変化

現状に追い打ちをかけるのが出生率の低下と高齢者人口の増加という人口構造の変化である.すなわち,出生率は再生産年齢の女性1人あたり2.6人であり,人口増加率は1.9％である.この傾向が続くと30年で人口は減少する.さらに,65歳以上の高齢者人口は,1970年の3.1％から2020年には7.7％になると予想される.現役に対する高齢者の割合は90年には8％であるが,2020年には11％と

---

156) 1995.3.28, DCN, Seção 1, pp. 4500-.
157) カルドーゾが実施した経済対策であり,為替レートの固定を特徴とし,為替アンカー型政策と呼ばれる.これによってインフレが克服された(ブラジル日本商工会議所編[2005] 77頁(小倉明浩執筆)).

なる．少子高齢化の傾向を考慮すると，社会保障制度の早急な改革が必要である．

⑤ 労働市場の変化

　社会保障支出は1年に7％の率で増加し，増加傾向にある．しかし，現役労働者は1年に2.7％の率でしか増えず，減少傾向にある．これはオートメーション化や外注化という労働市場の変化のためである．主として賃金を基準に保険料を徴収する仕組みであるため，正規の雇用が増えなければ保険料収入は増えず，中長期的に社会保障財政に影響を及ぼす．

⑥ 勤続期間年金ATSの問題点

　ブラジルは，伝統的に勤続期間年金ATSが存在する世界でも数少ない国のひとつである．人口の多くが10歳から14歳という若さで就労を開始することと，寿命が短く老齢年金の支給開始年齢（男性65歳・女性60歳）では多くが既に死亡していることの2点が，勤続期間年金ATSの存在理由としていわれてきた．しかし，調査によればこうした前提は現実とは大きくかけ離れている．第一に出生時の余命と55歳時の余命は異なるので，出生時の余命が短くとも，55歳時の余命は短いとは限らない．ブラジル地理統計院IBGEによると，55歳の場合，余命は男性で21年，女性で22年である．幼児時期には所得に応じた死亡率の格差が存するが，55歳の年齢層では，所得階層による格差はなく，年齢が上がるにつれ，所得に応じた余命期間の格差は縮まっている．

　第二に，調査によれば勤続期間年金ATSの受給者は，前提とは異なり，ほとんど職場を変える必要のない安定した雇用に就く者である．勤続期間年金ATS（比例年金を含む）は，高所得者層が早熟の年金を受給する方途として利用され，こうした高所得者は受給後も就労を辞めないため，勤続期間年金ATSが労働による所得を補完するものとして機能する．他方，低所得者は，正規の労働市場への参入が困難なため，勤続期間年金ATSを受給できないでいる．

　平均的な年金の支給開始年齢を比較すると著しい不平等が浮かび上がる．老齢年金は主として低所得者が受給し，都市・農村を含め平均的な受給開始年齢が62歳である．他方，勤続期間年金ATSは高所得者が受給し平均して53歳からである．例外的に低所得者が勤続期間年金ATSを受給する場合もあるが，その場合は支給開始年齢が53歳より引き上がる．支給開始年齢が低いと受給期間は長期化する．OECD諸国の受給期間は，平均して男性15.2年・女性18.6年であるのに，ブラジルでは男性17.5年・女性20年である．

⑦ 特権の問題

　ブラジルの社会保障制度には，民間人を対象とする一般社会保障制度の他に，特権的な給付を付与する公務員や軍人のための制度が複数あり，コストが大きい．

(2) 政府案：憲法修正 33A 号の内容[158]

問題対処のために政府は複数の提案をした[159]．まず，憲法修正という厳格で煩雑な手続きを避けて，柔軟な改正を可能にするため，詳細規定は補足法[160]に委ねる脱憲法化を提案した．もっとも，事柄の性質上，重要である制度がカバーするリスクや原則は，憲法に残した．また勤続期間年金 ATS の要件だけは，憲法に残そうとした．従来のように勤続期間ではなく，保険料拠出期間を主たる要件とすると政府は修正案に記した．拠出と給付の牽連性を求めて勤続期間年金 ATS から保険料拠出期間年金 ATC に転換を図ったのである．そして早熟年金の問題を解決するために，保険料拠出期間年金 ATC の要件に年齢を付した．もっとも，若くして就労を開始したことを立証したら所定年齢前でも支給を認める配慮をした（6条[161]）．さらに早熟な年金の根源でもある比例年金を削除した（10条）．

こうした改革は，労働市場に十分に参入できず，給付にアクセスできない者の犠牲の上で，より組織化され力を有する者が特権を受けている社会的に不公正な現行モデルを断ち切り，中長期的に財政的持続性と保険数理上の持続性を確保するために行われた．

2　下院による変更

しかし，政府案がそのまま可決されることはなく，脱憲法化は労働者が歴史的に勝ち取った権利を奪う等の非難[162]によって否決された．下院で承認された案[163]では，保険料拠出期間年金 ATC の要件から再び年齢が削除され，比例年金が復活した[164]．

---

158) 1995.4.11, DCN Secão 1, p. 6038.
159) 公務員や軍人の独自の制度にも一般社会保障制度に適用されるのと同じ基準を適用しようとした（1996.2.14, DCD, p. 4464. なお，DCD とは，下院議事録の略で，以下でもこの略語を用いる）が，連邦や州の自治権を害する等の理由で否決され，失敗した（1996.2.14, DCD, p. 4469）．
160) 補足法とは，「それ自体では，大部分，実行しえない憲法規定事項を補足する目的を有する」（二宮・矢谷編［1993］29頁）もので，憲法で補足法の目的となる事項が規定されるとの特徴がある．
161) 具体的な条文については，島村［2013c］204-205頁．
162) 1996.5.16, DCD, p. 13914, p. 13986.
163) 具体的な条文については，島村［2013c］205-206頁．
164) 現行憲法に規定された年金の権利を保障するために比例年金の存続を求める意見が多かった（1996.4.23, DCD, p. 10677, 1996.5.16, DCD, p. 13910）．

3　上院による変更

上院では脱憲法化を認めない下院の姿勢は引き継がれたものの，年金については政府案に舞い戻り165)，早熟の年金受給を断ち切るために，年齢要件が付され，比例年金は再び削除された．国際的に通用する，就労能力の喪失時の所得保障という考えに則り，給付プランに大きな公平性と平等をもたらそうとした．上院によればこうした改正は低所得者を苦しめない．というのも，勤続期間年金 ATS の恩恵を受けているのは，安定した雇用に就き，必要な勤続期間を立証できる高所得者だからである．上院は低所得者が保険料を負担し，高所得者の年金財源を支える逆方向での所得分配を解決しようとしたのである166)．

4　下院による再議論

比例年金の廃止と年齢要件の挿入を主たる内容とする修正案が下院に戻された．比例年金に関しては強い批判がありつつもその廃止が受け入れられたが，年齢要件については，労働市場に早期に参入した人を苦しめることやそもそもブラジルのように社会的な不均衡がある国では「平均」を考慮すべきではない等を主たる根拠としてその削除が求められた．たしかに，政府の見解に理解を示し，年齢の削除によって利益を得るのは低所得者ではないとの認識や，制度の公平を保ち，より公正にするために，早熟の年金を断ち切るべきとの認識から，賛成票もかなりみられたが，最終的にはわずか1票足りずに年齢要件付の案は否決されたのであった167)．

その他にも，保険数理上の均衡を保ちつつ，低所得者に早期の年金受給を認めるために，年齢要件と共に所得要件をも付加する案が議論された．この案に対しては人口統計上優れているとか，財政の均衡に資する等の肯定的な意見も見られたが，所得により寿命が異なる訳ではないので所得を要件とするのはおかしいとか，複雑に過ぎる等の理由168)で否決された．

---

165)　具体的な条文については島村［2013c］206 頁．
166)　1998.2.10, DCD, pp. 3628-.
167)　詳しい意見については島村［2013c］209-211 頁．
168)　詳しい意見については島村［2013c］208 頁．

III 憲法修正の概要

1 社会的リスク

修正された憲法は,「財政的均衡・保険数理上の均衡を保護する基準に従って, 高齢という社会的リスクに対して給付を行う」と規定した (201 条本文I).「財政的均衡・保険数理上の均衡」という従前にはみられない観点が挿入され, 拠出と給付の牽連性が強化された (201 条本文).

2 拠 出

広義の社会保障制度に対する社会負担金 (contribuição social) の負担を定める憲法 195 条は, 次の 3 点で修正された.

第一に, 負担金の拠出義務のある「使用者」の範囲が拡大された. 従来は,「使用者」とだけ規定されていたが,「使用者, 会社, 法律によってそれと同視される団体」となった[169].

第二に, 使用者概念の拡大にも関係して, 負担金の算定基礎対象も広げられた[170][171].

第三に, 1988 年憲法は使用者側の負担金のベースを賃金, 売上げ, 利益としていたところ, 1998 年憲法修正は, 総収入をも加えた.

これらの改正は, 連帯原則の下, 財源を拡充させ, より柔軟性のある財政構造とし, さまざまな経済活動セクターから画一的な形で社会負担金を徴収することを狙っていた[172].

3 給付の種類と支給要件

高齢期の所得保障については, 201 条 1 項で特別年金を規定した上, 7 項で以下のように規定した (憲法修正 1 条).

> 201 条 7 項
> 　一般社会保障制度においては, 法律の規定の下, 次の要件を満たす場合に年金

---

[169] CORREIA; CORREIA [2010] p. 121, CORREIA [2009] p. 98.
[170] CORREIA; CORREIA [2010] p. 121.
[171] この 2 つの改正によって, 労働契約以外の役務提供契約 (具体的には, Avulso や臨時的な労働者, 個人的拠出者がする契約) に基づく報酬にも負担金が課された.
[172] 1996.2.14, DCD, p. 4464.

を保障する．
  Ⅰ　男性 35 年・女性 30 年の保険料拠出；
  Ⅱ　男性 65 歳・女性 60 歳，農村労働者等については男女共に 5 歳引下げ；（以下略）

　201 条 7 項Ⅰと Ⅱは，重畳的ではなく，選択的な要件と解されている[173]．つまり，憲法修正による給付は，特別年金（201 条 1 項）・保険料拠出年金 ATC（201 条 7 項Ⅰ）・老齢年金（201 条 7 項Ⅱ）の 3 種であり，この他に教員への特則が設けられた（201 条 8 項）．

　1988 年憲法と比較すると，①勤続期間年金 ATS から保険料拠出期間年金 ATC への転換，②比例年金の廃止が特筆に値する．

　①　勤続期間年金 ATS から保険料拠出期間年金 ATC への転換

　まず，勤続期間を要件とする勤続期間年金 ATS を廃止し，その代わりに保険料拠出期間を要件とする保険料拠出期間年金 ATC を導入した．この変更は拠出と給付の間に均衡をもたらし[174]，制度に保険料拠出の視点を挿入するものである[175]．従来は，勤続期間要件を充足する限り，保険料の拠出がなくても年金を支給せざるを得なかったが，拠出なくして支給を認めるのは財政的な均衡や保険数理上の均衡を模索する拠出制の制度とは矛盾する．そこで，勤続期間への着目から保険料拠出期間への着目へと転換が図られた[176][177]．

　②　比例年金の廃止

　次に，憲法修正は早熟年金の根源である比例年金を廃止した．比例年金は支給額が低額なことから受給者は就労を継続せざるを得なくなり，年金が就

---

173)　MARTINS［2014］p. 355.
174)　ROCHA; JUNIOR［2005］p. 221.
175)　IBRAHIM［2010］p. 633.
176)　それまで法律で規定されていた任意的被保険者の資格を憲法によって認めた（MARTINS［2006］p. 58）．任意的被保険者としては主婦が想定されたが，主婦に「勤続」は観念できないので，従前の勤続期間年金 ATS はミスリーディングで，保険料拠出年金 ATC の方が実態により整合的であるとも説明された（MARTINEZ［2010］p. 771）．
177)　議会の審議では，勤続期間を保険料拠出期間に変更すると，特に低所得者の立証が一段と難しくなるとの批判もあったが，実際には従前の勤続期間が保険料拠出期間とみなされている（憲法修正 4 条）．このみなし規定は，「特別の法律が制定されるまで」との条件付であるが，依然特別の法律は整備されていない．結局，勤続期間から保険料拠出期間への変更は，さほど大きな変更をもたらしていないようである（IBRAHIM［2010］p. 633）．

労による賃金を補足する形で機能しているケースが多いことが明らかになったためである[178]．

4　給付の算定方法

1988年憲法は算定基準を憲法で定めていた（旧202条）が，憲法修正は給付と拠出の牽連性を強化するために同規定を憲法から外した[179]．この限りでは脱憲法化が達成されたといえる．これはすぐ後で述べる1999年法律9876号制定につながる重要な改正である．

5　給付の上限設定

憲法修正は，一般社会保障制度の給付額の上限を規定した．具体的には当時の最低賃金の10倍である1200レアルと設定した[180]（14条）．

IV　1999年改正

1998年憲法修正は，支給額算定に関する従来のルールを撤廃した（本節III4参照）が，これを契機に被保険者に不利な法改正が実施された．すなわち，1999年法（法律9876号）は，算定基礎期間の拡大と社会保障因数の導入を行ったのである．

1　算定基礎期間の拡大

1999年法は，支給額の算定に用いる賃金の算定基礎期間を36カ月から全期間に改めた．正確にいえば，全期間のうち額の高い方の賃金の80％の平均を算定基礎とした．全期間といっても，当時のハイパーインフレを考慮して1994年7月以降が対象となった．従来の36カ月は労働者の保険料納付期間のうちの10％弱（男性の場合，35年のうちの3年．女性の場合は30年のうちの3年）にしか相当せず，退職に近づくにつれて賃金が下がる者に損害を与えて

---

178)　狭義の社会保障技術情報社（DATAPREV）の専門家の研究による（ROCHA; JUNIOR［2005］p. 219）．
179)　CECHIN［2002］p. 24.
180)　2003年憲法修正41号は1998年憲法修正20号に並んで社会保障改革として有名であるが，公務員の独自の社会保障制度を抜本的に改革した．そのため，本書では割愛するが，一般社会保障制度との関係では給付額上限が2400レアルへと引き上げられた（5条）．

いたから，かかる不均衡を是正するために改正されたといわれている[181]．もっとも，実際には就労開始当初の賃金は低く，勤続年数を重ねる度に引き上げられるケースが多いため，この改正によって間接的に支給額が減額される人の方が多かった．

2　社会保障因数の導入

もうひとつの重要な改正は，社会保障因数（Fator Previdenciário）の導入であり，1998年改革で見送られていた年齢に関する議論と密接に関係する．1998年憲法修正では年齢要件を付けられなかったので，政府は支給額の算定時に被保険者の年齢を考慮し，社会保障の保険数理によれば理想的と考えられる年齢以前に申請した場合に支給額を引き下げた．これによって，申請を遅らせ，年金支出を削減しようとした[182]．年齢以外にも保険料拠出期間や平均余命（法律8213号29条8項）を考慮した（法律9876号7条，法律8213号29条）．低年齢でも年金の申請自体は可能なため，1999年法は，憲法修正では達成できなかった年齢要件の挿入を，憲法より下位の法律で，強制的な形式を伴わずに達成したといわれている[183]．

(1) 適用範囲

社会保障因数は保険料拠出期間年金ATCの支給額算定時には強制的に適用される．つまり，財政負担が特に重い保険料拠出期間年金ATCを主に狙った改革といえる[184]．他方，老齢年金に対しては，被保険者にとって有利な場合にのみ適用し，特別年金への適用はなかった（法律8213号29条ⅠⅡ）．というのも，炭鉱で20歳から働き始める場合，特別年金の支給要件である「15年の勤続」を満たすときはまだ35歳であり，支給額の算定に因数を適用すると額が著しく減額され，特別年金を付与する意味が減殺されるからである[185]．

---

181)　ROCHA; JUNIOR [2005] p. 148.
182)　MARTINS [2014] p. 328, CECHIN [2002] p. 25, FORTES; PAULSEN [2005] p. 235.
183)　FORTES; PAULSEN [2005] p. 235.
184)　CECHIN [2002] p. 25.
185)　ブラジル社会保障省ニルマ・パウロ氏（社会保障政策事務局一般社会保障制度部門規制コーディネーター（2011年当時））へのヒアリングによる．

(2) 効 果

社会保障因数を導入した結果，1998年には48.9歳であった都市労働者の保険料拠出期間年金ATCの平均的な支給開始年齢は，2000年に54.5歳に引き上げられた[186]．よって一定の成果はあったといえる．しかし，平均的に50代前半での支給というのは，諸外国に比して依然早いといわざるを得ず，早熟な年金の問題はいまだ終息していない．さらに，社会保障因数は支給額を減額するため，批判が大きく，この批判については次節で検討しよう．

V　小　括

(i) 1988年憲法が給付の拡大をメインにしたとすれば，10年後の憲法修正を中核とする一連の社会保障改革は，拡大した給付の負担に財政上耐え切れなくなり，その削減を狙うと共に，新たな財源を捻出し，拠出と給付の牽連性の強化を図ったものである．

給付の削減については，憲法レベルでは比例年金や大学教員に対する特別条件での年金の廃止，法律レベルでは償還金や在職手当の廃止が一例である．年金の支給可能額に上限が付されたのも，給付の削減の一端をなすといえる．

次に，財源の拡大に関しては負担金の負担者たる「使用者」の範囲を広げ，労働契約以外の役務提供契約も対象にとり込んだことや，企業の総収入も負担金のベースとした．赤字問題に対処するために，連帯の原則を根拠に，財政基盤のさらなる多様化が図られた．憲法の規定には「財政的均衡・保険数理上の均衡」との観点が挿入され，従来軽視されがちであった拠出と給付との牽連性，財政計算に重きが置かれた．勤続期間年金ATSから保険料拠出期間年金ATCへの転換や，保険料算定基礎期間の定めを憲法規定から除外し，法律で算定基礎を就労全期間に拡大した点等が一例である．社会保障因数も拠出と給付の均衡を図るために導入された．

---

186) 本文のデータは，社会保障社会扶助省公刊の社会保障白書のデータに拠る（CECHIN [2002] p. 25）．憲法修正の立法過程で政府が示す数値と齟齬があるが，白書のデータは都市労働者を前提とするからかと思われる．さらに異なるデータとしてMARTINS [2014] p. 329は，社会保障因数の導入が，保険料拠出期間年金ATCの支給開始年齢平均を1999年の51.7歳（男性52.4歳・女性50.1歳）から2005年の53.3歳（男性54.4歳・女性51.3歳）に引き上げたと指摘する．数値的な違いはあるが，社会保障因数の導入により若干の支給開始年齢の引上げが生じた点，それでも50歳代前半にとどまる点は共通する．

もっとも，就労する年金受給者の取扱いに関しては拠出と給付の牽連性からは説明できない状況である．償還金が廃止され，就労する年金受給者は制度に加入し保険料を負担するが，それに見合う給付はなく，拠出と給付の均衡が保たれない法的地位に置かれた．この問題は，次節で触れる年金の放棄（Desaposentação）の議論へとつながっていく．

(ii) 1998年憲法修正でのメイン・トピックは，勤続期間年金ATS（比例年金を含む）から保険料拠出期間年金ATCへの転換であろう．従来の勤続期間年金ATSは，長年の就労の結果，肉体的にも精神的にも消耗し，就労能力が減退することから，休息を付与するとの趣旨で支給されていた．しかし勤続はしても保険料を拠出しない場合があり，それでも年金の支給をするのは財政状況を非常に圧迫していた．こうした問題を解決し，拠出と給付の牽連性の強化を狙って，保険料拠出期間を主たる要件に据えたのである．かくして，エロイ・シャベス法に端を発する勤続期間年金ATSは，保険料の拠出に対する対価としての性格を色濃く有する保険料拠出期間年金ATCへと軌道修正が図られた．

　改正論議の過程では，この保険料拠出期間年金ATCに年齢要件と共に所得要件も付加する案も検討されたが，所得に応じて寿命が異なるという前提への疑問，制度の複雑化への懸念，議会の審議上の手続等，多くの問題が指摘され，廃案となった．年齢要件挿入案も，僅差で実現に至らなかった．それでも，次のような問題状況の認識が，かなりの議員の支持を得たことは，1988年憲法制定時に比べて特筆に値するだろう．高所得者が，若いうちから高額の年金を取得し，受給が長期に及ぶ一方で，そもそも制度が前提にする就労開始年齢が低く寿命が短い低所得者は，不安定雇用のため同年金を取得できていなかった．その結果，低所得者が保険料を負担し，高所得者の年金財源を支える逆方向での所得分配が生じていた．そして，低所得者は，勤続期間年金ATSに比較すれば低額の老齢年金を比較的短期間受給する．こうして勤続期間年金ATSと老齢年金の並存が，逆方向での連帯と呼ばれる事態を引き起こし，制度内の格差を生み出しているということである．

　このように，低所得者を保護するために《勤続期間年金ATS，比例年金の存続，そして年齢要件反対》と主張する古典的な立場が引き続き存在し，下院の過半数を占めた一方で，低所得者の保護のためにこそ《比例年金の廃

止，年齢要件賛成》と主張する人々が大きく台頭してきたのである．

　憲法修正では年齢要件の挿入に失敗したが，その翌年には支給額の算定に年齢等を考慮する社会保障因数の仕組みが導入された．これによって新たな別の問題が浮上するが，この点については，次節で検討することにしよう．

第7節　現行制度

　本節では，現行の狭義の社会保障制度を検討する．狭義の社会保障制度は，社会扶助制度及び医療保健制度と共に，広義の社会保障制度に包摂される概念なので，必要に応じて広義の社会保障全体についても言及しよう．以下では，年金を主たる検討対象とし，狭義の社会保障制度の全体像にも触れながら概観する．

　ブラジルの狭義の社会保障制度は，民間労働者を対象とする一般社会保障制度（RGPS），公務員と軍人を対象とする独自の社会保障制度（RPPS）[187]，そして任意加入の補足的保障制度の3つの柱から構成される．前2者が公的社会保障制度であり，その両者を民間運営の補足的保障制度[188]が補足する．本章では一般社会保障制度（RGPS）を対象とし，補足的保障制度は次章で扱う（第2章第1節）．

I　制度の基本構造[189]

　一般社会保障制度の概要を規定するのは1988年憲法である．98年の憲法修正では脱憲法化が提案されたがほぼ実現しなかったため，今でも年金に関する詳細は憲法に規定されている．社会秩序を規律する第Ⅷ編，広義の社会保障を規律する第Ⅱ章，その中でも第Ⅲ節が，狭義の社会保障を規定する．一般社会保障制度に関する特に重要な法律は，社会保障組織と費用負担を規律する1991年法律8212号と給付を規律する法律8213号である．

---

187)　ブラジルでは公務員の年金における優遇が顕著であり，その重要性は否定できないものの本書の検討対象からは除外する．
188)　MARTINS [2014] p. 304.
189)　FORTES; PAULSEN [2005] p. 43.

1 一般社会保障制度（RGPS）

　一般社会保障制度は，主として民間企業で働く労働者を対象にした強制加入の保険である．疾病，障害，高齢，妊娠，拘留，死亡等によって所得の全部又は一部を喪失する場合に賃金等に代わる収入を保障し，扶養する[190]（憲法 201 条本文参照）．給付の受給にはあらかじめ保険料（社会負担金 contribuição social）を負担する必要があり，拠出制の仕組みである．財政方式は基本的に賦課方式である[191]．

　一般社会保障制度は一定の保険事故が生じた場合に収入を保障することで，労働者らに社会的な保護を実現するだけでなく，労働者間の社会的な格差を是正し，所得を再分配することも目的としている[192]．一般社会保障制度は公的な機関による公的な制度で，被保険者と制度との法律関係は法律により当然に成立する．被保険者の主たる義務は保険料の負担で，主たる権利は給付享受である[193]．この制度は社会保障省が管轄する[194]．給付の承認や支給等の業務は国家社会保障院（INSS）が担う[195]．負担金の徴収業務は，財務省に設置されたブラジル連邦国税庁が行う[196]．

　一般社会保障制度には，広義の社会保障制度に関する原則と狭義の社会保障制度に特有の原則が適用される[197]が，特に重要なのは，「連帯の原則」である．連帯には世代間の連帯と社会階層間の連帯とがあり[198]，現役世代の拠出が引退世代の給付を支える賦課方式の採用は，世代間連帯の現れである．また所得の多寡に応じて保険料を負担するのは社会階層間の連帯の具体例である．ブラジルでは他国に比して企業の負担が重いが，これも連帯の原則によって説明される[199]．

---

[190] MARTINS［2014］p. 304.
[191] MARTINS［2014］p. 304, FORTES; PAULSEN［2005］p. 39.
[192] MARTINS［2014］p. 301.
[193] 狭義の社会保障制度に関する訴訟は，連邦裁判所が管轄権を有する．
[194] 2003 年法律 10683 号 25 条ⅩⅧ，27 条ⅩⅧ．
[195] 1990 年 6 月 28 日の大統領令 99350 号によって創設された独立行政法人である．
[196] 2007 年法律 11457 号 2 条，1991 年法律 8212 号 33 条．
[197] 基本的な原則については，島村［2014］153-154 頁参照．
[198] FORTES; PAULSEN［2005］p. 30.
[199] MARTINS［2014］p. 303.

2　適用対象者

一般社会保障制度の主な適用対象者は被保険者[200]であり，被保険者とは一般社会保障制度と直接的な関係を有する者である．

(1) 被保険者の分類

被保険者は大きく強制的被保険者と任意的被保険者[201]とに分かれ，前者には，被用者[202]，家事被用者[203]，Avulso[204]，特別被保険者[205]，個人的拠出者[206]という細かな分類がある．

本書では，特に都市で就労する被用者と個人的拠出者（法人に役務提供をする者を除き，具体例は自営業者である）を前提にする．被用者は当事者の意思に関係なく，稼得活動をすることで当然に被保険者資格を取得する（法律8212号12条，8213号11条）．これに対して，個人的拠出者は活動開始時から強制的に被保険者資格を得るが，INSSに自己の登録をする必要がある．

(2) 年金受給者の就労に関する取扱い

年金受給者は，就労すると強制的な被保険者となる．年金には社会負担金が課されないが[207]（憲法195条Ⅱ），就労の対価である賃金等には社会負担金が課される（1991年法律8213号11条3項，8212号12条4項）．ただし，年金受給者への給付は，通常の被用者とは異なる（本節Ⅲ1(2)参照）．

---

200) その他に制度と間接的な関係を有する被扶養者がいる．
201) 任意的被保険者には，主婦，学生，失業者が含まれる（法律8213号13条）．保険料を支払うことで14歳から一般社会保障制度に加入できる（法律8212号14条）．
202) 被用者とは，主に社会保障労働手帳を有し，臨時的ではない形で，使用者の指揮命令の下，就労し収入を得る者のことであり，雇われ取締役や有期雇用の労働者もあてはまる（法律8213号11条Ⅰ，IBRAHIM [2010] p. 199）．
203) 家事被用者とは，非営利目的で洗濯や掃除等の家事をする人のことでいわゆる「女中さん」である（同法同条Ⅱ）．その存在はブラジル社会のひとつの特徴といえる．
204) Avulsoとは，組合や労働力管理組織の仲介を受けて，雇用関係なしに1社又は数社に役務を提供する人であり，港湾労働者に特に多い就労形態である（同法同条Ⅵ）．
205) 特別被保険者とは，従業員を雇うことなく，個人又は家族経営で役務提供する農業生産者，分益小作人および借地農業者，無資格の漁師やそれらの配偶者のことである（憲法195条8項）．保険料の算定方法が他とは異なり，生産物の売上高に一定の率を乗じたものとなる．
206) 個人的拠出者とは，上記には該当しない被保険者であり，自己の勘定で経済活動をする者や会社に役務を提供するが被用者には該当しない者が含まれる（法律8213号11条Ⅴ）．具体的には，会社の取締役等の経営者，自営業者，弁護士，医師，歯科医，モデル，カメラマンである（MPS [2005] p. 7, p. 17）．
207) 公務員独自の社会保障制度においては，受給する年金にも保険料が課される．

Ⅱ 財　源

1　概　要

　一般社会保障制度 RGPS の財源に関しては，広義の社会保障制度の財源を規定した憲法の規定と法律 8212 号の規定が重要である．とりわけ重要なのが「広義の社会保障の財源は，連邦，州，連邦地区，市の予算と（略）社会負担金を通じて，法律の規定に従って社会全体によって直接的もしくは間接的な形式で確保する」と規定する憲法 195 条である[208]．これは連帯の原則に拠る[209]もので，一般社会保障制度との関係では，州，連邦地区，市の負担を定めた法律がない[210]ため，連邦からの収入と社会負担金（contribuicões sociais）が重要な財源である．この規定を受けて，法律 8212 号 11 条は，広義の社会保障の財源を，連邦からの収入，社会負担金による収入，他の財源による収入と規定する．ここでは最も重要な社会負担金をとりあげよう．

　一口に「社会負担金」といってもその内容は広く「財政基盤の多様性」という憲法上の原則（憲法 194 条Ⅵ）が具体化されている．とりわけ重要なのは労働者が受け取る就労への対価（具体的には賃金等）に課される社会負担金であろう（以下では，賃金等をベースに課される社会負担金を「社会保険料」と呼ぶ）．というのも，この社会保険料は一般社会保障制度の給付以外の目的に使用できないからである（憲法 195 条Ⅰa，Ⅱ，167 条）．

　社会保険料を除くその他の社会負担金には使用者の総収入，売上げ，利益に賦課するもの[211]や，宝くじ収入，外国からの物品等の輸入者に賦課するものがある（憲法 195 条Ⅰb・c，Ⅲ，Ⅳ）が，これらはいったん広義の社会保障の資金となり，その上で医療保健，社会扶助，狭義の社会保障へと配分さ

---

[208] この規定を根拠にブラジルの現行の制度を賦課方式と説明する見解として，DUARTE [2003] p. 78 がある．
[209] CORREIA [2009] p. 58.
[210] CORREIA; CORREIA [2010] p. 118.
[211] 他国と比較してブラジルの使用者の負担は非常に重い．社会負担金以外にも，その他の負担金や税の賦課が多く，過剰といわれるまでの労働者保護を規定した労働法制もある．こうした使用者の負担は，「ブラジルコスト」と呼ばれ，インフォーマルセクターがはびこる原因の一つでもある．そのため，正規の労働力コストを削減するために，賃金ベースから，収入や売上げをベースに負担金を徴収するようにシフトしようとする動きがあるようである（MPS [2008] p. 20）．

れるようである．

2 社会保険料
社会保険料は，使用者等と被保険者本人が負担する．
(1) 使用者等[212]による負担
使用者等が負担する保険料は，被用者に支払う賃金等の20％である（法律8212号22条）．使用者負担については上限がないため[213]，使用者はどれほど高額の賃金であっても全額の20％を保険料として支払う必要がある．

その他，炭鉱労働等，特別年金の支給対象となる就労をさせる使用者は，特別年金の財源とするために，就労における事故発生のリスクに応じて賃金等の1～3％にあたる額を保険料として支払う必要がある（同条Ⅱ）．

(2) 被保険者による負担
被保険者が負担する社会保険料は，被保険者資格毎に以下のようになる．

被保険者	保険料率	算定基礎	納付義務	みなし規定
被用者・Avulso	8，9，11％	保険料算定基礎賃金	使用者等	あり
家事被用者	8，9，11％	保険料算定基礎賃金	家事使用者	なし
個人的拠出者（原則）[214]	20％	保険料算定基礎賃金	本　人	なし
特別被保険者	2.1％	生産物の売上げ収入	原則買い手	あり
任意的被保険者（原則）	20％	保険料算定基礎賃金	本　人	なし

出典：AMADO [2011] p. 213をもとに作成．

ア　保険料算定基礎賃金（salário de contribuição）

被保険者が負担する保険料は，基本的に保険料算定基礎賃金をベースに算定される．被用者を前提にすると保険料算定基礎賃金とは会社で受け取るすべての報酬のことで（28条Ⅰ，Ⅲ），雇用関係に基づき労務の対価として使用者から支払われる賃金以外にも，会社で第三者から支払われるもの（たとえ

---

212) 1998年憲法修正以前は労働契約を締結した被用者に対して使用者が支払う賃金にしか保険料が課されていなかったが，1998年の憲法修正は，雇用関係がなくても自然人による役務の提供に対する報酬であればいかなる名目でも社会保険料を課すと改正した．これによりインフォーマルな雇用の一部が社会保障制度に組み込まれた．
213) CORREIA [2009] p. 97.
214) 社会保障簡易制度と呼ばれる保険料を抑える例外がある．

ばチップ等）も含まれる[215]．

イ　保険料率

被用者は，月々の保険料算定基礎賃金の額に応じてそれに 8〜11％の料率を乗じた額を保険料として負担する（20 条）．3 段階に累進的に賦課され，収入が高いほど負担が重くなる仕組みは連帯の原則に依拠する．

2015 年 1 月 1 日からの保険料率——2015 年社会保障省令 13 号

保険料算定基礎賃金 SC	保険料率
1,399.12 レアルまで	8 ％
1,399.13 レアルから 2,331.88 レアルまで	9 ％
2,331.89 レアルから 4,663.75 レアルまで	11％

出典：http://www.normaslegais.com.br/legislacao/Portaria-interm-mps-mf-13-2015.htm（最終閲覧 2015 年 3 月 13 日）

他方，個人的拠出者の保険料は，自ら申告する報酬額の 20％である．もっとも，社会保障簡易制度を利用することで料率を 11％に引き下げることができる[216]（2003 年憲法修正 41 号，2007 年憲法修正 47 号，2006 年補足法 123 号）．保険料負担を低く抑えられる一方で，保険料拠出期間年金 ATC を受給できなかったり，給付算出のベースも最低賃金額になる等，給付に関する制限を受ける[217]．この制度の目的は，低所得者を社会的に統合することにある．

ウ　保険料算定基礎賃金の上限と下限

保険料算定基礎賃金には，2015 年 1 月現在で 4,663.75 レアルという上限があり（法律 8212 号 29 条 5 項，2015 年社会保障省令 13 号 2 条），上限を超える収入には保険料が賦課されない．使用者負担分と異なり上限があるのは，負担した保険料額が将来の給付に跳ね返るからである[218]．

保険料算定基礎賃金には下限もあり（法律 8212 号 28 条 3 項），2015 年 1 月現在で 788 レアルである（2015 年社会保障省令 13 号 2 条）．これは，法定最低賃金額に相当する[219]（憲法 201 条 2 項）．収入が最低賃金を下回る場合には，実際に受け取る額に応じて保険料を負担する[220]．

---

215) CORREIA［2009］p. 114.
216) 個人的拠出者以外に，任意的被保険者も選択可能である．
217) MPS［2008］p. 25.
218) マルクス・オリオーネ・ゴンザルヴェス・コレイア連邦裁判官兼サンパウロ大学准教授へのヒアリング，オマール・シャルモン連邦裁判官へのヒアリングによる．

(3) 社会保険料の納付義務と懈怠

　被用者の社会保険料は使用者に納付義務がある（法律8212号30条本文Ⅰab）．たとえ使用者が納付を懈怠しても加入日からの期間については支払われたとみなされる（法律8212号33条5項，8213号27条Ⅰ，34条Ⅰ）．他方，個人的拠出者の場合は，納付義務は本人にあり，みなし規定は適用されない（法律8212号30条本文Ⅱ）．もっとも，消滅時効の完成期限が到来しても，その部分を補償[221]として後日，一括払いできる[222]（45条A）．

Ⅲ　給　　付

1　給付の全体像

(1) 給付内容

　一般社会保障制度が提供する給付は，大きく労災に関する給付（acidente do trabalho）と，それ以外の社会保障給付（previdenciário）とに分けられる．

　〈法律8213号18条による給付内容〉

　　◎　労災に関する給付

　　　障害年金　　遺族年金　　疾病手当　　災害手当

　　◎　労災以外の社会保障給付

　　　障害年金　　<u>老齢年金</u>　　<u>保険料拠出期間年金ATC</u>　　<u>特別年金</u>

　　　遺族年金　　疾病手当　　拘引手当　　家族手当　　事故手当

　　　出産手当　　社会的サービス　　職業上のリハビリ

　このうち，高齢期の所得保障に関係する下線付の3給付に着目しよう．

(2) 年金受給者が就労する場合の給付内容

　就労する年金受給者は，一般社会保障制度に加入し，保険料を負担するが，受給している年金額が減額されることはなく（大統領令3048号168条），年金

---

219)　最低賃金には，全職種に共通する法定最低賃金と，これを上回り職種毎に設定される職能最低賃金とがある．保険料算定基礎賃金の下限は，原則後者の最低賃金であり，後者が存在しないときには前者となる．本文では前者の数字を記している．

220)　個人的拠出者等の場合には，最低賃金を下回っても保険料としては最低賃金分を負担する（2003年法律10666号5条，MPS [2005], MARTINEZ [2010] p. 394, IBRAHIM [2010] p. 356, CORREIA [2009] p. 116）．その理由については島村 [2014] 164頁．

221)　補償の法的性質については，賠償とするものと，社会保険料とするもので対立し，裁判例も分かれている（FORTES; PAULSEN [2005] p. 168）．

222)　補償分は，保険料拠出期間としてカウントされるが，最低拠出月額としてはカウントされない．

に保険料が課されることもない（憲法195条Ⅱ，法律8212号28条9項a）．しかし，給付は以下の規定によって制限される．

　法律8213号18条2項
　　一般社会保障制度の年金受給者で就労を継続する者は，就労していても，家族手当および職業上のリハビリを除いて，狭義の社会保障の給付を得る権利を有しない．

年金受給者の給付は，家族手当と職業上のリハビリに限定され，年金受給後の在職期間が長くても，退職時に年金額が増額されるのでもなく[223]，従来のように償還金が支給される訳でもない[224]．憲法の連帯原則の下で強制的に運営される現行制度では，保険料の負担は必ずしも対価を伴う訳ではない[225]．年金受給者のこうした法的地位は，ブラジルの最近の社会保障制度に関するホットなイシューにつながるのでこの問題は後述しよう（本節Ⅲ 4 (6)参照）．

2　前提となる概念

老齢年金，保険料拠出期間年金ATC，特別年金の3種の年金の支給内容を理解するためにまず3つの概念を明らかにしよう．

(1) 最低拠出月数 (carência)

最低拠出月数とは，制度の財政的均衡・保険数理上の均衡を図り，不正を防止するため[226]の概念で，給付の受給権を得るのに必要な保険料の支払月数のことである（法律8213号24条）．事後や事前の一括払いでは意味をなさず[227]，月々の支払いが必須である[228]．この仕組みによって保険料の拠出が担保されるだけでなく，社会保障制度と被保険者間の一定期間にわたる継続的な関係が構築される[229]．本書が対象とする3つの年金には，原則として

---

223) MARTINS [2014] p. 441.
224) ROCHA; JUNIOR [2005] p. 106.
225) ROCHA [2004] p. 106.
226) AMADO [2011] p. 300, IBRAHIM [2010] p. 576.
227) 最低拠出月数と似て非なる概念に保険料拠出期間がある．個人的拠出者が保険料を滞納しても事後的に一括払いできるが，この場合に充足されるのは保険料拠出期間だけで，最低拠出月数は充足されない（IBRAHIM [2010] p. 576）．
228) AMADO [2011] p. 300.
229) ROCHA; JUNIOR [2005] p. 114.

15 年（180 カ月）の最低拠出月数が必要である（法律 8213 号 25 条 II）．

(2) 給付算定基礎賃金（salário de benefício）

給付算定基礎賃金は，給付月額の算定に必要な概念で（法律 8213 号 28 条，大統領令 3048 号 31 条），保険料算定基礎賃金をもとに次のように算出される．第一に，一般社会保障制度に加入した全期間の保険料算定基礎賃金を，消費者物価指数[230]に従い再評価する（憲法 201 条 3 項，法律 8213 号 29 条 B）．第二に，再評価された保険料算定基礎賃金のうち，より高い 80％の平均を割り出す．社会保障因数が適用されない給付（例：特別年金）は，この平均が給付算定基礎賃金であり，適用される場合は適用後の数値が給付算定基礎賃金となる（29 条 I II）[231]．

給付算定基礎賃金には下限と上限がある（29 条 2 項）．下限は最低賃金額であり（憲法 201 条 2 項），2015 年現在では 788 レアルである（2015 年社会保障省令 13 号 2 条）．上限は，支給開始日の保険料算定基礎賃金の上限で，2015 年現在では 4,663.75 レアルである（同条）．

実際の給付額は，給付算定基礎賃金に年金毎に決められた率を乗じて算出する．保険料拠出期間年金 ATC は給付算定基礎賃金の 100％，老齢年金の最低額は給付算定基礎賃金の 85％である．各月の給付額も最低賃金を下回ってはならず，保険料算定基礎賃金の上限を超えてはならない（33 条）．このように，年金の支給額は拠出した保険料に比例して決まるが，最低賃金分は確実に保障するように設計されている．

(3) 社会保障因数（Fator Previdenciário）[232]

給付算定基礎賃金算出の過程で保険料拠出期間年金 ATC にはさしあたり適用が強制され，老齢年金には被保険者に有利な場合のみ適用されるのが社会保障因数である（法律 8213 号 29 条 I，法律 9876 号 7 条）．これは，低年齢での受給の場合に支給額を引き下げることで，支給開始年齢の引上げを狙って[233]導入された仕組みである．

---

230) ROCHA; JUNIOR［2005］p. 127.
231) MARTINS［2014］p. 330, FORTES; PAULSEN［2005］p. 227.
232) FORTES; PAULSEN［2005］p. 234.
233) IBRAHIM［2010］p. 592, AMADO［2011］p. 310. この仕組みは，保険料の拠出期間・拠出額と，給付の受給期間・受給額との均衡を図ることを目的にしている（MPS［2008］p. 32）．

$$\frac{80\%\text{SCの平均}\times0.31\times\text{保険料拠出期間}}{\text{平均余命}}\times\left\{1+\frac{(\text{年齢}+\text{保険料拠出期間}\times0.31)}{100}\right\}$$

なお，SC：保険料算定基礎賃金

年齢以外にも平均余命を考慮するため，高齢化の進展に合わせて支給額は自動的に調整され，また保険料拠出期間も考慮するため，拠出と給付の牽連性の強化が図られている[234]．

3　各年金の支給要件等

老齢年金，保険料拠出期間年金 ATC，特別年金の3つはいずれも所得を代替する性質のため，併給が禁じられ（法律8213号124条Ⅱ），被保険者が有利なものを選択する[235]．以下では各年金の支給要件や支給額を検討しよう．

(1) 老齢年金（aposentadoria por idade）

老齢年金[236]の要件は，①男性65歳・女性60歳[237][238]，②180カ月の最低拠出月数である（憲法201条7項Ⅱ，法律8213号25条Ⅱ，48条～51条）．支給額は給付算定基礎賃金の70％に，12カ月の保険料拠出期間毎に1％が上乗せされる（同法50条）．老齢年金には最低15年の拠出が必要なので最低額は給付算定基礎賃金の85％である．保険料の拠出年数に比例して支給額が上がり，社会保障因数は被保険者に有利な場合のみ適用される（同法29条Ⅰ，法律9876号7条）．

被用者への支給開始日は，退職後90日以内の申請の場合には退職日，そ

---

234) CECHIN [2002] p. 24.
235) CORREIA [2009] p. 458.
236) 老齢年金には労働者が申請する自発的老齢年金と会社が年金の受給を強制する非自発的老齢年金があるが，本書では前者だけを扱っている．非自発的老齢年金については正当理由のない解雇の場合に比べて使用者が支払うべき賠償が半額で済む点に使用者側の利点があったが，全額負担に変更され，使用者にメリットがなくなり，死文化したためである（非自発的老齢年金については島村 [2013c] 143-144頁，146-149頁，152頁，155頁，158頁，島村 [2014] 175-176頁参照）（正当理由のない解雇に関しては島村 [2013b] 18頁以下参照）．
237) 女性は仕事と家事の二重の労働時間があるため5歳若いといわれている．しかし，社会の発展に伴い家事は男女が分担するものとなり，男女間の差は時代遅れとの批判がある（IBRAHIM [2010] p. 632）．この差異は正当化できないとして廃止の可能性も唱えられている（MARTINS [2014] p. 365）．
238) 農村労働者等の場合には，男性60歳・女性55歳である（法律8213号48条1項）．都市労働者より5年短縮されるのは，労働の負担が重いから，すなわち太陽を浴びたり，雨にうたれたり，暑さ・寒さの中で労務に従事するのは，他の人よりも早く消耗するからである（MARTINS [2014] p. 365）．

れ以降の申請か，退職しない場合には，申請日である（法律8213号49条）．つまり退職しなくても受給できる．

(2) 保険料拠出期間年金 ATC（aposentadoria por tempo de contribuição）

保険料拠出期間年金 ATC の支給要件は，①男性35年・女性30年の保険料拠出期間[239]，および②180カ月の最低拠出月数[240]である（憲法201条7項Ⅰ）．年齢は要件ではないが，額の算定時に社会保障因数が適用されるため，申請時の年齢が低いほど減額される[241]．支給額は，社会保障因数を適用の上で算出される給付算定基礎賃金の100％である（法律8213号53条）．被用者の支給開始日は，老齢年金と同じである（同法54条，49条）．

(3) 特別年金（aposentadoria especial）

特別年金の要件は，①健康や身体の完全性を損なう特別な業務（以下，「特別な業務」という）に，15年，20年，25年のいずれかにわたって従事したこと[242]，と②180カ月の最低拠出月数である（法律8213号57条）[243]．特別年金の支給額は給付算定基礎賃金の100％であり（同条1項，33条），算定に社会保障因数は適用されない．支給開始日は，老齢年金と同様であるが，特別な業務に復帰すると年金の支給が取り消される（同法57条8項，46条）．もっとも，特別な業務以外の就労は禁止されていない．

4 給付に関する諸問題

ここでは，給付に関する現行制度上の問題点の一端を検討しよう．年金の

---

239) 保険料拠出期間年金 ATC の特別類型に幼児，初等，中等教育に従事する教員用の年金があり，男女共に保険料拠出期間が5年短縮される（IBRAHIM [2010] p. 636）．
240) 保険料拠出期間と最低拠出月数には，事後的な一括払いが可能か否かとの違いがあるため，別個の要件として設定する意味がある（IBRAHIM [2010] p. 635）．
241) この点については，従前どおり年齢要件のないまま給付額の算定において社会保障因数を適用して調整する一方で，最近では，年齢と保険料の拠出期間の合計が女性では85，男性では95（徐々にそれぞれ90/100に変更）であれば，社会保障因数の適用なくして給付を認めるフォーミュラー85/95（90/100）が立法的暫定措置（2015年6月17日676号）により導入されたところである．詳しくは後述する．
242) 特別年金の支給対象となる特別な業務の種類は，大統領令3048号 Anexo Ⅳ に列挙されるが，列挙がなくても訴訟によって給付対象として認められる場合がある．職務の有害性のレベルによって必要な勤続期間が変わる（15年，20年，25年）．
243) 特別年金の要件等は補足法が規定すべきところ，補足法の公布までは法律8213号の57条，58条が引き続き効力を有する（憲法修正20号15条）．依然，補足法が公布されないため，特別年金については法律8213号が規律している．

基本構造を明らかにするため，年金の受給権に関する考え方，就労との関係，そして拠出と給付の牽連性という3つを軸にする．特別年金は，保険料拠出期間年金 ATC の一類型と位置付けられるため，場合によって保険料拠出期間年金 ATC と老齢年金の2種に絞る（統計上も保険料拠出期間年金 ATC に包括されている）．

(1) 既得権の視点

最初にいささか抽象的であるが，年金の受給権構造に関連する視点を考察する．憲法5条XXXVIは，「法律は，既得権，完成された法律行為，判示された事項を侵害できない」と規定する．既得権とは，受給権の発生に必要な要件を充足し，法的な意味での財産の一部になった権利のことで，年金の仕組みを理解する上で重要である[244]．法的な財産になるといかなる法改正の効果も受けない点に意味がある．額の引下げ等が行われてもその効果は及ばず，経過措置規定によって従前と同じ内容が保障される[245]．この結果，社会保障財政がいかに逼迫しても既に受給している年金は減額されず，コスト削減の標的は将来の給付に限られるのである．

(2) 就労と年金との基本的な関係

次に就労との関係であるが，現行制度は年金の受給にあたって退職する必要はないと考えている[246][247]．こうした現行の立場は1991年に確立したが，その背景にはINSSによる事務手続きに時間がかかるという問題[248]や，年金の給付水準が低いので，生計を維持するために就労を認めざるを得ないという問題があった．そして退職不要の立場は，労働者には就労の権利があること（憲法7条Ⅰ）や，労働契約と社会保障の法律関係とは異なる法律関係

---

244) 憲法修正によっては改廃できない重要な条文である（MARTINS［2014］p. 56）．
245) 既得権を取得しても申請をしない場合には後に申請した際の法律（減額された内容）に従って，申請時から支給される（CORREIA; CORREIA［2010］p. 248）．既得権取得時の法律（減額前の内容）が本来適用されるべき（法律8213号122条）であるが，そのためには訴訟の提起が必要である（詳しくは島村［2014］197頁注（123）参照）．
246) 退職を必要としない現行制度の立場には，制度の重大な欠陥であるとか，賃金と年金の両方を受けとる人のために保険料の負担を労働者に課すことは説明できない等の批判がある（MAGALHÃES［1987］p. 531, CASTRO; LAZZARI［2011］p. 603）．
247) 特別年金では特別な業務をすると支給が取り消されるが，特別な業務以外の就労は禁止されておらず，年金と退職に強い連関性がある訳ではない．
248) MARTINS［2014］p. 368.

であること等によって正当化されている[249]．年金の受給を使用者が容認しているのだから，その現実を優先し国家が過度に介入すべきではないと考えられている[250][251]．

(3) 社会的リスク

続いて3種の年金はいかなるリスクの発生に対して保護を与えるものかを確認したい．

第一に，老齢年金が想定するリスクは高齢である．高齢であること自体がリスクであり，それにより体力が消耗するので社会的な保護に値するという考え方[252]と，高齢では，雇用に就くことが難しく，賃金に代わる保護が必要であるという考え方[253]とがある．

第二に，特別年金は，特別な業務から労働者を保護し，そうした業務に就いていたことから生じうる損害をリスクとする[254]．

これら2つの年金に関しては，若干の違いがあるが大きな争いはない．しかし，保険料拠出期間年金 ATC がカバーするリスクについては前身の勤続期間年金 ATS の頃から見解の対立があり，以下の見解が有力に主張されている[255]．

第一の見解は，保険料拠出期間年金 ATC と勤続期間年金 ATS は，就労不能を推定させないため，典型的な社会保障給付ではなく[256]，社会的なリスクはないとする割り切った考え方である．一方では社会的リスクが存在しない以上，この年金を廃止すべきとの議論につながる．他方で社会的リスクがないことを認めつつも，この年金をかなりの長期間社会保障制度に加入した被保険者に対する報奨，補償と位置付ける見解もある[257]．また民間保

---

249) ROCHA; JUNIOR［2005］p. 212.
250) もっとも，年金とは労働による所得を代替し，休息を与えるものであるとの考え方の下，年金の受給によって当然に労働契約は終了するという伝統的な説もある（MARTINS［2014］p. 368, SCHWARZ［2007］p. 191)．この説によれば，年金受給後の就労は，それ以前とは別個の新たな労働契約に基づくと説明される．
251) CASTRO; LAZZARI［2011］p. 603, p. 607.
252) マルクス・オリオーネ・ゴンザルヴェス・コレイア連邦裁判官兼サンパウロ大学准教授の指摘による．
253) IBRAHIM［2010］p. 622.
254) MARTINS［2014］p. 373, FORTES; PAULSEN［2005］p. 162.
255) 失業対策と結びつける見解については島村［2014］180頁参照．
256) IBRAHIM［2010］p. 633.

険類似の性質との指摘もある[258].

　第二の見解は，長年の就労によって疲労し，体が消耗しているから保護を与えるという考え方である[259]．立法の経緯でも就労開始年齢の低さや寿命の短さを根拠とし，就労による消耗という視点が重視されていた．

　少なくとも勤続期間年金 ATS については，社会的リスクはないとするか，就労による消耗をリスクとするかの二説の対立があったようである．しかし，保険料拠出期間年金 ATC は，就労による消耗とは別個の保険料拠出期間を考慮するため，勤続期間年金 ATS とは同様に考えられないとする第三説もある．その見解によれば，保険料拠出期間年金 ATC については，被保険者個人に生じるリスクは想定できず，財源がなくなると制度が破綻するので，社会保障制度の維持・存続こそがこの年金のカバーするリスクであるとされる[260]．

　このように保険料拠出期間年金 ATC がカバーするリスクには，存否自体にも，その内容にも争いがある．リスクの点を踏まえて，現行制度の運用状況と問題点を探ってみよう．

(4) 早熟年金とそれに起因する問題点

　現行制度の問題として議論される内容のひとつに，勤続期間年金 ATS・保険料拠出期間年金 ATC による早熟年金とそれに起因する一連の問題状況がある．98年改革以前の状況にも遡りつつ現行の状況を確認しよう．ここでの分析の視点は，勤続期間年金 ATS・保険料拠出期間年金 ATC と老齢年金との棲み分けである．

　ア　1998年改革以前の状況

　1998年改革以前には，勤続期間年金 ATS と老齢年金が以下の内容で支給されていた．

---

257) FORTES; PAULSEN [2005] p. 162, p. 166.
258) オマール・シャルモン連邦裁判官の指摘による．
259) MARTINS [2014] p. 352.
260) CORREIA; CORREIA [2010] p. 300.

	勤続期間年金 ATS	老齢年金
年齢要件	なし	あり（男性65歳・女性60歳）
支給額	給付算定基礎賃金100%	給付算定基礎賃金85%～100%

　勤続期間年金 ATS の支給額は給付算定基礎賃金の 100% であるため，その 85%～100% である老齢年金の支給額と比較すれば同額あるいは上回る．しかも，年齢要件がないため，早期の受給が可能で，勤続期間年金 ATS の要件を充足すれば，それと併給禁止の関係にある老齢年金の支給を待つはずがなく，勤続期間年金 ATS の平均的な支給開始年齢は，48.9 歳（男性 49.2 歳・女性 47.8 歳）と早熟であった．この早熟な年金を取得するのは，勤続期間等の要件を立証する証拠を揃えられる者，具体的には高所得で安定した就労生活を送る人々であった[261]．彼らは安定した雇用を喪失することがないので，年金を受給しても就労を継続し[262]，結果として年金は単に賃金を補完していた[263]．他方，低所得者は専門性もなく，正規の労働市場とインフォーマルな労働市場，失業状態を転々としながら不安定に揺れ動くため，勤続期間年金 ATS の要件を充足できなかった[264]．勤続しても，勤続期間を立証する術を持たなかったり，そもそも社会保障制度への加入が遅れ，要件を充足できないケースもあったようである[265]．低所得者は就労を継続し，保険料を負担し，それが高所得者の年金財源となる「逆方向の所得分配」と呼ばれる現象が生じていた．低所得者が取得するのが老齢年金であった．両年金の社会階層に応じた棲み分けは，1 つの社会保障制度の内部に次頁の表のような格差をもたらした．

---

261) CECHIN［2002］p. 12. 勤続期間年金 ATS は，安定した雇用に就く高所得者に付与されるケースが多いため，エリートへの給付と呼ばれることもある（RPS No.131（1991），p. 627）．
262) 年金受給者の就労は，年金があるため低賃金を許容し，若年層から雇用を奪い，雇用市場に歪みを生じさせる問題にもつながっている．
263) CECHIN［2002］pp. 11-.
264) CECHIN［2002］p. 64. 老齢年金も受給できず，次章で扱う扶助によって救済される人も多い．
265) MARTINS［2014］p. 352.

勤続期間年金 ATS と老齢年金の比較——1997 年

1997 年	ATS	老齢年金
平均的な支給開始年齢	48.9 歳	62.8 歳
男　性	49.2 歳	65.6 歳
女　性	47.8 歳	61.0 歳
平均支給期間		
男　性	24.8 年	13.9 年
女　性	29.3 年	19.0 年
平均支給額（12 月）	515.71 レアル	145.18 レアル
全給付における受給者数の割合	16.3 %	28.8 %
全支出における支出の割合	38.5 %	19.7 %

出典：CECHIN [2002] pp. 11-13.

　平均的な年金の支給開始年齢は，勤続期間年金 ATS で 48.9 歳，老齢年金で 62.8 歳と，前者の年齢の低さが際立つ．早期の受給は支給期間の長期化にもつながり，しかも年金の支給額は賃金ベースのため，高所得者層が取得する勤続期間年金 ATS は老齢年金よりも高額であった．勤続期間年金 ATS の平均支給額は老齢年金の 3 倍を上回っていた．勤続期間年金 ATS は，高所得者に若いうちから高額を長期にわたって支給するものとして，他方，老齢年金は，勤続期間年金 ATS を取得できない低所得者に，低額を比較的短期間支給するものとしてそれぞれ機能していた．これによって「逆方向での連帯」と呼ばれる状況が生じていた[266]．

　イ　社会保障制度改革

　こうした問題を解決するため，1995 年から改革が始まる．勤続期間年金 ATS については，保険料拠出期間の延長による財源の創出と支出の削減という二重の効果を期待して[267]，年齢要件の挿入が目論まれたが実現しなかった．その代わりに，支給開始年齢の引上げを狙って導入された仕組みが社会保障因数である．

　ウ　その後の状況

　一連の改革により保険料拠出期間年金 ATC の支給開始年齢は僅かばかり上昇した[268]．それでも 50 代前半であり，未だ早熟である．2012 年の統計か

---

266) CECHIN [2002] p. 11.
267) CECHIN [2002] p. 26, p. 64.

らも，50 代前半の年金受給者の割合が多いことを読み取れる．

都市労働者の保険料拠出期間年金
ATC の年齢別承認件数——2012 年

2012 年	男　性	女　性	都市合計
34 歳まで	–	1	1
35 歳から 39 歳	191	39	230
40 歳から 44 歳	3,529	2,959	6,488
45 歳から 49 歳	20,947	26,432	47,379
50 歳から 54 歳	72,058	43,039	115,097
55 歳から 59 歳	69,405	25,113	94,518
60 歳から 64 歳	29,645	1,592	31,237
65 歳から 69 歳	1,311	228	1,539
70 歳から 74 歳	145	37	182
75 歳以上	69	23	92
不　明	3	97	100
合　計	197,303	99,560	296,863

出典：MPS［2012］p. 53 より作成

　支給開始年齢の引上げという当初の目標は，達成されず，早熟年金の問題は引き続いている．他方，保険料拠出期間年金 ATC と老齢年金による格差はどうか．社会保障因数の適用によって低年齢での受給では引き下げられることや昨今の劇的な最低賃金の上昇から 1997 年当時に比較すれば格差は縮まったようである．

保険料拠出期間年金 ATC と老齢年金の受給状況比較——2015 年 2 月

2015 年 2 月	保険料拠出期間年金 ATC	老齢年金
平均的な支給額	1,630.30 レアル	792.30 レアル
受給者数	5,283,638 人	9,555,583 人
支給総額	8,613,937,182 レアル	7,570,875,182 レアル

出典：MPS［2015］p. 25 より作成

　しかし，それでも保険料拠出期間年金 ATC の平均的な支給額は，老齢年金の 2 倍を超え，50 代前半での受給は長期支給となり，支給額に影響する．保険料拠出期間年金 ATC の受給者数は老齢年金のそれより少ないにもかか

268）　より具体的には島村［2014］184 頁参照．

わらず，支給総額は遥かに上回るのである．

結局，保険料拠出期間年金ATCと老齢年金の格差は引き続き，逆方向での連帯の問題は解決されていない[269]．保険料拠出期間年金ATCは高所得者層を，老齢年金は低所得者層をそれぞれ対象として，1つの社会保障制度の枠内で社会階層による分化が起きている[270]．ブラジルは世界的にみても所得格差が激しいが，2種の年金が棲み分けられることで現役時代における社会的な格差が高齢期においても引き継がれている[271]．

(5) 社会保障因数の見直し

社会保障因数の適用の結果，老齢年金に比較すれば依然高額ではあるが，保険料拠出期間年金ATCの支給額は低額化し，平均して30％減額された[272]．こうした低年金化は社会保障因数の廃止論という制度設計に関する動きと就労の継続という実務上の動きにつながる．

まず制度設計に関しては，減額をもたらす社会保障因数への批判が高まり，見直しが叫ばれる．憲法に規定されていない余命や年齢を算定時に考慮するのは違憲であるとの考えが有力に台頭し[273]，司法府では違憲訴訟が起き，立法府においては改正法案が提出された．

ア　司法府での動き

社会保障因数を考慮することの違憲性については違憲直接訴訟[274]が提起された[275]が，連邦最高裁判所は社会保障因数を合憲とした．判決によれば，給付算定基礎賃金の算定方法は，立法者に委任され，保険料算定基礎賃金の再

---

269) IBRAHIM［2010］p. 633, CECHIN［2002］p. 64.
270) 個人的拠出者等が選択できる社会保障簡易制度は，保険料の負担義務を軽減する代わりに保険料拠出期間年金ATCを支給内容から外しているが，この制度の存在自体が老齢年金が低所得者層を対象とすることを物語っている．
271) 老齢年金を取得できない場合に機能するのは基本的には社会扶助であるが，最近では一般社会保障制度の枠内で障害年金や疾病手当（障害を理由として，前者は恒常的，後者は一時的に，就労できない場合に認められる給付である（法律8213号42条，59条））を申請するケースも生じている．両給付に必要な最低拠出月数は12カ月で済むためである（法律8213号25条I）．こうした案件では，高齢に伴って生じる症状（たとえば膝の痛み）が「障害」といえるかや障害の発症時期はいつかが問題となっている（TRF（3. Região）Apelação/Reexame Necessário no000221581.2006.4.03.6122/SP）（同法42条2項，59条単項）．
272) CORREIA［2011］
273) CORREIA［2009］p. 305, CORREIA; CORREIA［2010］p. 243.
274) 現行憲法に規定される一般的抽象的な違憲審査のことである（憲法102条Ia）．
275) STF‐ADinMC 21109DFADinMC 21117DFDJ16.3.2000n.60Ata n.6. Relator: Min. Sydney Sanches, Informativo STF número 181, de 13 a 1732000.

評価を保障し，制度の財政的な均衡と保険数理上の均衡を尊重する限り，いかなる算定基準でもよい．その上で判決は，社会保障因数は社会保障制度の財政的均衡，保険数理上の均衡を具体化するもので，若くしての受給自体を禁止するものではなく，したがって年齢は重要な要件ではないと判断した[276]．

イ　立法府での動き

他方，立法府では社会保障因数を廃止し，従前の算定方法に戻す法案が提出された（2008年法案3299号）．しかし，財政の見地からすれば支出の削減に大きく貢献しているため，単に廃止しただけでは，適切な財源確保なくして早熟年金を認めることとなり，制度の存続が危ぶまれる[277]．その結果，法案は2010年に国会を通過したものの，大統領によって拒否された[278]．その代替案として浮上したのが，フォーミュラー85/95である．これは年齢と保険料拠出期間を合計して，女性では85，男性では95に到達すると社会保障因数を適用せずに満額支給するというものである[279]．最初は遺族年金に関する立法的暫定措置（2015年664号）を法律に転換するか[280]を審議する議論の中で，フォーミュラー85/95が盛り込まれた（2015年転換法案4号）．法律として国会は通過したものの，大統領は拒否をした．その上で大統領は寿命の伸長による人口の高齢化や制度の財政的な持続可能性を確保するには，導入時には女性85，男性95とするものの，段階的に女性90，男性100まで引き上げる内容のフォーミュラー85/95（90/100）を立法的暫定措置（2015年672号）の形で発表した．この暫定措置が法律に転換されるか行方が非常に注目される．

(6) 就労の継続とそれによる問題点

そもそも保険料拠出期間年金ATCの受給者は，安定的な雇用に就くケー

---

276) FORTES; PAULSEN [2005] p. 236, CORREIA [2009] p. 306.
277) 単に社会保障因数を廃止するだけでは，適切な財源を確保しないまま早熟の年金を認めることになり，逆方向での連帯につながるので望ましくないとの見解もある（IBRAHIM [2010] p. 592）.
278) 表決の終わった法案は大統領に送付されるが，大統領は，法案の一部又は全部が違憲もしくは公共の利益に反する場合にその一部又は全部を拒否できる（憲法66条1項）.
279) http://veja.abril.com.br/noticia/economia/ministro-quer-votar-mudanca-na-aposentadoria-em-agosto　最終閲覧2014年8月19日）
280) 立法的暫定措置は重大・緊急の場合に大統領が行使する立法権限であり，原則として60日以内（延長可能である）に国会によって法律に転換されないと，遡及的に失効する（憲法60条3項）．これについてはやや古いが佐藤 [1994] が詳しい．

スが多く，年金を受給しても退職しない傾向があったが，社会保障因数による低年金化はその傾向にさらなる拍車をかけた．就労すれば，制度の強制的被保険者となり，保険料を負担する．しかし，負担に見合った給付への跳ね返りはもうない[281]．そこで，拠出と給付の間に生じるこうした不均衡を修正するために[282]，年金の放棄（Desaposentação）という考え方が浮上する[283]．

　ア　概　念

　Desaposentação とは，動詞 Aposentar の名詞の一種 Aposentação に，des という否定を意味する接頭語を付けた単語である．Aposentar とは「（退職して）年金を受ける」，「（就労をやめて）家で休息をする」という意味の動詞である[284]．Desaposentação とは，終局的に退職する際に，それまで在職しながら受給してきた年金を放棄して，すべての在職期間に支払った保険料を考慮して，より有利な年金を取得しようとする議論である[285]．一般社会保障制度内で放棄するケースもあれば，公務員の制度にまたがって放棄するケース[286]もある．

　イ　問題の所在

　年金の放棄については認められるかという問題と，認められるとしてこれまでに受け取った年金を返還する必要があるかという問題が特に議論されている．(i) 年金の放棄が認められるかの問題については肯定説が多数といえよう[287]．憲法にも法律にも放棄を禁ずる規定がない以上，許されると解されている[288]．また，その他の理由として，被保険者がその意思に反して年金受給者であり続ける義務はないこと，年金は処分可能な権利であることも挙げら

---

281)　償還金の仕組みは既に廃止されたし，ブラジルの制度には，在職の年金受給期間に負担した分を考慮して，年金額を調整する仕組みがないからである．
282)　LADENTHIN; MASOTTI［2010］p. 23, p. 101.
283)　Desaposentação を初めて考案したのは，著名な社会保障法の研究者であり，弁護士の Wladimir Novaes Martinez である（MARTINEZ［1988］pp. 187-188）．
284)　MARTINS［2014］p. 352.
285)　年金を放棄する理由は種々あるが，給付水準に不満を有することが主たる理由のようである（MARTINEZ［1988］pp. 187-188）.
286)　2003 年に制定された高齢者法（法律 10741 号）は，公務員試験を含め，雇用時の年齢差別，年齢上限の設定を原則として禁止した（同法 27 条）．一般に公務員の年金の方が優遇されるため，公務員の在職期間だけでは年金に辿り着けない人が，一般社会保障制度の年金を放棄して民間企業での在職期間を通算しようとする（LADENTHIN; MASOTTI［2010］p. 17, p. 84）．
287)　否定説とそれへの批判については島村［2014］189 頁参照．
288)　IBRAHIM［2010］p. 744, MARTINS［2014］p. 363.

れている[289]．

(ⅱ) 次に，在職期間中に取得した年金を返還する必要があるかについては，裁判例においても，学説上でも，争いがある．

　返還すべきとする議論は，年金は被保険者の拠出によって成立することを重視する．この立場の論者は，制度の財政的均衡・保険数理上の均衡を維持するために返還する必要があると述べている[290]．法律に根拠を置くという原則や公共の利益の優位性の原則を根拠として，返還させないと法律が承認していない支出を制度が負担することになり公共の利益が害されるという議論もある[291]．

　他方，返還を不要とする議論は，以下の点を指摘する．
- 年金の承認は，不正ではなかったこと[292]．
- 放棄は，将来に向かって効力があり，遡及しないこと[293]．
- 年金には生計を維持する，扶養の性質があること[294]．
- 賦課方式の下では，返還すべき額を算出できないこと．既に受給した額を返還させると，既に拠出していた分を考慮しないことになるし，国家が不当な利得を得てしまうこと[295]．

　ウ　司法府での動き

　この点に関する下級審の判断は分かれていたが，連邦法令違反を審理する最高機関である高等司法裁判所STJは，2013年5月8日，年金の放棄は可能であり，受給した年金を返還する必要はないと判断した[296]（Recurso Especial N. 1.334.488SC）．

　その一方で，憲法違反を審理する連邦最高裁判所STF[297]においても，現在，年金の放棄に関する事案が，「一般的影響力のある事案」として大法廷に係属し，審理されている最中である．ブラジルの連邦最高裁判所の判決は

---

289)　MARTINS［2014］p. 363.
290)　MARTINS［2014］p. 363.
291)　DUARTE［2003］p. 89.
292)　CASTRO; LAZZARI［2011］p. 601.
293)　CORREIA; CORREIA［2010］p. 311, LADENTHIN; MASOTTI［2010］p. 65.
294)　LADENTHIN; MASOTTI［2010］p. 103.
295)　CORREIA; CORREIA［2010］p. 311.
296)　詳しくは島村［2014］190-191頁．
297)　ブラジルの社会保障事案に関する裁判管轄については島村［2015］20-24頁．

すべての裁判官が意見を表明した上で決まるところ，現在，この事件の報告者であるルイス・ロベルト・バローゾ裁判官が意見を発表したところである．

詳細な検討は別稿[298]に譲るが，同裁判官は「保険料を負担するのに給付はない」という年金受給者の状況は憲法上の原則に反するとし，年金の放棄を認めた．その上で受給した年金の返還については，年金の算定方法を工夫することで調整するという中間的な立場をとった．返還不要とすると，同じ年齢，同じ保険料拠出期間で初めて年金を取得する人を害することになり，他方で必要とすると放棄を認める意義を減殺するからである．

そして，同裁判官は年金支給額を算定する際に使われる社会保障因数に着目した．社会保障因数は，低年齢での受給の場合に支給額を引き下げることで，支給開始年齢の引上げを狙って導入された仕組みであるが，保険料拠出期間に関しては年金取得後の期間も考慮に入れるとする一方で，年齢や余命に関しては放棄する年金を申請した時点を基準にすべきと提案した．もっとも，この問題は保険料を負担させるのに給付に関する手当が欠如するという立法の不備に原因があるため，まずは立法府・行政府が適切に対処すべきとし，上記内容の判決の効力発生を180日間猶予するとした．そして対処のない場合に初めて効力を発するとしたのである．

同裁判官はこの結論を導くにあたって，年金制度が拠って立つべき憲法上の原則を明らかにした．中でも，拠出と給付の牽連性の性質と連帯の原則との均衡を図ろうとした点が注目に値する．拠出と給付の牽連性とは，負担した保険料に応じて給付内容が決まるということで（憲法195条Ⅱ号，201条本文，3項，7項，11項），連帯の原則は，人々が尊厳を否定される状況に陥らないように最低限の社会的なセーフティネットを整備し，そのためのコストは社会全体が負担するということである（憲法195条4項）．同裁判官は，一般社会保障制度においては，連帯の原則があるため，拠出と給付の対応関係は厳密な形では求められないが，その一方で最低限の対応関係は必要とした．というのも，保険料をもとに給付を決めると定める憲法の下で，保険料を負担させるのに見合った給付がない年金受給者の状況は合理的ではないからである．また，現役労働者は保険料を負担した全期間に相応する給付が保障され

---

298) 島村［2015］24頁以降．

るのに，年金受給者には全期間に相応する給付が認められないのは権利平等の原則に反するからである．こうして同裁判官は，拠出と給付の間には一定の対応関係が必要であり，それが被保険者全員に同じように適用されることが求められると解したのである．

この意見を踏まえて他の裁判官がどのような意見を出し，どのような判決が下されるか，司法府の判断が注目されている．

エ　立法府での動き

立法府においては，上記の意見が出される前から年金の放棄に関するいくつかの法案が既に提出されていた．しかし，どれも成立には至っていない状況[299]であり，今後の立法府の動向にも目が離せない．

オ　まとめ

このように，年金受給者で就労する者が負担する保険料には，それに見合った給付がないという問題があり，拠出と給付の牽連性を求めて年金の放棄をどう考えるかという形で，司法府および立法府で議論されている．年金の放棄は，低年金のため，就労を継続せざるを得ない状況を解決し，働かなくても，尊厳ある給付を受けとれるための糸口となっている[300]．

Ⅳ　小　括

(ⅰ) 本節ではブラジルの公的年金制度を含む一般社会保障制度の概要を論じてきた．ここでは制度の目的の1つである労働者間の社会的な格差の是正と，所得の再分配の実現をどれだけ達成できているかを確認した上で，現行制度の問題点を簡単にまとめてみよう．

(ⅱ) 一般社会保障制度では，社会保障簡易制度の導入やインフォーマルセクターで働く労働者への施策によって，狭義の社会保障制度の人的適用範囲を広げ，社会的統合の強化を図っている．そのため，一般社会保障制度によって貧困が減少するという一定の社会的な効果が確認されている．2007年には，5687万人が最低賃金の半額以下の所得しかなく「貧困な状況」にあるとされたところ，一般社会保障制度から支給される給付を考慮の対象から外すと，貧困な状況にある人の数は7910万人に跳ね上がる．制度による所得の移転

---

[299]　詳しくは島村［2014］191-192頁．
[300]　LADENTHIN; MASOTTI［2010］p. 98．

によって，2223万人が貧困状態から脱却している．そしてこの所得移転のおかげで貧困から脱却できている人は特に高齢者に集中している[301]．このように，一般社会保障制度には，制度の目的どおり，高所得者から低所得者に所得を再分配する機能が認められる．

(iii) その一方で，ブラジルの制度には早熟年金に起因する逆方向での所得分配や制度内格差等の問題も存在している．そこで，以下では，この問題を含む現行の制度の問題状況を整理してみよう．ブラジルの高齢期の所得を保障する年金のうち，保険料拠出期間年金 ATC と老齢年金について検討する．

はじめに老齢年金と保険料拠出期間年金 ATC の内容を確認すると，前者は，男性65歳・女性60歳で180カ月の最低拠出月数を満たす場合に，給付基礎賃金の85％以上の額を拠出月数に応じて支給する所得比例の年金である．他方，保険料拠出期間年金 ATC は，さしあたり年齢にかかわらず180カ月の最低拠出月数と35年の保険料拠出期間を満たす場合に給付基礎賃金の100％を支給するものである（もっとも，社会保障因数が適用される）．

保険料拠出期間年金 ATC は，①年齢にかかわらず年金が受給できること，②社会保障因数の適用があるため単純比較はできないものの，一般に支給額が大きいことから，この年金の要件を立証できる者は同年金を受給している．そのため，老齢年金は，必然的に保険料拠出期間年金 ATC の要件を立証できない者を対象にする．保険料拠出期間年金 ATC の要件を立証できる者とは具体的には正規の雇用市場において安定的な収入を得ているいわゆる高所得者層であり，立証できない者とはインフォーマルなセクターでの就労期間が長く，不安定な雇用の低所得者層である．低所得者層が負担した保険料が高所得者層の年金財源となる逆方向での所得の再分配が生じている．

また，年金の要件や支給額の設定方法によって高所得者層用の保険料拠出期間年金 ATC と低所得者層用の老齢年金というように制度内での年金の棲み分けが起き，受給期間や支給額をも考慮すると，制度内における格差をもたらしている．いいかえれば，保険料拠出期間年金 ATC は，年齢に関係なく若いうちから長期にわたって支給される．しかも受給者は高所得者層であるので，賃金をベースに決まる支給額は高額となる．他方，同年金を取得で

---

301) MPS［2008］p. 27.

きない低所得者層は，一定の年齢になって受給しても比較的低額で，短期間の受給にとどまる．老齢年金と保険料拠出期間年金 ATC が制度内に並存するため，制度内に格差が生じ，逆方向での連帯といわれる現象が発生しているのである．

では，2つの年金が併存する理由は何か．これには現役時代における貧富の格差が関わっていると思われる．ブラジルはジニ係数が世界のトップ水準に位置し，貧富の差が激しい．この大きな格差を高齢期においてのみ解消することが困難であるために，2つの年金を併存させる必要があるのであろう．保険料拠出期間年金 ATC を廃止すると高所得者層は現役時代の拠出に相応しい給付を高齢期に得られなくなるし，他方，老齢年金を廃止すると，保険料拠出期間年金 ATC を得るまでには十分な拠出をできなかった者が年金を得られなくなってしまう．いずれの場合も困るので，両年金を併存させざるを得ない状況になっていると思われる．また，保険料拠出期間年金 ATC はそもそもブラジルで初めて保障された通常年金に起源を有し，紆余曲折を経ながらも労働者や組合の要求によって維持されてきた立法的経緯があるため，その点に鑑みても簡単には廃止できないのであろう．

このように考えると，保険料拠出期間年金 ATC には，それまで制度に対して保険料を拠出してきたことへの見返りとしての機能を見出せそうである．最近では保険料負担を抑えることで，保険料拠出期間年金 ATC を給付対象から外す社会保障簡易制度も導入されており，この制度の存在からも保険料拠出期間年金 ATC には拠出への見返りとしての性格が窺える．他方，老齢年金には，保険料拠出期間年金 ATC を受給できない人を救う機能が認められ，公的年金制度の枠内での最低保障的な性格があるといえるであろう．

(iv) ところで，1999年改正は年金支給額の算出にあたって社会保障因数を導入した．これにより，当初の目的であった保険料拠出期間年金 ATC の支給開始年齢の引上げには十分な成果が出ていないが，社会保障コストの削減には役立っている．年金受給者の側からすれば批判が大きいものの，社会保障財政に与える効果の絶大性ゆえに見直しは難しい．そこで，最近選択的に導入されつつあるのがフォーミュラー 85/95（90/100）であるが，これが恒常的に法律により位置づけられるのか，その上でどのような変化をもたらすことになるのか，今後の行方が注目される．

その一方で，社会保障因数の適用による年金の低額化は，従前の水準で生計を維持することを困難にするとの問題を引き起こす．年金受給者であっても健康で就労可能なうちは就労せざるを得ず，従前のように年金の受給には退職が必要等とはいっていられない．このことから別の問題が生じる．就労すれば社会保障制度の強制的な被保険者となり，保険料を負担する義務があるが，90年代の効率性を求める改革によって償還金は既に廃止されている．就労する年金受給者は保険料を負担するものの，それに見合う給付を得られない．そこで，年金受給後の保険料拠出期間分も年金額の算定基礎にすることを狙って，それまで受給していた（低い）年金を放棄するDesaposentaçãoという新たな議論が浮上している．この議論を通じて拠出と給付の牽連性を模索しているのである．

年齢要件の挿入に失敗したから社会保障因数の仕組みを導入したのであるが，現在までのところ，支給開始年齢の引上げという目的は達成できていない．それどころか，低年齢のまま低額の年金を受給することになり，その結果，就労を継続する者が増え，ひいては年金の放棄（Desaposentação）という新たな別の問題を引き起こしている．

(v) 以上，言及しただけでも問題山積であるブラジルの年金制度について，さらに2つの問題を指摘しておこう．

ブラジルでも年々平均寿命の伸長が進み[302]，2013年の男女の平均寿命は，74.23歳である[303]．このように高齢化が進む中，賦課方式の年金制度をいかに維持するかが1つの課題となっている．

これまで検討してきた一連の問題とも密接に関係するいまひとつの重要な課題は社会保障財政の赤字である．2012年末の社会保障制度の赤字は，42.3億レアルであり，増加傾向にある[304]．原因には保険料拠出期間年金ATCの問題の他にも，国家による他目的への財源流用の問題や，十分な財源を確保しないまま給付を認めてきた立法の経緯がある．さらに，既得権者の権利

---

[302] 平均寿命の推移については，島村［2014］209頁参照．

[303] http://noticias.uol.com.br/cotidiano/ultimasnoticias/2012/11/29/expectativadevidanobrasilcresce3anose7mesesemumadecadamortalidadeinfantilcai766em30anos.htm （最終閲覧2014年8月19日）

[304] http://economia.ig.com.br/financas/aposentadoria/2013-08-05/aumento-na-expectativa-de-vida-do-brasileiro-preocupa-previdencia.html （最終閲覧2014年8月19日）

は絶対で減額できないため，制度の見直しといっても対象は将来の受給者に限られ，制度改革の即効性は乏しい．こうした事情も財政赤字の背景にありそうである．

(vi) このようにブラジルの公的年金を含む狭義の社会保障制度には，本書で検討しただけでも数々の問題が山積している．

第8節　狭義の社会保障のまとめ

　本章では，拠出制の公的年金が含まれる狭義の社会保障制度について立法の経緯から現在に至るまでを辿ってきた．本章の締めくくりとしてブラジルの狭義の社会保障制度についてその特徴を確認したい．ここでは本書が課題として設定している視点を念頭には置くものの，その視点だけにとらわれるのではなく，制度全体の特徴を指摘してみたい．具体的には国家主導の設計，使用者の負担が重いこと，勤続期間年金ATS・保険料拠出期間年金ATCによる翻弄，2種類の年金の棲み分けと制度内格差，年金と就労との関係，年金受給者の就労，そして財政問題について概観したい．

(1) 社会保障制度の規模と適用対象者の範囲：国家の役割

(ⅰ) ブラジルの狭義の社会保障制度では，時の経過と共に，その規模と運営主体が変遷してきた．年金制度の起源といわれる1923年のエロイ・シャベス法では，CAPsと呼ばれる会社単位の基金が運営し，制度の適用対象者は当該CAPsを設置する会社の労働者に限定された．その後，1930年代には，産業毎のIAPsが設置され，産業単位の制度が構築される．1つの会社の労働者から，同じ産業の労働者へと保護の対象が拡大された．

　続いて，1960年のLOPS法は，産業・職域にかかわらず，都市の労働者に，統一的な社会保障制度を適用した．もっとも，運営機関の一元化は，抵抗勢力が大きかったことから制定時には見送られ，国家による統一的な運営体制が確立するのは6年後であった．

　時の経過と共に適用対象となる被保険者の就労形態も拡大され，1988年の憲法制定時には，農村労働者にも都市労働者と同じ制度が適用されるようになり，失業者や専業主婦等の就労していない場合でも希望すれば任意的被保険者として制度に加入できるようになった．

このように，ブラジルの社会保障制度は，1つの会社の労働者を対象とする会社単位から同じ産業の労働者を対象とする産業・職域単位へ，そして国家単位へとその規模を拡大していった．加えて任意加入ではあるが，就労していない者も加入できるようになった．こうした社会保障制度の対象範囲拡大の背景には，できるだけ多くの人に制度を行きわたらせようとする意図や，制度の乱立による格差をなくし，効率性を高めるとの要請があった．

(ii) 特に1930年代のヴァルガス政権は，国家が国民を体制にとり込む手段として社会保障制度を利用した．国家による保障とコントロールの下で，国家の社会保障制度に対する介入の度合いはますます強化された．国家が社会保障制度を主導する結果，率先して社会保障財源をその他の目的に流用するといった問題も生じたのであった．

(iii) 1988年の憲法制定においては国家による社会正義の実現が求められ，その一内容として狭義の社会保障制度も位置付けられた．具体的な要件を含む給付についての詳細な規定までもが憲法に規定され，ブラジルの社会保障制度史上最も充実した給付内容を国家は提供しなくてはいけなくなったのである．

　ところで，ブラジルの年金制度は，1923年の当初から一貫して賦課方式を採用し，確定給付型であるため，運営主体は決められた給付を支給する財源を確保する必要がある．制度の発足当初は黒字であった社会保障財政も，財源の他目的流用が行われたことや，十分な財源確保のないままに充実した給付をいわばばらまいてきたことを主たる原因として，1990年代の中ごろから深刻な赤字の問題を抱えるようになる．そして，十分な給付財源を確保できない国家は給付を削減する方向での改正を連発する．

(iv) このようにブラジルでは，国家が社会保障制度の運営を管理するだけでなく，制度の構築やその見直しに関して大きな役割を担う．財源を確保できなくなれば，将来の給付を削減することで対処する．連帯の原則に依拠した国家主導型の仕組みであり，国家の役割が大きいという点がブラジルの社会保障制度の1つの特徴といえそうである．

(2) 拠出における使用者等の役割

　ブラジルの年金制度では，制度発足の当初から保険料を拠出する役割を使用者に課してきた．しかし，1988年の憲法制定はその内容を様変わりさせた．それまでの制度では使用者は労働者と同額の保険料を負担しさえすればよか

った．しかし，新憲法は，「財政基盤の多様化」という新たな原則を掲げ（憲法194条単項Ⅵ），使用者を一番の標的にしたのである．

1988年憲法は，使用者に従来どおり，労働者に支払う賃金をベースとした保険料を課すだけでなく，会社の利益や売上げに関しても「社会負担金」を負担する義務を課した．賃金は経済活動による変化に非常に脆弱であるから，財源の安定化を図るために賦課するベースを拡大したのである．続く1998年憲法修正では使用者の総収入についても社会負担金を賦課するとの改正を行った．

また，賃金をベースに使用者が拠出する保険料に関しても，使用者の重い負担を指摘できる．1991年の法律8212号は労使折半の形式をやめ，使用者の料率を被保険者のそれよりも高く設定し（労働者：8～11％，使用者：20％），また使用者に対しては保険料を算出する基礎となる賃金に上限を設けないと定めたからである．いかに高額の賃金でも使用者はその全額の20％を保険料として負担する必要があるのである．

このように使用者には非常に重い社会負担金が課され，こうした義務は連帯の原則によって正当化される．ブラジルでは使用者が財源負担の点で大きな役割を担っているといえる．

(3) 勤続期間年金ATS・保険料拠出期間年金ATCによる翻弄

高齢期の所得を保障する現行制度には，老齢年金，保険料拠出期間年金ATC，特別年金の3つがあるが，以下では前二者について論じてみよう．

ブラジルの狭義の社会保障制度を概観すると，保険料拠出期間年金ATC，その前身，前々身の勤続期間年金ATS，通常年金の存在感の大きさが際立つ．ブラジルの年金制度はこの年金に終始翻弄されて進展してきたともいえるだろう．ここではその経緯を整理したい．

(ⅰ) ブラジル初の社会保障制度を規律した1923年のエロイ・シャベス法は，高齢期の所得保障として勤続期間を主たる要件とする通常年金を保障した．アルゼンチンの年金制度や公務員の非拠出制の年金制度を参考とした通常年金は，体力等が消耗する業務に長年就いてきたにもかかわらず，家計を維持するために就労を継続しなくてはならない労働者の現状を改善するために導入された．労働によるいばらと苦悩を乗り越え，高齢期に休息と平穏を保障するために，長年の就労に対する代償として通常年金が盛り込まれた．

しかし，すぐにこの年金の問題点が露呈した．通常年金を得るには原則として年齢要件を満たす必要があったが，一定の勤続期間を満たせば減額を条件に支給される仕組みだったからである．多くの労働者が若いうちから年金を取得し，それによってCAPs（会社単位の年金基金）の財政が圧迫されたのである．この問題に対しては，年金の支給を停止したり，年齢要件を必須化する等の試行錯誤が繰り返された．

(ii) 1960年にはLOPS法が制定され，ようやく社会保障制度が統一されるが，LOPS法に至る長期の立法過程でもやはり勤続期間年金ATSを給付内容に盛り込むかが一番の争点となった．結局は組合・労働者からの要求，政党間合意を背景に盛り込まれたが，社会保障財政への影響に鑑みて，年金の支給には年齢要件を満たす必要があるとされた．さらに，具体的な要件として明確ではなかったが，「30年から35年にわたって保険料を拠出すること」を前提に制度は作られた．35年も勤続して保険料を拠出し，就労能力が減退するのに，65歳になるまで年金に辿り着けないのは公正ではなく，人間的ではないと考えられて勤続期間年金ATSはLOPS法に盛り込まれたのである．

LOPS法制定から2年後（1962年），左傾化した政権は，社会保障財政を脅かす改正を実施する．公務員との平仄を合わすとの理由で年金の支給要件から年齢要件を削除したのである．さらに1966年，軍事政権は，5年間月々保険料を拠出すると共に所定の期間勤続すれば，勤続期間年金ATSを取得できるようにと改正した．当初のLOPS法で保険料の拠出が明確な支給要件となっていなかったことが裏目に出たのである．こうした一連の改正は，当然のことながら勤続期間年金ATSに関する財政逼迫の問題を再燃させることになる．

(iii) 平均寿命が伸長する中，1988年の憲法制定以前にも，何度か，勤続期間年金ATSへの年齢要件再挿入案が提起されたが，組合等の反対に遭い実現していなかった．1988年憲法の制定にあたって，政府は勤続期間年金ATSに関する問題点を明らかにした．つまり，この年金は年齢にかかわらず早期に年金の取得を認めるところ（早熟年金），この年金を実際に受給するのは安定的な雇用に就く高所得者である．年金額は所得をベースとするため，高額の支給額となるし，早期の年金取得は長期間の支給にもつながる．他方，もうひとつの年金である老齢年金は，勤続期間年金ATSを受給できない低所

得者が受給し，比較的低額で，短期の支給である．年齢にかかわらず支給を認める勤続期間年金 ATS の存在は，単に財政を逼迫するだけでなく，狭義の社会保障制度内に格差を生み出し，低所得者から高所得者への逆方向での連帯を生じさせているとの問題を指摘したのである．

　しかし，制憲議会ではこうした政府の問題意識は全く理解されなかった．貧困のため早いうちから就労を開始しなくてはならず，寿命の短い低所得者を保護するためにこそ，年齢に縛られない年金が必要であるとの意見が大勢を占め，憲法制定では年齢要件の再挿入は見送られた．それどころか 30 年以上の勤続期間があれば支給を認める比例年金も憲法で保障したため問題はさらに深刻化する．こうして膨れ上がる給付支出に財政が悲鳴を上げ，1990 年代に給付を削減する方向での改正が実施されることになったのである．

(iv) 1998 年の憲法修正では，社会保障財政の赤字を背景に，拠出と給付の牽連性の強化が図られた．たとえば，勤続期間年金 ATS から保険料拠出期間年金 ATC への転換によって，この年金に保険料拠出への対価という性格付けが色濃く認められるようになった．この憲法修正の論議では人口構造（高齢化）や労働市場の変化の問題も指摘され，勤続期間年金 ATS による早熟年金の問題を解決するために，年齢要件の挿入が再び議題として浮上した．1998 年の憲法修正時は，1988 年の憲法制定時とは異なって，上院の承認を得ることができ，下院でも一定数の議員は問題状況を理解し，年齢要件の挿入に賛成票を投じたが，最終的にはわずか 1 票足りずに実現にはこぎつけなかった．もっとも，政府は年金の支給要件として年齢を入れられなくても，若くして年金を取得する場合には額を減らすことで年金の支給開始を遅らせようと，憲法修正の翌年（1999 年），社会保障因数の仕組みを導入した．その結果，僅かばかり支給開始年齢は引き上がるが，それでも平均的な支給開始年齢は 50 歳代前半にとどまり，早熟年金の問題は続いている．社会保障因数によって相当のコストが削減され，財政は好転するが新たな問題も生じる．年金受給者は受け取る年金額が低いため，就労を継続せざるを得なくなり，その結果，強制的な被保険者として保険料の拠出義務を課されるものの，それに見合った給付は得られないのである．というのも，従前支給されていた償還金（年金受給者が在職中に支払う保険料相当額を退職時に償還するもの）は財政赤字対策として既に廃止されていたからである．こうした状況を打開し，

拠出と給付の牽連性を模索する唯一の手段として年金の放棄（Desaposentação）の議論が浮上しているところである．加えて，社会保障因数自体にも批判は多く，その見直しとしてようやくフォーミュラー85/95（90/100）が導入されようと審議されるところである．

(ⅴ) 以上のように，ブラジルの狭義の社会保障制度は通常年金に始まり，たえず財政上の問題を伴うこの年金の行く末を案じる議論を繰り返して現在に至るのである．財政コストや早熟年金といった重大な問題を抱えながらも，保険料拠出期間年金 ATC は，それでも常にブラジルの高齢期の所得保障として中心的な位置付けを与えられてきた．財政の観点から年齢要件の挿入が何度も試みられるが，就労開始年齢が低く，就労によって消耗した貧困層の存在を盾とする強固な主張により阻まれてきて，ようやく新たな局面を迎えようとするところである．こうして，保険料拠出期間年金 ATC に常に翻弄されながら高齢期の所得保障が形作られてきたというのが，ブラジルの社会保障制度の大きな特徴といえるだろう．

(4) 2種類の年金の棲み分けと制度内格差

(ⅰ) 既に述べたとおり，ブラジルの現行制度は保険料拠出期間年金 ATC と並んで老齢年金を保障し，被保険者は有利な方を選択できる．老齢年金は，職域毎の IAPs による社会保障制度が形成された際に（1930 年代），いくつかの IAPs で採用された給付である．LOPS 法の制定期には高齢によって就労できなくなる場合に休息を与えるための手段として中心的な給付と位置付けられた．

(ⅱ) 次に，この老齢年金と先に述べた保険料拠出期間年金 ATC（前：勤続期間年金 ATS）との棲み分けを確認しよう．老齢年金は高齢（加齢）による消耗を，従前の勤続期間年金 ATS は就労による消耗を，それぞれ社会的リスクとして導入され，その後，後者は拠出と給付の牽連性を強化するとの要請から，保険料拠出期間年金 ATC へと軌道修正された（なお，社会的リスクに関するその他の見解は第7節Ⅲ4(3)参照）．

両者を比較すると，勤続期間年金 ATS・保険料拠出期間年金 ATC の方が老齢年金よりも内容として有利なため，被保険者には魅力的である．というのも前者にはさしあたり年齢要件がないため，若くして年金を受給でき，また社会保障因数が適用されるため単純比較はできず，以前に比較すると低

額化されたとはいうものの，それでも老齢年金よりは一般に高額が支給されるからである．

　そのため，2つのいずれかを自由に選択できるといっても，制度設計上，保険料拠出期間年金 ATC の要件を立証できる人はそれを取得する．立証できる人とは，安定した雇用に就く高所得者であり，立証できない人とは，正規の雇用市場とインフォーマルな雇用市場と失業との間を揺れ動く不安定な雇用の低所得者である．その結果，低所得者が負担する保険料が高所得者の受給する年金財源となるという低所得者から高所得者への逆方向での所得分配が生じている．そして保険料拠出期間年金 ATC を取得できない低所得者は老齢年金を取得する．

　こうして高所得者は若いうちから高額の保険料拠出期間年金 ATC を長期にわたって取得し，低所得者は低額の老齢年金を比較的短期間取得する棲み分けが起きており，これは逆方向での連帯として，1つの社会保障制度の内部に格差をもたらしている．

(iii) ブラジルで2つの年金を並存させる必要があるのは，現役時代における大きな貧富の差を高齢期に解消できないからかと思われる（第7節Ⅳ参照）．ただし，現行制度としてはこう説明できるだろうが，そもそもの立法の経緯に遡れば決して現役時代における社会的格差を維持するために両年金の並存が決まった訳ではない．LOPS 法の制定過程では，就労による消耗と高齢による消耗とがカバーすべき別々のリスクと捉えられ，特に両年金の棲み分けに関する議論は展開されずに，ただ勤続期間年金 ATS を給付内容に含めるかの点だけが問題とされたのであった．LOPS 法制定当初に詰められていなかった両年金の棲み分けは，歳月を経て所得階層によって棲み分けられるに至ったようである．

(iv) このように所得階層によって2つの年金が棲み分けられ，逆方向での連帯として制度内の格差が生じているのがブラジルの社会保障制度のもうひとつの特徴である．最近導入されつつあるフォーミュラー85/95（90/100）の影響がどのような形で出るかが注目される．

(5) 年金と就労との関係

(i) 次に，年金と就労の関係を確認したい．まず LOPS 法以前は年金を取得しながら就労を継続していたようである．しかし，そもそも年金とは高齢あ

るいは就労による消耗によって就労できない場合の所得を保障し，休息を与えるものとの理解によれば，就労しながらの年金受給には矛盾がある．そこでLOPS法は支給開始日を操作することで，年金の受給に退職を要する立場を採用した．とりわけ勤続期間年金ATSに関しては，その要件を充足するにもかかわらず在職を希望する場合には在職手当を支給すると整理し，やはり退職を要求した．このようにLOPS法制定当初は年金には退職年金的な性格が窺えた．

(ii) こうしたLOPS法の立場は，まず1980年に変更される．その背景には，年金の申請から実際の支給までの事務手続に時間がかかるとの問題があった．年金が支払われないのに退職によって賃金も得られないのでは，生計を維持できない．そこで支給開始日を申請日にしたのである．しかし，こうした退職不要の考え方はすぐ翌年に見直される．そこでは，年金とは就労できない場合の所得を保障するものであるという理念的な考え方と退職によって若年層に新しい雇用を創出できるとの視点が考慮されたようである．

　それでもハイパーインフレ等の影響で年金額の実質価値が急激に引き下がると，退職が必要とはいっていられなくなる．そこで，1991年に再度，年金の受給には退職は不要との規律となり，現在に至っている．就労の権利という憲法上の保障や，社会保障制度の法律関係と労働法上の法律関係は別個であることがこうした状況を正当化する．そして，現在では年金を受給しながら就労を継続するのはよくある光景となっている．「所得の喪失のカバー」といった狭義の社会保障制度の本来の目的とはかけ離れて，実際には年金額が低すぎて退職による賃金所得の喪失を補てんできず，逆に年金をカバーするために就労が必要な状態が常態化している．さらに深刻なことに，年金受給者は就労して拠出しても，それに見合った給付を得られないという問題があるが，この点については（6）で述べよう．

(iii) このようにブラジルではLOPS法制定当初は年金の受給に退職を必要としたが，事務手続の遅延の問題や年金の給付水準の低下という問題のために退職を不要とする立場に変わった．最近では別の問題も生じており，年金の受給と就労との関係は混沌とした状況である．

(6) 年金受給者の就労

(i) LOPS法は主として年金の受給には退職を要するとしたのは既に見たと

おりである．しかし，同時に同法は年金を受給しても就労を禁止することはできないとも考えていた．年金受給開始後も就労を継続する場合には，社会保障制度に加入する必要はなく，それゆえ保険料の負担義務はないとしていたのである．

(ii) しかし，1966年には，狭義の社会保障制度はチャレンジングな制度であるとの考えの下で，財源確保のために，就労する年金受給者に対して保険料負担義務を課した．そして，年金受給者が就労を続ける場合には，終局的な退職時に償還金としてそれまで拠出した保険料相当分を払い戻すことにした．就労によって年金の支給を停止し，その代わりに復職手当を支給すると共に終局的な退職時に就労年数に応じて上乗せした年金を支給するとの給付内容に変更した時期もあったが，結局は，償還金として清算する仕組みを採用していた．

(iii) ところが，社会保障財政の赤字の問題が顕在化する1990年代には，憲法で保障されていなかった償還金に真っ先に白羽の矢が立つ．コストの削減を狙って償還金が廃止されたのである．その結果，年金受給者で就労する者は，保険料を支払う義務があるのに，それに見合う給付はないという状況に陥った．保険料を拠出してもその分の見返りはなく，しかも年金の支給額は低いという状況に対しては，これまで受け取ってきた年金（低年金）を放棄して，在職中に拠出した保険料をも考慮して，新たな年金を得ようとする「年金の放棄（Desaposentação）」の議論が浮上する．年金の放棄を認めるべきとの意見が多い一方で，財政的な負担をもたらすため，その導入はなかなか容易ではない．加えて年金の放棄に伴って今まで受給してきた年金を返還する必要があるか否かをめぐって議論が分かれ，立法府，司法府のいずれにおいてもホットなイシューとなっている状況である．

(iv) このようにブラジルでは，年金受給者による就労をLOPS法当初から認めてきたものの，その処遇は二転三転した．その際，基本的にとられてきた立場は，拠出した保険料相当分を，退職時に償還金として支給するというもので，いいかえれば年金額を改定して拠出分を反映させる仕組みは，一時期を除いて採用されてこなかった．もっとも，現在では，償還金の仕組みも廃止され，こうした状況を打破して拠出と給付の牽連性を追求する唯一の手立てとして，年金の放棄が注目されているところである．

(7) 財政問題

　既に述べたとおり，1988年の憲法制定から1990年代のはじめにかけては，憲法や法律によって特に充実した給付が保障された．それにもかかわらず，それに見合う十分な財源は確保されていなかった．それどころか1950年代には他目的流用も行われており，社会保障財政は重大な赤字を抱えることとなる．

　そこで，財政コストを抑えるために給付の削減が必要となる．1990年代に償還金，在職手当，比例年金等が廃止され，給付の削減が立て続けに行われた．年金の支給額の算出にあたって導入された社会保障因数の仕組みは，コストの削減をもたらす一方で，同時に年金の支給額を大幅に引き下げるため，年金受給者を中心に批判が大きい．最近，社会保障因数の選択的な代替案として成立しつつあるのがフォーミュラー85/95 (90/100) であり，これが逼迫する財政問題への救世主となれるか，今後の動きに目が離せない．

　上記のとおり，給付の削減に関する法改正が実施されているが，その効果は一定範囲に限られる．というのもブラジルでは，いったん給付の支給要件を充足すると，憲法によって既得権が保障されるからである．いいかえれば，後の法改正によっても侵害されることのない絶対的な地位が既得権者には与えられるため，給付の削減は，将来の受給者との関係でしか実施することができない仕組みとなっている．そのため，財政赤字の問題を解決するのは実に難しく，ブラジルの社会保障制度にとって極めて深刻な問題なのである．

第2章　その他の所得保障

　公的年金を含む狭義の社会保障制度はブラジルの高齢期の所得保障の中核的な位置を占めるが，以下では中核を支えるその他の高齢期の所得保障をみてみよう．具体的には中核を補足する補足的保障制度（第1節）と，中核を享受できない場合に機能する社会扶助制度（第2節）である．

第1節　補足的保障制度

　一般社会保障制度 RGPS は，公的機関が運営する強制加入の制度であり，財政方式は基本的に賦課方式であった．他方，補足的保障制度は，一般社会保障制度を補足するもので，各人の必要性や意向に応じて，追加的な保障の実施を目的とする．民間団体が運営する任意加入の制度であり，財政方式は積立方式[305]である．補足的保障制度には誰でも加入できる開放的な保障制度（開放型）と，実施する企業等に属する者しか加入できない閉鎖的な保障制度（閉鎖型）との2種類がある．

I　若干の沿革

　労使が保険料を拠出し，民間団体が会社単位でその資金を管理・運用する現行の補足的保障制度（特に閉鎖型）の起源は，狭義の社会保障制度自体の起源であるエロイ・シャベス法（1923年）に遡る[306]．公的年金制度は会社単位から産業単位となり，公的機関による運営へとシフトしたが（本編第1章第1節，第2節参照），会社単位の年金基金制度の考え方が消え去ることはなかった．そして，1977年に初めて民間保障団体による補足的保障制度が規律

---
305)　2001年補足法109号18条1項．
306)　MPS [2008] p. 67.

された（1977年法律6435号）．この法律によって開放型と閉鎖型という現行補足的保障制度の基盤が形成された[307]．当時の補足的保障制度は，預金程度の位置付けであった．1988年憲法では，追加的な保険料を支弁する補足的かつ任意的な性質を有する集団的な保険を維持することが確認された（憲法旧201条7項）．

その後，社会保障制度を大改正した1998年の憲法修正は，補足的保障制度の位置付けをも見直し，これを一般的社会保障制度や公務員等の独自の社会保障制度に並ぶもうひとつの「柱」と整理した[308]．公的年金は，生計を維持するための基礎的な保障を提供するもので，支給額の上限もあるため，個人の需要に十分に応えられない場合もあった．そこで，現役時代並みの所得を実現する仕組み[309]として補足的保障制度を改めて位置付けたのである[310]．補足的保障制度によって保護水準を改善すると共に，長期にわたる貯蓄の形成を促し，それを発展計画の資金源とすることを政府は狙っていたようである[311]．修正された憲法では，一般社会保障制度からの独立や任意加入制等の重要な原則が詳細に規定され，その具体的な内容は補足法に委ねられた（憲法202条本文）．憲法の委任を受けて制定されたのが2001年補足法108号と109号である[312]．民間労働者を対象とする補足法109号は，閉鎖的な制度を提供する主体を拡大し，それに伴い補足的保障制度はより充実した制度内容となった．以下では具体的な改正点をみてみよう．

Ⅱ　補足的保障制度の種類

ブラジルの補足的保障制度には誰でも自由に加入できる開放的な保障制度（previdência aberta）と，ある企業の従業員等，一定のカテゴリーに属する者に限定して加入が認められる閉鎖的な保障制度（previdência fechada）がある（補足法109号4条）．後者は年金基金（fundos de pensão）とも呼ばれ，両者の

---

307) 閉鎖型については1978年大統領令81240号が，開放型については同年大統領令81402号が，それぞれ細かいルールを定める．
308) MPS［2008］p. 72.
309) CARDOSO［2011］p. 155.
310) MARTINS［2014］p. 489, ROCHA［2004］p. 74, AMADO［2011］p. 580.
311) 1995.3.28, DCN, Seção 1, pp. 4500-.
312) 補足法108号は公務員を対象とし，政府資産が使われるため，団体の運営に対する社会的なコントロールがより厳格に働く（MPSSPC［2008］p. 14）．

違いはおおむね以下のとおりである．

	開放的な制度	閉鎖的な制度／年金基金
運営主体	株式会社（銀行・保険会社等）	財団もしくは民法上の法人
営利性の有無	営利目的	非営利目的
加入者	希望者全員	一定のカテゴリーに属するもの ・企業単位 ・職域単位
管　轄	財務省	社会保障省
ルール策定	国立民間保険協議会	国立補足的保障協議会
承認・監督業務	民間保険監督官庁	国立補足的保障監督官庁
形　式	・個人プラン ・集団プラン	集団プラン

　裁判例によれば，開放型・閉鎖型にかかわらず，消費者保護法典が適用される．開放的な制度には，被保険者毎の個人プランだけでなく，会社等を対象とする集団プランもある．閉鎖的な制度は財政上のコストがかかるため，大企業や外資系企業が多く利用し[313]，それを採用できない中小企業が開放的制度の集団プランを選択しているようである．以下ではブラジルの補足的保障制度の中核といえる閉鎖的な制度[314]に焦点を絞って検討しよう．

Ⅲ　閉鎖的保障制度／年金基金

1　加入者カテゴリー

　閉鎖的な制度は一定のカテゴリーに属する者だけが加入でき，カテゴリーには企業単位と職域単位がある．団体数も適用対象者数も多いため，以下では企業単位を扱う[315]．

　企業単位は，1977年法当初から存在する伝統的な形式で，企業が1社又は数社で実施する．加入者には経営執行部からブルーカラー労働者までが含まれ，雇用関係を軸とした企業における垂直的な構造[316]に沿う形で制度が設

---

313)　純然たる民間企業ではないが，ブラジル銀行やペトロブラス社の補足的保障団体（それぞれ，PREVI, PETROS）が有名である．
314)　MPS［2008］p. 69.
315)　職域単位の仕組みについては，島村［2014］227-228頁参照．
316)　垂直的とは，企業に従事する全員（経営陣，ホワイトカラー労働者，ブルーカラー労働者を含む）を対象とするという意味である．

計されている[317]．この場合，制度を実施する企業が主催者と呼ばれる（2001年補足法109号31条Ⅰ）．

2　概　　要

閉鎖型の補足的保障制度を運営するのは，補足的保障閉鎖型団体[318]である．この団体は，年金基金の管理・運用を唯一の目的として設置される非営利目的の財団もしくは民法上の法人[319]である．

企業が補足的保障制度を導入するには，後に説明する給付プランを策定し，事前に行政から承認を受ける必要がある（6条，12条）．そのプラン毎に，企業は，上記の補足的保障閉鎖型団体と附合契約を締結する．これによって企業は，プランの主催者となる（13条）．

主催者となった企業は，在籍する労働者全員に給付プランを提供しなくてはならない（16条本文）．従業員には企業の経営執行部も含まれ（16条1項），給付プランに加入するか否かは，各人の自由である（16条2項）．加入を希望すると参加者と呼ばれる（8条）．補足的保障制度への加入は，労働者という地位に由来するため，労働契約に基盤があるが，加入は強制されないので補足的保障制度に関する契約は労働契約とは別個の性質である（憲法202条2項）．附合契約を締結した閉鎖的団体が，以後，保険料の徴収や給付の支給といったプランの運営にあたる．

3　給付プラン・規約

給付プランには，主催者である企業と参加者である労働者の権利・義務が規定されていて，それを記したものが規約である．給付プランは，主催者が行政の決定する最低水準を満たした上で作成し，行政による事前の承認を受ける（6条，7条，12条，13条）．規約には，プランへの加入や脱退の方法，給

---

[317]　MPS［2008］p. 75.
[318]　設置には行政からの事前の承認が必要である（33条Ⅰ）．その運営は，労働者，使用者，受給者，政府の4者が参画し，民主的かつ分権的な性質を有しなくてはならない（憲法194条Ⅶ）．閉鎖的団体には，議決評議会，監査評議会，経営執行部という機関を設置する必要があり，定款にそれぞれの機関の権限や構成要件等を記載する（35条）．定款が効力を有するにも行政の事前の承認が必要である．定款変更の場合には，議決評議会による承認と主催者による認可，さらに行政からの承認手続が要求されている（MPSSPC［2008］p. 12, p. 21）．
[319]　2001年補足法109号31条1項．

付の財源，提供する給付内容やその受給要件，給付の算定・支給・現在化の方法，支払日等が記載される．

(1) 保険料

保険料には，給付の財源となるための通常保険料と，赤字等その他の目的のために徴収される特別保険料の2種類がある（19条単項）．プランの内容にもよるが，通常，労使が同額の保険料を負担する場合が多く[320]，使用者にも負担させる点が閉鎖型のメリットといわれている[321]．確定給付型もしくは変動拠出型の給付プランを採用する場合には赤字が生じうる．2001年法の制定以前は，赤字の場合，使用者だけが負担していたが，同法によって，労使双方が決められた割合に応じて負担することになった（21条）[322]．

連邦や州等による民間の保障団体への資金援助は，憲法で禁止されている（憲法202条3項）．

(2) 給 付

一般によくあるプランに含まれるのは保険料拠出期間年金ATC・障害年金・遺族年金である．高齢期の所得保障に関するのは保険料拠出期間年金ATCである．このことからもブラジルでは老齢年金よりも保険料拠出期間年金ATCの位置付けが大きいことが窺えよう．

給付プランとしては主として確定給付型，確定拠出型，変動拠出型が想定されている（7条）．2014年3月現在で承認されているプランの内訳は，確定給付型が30.22％，確定拠出型が37.55％，変動拠出型が32.23％であり[323]，近年では確定拠出型の伸びが著しい[324]．

原則としてプラン内容は自由であるが，以下の4つの内容を盛り込む必要がある．

• 比例的な給付の支払い

雇用関係が終了してもプランに継続加入できる．この選択をする場合，保

---

320) 使用者だけが保険料を負担するプランにすることも可能であるが（CHAMON [2005] p. 160, MPS [2008] p. 70），オマール・シャルモン連邦裁判官の知る範囲では，使用者だけが保険料を負担する制度は Shell だけのようである．
321) MPSSPC [2008] p. 20.
322) MPS [2008] p. 73.
323) SNPS [2014] p. 18.
324) SNPS [2014] p. 19, SPPC [2012] p. 10.

険料を支払い続ける必要はないが，将来は支払った保険料に比例した分しか給付を受けられなくなる．

・ポータビリティ性

雇用関係が終了した場合にそれまで積み立てた資金の権利を別のプランに移行できる[325]．

・個人加入

雇用関係が終了した場合に，使用者がそれまで負担していた保険料をも自ら負担することによって，従前の条件と同じ内容でプランに入り続けるものである．この選択肢によって，最初に契約した条件で同額の給付を受ける権利を保障している．

・償　還[326]

プランを脱退する場合に規約に規定された形式と条件で，管理費用分を控除した上で，社会保障貯蓄の資金の償還を受ける仕組みである．償還できるのは，労働者負担分のみで，使用者が負担した保険料は対象とならない．

　こうした4つの選択肢は，2001年の補足法で初めて規定された（14条）．というのも，従来の制度では雇用関係が終了すると，プランとの関係も切断され，保護のない状態となっていたからである．その反面，会社に残る労働者集団が，退職者の犠牲の上で潤う構造であった．退職する場合にも参加者の権利を保障・保護し，労働者が長期の就労生活にわたって，制度に加入し，社会保障の貯蓄（poupança previdenciária）を安定して保持できるように[327]，こうした4つの選択肢の必須化が規定された．以前に比較してより連帯的で，相互扶助的になったといわれている[328]．

4　監　督

　民間団体が実施する制度であるため，破綻して参加者に損害をもたらすこ

---

325) その他の閉鎖的制度に移ることも，開放的制度に移ることも可能である．もっとも，後者の場合には，終身もしくは貯蓄した期間を上回り，最低でも15年の決められた期間の契約内容にしなくてはいけない（14条4項）．ポータビリティは，償還とは異なり，直接参加者が資産を受けとれるわけではない（14条5項）（AMADO [2011] p. 589）．
326) 資金を社会保障目的から断絶させるため，あまり有益ではないといわれている（MPSSPC [2008] p. 18）．
327) MPSSPC [2008] p. 17.
328) MPS [2008] p. 72.

とのないように，随所で行政による監督が実施される．補足的保障閉鎖型団体を管轄するのは，社会保障省である．また，給付プランや団体の事前の承認等の監督業務を行う機関は，国立補足的保障監督官庁（PREVIC）[329]である．

IV 小 括

ひとくちに補足的保障制度といっても，開放型か閉鎖型か，閉鎖型の中でも，企業単位か職域単位かとバラエティが豊富である．多様なタイプを用意することで，労働者がアクセスしやすいように制度を組み立てている．給付プラン（保険料額と給付額の決まり方）については，確定給付型，確定拠出型及び両者の組み合わせがある．ポータビリティ性等を給付プランに盛り込むことを強制することで，失業しても制度との関連性が切れることなく，補足的保障を継続できるような安定的な仕組みとなっている点が興味深い．

補足的保障制度の平均的な支給月額は，やや古いが 2010 年 12 月現在で，3245.09 レアル（なお，民間人向けと公務員向けの補足的保障を合わせた数値）である[330]．同時期の公的年金の平均月額は，老齢年金で 521.01 レアル，保険料拠出期間年金 ATC でも 1205.05 レアルにとどまること[331]に鑑みると，補足的保障制度がいかに労働者の現役時代の生活水準を維持するのに効率的な形で貢献しているかがわかる[332]．

補足的保障制度には，文字どおり，公的年金を補足する機能があるが，公的年金の低水準化に伴ってその役割は増大傾向にある．そして，補足的保障制度には，高齢期の所得水準を引き上げる機能があるだけでなく，社会的正義を促進する側面もあるとブラジルの社会保障省では考えられている．というのも，公的年金制度で得られる年金水準は低いため，高所得のセクターで働く場合（具体的には石油業や銀行業，鉄鋼業等）には，高齢期の収入が大きく低下し，歪みが生じることになるからである．「公的年金によって生じる『歪み』を是正する手段として補足的保障制度は役立っている」[333]のである．

---

329) PREVIC は，2009 年法律 12154 号により設置された社会保障省に関連する連邦の独立行政法人である．
330) PREVIC［2010］
331) MPS［2010］p. 11.
332) MPS［2008］p. 66.

このように，高所得者が従前のように高所得を維持することを「社会的正義の促進」と捉えて制度が設計されている点は，興味深い発想のように思われる．

第2節　社会扶助制度

一般社会保障制度や補足的保障制度では受給するにはあらかじめの保険料拠出が必要であった．では一定の拠出ができず給付を得られない場合はどうなるか．こうした隙間を埋める制度が広義の社会保障制度（Seguridade Social）の一端をなす社会扶助制度（Assistência Social）である．ひとくちに社会扶助といっても給付内容は多岐にわたるが，高齢期の所得保障を目的とするのは継続的提供給付（Benefício de Prestação Continuada）である．これは頭文字をとってBPC（ベーペーセー）と呼ばれており，現行制度では65歳以上の貧困者が支給対象である．

I　若干の沿革

はじめにBPCに至るまでの変遷を述べよう．エロイ・シャベス法制定以前から，扶助的な給付が互助会等の単位で支給されていたが，高齢者を対象とする社会扶助を初めて規律したのは1974年法律6179号である．この法律に基づき支給される終身月払所得（Renda Mensal Vitalícia）は，就労活動をしていない70歳以上で，1ヵ月に最低賃金額の60％を下回る収入しかなく，少なくとも12ヵ月，狭義の社会保障制度に加入していた者に支給された．支給額は最低賃金の半額である（同法1条，2条Ⅰ）．この給付は頭文字をとってRMVと略されていたため，頭文字と不十分な給付内容に引っかけて"Ruim, Mas Vai"「役立たず，でも，もらう」とも呼ばれていた[334]．

その後，1988年の憲法制定によって社会扶助の位置付けに変化が生じる．従来，社会扶助は，国からの恩恵，恵み，施しという考え方に立脚していたが，同憲法は社会扶助を市民の権利，国家の義務とした．社会扶助が広義の社会保障制度（Seguridade Social）の一翼を担うことになった．そして，社会

---

333)　MPS［2008］p. 67.
334)　MPAS［2002］p. 102, p. 103.

扶助の一内容として，高齢者に最低賃金相当額の給付を保障することが憲法に規定された（203条v）．

しかし，この給付を具体化する法律が直ちに制定されなかったため，従前のRMVが引き続き支給された．憲法制定から3年後にようやく最低賃金と同額の給付を支給するRMVを導入する法律が制定される．もっとも，当時はまだ狭義の社会保障制度と社会扶助制度とが明確に分離されず，狭義の社会保障制度の給付プランを策定する1991年法律8213号に，社会扶助給付が混在して規定された（同法139条）．その要件は，①就労活動をしていないこと，②70歳以上であること，③所得がないこと，④少なくとも狭義の社会保障制度に12カ月加入したことであった（139条1項2項）．このように，1991年当時は，少なくとも1年，狭義の社会保障制度に加入（ひいては保険料を拠出）することが必要であった．

狭義の社会保障制度と社会扶助制度との法律上の分離に成功したのは，1993年にようやく制定された社会扶助組織法（Lei Organica da Assistência Social）（以下，「LOAS法」という）（法律8742号）である．このLOAS法こそ，社会扶助に関する目的や原則，指針を規定する現行法である．同法では社会扶助が市民の権利であり，国家の義務であると謳われた（1条）．そして，社会扶助は統一社会扶助制度（Sistema Unico de Assistência Social: Suas）[335]と呼ばれる分権的で参加的な制度形式で運営されることとなり（6条），このSuasが提供する扶助的な給付として高齢者を支給対象とするBPCが位置付けられた．

Ⅱ　LOAS法の制定

1　LOAS法の概要

LOAS法の登場により従前のRMVは徐々に廃止され（法律8742号40条），BPCがそれに代わることとなった．BPCへの転換によって12カ月の制度加入要件は不要となった．

LOAS法制定当初の要件は，①70歳以上であること，②生計を維持する

335）Suasとは，家族，子ども，青少年，障害者，高齢者等すべての窮乏者に対して厚生・福祉と社会的な保護を促進するために，社会扶助サービスを分権化した形で組織する公的な制度である．

ための手段がなく，家族によっても扶養されていないことである（20条本文）．世帯の所得月額が，ひとりあたり最低賃金の4分の1を下回る場合に，上記②の要件を満たすとされている[336]（20条3項）．

70歳というLOAS法当初の年齢要件は，1998年法律9720号によって67歳となり，さらに2003年の高齢者法[337]（2003年法律10741号34条）によって65歳に引き下げられた．こうした引下げは，高齢者の保護の範囲を拡大するために行われた．保護範囲を拡大する方法としては，最低賃金の4分の1ルールの緩和も考えられるが，BPCが高齢者だけでなく障害者をも対象とするため，この要件を緩和すると保護対象が拡大され過ぎて財政面で困難に陥るという懸念がある．そこで，年齢要件を操作することで保護の範囲を広げたようである[338]．

2003年の高齢者法は1世帯に2人以上の高齢者がいる場合のルールも変更した．すなわち，ある世帯で1人が既にBPCを受給していても，世帯収入を算出する際に，その額を考慮しないことにしたのである（同法34条単項，2007年大統領令6214号）．その結果，ひとつの世帯内で2人以上の高齢者が同時に受給できるようになった（高齢者法19条）．

2 その他

(1) 財　源

BPCの支払いには，国立社会扶助基金（FNAS）の資金が使われる．FNASの収入は，連邦の資産，法人や自然人からの寄付，使用者の社会保険料，宝くじ等の資産等である．

(2) 所管轄

BPCを所管轄するのは，社会開発・飢餓撲滅省である（2007年大統領令6214号2条）が，BPCの窓口は年金と同様にINSSである（2007年大統領令

336）　裁判においては，最低賃金の4分の1という基準は，高齢者が生存するのに不十分と考えられる最低水準として位置付けられ，4分の1を超える所得があっても，他の要素をも考慮して貧困な状況にあると証明されれば，BPCの支給が認められる（IBRAHIM [2010] p. 15）．BPCに関する訴訟は，狭義の社会保障制度と同じく連邦裁判所に管轄権がある．
337）　高齢者法は，60歳以上の人々に保障される権利を規定するために制定された（同法1条）．
338）　ジェロントロジーの専門家であるマリーザ・アシオリィー・ドミンゲスサンパウロ大学学術アートヒューマニティ学校教授の指摘による．

6214 号 3 条).

Ⅲ　小　括

　BPC と呼ばれる高齢者向けの社会扶助は，拠出制の社会保障制度では保護を受けることのできない貧困層を対象として，最低賃金に相当する額の保障を与えている．その支給額と受給者数の推移は，以下のとおりである．

BPC（高齢者対象）の支給額と受給者数の推移

	2002 年	2003 年	2004 年	2005 年	2006 年
額（レアル）	1,251,700,370.44	1,742,839,724.02	2,514,255,524.38	3,469,766,714.64	4,606,245,555.53
人数（人）	584,597	664,875	933,164	1,065,604	1,183,840
	2007 年	2008 年	2009 年	2010 年	
額（レアル）	5,561,314,689.22	6,675,058,371.63	8,221,076,467.81	9,682,778,923.50	
人数（人）	1,295,716	1,423,790	1,541,220	1,623,196	

出典：Ministério do Desenvolvimento Social e Combate à Fome / Coordenação-Geral da Gestão dos Benefícios

　支給額も受給者数も右肩上がりで上昇している．中でも最も上昇率が高いのが 2003 年と 2004 年である．2003 年に高齢者法が制定され，BPC の年齢要件が 67 歳から 65 歳に引き下げられたことや世帯所得の算定方法が変更されたことと関係がある[339]．右肩上がりでの支給額上昇の背景には，給付額の指標である最低賃金がそもそも右肩上がりで上昇していたことをも考慮する必要がある[340]．

　受給者数の増加は，それまでその者たちが社会扶助制度からも狭義の社会保障制度からも保護を受けられていなかったことを意味している．また，右肩上がりの急激な進展は，なお保護を受けていない者が存在することを推測させる．いかにして BPC のカバー範囲を拡大し，保護を全高齢者に行き渡らせるかが課題とされている[341]．

---

[339]　Notá Técnica, Ministério do Desenvolvimento Social e Combate à Fome, p. 14.
[340]　Notá Técnica, Ministério do Desenvolvimento Social e Combate à Fome, p. 14.
[341]　社会開発・飢餓撲滅省国家社会扶助事務局のクラウディア・フランシスカ・アモリム扶助給付部局給付管理一般コーディネーター（2011 年当時）の指摘による．

第3章　ブラジルの法制度のまとめ

　第2編では，ブラジルの高齢期の所得保障について，狭義の社会保障制度とその他の所得保障に分けて考察した．そこで本編の最後にブラジルの法制度について，本書が設定した課題（第1編第3章5参照）に沿って整理してみたい．

　（課題A）公的年金制度における年金の基本構造
　ブラジルにおける公的年金制度は，狭義の社会保障制度の一端に位置付けられる．
　① 拠出との関係
(i) ブラジルで初めて制度化された年金は，勤続期間年金ATS（当時の呼称は通常年金）であるが，この年金には財政を逼迫するとの指摘が絶えず存在し，1960年のLOPS法制定にあたっても同年金を支給内容に含めるかが争点となった．同法の制定者は，年齢要件を加えると共に，長年の拠出を前提にこの給付を付与することにした．しかし，長年の拠出そのものを要件としていた訳ではなかった．
　その結果，拠出に関係なく給付を認める改正が相次いだ．具体的には勤続期間年金ATSの支給要件から年齢要件が削除され（1962年改正），5年の保険料拠出によって支給されることとなった（1966年改正）．十分な財源の確保のないまま給付を認める極めつけは，給付の充実化を図った1988年の憲法制定であり，当時は拠出と給付の牽連性にあまり配慮がされていなかったといえる．
　しかし，財源なくしての給付のばらまきは，当然のことながら社会保障財政を圧迫する．そのため，1990年代から給付を削減すると共に，拠出と給付の牽連性が意識されるようになった．1998年の憲法修正では，憲法に「財政

的均衡・保険数理上の均衡」という観点が挿入され（憲法201条本文），勤続期間年金ATSから保険料拠出期間年金ATCへの転換もし，年金に必要な最低拠出月数も60カ月から180カ月へと拡大された．

(ii) こうして現在のブラジルでは，拠出と給付の牽連性の強化が図られている．もっとも，就労する年金受給者について法律は保険料の拠出義務はあるのに給付はないと規定している．そこで，拠出と給付の牽連性を模索し，年金の放棄（Desaposentação）という新たな議論が浮上している状況である．

② 年齢との関係

(i) 通常の業務に就く場合に関して，ブラジルでは老齢年金と保険料拠出期間年金ATCという2種の年金を選択的に用意している．老齢年金は年齢（男性65歳・女性60歳）を支給要件とする．一定年齢に到達すると年金は支給される．しかし，保険料拠出期間年金ATCには，さしあたり保険料拠出期間と最低拠出月数の要件しかなく，年齢は要件ではない[342]．年齢を重視しない年金が高齢期の所得を保障しており，この年金こそ1923年にブラジルで初めて保障された年金に由来する古い歴史を有するものである．規約によって給付内容を自由に決定できる補足的保障制度でも保険料拠出期間年金ATCを定めるケースが多く，このことからもブラジルでのこの年金の中心的な位置付けを確認できる．

(ii) さて，今でこそ年齢要件のない保険料拠出期間年金ATCであるが，1923年当初には年齢要件は付されていた．もっとも，例外的に一定の年齢に到達する以前でも支給を認める設計であったため，財政を逼迫させた．そこで，1930年代には，年金の支給を停止したり，年齢要件を必須化したりと試行錯誤が繰り返された．1960年のLOPS法にも年齢要件は加えられた．しかし，公務員との平仄を合わせるとの理由で1962年に年齢要件は削除され，以降，何度も年齢要件の再挿入が試みられた結果，ようやくフォーミュラー85/95（90/100）の形で，年齢の観点が年金の取得にあたり考慮されつつあるのが現状である．

(iii) 年齢要件がないことで，これまでブラジルでは多くの問題が生じてきた．まずは，早期の受給が可能なため，長期の支給となり財政を逼迫させる問題

---

[342] なお，最近ではフォーミュラー85/95（90/100）が導入されつつある点に注意が必要であり，これに関する議論を注視する必要がある．

がある．また，（制度のそもそもの想定とは異なるかもしれないが）就労能力がまだ残っているうちに受給できるようになる．年齢要件の不存在に加えて，他の制度設計上の問題も重なり，保険料拠出期間年金 ATC を高所得者が高額で取得し，老齢年金を低所得者が低額で取得するといった，社会保障制度内における格差を生み出す温床にもなっている．

(iv) ブラジルでは，1998 年の憲法修正で年齢要件を入れられなかったため，支給開始年齢の引上げを狙って，社会保障因数が導入された．しかし，思いどおりの効果を得られないばかりか，低年金に起因する別の問題（年金の放棄 Desaposentação）も引き起こしてしまった．年齢要件の欠如を契機に生じる一連の問題状況に鑑みると，年金制度において年齢がいかに重要な役割を果たしているかを確認できる．

(v) ところで，ブラジルの年金制度が，年齢の代わりに重視するのは，勤続期間年金 ATS の時代には一定の業務に就くことによる消耗の視点であった．就労によって体力的にも精神的にも衰えるため，高齢による消耗とは異なるリスクとして捉えられた．なお，炭鉱をはじめとする特に負担の重い等の特別な業務には，別途，特別年金が用意されるので，特別な業務以外の通常の業務によっても消耗すると考えられていたことが窺える．その他に，就労開始年齢が早いことも考慮された．

その後，勤続期間年金 ATS は保険料拠出期間年金 ATC へ軌道修正されるが，保険料拠出期間年金 ATC が重視するのは保険料の拠出という事実である．最近では保険料の負担義務を軽減し保険料拠出期間年金 ATC を給付対象から外す社会保障簡易制度も導入され，このことからも同年金が保険料の拠出と強く関連付けられていることを確認できる．

③ 就労との関係

この点については，現在の状況だけを確認しよう（本編第 1 章第 8 節参照）．狭義の社会保障とは所得の喪失・減少が生じた場合に給付を与える制度であり，年金もその一端を担う．しかし，こうした理念とはかけ離れ，年金の受給にあたっては退職する必要はない．この立場は，年金の支給事務に時間がかかることや，年金の支給額が低いため，働くことを認めざるを得ないこと，就労の権利が認められていること等に拠る．年金受給者の就労を使用者が認める以上，国家は介入すべきではないとも考えられている．就労すると保険

料の拠出義務があるが，それに見合った給付はないので年金の放棄（Desaposentação）の議論が浮上する．結局，ブラジルでは，年金と就労との関係は混沌としている．

④　まとめ

ブラジルの年金の基本構造については，近年，保険料の拠出との牽連性の視点が強化されていること，年齢を重視しない年金がかねてより中心的な位置付けを与えられてきたこと，年齢要件の欠如によって多くの問題が生じること，年齢の代わりには就労による消耗（就労への代償）や保険料の拠出の視点が重視されること，就労との関係は混沌としていること等の特徴を指摘できる．

（課題B）公的年金制度における選択

ブラジルの現行公的年金制度では，給付の局面での選択を認めている．保険料拠出期間年金ATCを受給するか，それとも老齢年金を受給するかである．もっとも，この選択肢は中立的ではない．前者の方が後者よりも，要件や支給額の点で被保険者に有利だからである．その結果，前者を取得できる人はそれを，できない人は後者をと選択の誘導が生じる．具体的には高所得者は保険料拠出期間年金ATCを，低所得者は老齢年金をという風に社会階層に応じた棲み分けが起き，社会保障制度の枠内での格差につながっている．

最近では社会保障簡易制度が導入されたので，個人的拠出者等は，拠出を軽減して給付も薄くするか，それとも通常どおりの拠出をして通常どおりの給付を得るかを選べる．とはいえ，低所得であるほど，負担能力の都合上，前者しか選択できず，そのような低所得者を制度に組み込むことこそが，社会保障簡易制度導入の目的であった．社会保障簡易制度の導入により，老齢年金は低所得者，保険料拠出期間年金ATCは高所得者という棲み分けを，制度自ら認めることとなった．

このようにブラジルでは，2つの局面で選択の自由が認められるが，そもそも中立的な選択肢ではなかったり，所得によって選択の余地が認められなかったりと，選択の自由は実際にはないに等しい状況といえよう．また，選択という軸での分析が，結果的には，社会保障制度の枠内における格差の問題とつながるのは，ブラジル社会が抱える格差の問題がいかに深刻かを表している．

（課題C）高齢期の所得保障の基本的な設計

(i) 公的年金制度は，高齢期の所得保障の中核を担う．最近では，社会保障簡易制度の導入等によって社会統合が図られ，狭義の社会保障制度のおかげで，貧困状態から脱却できる人がいることは，既に確認したとおりである（第1章第7節Ⅳ参照）．高所得者から低所得者への垂直的な所得の再分配が実現する反面，ブラジルでは逆方向での所得の再分配も生じている．すなわち，高所得者が保険料拠出期間年金 ATC を取得する一方，低所得者はそれを取得できず，その結果，低所得者の負担する保険料によって高所得者の年金財源が賄われる．そして，低所得者は老齢年金を取得する．こうした所得階層による年金の棲み分けは社会保障制度の内部における格差につながる．というのも，高所得者の保険料拠出期間年金 ATC は高額であり，しかも若いうちから長期にわたって支給されるのに対し，低所得者の老齢年金は低額で支給期間も保険料拠出期間年金 ATC に比較すれば短期間だからである．このような現象は逆方向の連帯と呼ばれている．

とはいえ，保険料を拠出したからには，それを反映する必要があるため，保険料拠出期間年金 ATC を廃止できないし，同年金を取得するまでの拠出はできない者にも高齢期の所得を保障する必要があるため，老齢年金の廃止もできない．その結果，公的年金制度（厳密には一般社会保障制度）は，労働者間の社会的な格差を是正し，所得の再分配を実現することを1つの目的とする（第1章第7節Ⅰ1参照）にもかかわらず，その実現は一定範囲に限られ，難しいというのが現実である．

(ii) ところで，無年金者[343]のために，ブラジルでは社会扶助（BPC）が用意されている．BPC の人的適用範囲は増大傾向にあるが，未だ保護の得られない人がいるのが課題である．

(iii) 他方，公的年金の支給額に上限があることや，低年齢では社会保障因数が適用されること等によって，老齢年金よりは高額なものの，保険料拠出期間年金 ATC の水準は低額にとどまりがちである．現役時代に見合う水準のために補足的保障制度が機能している．

(iv) このように，ブラジルでは，公的年金の人的適用範囲と給付水準とに関

---

343) 保険料拠出期間年金 ATC も老齢年金も取得できない人が，障害年金を申請するケースもあるが，それが難しいことについて注（271）参照．

する限界をカバーするために，社会扶助制度（BPC）と補足的保障制度とが設計されている．その結果，ブラジルにおける高齢期の所得保障の形態は，以下のようになっている．

- 何の支給も受けない人
- BPC を受給する人
- 一般社会保障制度の中でも老齢年金を受給する人
- 一般社会保障制度の中でも保険料拠出期間年金 ATC を受給する人
- 一般社会保障制度に加えて補足的保障制度の給付も受給する人

さらに，ブラジルでは年金受給者の就労を認めるため，就労による賃金等も重要な所得保障のツールといえよう[344]．

(v) 狭義の社会保障制度内部における老齢年金と保険料拠出期間年金 ATC との格差の問題は既に触れたが，その他の所得保障制度をも視野に入れると，高齢期における所得の格差が極めて激しいことを改めて確認できる．どの給付を受けるかによって，高齢期の所得保障は大きく様変わりする．

2010 年 12 月現在	平均的な支給額[345]
BPC（高齢者用）	509.40 レアル
老齢年金	521.01 レアル
保険料拠出年金 ATC[346]	1,205.05 レアル
補足的保障制度による給付（※）[347]	3,245.09 レアル[348]

（※）補足的保障制度の受給者は公的年金制度から保険料拠出期間年金 ATC の支給を受けることが多い．

たしかに最低賃金の上昇によって，BPC 額も，公的年金の下限も引き上げられ，格差は若干緩和されたものの，それでも上記表が示すとおり，現役時代の貧富の格差は，確実に高齢期にも引き継がれているといえるだろう．

(vi) ブラジルの高齢期の所得保障は3本柱によって構成される．第1の柱が社会扶助たる BPC，第2の柱が老齢年金と保険料拠出期間年金 ATC を主とする公的年金制度（一般社会保障制度），そして第3の柱が補足的保障制度

---

344) 加えて，障害年金や疾病手当も高齢期の所得保障として機能する可能性がある（注(271) 参照）．
345) MPS［2010］
346) 特別年金も含んだ数値である．
347) 民間人向けと公務員向けの補足的保障を合わせた数値である．
348) PREVIC［2010］

第3章　ブラジルの法制度のまとめ　179

である．最後に各柱の関係性を確認したい．

　まず，公的年金制度では保険料を課す賃金に上限が付されている（被保険者関係）．これは補足的保障制度に拠出できる余裕を持たすためである（第2の柱と第3の柱の関係性）．

　次に，第1の柱とその他の柱の関係といえば，各制度の連携が密とはいえない状態である．というのも，第2の柱や第3の柱から所得を得られる場合には，第1の柱のBPCは支給されない設計であり，各制度が縦割り的に各領域を分担しているからである．公的年金の支給額の下限とBPCの支給額は，共に法定最低賃金とされるので，特に公的年金制度に保険料を拠出するインセンティブを高めるような工夫はみられない．もっとも，公的年金の下限は，法定最低賃金を上回る職種毎の職能最低賃金がある場合には，職能最低賃金となるため，その場合には第2の柱への拠出インセンティブがあるといえるだろう．加えて，BPCを実際に受けられる人は，拡大傾向にあるとはいえ，未だ一部の者に限定されている．無年金者全員が受給できる訳ではない現状に鑑みれば，第2の柱に拠出をするインセンティブはかろうじて確保されているのかもしれない．

第 3 編　チ　リ

日本，ブラジルに続いて，本編ではチリの高齢期の所得保障制度を検討する．チリでは1980年に抜本的な年金改革が実施された．この「第1次年金改革」は，それまでの賦課方式・確定給付型・公的運営の年金制度を，個人積立方式・確定拠出型・民間による管理の年金制度へと転換した．そして，この新しい制度には，それ以降も種々の改正と2008年の「第2次年金改革」が行われることになるが，制度の大枠は変更されずに現行制度に至っている．本書は，積立方式による年金制度に関心があるため，1980年以前の状況は対象から外し，それ以降の変遷に的を絞る．第1次年金改革は年金制度に大転換をもたらしたため，現行制度を理解する上でそれ以前の状況はそれほど重要とはいえないであろう．

　そこで，本編では第1次年金改革（第1章），第2次年金改革までの制度改正の諸相（第2章），第2次年金改革（第3章），そして現行制度（第4章）と時系列に沿って考察を進めることにする．日本やブラジルの法制度を扱った編とは違って，公的年金制度とその他の所得保障制度とを分けずに時系列に沿って章立てするのは，チリの制度が高齢期の所得保障として有機的に連関した体系になっているためである．

第1章　第1次年金改革

第1節　背　景[1]

　チリの公的年金制度は，戦前に退役軍人を対象にスタートし，その後，政府職員や国営企業体の職員へと対象が広げられた．そして1924年の軍事政権下で初めて，民間企業の従業員を対象とする社会保障制度が設立された．民間のブルーカラー労働者を対象とする「労働者強制保険金庫」とホワイトカラー労働者を対象とする「民間従業員金庫」である．各金庫がそれぞれの根拠法に従い確定給付の年金を支給する仕組みであり，財政方式は積立方式であった．保険料は労働者と使用者に課された．その後，1952年8月に全面改正が行われ（法律10383号），積立方式から賦課方式へと転換された．

　しかし，1960年代頃から賦課方式の年金制度にほころびが見え始め，問題が深刻化した．そして，1980年に軍事政権が実施した第1次年金改革では，従前の制度に以下のような問題点があることが指摘された．

　　「社会保障制度は，不公平で，格差があり，非効率という危機的な状況にある．現行の制度には，コストが高いこと，制度間の格差が激しく，不公平で，拠出と給付の間に大きな隔たりが生じていること，効率が悪いことという三つの批判があり，こうした深刻な問題を中期的に解決するために新制度を提案する．」[2]

　軍事政権が批判したのは，第一に各金庫のコストが高いことである．1956年から1966年には，国内総生産は年5％の成長であったのに社会保障金庫の支出は，平均して年10.2％も増加した．1970年の時点で最低賃金に対する保険料の負担は，労働者で15％，使用者で45％であった．賃金に対して合計60％もの社会保障負担が課せられていた[3]．

---

1) 厚生年金基金連合会編［2002］557頁以下．
2) CEP［1992］p. 118.

第二に，1970年には法形式が異なる600にも及ぶ年金制度の根拠法令が存在し，法令によって異なる拠出と給付のプログラムが規定された．要件に保険料の拠出年数を要求するものもあれば，勤続年数を要求するものもあり，統一性がなかった．必要な年数も職種によって10年から45年までと幅広く，年金の支給要件はまさにバラバラであった．

　さらに，支給額を決定する基準も，退職時の賃金をベースにするものもあれば，直近数年間の平均賃金をベースにするものもあった．極めて特権的なグループは保険料の負担なく非常に高額の給付が得られたのに，その一方で重い保険料を長期間負担するにもかかわらず，支給要件が厳格で給付に辿り着いても僅少にとどまる制度も存在し，制度間で甚だしい格差があった．保険料の拠出と年金の給付の間には制度毎に大きな隔たりがあり，牽連性の認められる制度もあれば，全く認められない制度もあった．無政府状態であるかのような不平等で，不公平な状況であった[4]．こうした格差の背景には，法律構成や財政，運営の構造に関して綿密な検討をせずに政治集団や組合集団の圧力に応じて改変を繰り返してきた事情があった[5]．多種多様な制度の濫立から無駄が多く，効率性が悪いという問題もあった[6]．

　労働者の賃金の50％を超える異常なまでの保険料の高騰は，労働者の加入逃れを促し[7]，社会保障の加入率を低下させ，他方で国庫負担の引上げが迫られた．国庫負担の引上げにより保険料率は大幅に低下し，1960年代から70年代にかけて加入者数は増加したが，それ以上に受給者数が増加していた[8]．高齢化や出生率の低下という人口構造上の問題も重なり，制度の財政状況は破たん寸前であった．こうした状況が続けば年金制度の財政は国庫にますますのしかかり，財政収支が悪化し，インフレを引き起こすことが懸念された．そこで，より貧しいセクターに保護をもたらし，現存する不平等や不公平を修正し，多額の資金を効率的に活用するために，軍事政権は抜本的

---

3)　CEP [1992] p. 119.
4)　CEP [1992] p. 120.
5)　SALAS; SILVA [2003] p. 20.
6)　CEP [1992] p. 118, OECD [1998] p. 5.
7)　1973年には，現役労働者の79％が制度に保険料を拠出していたが，カバー率は以後徐々に低迷し，1989年には64％になった（OECD [1998] p. 5）．
8)　江口 [2008] 122頁．

な年金改革を提案した．具体的には従来の社会的連帯に基礎を置く制度を打ち切り，市場原理を軸に新たな制度へ再編しようとした[9]．こうした改革を主導したのは，シカゴボーイズと呼ばれる自由主義を基調とするシカゴ学派のエコノミストたちであった．

第2節　新制度の概要

軍事政権が導入した新しい高齢期の所得保障制度は，強制加入の拠出制の年金制度（第2の柱）と，国家による最低保障制度（第1の柱）の2つの柱から構成された．

I　強制加入の拠出制の年金制度

旧来の制度に大転換をもたらす新制度の大まかな仕組みは，固定された保険料（確定拠出型）を月々，各人の有する個人積立勘定に拠出し，この保険料を原資とする年金基金を AFP と呼ばれる民間の年金基金管理会社が管理・運用し（民営化），将来的にはそれまで積み立てた保険料と運用の成果（運用益）とが，年金の原資となる（積立方式）というものである．AFP 毎に年金基金の運用方法，具体的にはポートフォリオの組み方が異なるため，被保険者は複数の AFP から，好みに合った AFP を選択できる．

こうした制度に転換することで，手続きを簡素化し，AFP 間の競争を掻き立て，コストの引下げと効率性の維持を図り，よりよいサービスを被保険者に提供することを狙っていた（市場原理の導入）．また，月々の保険料とその運用実績を，将来受け取る給付に直結させて貯蓄的な性格を基礎に据えることで，改革以前の問題点を解決すると共に，労働者にも富を与え，社会経済の安定化を目指した[10]．

1　具体的な制度内容

ここでは，具体的な制度の内容を概観しよう．その後多くの改正が加えられるが，1980年制定当初の枠組みは基本的に維持され，現行制度の礎を築い

---

9) SALAS; SILVA [2003] p. 21.
10) CEP [1992] pp. 134-135.

ている.

　まず，従前職域毎のバラバラな根拠法令によっていた制度は，ひとつの根拠法令，具体的には1980年大統領令3500号によって規律された.

　被用者は，就労の開始により自動的に加入する強制的な被保険者として整理された（強制加入：2条1項）．加入とは，制度と労働者間の法律関係のことで，加入によって保険料を拠出する義務と，将来，給付を得る権利が生じる（2条2項）．制度への加入は継続的で単一的でもある．いいかえれば複数の場所で働いても，加入する年金制度は1つである（2条3項，4項）．被用者は，就労開始から30日以内に年金基金の管理を委託するAFPを使用者に通知し（2条6項），通知を受けた使用者は，当該被用者についての労務提供の開始や終了をそのAFPに通知する（2条5項）.

　AFPとは，年金基金管理会社（Administradora de Fondos de Pensiones）のことであり，年金基金の管理と給付の付与を唯一の目的とする株式会社である（23条1項）．AFPは，被保険者から徴収した保険料を被保険者の個人積立勘定に計上し，年金基金として管理・運用する（23条10項）．年金基金の財産とAFP固有の財産は，完全に分離する必要があり，AFPには，資本や投資，運用益，手数料等に関する最低限の情報を公にする義務がある（26条1項）．さらに，AFPには営業所内の誰でもみられる場所に商号・社名，設立許可証，会計収支の他，資本金の額，年金基金の額，運用益変動準備金（RFR）の額，預託金の額，年金基金のCuota（後述）の額等の情報を提示する義務がある（26条2項）．こうした情報の開示を頼りに被保険者はAFPを選択する.

　決められた投資規制の枠内でそれぞれのAFPは異なるポートフォリオを組んで年金基金の投資を行うため，被保険者は，自分の好みや必要性に応じてAFPを選択できる．AFPと被保険者とは契約で結ばれるが，被保険者がAFPに年金基金の管理・運営の委託を申し込むと，AFPは拒絶できないとされている（2条7項）.

　こうした年金制度の基本的な目的は，就労生活を終えた元労働者に対して現役時代に受けていた賃金に比較的近い安定的な収入を保障することにあった[11].

2　保険料の拠出とその運用
(1) 保険料の拠出

従来の制度では被保険者だけでなく使用者にも保険料の負担義務があり，使用者は保険料の3分の2程度を負担していた．しかし，新制度では被保険者だけが負担する．使用者に保険料を負担させない理由としては主として次の2つが指摘された．すなわち，①労働者に個人積立勘定に対する所有の概念を植え付けるため[12]と，②従来の仕組みでは使用者の負担する保険料が高く，生産コストが高いとの批判があったので，使用者の生産コストを引き下げるため[13]である．

保険料を賦課する賃金には60UF[14]という上限が設けられ，保険料率は賃金の10%とされた（以下，「強制的な保険料」という）（17条）．あらかじめ保険料の拠出額が確定され，給付は保険料の拠出とその運用益によって事後的に決定される確定拠出型が採用されたのである．OECDによれば，手取り賃金を増やすために，保険料率を低い水準に設定したとのことである[15]．なお，制度移行時には，従来使用者が負担していた保険料相当分の賃金への上乗せが決められたようである[16]．

(2) 運用：基金の仕組み

被保険者が拠出した保険料は，各人の個人積立勘定に計上した上で，AFPが管理する年金基金（Fondo de Pension）に繰り入れられる．各AFPはそれぞれ1つの基金を有している（23条）．基金とは，その基金を利用するすべての者の保険料と運用益の集合体である（33条2項，46条2項）．AFPは，基金の資金を管理する口座を開設し，この口座に被保険者が支払う保険料と投資による利益，後述する預託金から移行したもののすべてを預金する（46条1項，2項）．既に述べたとおり，基金の財産はAFPの固有財産とは明確に区

---

11)　AIOSFP [1996] p. 89.
12)　SALAS; SILVA [2003] p. 40.
13)　経済活動に直接関係のない支出から会社を解放することが，当時の支配的な経済モデルとされたため，社会保障についてもこのモデルが採用された（SALAS; SILVA [2003] p. 39).
14)　UFとは，チリで使われる，インフレに応じて日々調整される通貨単位である．大統領令3500号が公布された1980年11月13日現在の1UFは，1,057.17ペソなので，60UFは，63,430.2ペソである．
15)　OECD [1998] p. 6.
16)　江口 [2008] 125頁，厚生年金基金連合会編 [2002] 566頁によると，一斉に賃金が18%引き上げられた．

別される.

基金は，Cuota によって表される（35条）．Cuota とは個人積立勘定で積み立てる資産を測定する単位である．基金の投資の運用益によって，日々，一口の額が変動する．

$$\text{Cuota} = \text{拠出した保険料} + \text{運用益}$$

基金によって（つまり AFP によって）ポートフォリオの組み方が異なり，AFP はその構成にしたがって運用する（45条1項）．もっとも，投資には一定の規制がある．

(3) 運用への規制

AFP が行う投資には，2段階の規制がある．第一に，大統領令 3500 号が投資先[17]と各投資先への投資割合の大枠[18]を決定し（45条1項，6項），第二に，法定された制限の範囲内でチリ中央銀行が実際の投資可能額を設定した（45条5項）．制度発足当初には海外への投資が禁止される等（45条1項2項），許される投資先は安定した金融商品に限られた．したがって，年金資産の運用に関する選択の幅は狭かった．

3　最低運用益の保障

確定拠出型の年金制度では運用のリスクは基本的に被保険者が負い，運用に成功すれば積立金を増やせる反面，失敗すれば減らすことになる．しかし，チリでは，少なくとも一定の運用益は得られるように最低運用益が保障された．最低運用益は，全ての基金（加入者が選択した以外の AFP が管理する基金も含む）の平均的な月々の運用益をもとに算出され，実際の運用益がそれを下回っても保障される運用益のことである．具体的には，全ての基金の平均的な月々の運用益から2ポイントを控除した額と，全ての基金の平均的な月々の運用益の50％の額とを比較して，低い方が最低運用益となる（37条）．

実際の運用益が最低運用益を下回ると，一次的には AFP が補てんする．補てんには，運用益変動準備金[19]が使われる（39条）．当該基金の運用益が，

---

17) 当初は，国債やチリ中央銀行発行の債券，定期預金，金融機関の保障付債券，金融機関発行の信用状，社債等が投資先として認められた（45条1項2項）．

18) 厚生年金基金連合会編 [2002] 573 頁によると，国債100%以下，社債60%以下，定期預金40%以下とのことである．

1カ月にわたって最低運用益を下回り，運用益変動準備金を使用してもなお補てんできない場合には，AFPは預託金を使って，5日以内にその差額を支払う（42条1項，40条2項）．預託金とは，最低運用益を補てんするために，AFPが積み立てる資金のことで，基金の額の5％に相当する．預託金は，その日から計算して15日前の基金の額の平均にしたがって毎日計算される（40条）．

運用益変動準備金や預託金によってもAFPが補てんできないと，国家が最低運用益を埋め合わせる（42条3項）．その場合，当該AFPは解散する（42条4項）．

このようにチリでは，確定拠出型をとるものの，運用のリスクを完全に各被保険者に負担させるのではなく，全AFPの平均的な運用益を基準に決まる最低運用益分は，一次的にはAFPによって，二次的には国家によって保障される．

4　年金の支給要件

こうして長年を費やして拠出し，運用して積み立てた個人積立勘定の積立金は，年金の支給要件を充足すると年金の原資となる．大統領令3500号は，老齢年金（本則）の支給要件として以下の要件を定める（3条）．

- 老齢年金（本則）の要件：男性65歳・女性60歳

ここでは，保険料の拠出期間や勤続年数，資格加入期間，会社の退職等は一切要求されず，年齢が唯一の要件である．もっとも，その年齢に到達しなくても，一定の年金を得られるだけの積立てがあれば，支給の繰上げが可能である（71条）．

- 繰上げ支給の老齢年金の要件：最低年金以上で，かつ直近10年の平均賃金の70％を超える額の年金を取得できるだけの積立てが個人積立勘定にあること

後述の国家が保障する最低年金の額と，それまでの平均賃金額が基準となって，繰上げが認められる．繰上げ支給の老齢年金は，比較的高年齢で失業すると就労に復帰できないケースがあるので，年金にアクセスできるように定められた[20]．

---

19)　運用益変動準備金とは，基金の運用益の剰余分を原資とする準備金で，所有権はAFPに帰属する（38条，Cuota（口数）によって表示）．

このように，チリの年金は原則的には年齢を基準とするので，老齢年金的な性格が窺える．もっとも，一定年齢以前でも，一定額の積立てをすれば繰上げ可能であり，いいかえれば一定額の積立てを条件に，いつから年金を受給するか，被保険者自ら選択できる．

しかしながら，支給要件を充足しても即座に支給される訳ではない．要件充足の効果は，個人積立勘定の積立金を年金の原資として利用できるにとどまるからである（62条1項）．年金を受け取るには受取方法を選択しなければならない．

5　年金の受取方法

年金の要件を充足すると，年金の原資とするために個人積立勘定に積み立てた保険料と投資による運用益を利用できる（62条1項）．年金支給額は，積立金の額に左右されるため，それまでの拠出および運用の努力と得られる年金との間には直接的な関係が認められる[21]．

そして，積立金の利用方法，つまり年金の受取方法には2つの選択肢がある（62条2項）．（α）積立金を利用して生命保険会社から終身受取年金を購入し，生命保険会社から年金を受け取る方法：終身受取年金と，（β）積立金をAFPから徐々に引き出す方法：計画的な引出しである（62条）．

（α）終身受取年金（Renta Vitalicia: RV）[22]

生命保険会社から終身受取年金を購入する場合，それまでAFPが管理した積立金は生命保険会社に移される．それ以降，生命保険会社が年金受給者の死亡に至るまで各月の給付を担う（死亡後，遺族に遺族年金が支給される可能性がある）．支給額は，生命保険会社との契約によって決まりUFで示される．この方法では，生命保険会社がファイナンスのリスクや長寿のリスクを負う[23]．生命保険会社と契約することで年金受給者は積立金の所有権を失うため，いったんこの契約を締結すると解約できない（62条・63条）．

個人積立勘定の残高をもとに算出した月々の年金額が国の設定する最低年

---

20)　SALAS; SILVA ［2003］ p. 92, p. 99.
21)　SP ［2010］ p. 37.
22)　その後，即時終身受取年金（Renta Vitalicia Inmediata: RVI）と改称される．
23)　AIOSFP ［1996］ p. 133.

金額を下回る場合には終身受取年金（（α））を選択できず（70条），必然的にAFPから計画的な引出し（（β））を行うことになる．

なお，直近10年の賃金の70％以上の額の契約をしてもなお余剰がある場合には，余剰分を自由に引き出せる[24]（64条1項）．逆にいうと，この要件を満たさない限り，年金以外の目的で積立金を引き出せないと規制されている．

（β）計画的な引出し（Retiro Programado: RP）

生命保険会社と契約しない場合には，AFPが従前どおり管理する個人積立勘定から，毎月，年金額を引き出すことになる．1年にどれだけ引き出せるかは，その時点の平均余命を基準に算定される比率によって決まる（66条1項）．この方法では，被保険者が長寿のリスクとファイナンスのリスクを負う代わりに積立金の所有権を保持できる[25]．そのため，いったん計画的な引出し（（β））を選択しても，終身受取年金（（α））へ乗り換えることができる．

引出し額の計算の結果，国家が保障する最低年金を下回ると，国家による保障が得られる（73条，66条3項）．余命を乗じて計算した年金額が，直近10年の賃金の70％を超える場合には余剰分を引き出せる（67条）．

このように，年金の支給要件を充足した被保険者は個人積立勘定の積立額を前提に，長寿のリスク，ファイナンスのリスク，所有権等を考慮して，終身受取年金（（α））か計画的な引出し（（β））か，年金の受取方法を選択する．そうして初めて年金を手にできる．

Ⅱ　国家による最低保障

上記の強制加入の拠出制の年金制度は，国家による最低保障によって下支えされる（第1の柱）．具体的には，①国家保障の最低年金（PMGE）と，②扶助年金（PASIS）の2種がある．

1　国家保障の最低年金（PMGE）

国家保障の最低年金（Pensión Minimo Grantizado por el Estado）は，第2の柱である拠出制の年金制度から年金を受けられるものの，支給額が十分ではない場合に支給される．受給には，①男性65歳・女性60歳以上であること，

---

[24]　この場合，税金を支払う必要がある（64条2項）．
[25]　AIOSFP [1996] p.132.

②少なくとも20年拠出したこと，③国の設定する最低年金額以下の年金額であることが必要である（75条）．具体的に想定されるのは，計画的な引出し（（β））をしてきたが，積立金を使い果たす場合や，生命保険会社から購入した終身受取年金（（α））の支給額が，事後的に最低年金額を下回る場合である（そもそも下回るときは，終身受取年金（（α））は購入できない）．上記の要件を充足すると，国家が設定する最低年金額と実際に受給する年金額との差額が最低年金として支給される．

このように国家が最低年金を保障する基本的な目的は，生涯において一定期間の保険料を拠出したにもかかわらず，最低年金に達するまでは積み立てられなかった人に基礎的な保障を与えることにある．

2　扶助年金（PASIS）

扶助年金（Pensión Assistencial）は，保険料を拠出していなかったため，第2の柱からは全く保護を得られない者を対象とする．扶助年金の支給要件は，①65歳以上であること，②最低年金額の50％以上の収入がなく，平均的な世帯収入もその額を下回ること，③他の年金制度から給付を受けていないこと，④最低3年継続してチリに居住していることである（1975年立法府命令869号1条，5条）．扶助年金には年齢要件の他に稼得要件と居住要件が必要である．非拠出制の扶助年金の支給額は，拠出制の年金制度に拠出するインセンティブを低下させないように，最低年金額の50％である．

第3節　小　括

(i) このように，第1次年金改革によって軍事政権が導入した新しい高齢期の所得保障制度は，強制加入の拠出制の年金制度を主軸とし（第2の柱），国家による最低保障が下支えをする（第1の柱）2層構造である．

(ii) 中核を占める第2の柱は，従来の賦課方式の下で公的に運営される確定給付型の年金制度から，個人積立方式の下，民間が管理・運営する確定拠出型の年金制度へと大転換を遂げた．被保険者は個人積立勘定に毎月，決められた保険料を拠出し（確定拠出），それを民間の年金基金管理会社AFPが年金基金の枠組みを使って管理・運用する．保険料の拠出に関して負担義務を

有するのは被保険者のみで，使用者が負担しない点が特徴的である．年金基金の投資先は国債等安定的なものに限定された．確定拠出型の仕組みでは被保険者本人が基本的に運用のリスクを負う．保険料の積立てとその運用成果によって年金額が決まるため，運用実績が重要であり，運用に成功すればするほど積立額は増え，失敗すればリスクを負う．もっとも，チリでは，全てのAFPの平均的な運用益を基準に設定される最低運用益分は保障される．一次的にはAFPが，二次的には国家が実際の運用益と最低運用益との差額を補てんする．

　このような新しい年金制度は，主として①コストが高い，②効率が悪い，③年金の格差が激しくて統一性がなく，拠出と給付の間に隔たりがあるという旧制度における3つの問題点を解決するために導入された．①②の問題については制度を民営化し，民間の年金基金管理会社AFP間での競争を促進させて，いいかえれば市場原理を導入することで解決を図った．③の問題には大統領令3500号という統一法を整備し（軍人・警察官は除く），拠出した分がそのまま将来の給付の原資となる個人積立方式を導入することで対処しようとした．

(iii) ところで，拠出し，運用した積立金は，年金の取得要件を満たすと，年金の原資となる．ここでは年金の支給要件として年齢を軸とする老齢年金（男性65歳・女性60歳）と，一定額の年金を得られるだけの積立金の存在を軸とする繰上げ支給の老齢年金の2種があること，そして各年金の支給要件の充足は支給に直結する訳ではないことの2点が特徴といえる．被保険者が実際に年金を受けるには，要件を充足した上で，個人積立勘定の積立金を利用して，生命保険会社から終身受取年金（(α)）を購入するか，それともAFPから少しずつ計画的な引出し（(β)）を行うかを選択する必要がある．一定額以上の年金を平均余命まで支給できるだけの積立てが確保されれば，それを上回る積立金は年金以外の目的で自由に引き出せる．いいかえると，十分な積立てが確保できなければ積立金を引き出せないと規制している．

(iv) この年金制度では被保険者による選択が至るところで必要である．保険料を拠出し，運用を任せるAFPの選択，一定額の積立てをしたことを前提に年金の支給開始時期の選択，そして年金の受取方法の選択である．こうした被保険者による種々の選択を手助けする仕組みは制度の発足当初には特に

設けられていない．強いていえば，AFP に各種の情報の開示が義務付けられていたことくらいであった．

(v) さて，チリの新しい高齢期の所得保障制度では，第2の柱だけでは十分な額を得られない人のために，第1の柱として国家による最低保障制度も整備された．低年金の場合に最低年金額までの不足を補う最低年金（PMGE）と，無年金の場合の扶助年金（PASIS）である．最低年金は国家が定める額との差額を支払うので，所定の要件を満たす限り，第2の柱への拠出インセンティブを弱める構成といえるであろう．他方，扶助年金の給付水準は最低年金の50％であるため，拠出インセンティブはなお残るといえる．

その他の第2の柱と第1の柱の接点には，①老齢年金を繰り上げるには，最低年金以上の年金を得られるだけの積立てが必要であること，②終身受取年金（(a)）の購入には，最低年金以上の額を契約できるだけの積立てが必要であることがある．①の繰上げのためには，最低年金に関する基準以外にも，退職以前の直近10年の平均賃金の70％を満たす年金を得られるだけの積立てをしていることも必要である．繰り上げると，積立金が早くに取り崩される危険があるため，定額以上の積立てが必要となる．取り崩した結果，国が最低保障をする必要が生じないように，最低年金との関係で一定額が，さらに，現役時代の収入に近い年金額は保障されるように，平均賃金との関係で一定額が，それぞれ要求されている．

(vi) このように第1次年金改革によって導入されたチリの高齢期の所得保障制度は，強制加入の拠出制の年金制度（第2の柱）と，国家による最低保障制度（第1の柱）の2つの柱からなり，前者は民間の AFP（給付の局面では生命保険会社も）によって，後者は国家によってそれぞれ運営される．

(vii) 最後に，民間主導の年金制度における国家の役割を改めて確認しておこう．国家には，第1の柱を保障する役割の他に，最終的に最低運用益を保障する役割，年金制度に関する規律を整備し，民間による制度の運営を監督する役割，AFP の倒産時に保障を行う役割等がある（最低運用益を保障する国家の義務は，倒産した AFP から新しい AFP に被保険者の勘定残高分を移転するまで存続する（43条3項））．さらに，本書では賦課方式から積立方式への移行は検討していないが，賦課方式の旧制度に拠出した分に相当する権利証の取扱いも国家が担っている．

第 2 章　第 2 次年金改革までの制度改正の諸相

　第 1 次年金改革によって始まった年金制度は，その基本的な方針の転換こそないが，多くの改正を辿る．本章では，2008 年に実施される第 2 次年金改革以前に行われた個々の改正を，年金基金の運用に関する変更（第 1 節），年金給付に関する変遷（第 2 節），補足的保障制度（第 3 の柱）の発展（第 3 節）の 3 つに分けて検討しよう．トピック毎に整理するため時系列は多少前後するが，主としてとりあげるのは 1987 年，1995 年，2002 年，2004 年の改正である．

第 1 節　年金基金の運用に関する変更

I　投資規制の変遷[26]

　はじめに投資規制の変遷をとりあげる．1980 年の発足当初には投資可能な金融商品は，国債や金融機関債券等の安定した証券に限定されていた．投資可能な範囲も基金の資金の一定割合に限られた[27]．リスクの低い安定した金融商品に限定したのは，1980 年代初めは，資本市場の発展がまだ乏しく，年金基金の規模も小さかったためである．当時は，株式や外国証券への投資は禁じられていた．
　その後，国内の資本市場の発展に伴って，投資規制は緩和される．1985 年には一部の株式銘柄への投資が認められ（基金の 10％〜30％），その後も他の株式が解禁され，投資上限も緩和された．
　当初は禁止されていた外国で発行された証券への投資も「年金基金の投資

---

26)　SP［2010］pp. 155-.
27)　国債：基金の 100％，1 年以上の定期預金：基金の 40％，担保付手形：基金の 80％，社債：基金の 60％，他の年金基金の Cuota：基金の 20％（SP［2010］p. 155）.

に新しい選択肢を」との要請に応えるために1990年より解禁された．もっとも，年金基金の運用の確実性あるいは安全性が重視されたため，国債や中央銀行債等，リスクの比較的低い証券に限定され，投資割合も基金の10％以内でチリ中央銀行が決定する範囲とされた．さらにリスク評価委員会の承認が必要等，投資が許される外国証券には細かい規制があった．

その後，1994年には，資本市場法（法律19301号）が制定され，年金基金の投資ルールが変更された．証券の発行者とその種類によって投資を制限するように規制構造を改めると共に，投資可能な証券の種類の範囲も広げた[28]．資本市場が拡大する中で，リスク水準と証券の種類によってポートフォリオを制限し，リスクのある証券への投資は規制する一方で，運用益とリスクを適切に組み合わせて効率的で安全な投資を促進させるために，投資可能な証券の多様性の拡大が図られた．

そして，2002年改正は，各AFPに異なる投資規制を受ける複数の基金を用意することを認めた．すなわち，資産運用手段の拡大を求める投資家の要求に応えて，運用益とリスクとの間により適切な関連性を構築し，投資の可能性を多様にするために，複数基金制が導入されたのである[29]．加えて同年には，国際的な金融市場のダイナミックな進展に合わせるために，外国証券への投資上限も緩和された．

このように，制度が発足して以降，投資に関しては規制を緩和し，投資の選択肢を広げる方向での改正が相次いだ．

II 複数基金制の導入

続いて2002年に導入された複数基金制について詳しくみてみよう．1980年の制度発足時には，各AFPが管理する年金基金は1つだった[30]．2002年改正（法律19795号）は，1つのAFPが複数の基金を管理できるようにした．各AFPは，基金Aから基金Eの5つの基金を揃えることになった[31]．従

---

28) SP［2010］p.156.
29) BCNC［2002］pp.4-.
30) 1980年当初から2001年までの間に2種類の年金基金を管理するように変更されたようである．第1種は，個人積立勘定を基礎とする年金制度に加入する被保険者全員が使えるものであり，第2種は，年金受給者と，10年以内に年金取得年齢に到達する人だけが利用できた（BCNC［2002］p.56）．

来の投資規制は基金Cへの規制として引き継がれ，それよりもハイリスク・ハイリターンのポートフォリオとして基金Aと基金Bが，逆にそれよりもローリスク・ローリターンのポートフォリオとして基金Dと基金E[32]が設けられた．この改正によって，被保険者は，AFPの選択だけでなく，投資する基金も選択することになった．自分の好みや必要性に合わせて，被保険者は，投資可能な証券の種類や投資上限が異なる5つの基金から好きな基金を2つまで[33]選択できる（23条3項）[34]．さらに基金の変更もできる[35]（32条3項）．もっとも，老齢年金の受給が10年以内に近づくと（男性56歳以上・女性51歳以上），最もリスクの高い基金Aは選択できないこととされた．こうした規制は，運用のリスクが年金取得までの残りの年数に大いに関係するために設けられた．年金取得に近い年齢の被保険者がリスクの高い投資をして失敗するとリカバリーが難しい．その結果，年金水準は低下し，ひいては国家による最低年金の保障の要否にも不可逆的に影響するからである[36]．被保険者が率先して年金基金を選択しない場合には自動的に基金が割り振られるが，割り振られる基金も年齢に応じて異なるものとされていた[37]．

　複数基金制は，被保険者が自由に各自の好みや必要性に応じて投資の配分を決定できるようにし，運用益とリスクを組み合わせて将来の年金額を増やすことで[38]，現役時代に得ていた収入を代替する収入を適切な形で獲得できるように導入された[39]．また，複数基金制の導入によって，一般的な資本市場が活性化されること，被保険者が年金基金の動向に関心を持ち，AFPによ

---

31) 基金Bから基金Eは設置義務があるのに対し，基金Aは任意の設置と整理された（23条2項）．
32) 基金Eは安全な証券にばかり投資するため，運用のリスクを引き受けたくない被保険者が選択する（45条9項以降，BCNC［2008］p. 594）．
33) 被保険者は，1つもしくは2つの基金に保険料を繰り入れる（23条9項）．
34) BCNC［2002］p. 57.
35) 1年に3回以上，AFP内で基金を移動させる場合，長期的な投資であることを考慮し，定額の手数料を支払う．余分な管理コストを下げて，資本市場への消極的な影響を避けるためである（BCNC［2002］p. 60）．
36) BCNC［2002］p. 58.
37) 被保険者が基金を選択しない場合には，35歳以下の男女の場合には基金Bへ，36歳以上55歳以下の男性及び36歳以上50歳以下の女性の場合には基金Cへ，56歳以上の男性及び51歳以上の女性の場合には基金Dへそれぞれ振り分けられる（23条5項）．
38) SP［2010］p. 40.
39) BCNC［2002］p. 57.

る年金基金の管理に積極的に参加すること，それによる AFP のサービス改善等，積極的な効果が生じることも期待された[40]．

III 複数基金制に伴う変化

複数基金制の導入は，他の規制にも変更をもたらした．まず，AFP は，基金毎に分けて会計を管理しなければならなくなった（27条）．また，最低運用益を割る場合に補てんに供する預託金[41]も，基金毎に積み立てる義務が生じた．そして，ある基金の預託金を，別の基金の最低運用益の補てんに流用することは禁じられた（42条3項）．こうしてそれぞれの基金を選択した者が保護された．

さらに，複数基金制の導入に伴って，最低運用益の仕組みにも若干の変化が生じた．全ての AFP の平均的な運用益を算出し，それを基準に最低運用益を割り出す基本的なスキームは維持されたが，それが基金毎に設定された．というのも，基金の種類を分けずに一括した平均的な運用益を指標にすると，ある基金が，平均的な運用益を過度に下回っても，平均値を引き上げる別の基金の存在によって，その AFP を一括して見た場合の運用益の最低運用益からの乖離はより小さくなってしまう．その結果，下回る基金を選択した場合に AFP や国家から補てんされる額が引き下げられるからである．各基金の運用益が平均的運用益を大きく下回ることで損害を受けないように[42]，基金毎の最低運用益が設定された．

具体的な最低運用益は，以下の(a)と(b)とを比較してその低い方である（37条）．

〈基金 A・基金 B の場合〉

(a) 全ての同種の基金の直近 36 カ月の平均的な年運用益から 4 ％控除した値

(b) 全ての同種の基金の直近 36 カ月の平均的な年運用益から，かかる年運用益の 50％の絶対値を控除した値

〈基金 C・基金 D・基金 E の場合〉

---

40) BCNC [2002] p. 57, p. 58.
41) 預託金は，各基金の 1 ％と規定された（40条1項）．
42) BCNC [2002] p. 60.

(a) 全ての同種の基金の直近36カ月の平均的な年運用益から2％控除した値

(b) 全ての同種の基金の直近36カ月の平均的な年運用益から，かかる年運用益の50％の絶対値を控除した値

　基金A・基金Bとそれ以外では，(a)の場合に平均的な年運用益から控除する割合が異なる（4％と2％）．そのため，(a)の値が最低運用益となる場合には，基金A・基金Bの方が，それ以外より，平均的な年運用益との差が大きくなり，保障される最低運用益は相対的に低くなる．他方，(b)が最低運用益となる場合には違いはない．基金A・基金Bは，ハイリターンが得られる可能性がある反面，リスクも大きい．そのため，保障される最低運用益も，その他に比較して相対的に低く設定される可能性が含まれたのである．

第2節　年金給付に関する変遷

　次に第1次年金改革から第2次年金改革の間に年金給付について生じた改正を概観しよう．具体的には，重労働従事者への早期老齢年金の導入，繰上げ支給の老齢年金と年金の受取方法についての変化，SCOMP（年金額相談・情報提供）制度の導入である．

I　重労働従事者への早期老齢年金制度の導入

　制度発足時の老齢年金の支給要件は，男性65歳・女性60歳であり，その他に，一定の年金額を取得できる積立てをすることで支給を繰り上げられた．繰上げ支給の要件の変更は，すぐ後で触れることとし（II），ここでは，1995年改正により導入された重労働従事者への早期の老齢年金制度を紹介しよう．「年金給付に関する変遷」と題する節であるが，この制度は拠出にも関連する．

　1995年改正（法律19404号）は，職業病にかからないとしても，肉体的，知的，精神的な消耗が激しく，それに従事する大部分の人が実年齢よりも老化する職種を，「重労働」と評価し，かかる職種の労働者を保護するために，早期の年金取得を認めた．どの職種が重労働に該当するかは，職業の性質や

就労条件等を勘案して，国立エルゴノミクス委員会と呼ばれる機関が決定する．鉱山における就労や救命士といった職業が一例である[43]．大まかな仕組みは，重労働と評価されると，追加的な保険料を拠出する義務が労使双方に課され，義務が履行されれば早期の受給が可能となる．

まず，労働に従事することで生じる消耗の程度によって，1％又は2％の追加的な保険料の支払義務が生じる（17条 bis 1項）．この追加的な保険料は，労働者だけでなく，使用者も負担する点が強制的な保険料（10％）とは異なる（17条 bis 2項）．少なくとも20年保険料を拠出した上で，追加的な保険料の料率と拠出期間に応じ，以下の要領で，支給開始年齢が繰り上げられる．すなわち，保険料率が2％の場合には5年間支払う毎に2年，最大10年まで繰上げ可能である（男性の場合，55歳）．他方，1％の場合は，5年間毎に1年，最大5年の繰上げができる（男性の場合，60歳）（68条 bis）．

このように，1995年改正は，重労働と評価される職種に従事した労働者に早期の年金取得を認める新たな枠組みを導入した．その際，追加的な保険料の支払いをセットにし，早く年金を取得するならその分の積立てを要求する点や，第1次年金改革以降，保険料を負担させていなかった使用者にも負担させた点が特徴的である．

Ⅱ　繰上げ支給の老齢年金と年金の受取方法についての変化

次に，年金給付の取得に関する変遷をみてみよう．具体的には繰上げ支給の老齢年金の支給要件を変更し，年金の受取方法の選択肢を追加する1987年改正（法律18646号）と2004年改正（法律19934号）である．

1　1987年法改正

まず，繰上げ支給の老齢年金の支給要件を変更した．1980年の制度発足時は，「最低年金以上，かつ直近10年の平均賃金の70％を超える年金を取得できるだけの積立て」がある場合に繰上げを認めていたが，1987年改正は「最低年金の110％以上，かつ直近10年の平均賃金の50％を超える年金を取得できる積立て」の場合に変更した．

---

[43]　SP［2010］p. 52.

繰上げに必要な基準は，国家の保障する最低年金との関係では10%引き上げられたが，平均賃金との関係では20%引き下げられ，その分要件が緩和された．

次に，年金の受取方法に関しては，それまでは生命保険会社から終身受取年金を購入する方法（(α)）と，AFPから徐々に計画的な引出しを行う方法（(β)）の2つがあったが，3つ目の選択肢が設けられた．（γ）終身受取年金への移行を伴う期限付引出し（Renta Temporal con Renta Vitalicia Diferida: RTRVD）である（大統領令3500号64条1項）．これは，契約で定める将来の期日以降は，生命保険会社から終身受取年金の支給を受けるが，それまではAFPの個人積立勘定から残高を引き出してそれを年金とするものである（(β)から(α)への移行）．生命保険会社からの終身受取年金の額は，AFPから最初に引き出す額の50%を下回ってはならず，またその100%を超えてもならないと規制された（64条2項）．この方法を選択できるのは，国家の保障する最低年金額以上の終身受取年金を受け取る契約を締結できる者に限られた（64条3項，62条3項）．

AFPから引き出す額は，終身受取年金を購入した後での積立金の残金をもとにAFPが算出する．さらに，生命保険会社と，最低年金の120%以上でかつ，直近10年の平均賃金の70%以上の終身受取年金の契約をできる（なお，上記の規制があるため（64条2項）自ずとAFPからの引出し額は，終身受取年金の額を超える）場合で，年金の原資を控除してもなお残額がある場合には余剰分を自由に引き出せる（64条7項）．

この終身受取年金への移行を伴う期限付引出し（(γ)）では，最初の一定期間については被保険者自身がAFPの個人積立勘定に残った残高のファイナンスのリスクを引き受け，将来の決められた日からは生命保険会社がファイナンスのリスクと長寿のリスクを引き受ける[44]．AFPからの引出しを予定よりも早く終了し生命保険会社への移行を早めることはできる（64条3項）が，生命保険会社との契約は解約できないと規定された．

---

44) SP［2010］p. 51.

2　2004年法改正

　2004年法（法律19934号）は，繰上げ支給の老齢年金と年金の受取方法についてさらなる改正を施す．というのも，1987年改正が繰上げ支給の老齢年金の支給要件を緩和したため，1988年以降，早期に年金を取得するケースが増加したからである[45]．

繰上げ支給の老齢年金の受給者数の推移

年	1982	1983	1984	1985	1986	1987	1988	1989	1990	1991	1992
受給者数	—	—	—	—	—	—	772	2,824	5,790	15,673	26,054
年	1993	1994	1995	1996	1997	1998	1999	2000	2001	2002	2003
受給者数	37,521	53,354	69,537	80,576	94,116	106,177	117,559	132,221	149,603	159,888	175,039

出典：SP [2010] pp. 210-211.

　まず，繰上げ支給の老齢年金については，要件を厳格化した．具体的には「最低年金の150％以上，かつ直近10年の平均賃金の70％を超える年金を取得できるだけの積立て」をした場合に限って認めることとした．現役時代の賃金により近い額の年金を取得させると共に，最低年金による国家のかかわり方をより合理化するために，いいかえれば，最低年金への依存が生じないようコントロールすることを企図して行われた[46]．

　他方，年金の受取方法については，4つ目の選択肢を挿入した．（δ）計画的な引出しを伴う終身受取年金（Renta Vitalicia con Retiro Programado Inmediato: RVRPI）である（62条bis）．これは，生命保険会社からは終身受取年金を受け，AFPからは計画的に引き出し，両者の合計額を年金とする仕組みである（（α）と（β）の同時期組み合わせ）．これを選択できるのは，国家の保障する最低年金以上の終身受取年金を生命保険会社から購入できる者に限られる．最低年金の150％以上で，平均賃金の70％以上の年金を受け取れる者は，余剰分を自由に引き出すことも（62条bis 2項），年齢に応じた制限[47]を受けることなく自由に好きな基金に割り当てることも可能である（62条bis 3項）．

　この受取方法は，被保険者に新しい年金の選択肢を与えるために導入され

---

45)　BCNC [2004] p. 19.
46)　同じく2004年改正においては，引出しできる余剰分についての規制も改正され，繰上げ年金の要件と同じにされた（BCNC [2004] p. 397）．
47)　23条3項によれば，男性56歳・女性51歳以上の場合，基金Aを選択できないが，本文に記した積立金を積み立てた場合には上記規制は解除された．

た．これを選択すれば，最低年金以上の額の終身受取年金を生命保険会社と契約して，長寿やファイナンスのリスクを同社に任せると同時に，AFP からの計画的な引出し分を残すことで，個人積立勘定の積立金の所有権を全て失わずに済む[48]．

こうして，長期にわたる年金の安定性，投資リターンのファイナンスリスク，長寿のリスク，積立金の所有権，死亡時の相続の有無等を勘案して[49]，(a) から ($δ$) の4つから，どのように年金を受け取るか，自由に選択できるようになった．

Ⅲ　SCOMP（年金額相談・情報提供）制度の導入

2004 年改正は，繰上げ支給の要件を厳格化し，4つ目の年金の受取方法を加えたが，さらに，早期の年金取得者の増加に伴って顕在化していた問題への対処として SCOMP 制度も導入した．1987 年改正が繰上げ支給の要件を緩和した結果，早期の年金取得が増え，生命保険会社から終身受取年金を購入するという需要も，1988 年頃から高まっていた．こうした終身受取年金市場の急激な膨張の結果，問題点が明らかになったのである．

一番の大きな問題は，年金を取得したい被保険者が，それぞれの生命保険会社がオファーする終身受取年金に関する情報を十分に入手できないこと，たとえ情報に辿り着けたとしても，それを十分に咀嚼・吟味し，最適な年金を選択できる処理能力を有していなかったこと，その結果，多くの被保険者が不十分な情報理解のまま，取り返しのつかない決定をせざるを得なくなってしまっていたことである．こうした状況では，第三者によるアドバイスが重要であるが，終身受取年金市場でアドバイス役となるべき仲介者は十分な準備をしていなかった．それどころか，生命保険会社から手数料の支払いを受けるため，高額を支払う生命保険会社を勧める仲介者や，他の生命保険会社がオファーする前に契約の締結を迫る仲介者が増加した．年金の充実という目的をないがしろにして，仲介者が自己の利益の最大化を図るために，手数料が高騰した．さらに，将来の年金受給者に関する情報が闇の市場で取引されたり，仲介者から将来の年金受給者に対して金品の授受が行われたりし

---

48) BCNC［2004］p. 426, p. 640.
49) BCNC［2002］p. 20.

て，制度の信用は失墜し，被保険者の年金に関する決定は歪められた．将来の充実した年金の取得という年金制度の目的に反して，被保険者が目の前の消費を優先する決定をする傾向もあった[50]．

そこで，将来の年金受給者が十分な情報にアクセスした上で，適切な年金を決定できる環境を整備し，終身受取年金市場に蔓延る不均衡を是正するために 2004 年改革は，SCOMP（年金額相談・情報提供）制度を創設した（法律 19934 号）．これは AFP と生命保険会社[51]が相互に連携する電子情報制度で，この制度を利用して被保険者は年金の取得額の相談や終身受取年金のオファーを生命保険会社から収集できるようになった．終身受取年金を購入できる全ての被保険者や，年金の受取方法を変更したい年金受給者は，必ずこの制度を利用する．もっとも，制度を通じてオファーを受けたとしても，必ずしもいずれかを受け入れる必要がある訳ではなく，以下の 5 つから選択できた．①オファーの 1 つを受け入れる，② SCOMP 制度に別の相談をする，③ SCOMP 制度の枠外で相談する，④ SCOMP 制度での入札を実施する，⑤年金の取得や種類の変更を断念する，の 5 つである．入札の場合（④）には，終身受取年金の種類を決定し（既に述べたとおり，2004 年の時点では，RTRVD（γ）や RVRPI（δ）といった複数の受取方法がある），入札に参加する生命保険会社を少なくとも 3 社指定し，制度内で受けたオファーの額を基準に最低入札金額を定めなくてはならない．被保険者は，最高額で落札した生命保険会社と年金契約を締結する．

手数料は原則無料で，SCOMP 制度の枠外で仲介人を介する場合（③）の手数料には上限が設定された．前述のとおり，手数料は生命保険会社が支払うが，結局のところは，転嫁されて被保険者の積立金が原資となるため，高額では将来の年金額に影響を与えてしまうからである．そこで，保険会社が支払う手数料は，40UF 以下で，さらに被保険者の基金の 2.5％を超えてはならないと規制された[52]．

---

50) BCNC［2004］p. 6, p. 17, pp. 20-21.
51) 2004 年改正では終身受取年金市場での競争を促進する目的で，銀行も参入できるようになったので，SCOMP 制度には銀行も参加できる（BCNC［2004］p. 397）．
52) BCNC［2004］p. 396.

第3節　補足的保障制度の発展

補足的保障制度とは，任意加入の年金制度で，強制加入の拠出制の年金制度（第2の柱）を文字どおり補足するものである．チリでは，1980年の発足当初から，強制的な保険料に上乗せして任意に保険料を支払うことができた（任意保険料）．これが補足的保障制度の先駆けといえる．もっとも，当時は税法上の優遇もなく，あまり重視されていなかった（そのため，第1章で触れなかった）．そうした状況を転換し，補足的保障制度を高齢期の所得を保障する第3の柱として確立したのが，1987年改正と2001年改正である．

なお，チリの補足的保障制度は拠出の局面でのバラエティを増やすものである．というのも，給付の局面では，補足的保障制度による積立金は，強制的な保険料とその運用実績と共に，年金の原資となるからである．いいかえると，補足的保障制度は第2の柱による給付と別個の給付を支給する体系ではないのである．

I　1987年改正

1980年当初から任意保険料を支払うことはできたが，所得税法との関係では，社会保険料ではないとして，税法上の優遇がなかった（改正前の21条2項）．そこで，1987年改正は，任意保険料にも，社会保険料としての性質があることを認め，所得税控除の対象にした[53]（大統領令3500号18条1項，20条1項）．

1987年改正でのもうひとつの重要な改正は，AFPに任意貯蓄勘定（Cuenta de Ahorro Voluntario）と呼ばれる新たな勘定を開設できるようにしたことである（21条1項，2項）．これは，強制的な保険料等を積み立てる個人積立勘定とは別個の勘定で，「第2勘定（Cuenta dos）」とも呼ばれ，追加的な貯蓄を奨励するために導入された[54]．

第2勘定への拠出は定期的でも不定期的でもよく，税法上は社会保険料としての性質はないとされた．また，1年4回という上限はあるが，第2勘定

---

53)　所得税法（1974年立法府命令824号）42条1番参照．
54)　SP［2010］p. 108.

の積立金を引き出すことができ（21条4項），その場合は課税された．さらに，第2勘定は，個人積立勘定とは異なり，差押えの対象にもなりえた（21条6項，34条）．

こうした性格に鑑みると第2勘定への積立てには年金との関連性が見出し難いが，この勘定の最大の特徴は，その積立金を将来，個人積立勘定に移行することができる点にある．すなわち，本則の老齢年金の要件（年齢）を充足した者は年金額を増やすために，また，年金の支給を繰り上げようとする者は要件（積立金）の充足のために，それぞれ第2勘定に積み立てた資金の全部又は一部を，個人積立勘定に移行できる（22条1項，4項）．個人積立勘定に移行する場合は課税されず[55]，また第2勘定への積立金は，国家保障の最低年金（第1の柱）の支給要件の検討にあたって考慮の対象から外された．すなわち，第2勘定への積立金が多くても，個人積立勘定の積立額が一定に満たず，最低年金の要件を満たせば，国家保障の最低年金を受けられた．

その後の2002年改正では複数基金制が導入されたが，第2勘定への預金は，好きな基金に繰入れ可能で，年齢による規制はなかった．途中での基金の変更（年2回以上変更する場合は手数料を支払う必要がある）や2つの基金への振り分けも可能である[56]．

こうして税法上の優遇と組み合わせて補足的保障制度が徐々に整備される中，それを決定づける改正が2001年に実施される．

Ⅱ　2001年改正

租税や証券市場に関する改正と同時に実施された2001年改革（法律19768号）では，資本市場が厚みや流動性を兼ね備え，競争力が高まって発展すれば経済成長に資するとして，その足がかりとなる貯蓄が重視された[57]．法案の提出にあたって当時のラゴス大統領は，貯蓄に関して，以下のような認識を述べた．

> 「チリの家庭には貯蓄が少ないという問題がある．たとえば，1990年から1997年の間，チリの家庭における貯蓄率は，AFP制度を通じて実施される強制的な貯蓄

---

55)　SP［2010］p. 108.
56)　SP［2010］p. 108.
57)　BCNC［2001］p. 4, p. 13.

を考慮に入れても，国内総生産のわずか 1.9 % に過ぎない．強制的な貯蓄を除けば，同期間の平均的な貯蓄率は，マイナスであり，国内総生産の 4.5 % に匹敵する．家庭の貯蓄水準を引き上げ，経済に付加的な貯蓄水準を可能にするインセンティブや組織上の便宜が必要である……」[58]

そこで，任意の貯蓄に柔軟性を持たせ，貯蓄へのインセンティブを高めるために，新たに任意保障貯蓄制度（Ahorro Previsional Voluntario: APV）が制定された[59]．これは，第 2 勘定と並んで，補足的保障制度の支柱となる仕組みである．

任意保障貯蓄制度（APV）とは，強制加入の拠出制の年金制度（第 2 の柱）に上乗せする貯蓄で，社会保障制度のカバーを拡大し，現役を引退する際に受け取る年金額を引き上げるためのものである[60]．制度の具体的な目的や機能には，①将来受け取る年金額を増やすこと，②繰上げ支給を可能にすること，③失業等の理由で保険料を拠出できない期間を埋め合わすこと，④単純に貯蓄として機能すること，の 4 点が据えられた[61]．

任意保障貯蓄制度は，3 つの仕組みから成る．改革以前から存在した①任意保険料と，新たに創設された②任意保障貯蓄預金及び③協定預金である．このうち，①と②は実施機関が異なるものの，大まかな内容は同じであるため，以下では任意保険料・任意保障貯蓄預金（以下，「任意保険料等」という）と，協定預金を概観しよう．

1　任意保険料と任意保障貯蓄預金

任意保険料等は，強制的な保険料とは別に被保険者が負担する保険料・預金のことである．任意保険料は被保険者が加入する AFP に，任意保障貯蓄預金は監督庁から承認を受けた AFP 以外の金融機関[62]に，それぞれ支払う（98 条 P 参照）．任意保険料と任意保障貯蓄預金とでは，それを管理・運用する主体が異なる．2001 年改革は，AFP 以外の金融機関が補足的保障制度に

---

58) BCNC［2001］p. 5.
59) BCNC［2001］pp. 5-7, SP［2010］p. 15.
60) SP［2010］p. 103.
61) SP［2010］p. 99.
62) 金融機関の種類としては，銀行や生命保険会社，投資基金管理会社，相互基金管理会社等があり，証券・保険監督庁による承認を受ける必要がある（SP［2010］p. 15）．

参画できるようにしたが，これによって補足的保障制度の競争を促進し，リターンとリスクの組み合わせを増やして，幅広い投資の選択肢を人々に提供し，貯蓄のインセンティブを高めることが目指された[63]．

任意保険料等は，社会保険料の性質を有し，所得税控除の対象となる（18条1項）．もっとも，控除を受けられるのは月々50UFに限定される．運用時には，所得とみなされず，課税されない（20条B2項）．

任意保険料等の積立金は，年金取得以前にも自由に引き出せる．ただし，その場合には，税金と共に追徴金[64]が課される[65]（20条B2項）．税法上のスキームと組み合わせて，当面の引出しを差し控え，将来の備えとして貯蓄するインセンティブを確保している[66]．

任意保険料等を積み立てた資金の差押えは禁じられ（35条1項），国家保障の最低年金（第1の柱）の支給を決めるにあたっては考慮対象から外される（20条4項）．つまり，強制的な保険料とその運用益とによる積立金の額が一定水準に満たない場合には，たとえ任意保険料等による積立てがあっても，国家による保障が得られる．こうした仕掛けによって，補足的保障制度が普及するよう促している．

複数基金制の下で被保険者は，任意保険料として支払った資金を好きな基金に入れることができ，特に年齢に応じた制限は課されない．強制的な保険料とは異なる基金も選択でき，基金間の移動（年2回以上移動させる場合には手数料が徴収される）や2つの基金への振り分けもできる．

2　協定預金

協定預金は，強制的な保険料や任意保険料等とは異なるもうひとつの貯蓄類型である．使用者からいわゆるボーナスの支払いを受ける代わりに，使用者との契約によってボーナスの原資を協定預金にまわす仕組みである（20条3項）．そのため，実際に預金をするのは使用者である．協定預金は，任意保険料等と同じくAFPとその他の承認を受けた金融機関が管理する．AFP

---

63) SP [2010] p. 15, p. 103.
64) 引出し額の15％が控除される（SP [2010] p. 16）．
65) SP [2010] p. 16.
66) SP [2010] p. 102.

に管理を任せる場合には，好きな基金を選択でき，途中での基金の変更や2種類の基金への振り分けもできる[67]．

使用者が預金を行う方法には，①一定額の一括払い，②月々の賃金から一定割合の支払い，③月々固定額の支払いの3種がある．預金額には上限も下限もなく（規則10条），使用者は，預金分を必要経費として税法上控除できる．他方，労働者は，所得税を課されずに済む（選択関係にあるボーナスの場合には所得税が課される（20条3項））．

協定預金は，年金取得の前に引き出すことができず，積立額は必ず年金の原資となる．もっとも，年金を取得してもなお余剰がある場合は，余剰分を自由に引き出せるが（20条3項），この場合は課税される．といっても，ボーナスとして受け取る場合に比べれば，退職時の方が課税対象基礎が少なく節税できる．協定預金は，差押えが禁じられ（35条1項），最低年金等の支給を決める際には考慮対象から外される（20条4項）．

このように協定預金を選択すると節税できると共に将来の年金額を増やせるため，被保険者のメリットは大きい．ただ，こうしたメリットを享受できるのは，ボーナスを受け取らなくても困ることのない比較的所得の高い者に限定されるという問題があった．

3　まとめ

このように2001年改正では，新たに任意保障貯蓄制度（APV）が整備され，AFP以外の金融機関の参入や，ボーナスの協定預金への転換も認められた．税法上のスキームと組み合わせた複数の選択肢が揃えられたのである．こうして補足的保障制度は，国家による最低保障（第1の柱），強制加入の拠出制の年金制度（第2の柱）に続く第3の柱として位置付けられた．

その後，補足的保障制度は持続的に発展するが，制度の加入者は一定層に限られた．というのも，補足的保障制度は，税法上の優遇と組み合わせて加入のインセンティブを付与するが，こうした優遇を享受できるのは高所得者に限られたからである．そのため，低所得者や中所得者をいかにとり込むかが課題であった[68]．しかし，この課題に取り組むには，もう少し時を経る必

---

67) SP［2010］p. 106.
68) SP［2010］p. 15.

要があった．

第4節 小 括

(i) 1980年に導入された新しい年金制度に対しては，本章で見たとおり多くの改正がされた．重労働と評価される業務には特別のルールが策定され，労使双方が追加的な保険料を負担することで，早期の年金取得ができるようになった．そこでは就労による消耗という視点が考慮された．その他の改正については，①選択肢の拡大とそれに伴う環境整備と，②第3の柱の確立をキーワードに，以下でその内容をまとめてみよう．

(ii) 第一に，選択肢の拡大とそれに伴う環境整備については，運用の場面と給付の場面に分けられるだろう．運用の場面では，1980年当初は安定した投資先しか認められていなかったが，時の経過と共に投資の選択肢が拡大される．投資可能な証券の種類が拡大され，投資の上限も緩和されたからである．禁止されていた株式や外国証券にも一定の範囲で投資できるようになった．2002年に行われた複数基金制の導入は，ポートフォリオの多様化を意味し，被保険者はAFPを選択した上で，さらに基金をも選択することになった．被保険者はリスクとリターンを秤にかけながら，自分のニーズと好みに合った基金を選択し，運用できるようになったのである．

　こうして投資の選択肢が拡大化される一方で，年金の取得に近づく年齢の者に対しては，ハイリスクの基金の選択を禁止して積立額の減少，ひいては国家保障への依存に陥らないように設計された．基金毎の会計を徹底し，最低運用益を基金毎に保障したり，基金間での預託金の流用を禁止することで，各基金を選択した被保険者が損害を被らないように配慮された．

　次に，給付の場面では年金の受取方法が拡充された．生命保険会社から終身受取年金を購入する方法（RV（α））と，AFPから徐々に計画的な引出しを行う方法（RP（β））をベースに，それらを時間差で組み合わせた3つ目の選択肢（RTRVD（γ））と，同時期に組み合わせた4つ目の選択肢（RVRPI（δ））が加えられた．長期にわたる年金の安定性，ファイナンス・再投資のリスクや長寿のリスク，積立金の所有権の帰趨，相続の可能性といった点を考慮して，被保険者は，4つから年金の受取方法を選択できるようになった．

その一方で，終身受取年金を購入する市場では，被保険者が十分な情報もその処理能力もないままに年金の受取方法を決定しているという問題や，生命保険会社が仲介者に支払う手数料が高騰する等の問題が顕在化していた．そこで，その問題を解決し，被保険者が終身受取年金についての様々な選択肢を比較して納得のいく選択をできるように，SCOMP（年金額相談・情報提供）制度が作られた．仲介者への手数料にも上限が付された．

　一連の改正では，個人積立勘定の積立額を増やすことで，将来の年金額を増やし，繰上げ支給を可能とすることが目的とされた．しかし，あまりに早期の支給を認めれば，（平均余命との関係で保険数理的な配慮はされるとはいえ）個人積立勘定の残高を使い果たしてしまう懸念がある．積立勘定の枯渇は国家による保障の要否にかかわるので，それを避けるためにいったん緩和された繰上げ支給の要件は，再び厳格化されたのであった．

(iii) 第二に，第3の柱の確立について言及しよう．制度の発足当初から任意保険料の支払いは認められていたが，高齢期の所得を保障する第3の柱とまでは位置付けられず，税法上の優遇もなかった．1987年と2001年の改正を経て，補足的保障制度は，強制加入の拠出制の年金制度（第2の柱）を補足する第3の柱として確立した．補足的保障制度には，第2勘定と任意保障貯蓄制度（APV）の2つの仕組みがあり，後者には任意保険料・任意保障貯蓄預金・協定預金といった方法が揃えられた．特徴としては，第3の柱は，AFP以外の金融機関も参入できることや，税法上の優遇を組み合わせて制度加入へのインセンティブが付与されたことを指摘できる．また，基本的に被保険者が自らのイニシアティブで実施する設計である．自己の将来の年金額を増やすために，任意の補足的保障制度の重要性が確認されたといえる．

　こうした補足的保障制度の拡充は，①のキーワード［選択肢の拡大とそれに伴う環境整備］との関係でみてみると，拠出の選択肢を増やす側面も有する．というのも，補足的保障制度の積立金は，強制的な保険料の積立金と共に年金の原資になるからである．第2の柱の給付とは別個の給付が付与される訳ではない．被保険者は，様々な金融機関が運営する多様な選択肢の中から，どこに保険料を拠出し運用するかを選択できるようになったのである．

(iv) 最後に使用者という切り口から考察してみよう．第1次年金改革では既にみたとおり，使用者に保険料負担義務がなくなる等，高齢期の所得保障に

おける使用者の役割はほとんど皆無となった．しかし，限られた範囲ではあるが，使用者の役割が再び注目されるようになる．重労働の業務の場合には，早期の年金取得ができるように使用者にも追加的な保険料を負担する義務が課されたし，また労働者の選択（ボーナスではなく協定預金にするという選択）に依存はするものの，使用者の負担した預金が労働者の将来の年金原資となる協定預金の仕組みも導入されたからである．

(ⅴ) 1980 年の第 1 次年金改革によって導入された高齢期の所得保障については，本章で確認しただけでも多くの改正が行われた．もっとも，これらの改正は，第 2 次年金改革に至るほんの序章に過ぎなかった．

第3章　第2次年金改革

第1節　背　景

　1980年に導入された年金制度には，前章でみたとおり，様々な改正が頻繁に実施された．そして，2006年に入ると，「第2次年金改革」ともいわれる大改革がバチェレ大統領の下で執り行われた[69]（2008年法律20255号）．
　バチェレは，法案の提出にあたって，以下のような認識を述べた．
　「高齢期の収入に対する保護は，社会保護制度の基本的な要素である．その意味で，年金とは，就労した年月に対する報酬（代償）であり，また，尊厳をもって高齢となる権利を認めることである．この改革の目的は，尊厳をもって生きられるように，人々が高齢期により安定した収入を得られるようにすることである．就労生活を終えても，支出をカバーするだけの収入があるかを怖れなくてよいようにする．そのために，改革では，一方で現行の個人積立制度を完璧にし，他方では，様々な理由で尊厳ある年金の財源となるに足る貯蓄をできなかった人をカバーする連帯年金制度を創設し，個人積立制度を補完させる．
　被用者も，自営業者も，あるいは正規の常勤雇用労働者も，不安定な非正規雇用労働者も，男性も，女性も，全ての労働者が国の発展に貢献している．そのため，全ての人が，高齢期に尊厳ある生活を享受できるだけの収入を得るに値する．この改革は貯蓄とそのための人々の努力を称えるものであるため，社会保障制度により拠出した人は，より多くの年金を享受できるようにする．他方で，この改革では，保険料を拠出できなかった人への保護も実施する．高齢になると労働市場から引退するが，それが貧困やいきなりの生活条件の低下をもたらすものであ

---

[69] 改革に先立って，年金制度に関連するすべてのアクター（労働者，年金受給者，女性団体，使用者，国際機関や国内の研究機関の専門家等）の意見を聴くために，社会保障改革のための大統領諮問委員会（議長名からマーシャル委員会と呼ばれている）が立ち上げられた．委員会の任務は，全ての人々に社会的な保護を効率的に実施する年金制度を設計する下地となる提案をすることであり，この委員会の報告書がベースとなって第2次年金改革は実現した（BCNC [2008] p. 12）．

ってはならない.
　新しい制度は，貧困状態の人を対象にするだけではなく，中流階級の人々をも対象とし，人々の努力や社会保障の貯蓄がしっかり守られ，確実に報酬を得られるようにする．人々がより安定的になれば，平等に資するだけでなく，成長をももたらす．人々は保護を受けられると感じられれば，積極的によい考えを実践し，新たな富や繁栄を生み出すことになるからである．まとめると，チリのために人生を捧げてきた人々のために，改革によって，国家は義務を果たすのである．」[70]

　バチェレの演説が示すとおり，第2次年金改革の目的は，高齢期に尊厳をもって生活できるように，より安定した所得を人々に保障することにある．そして，貧困層だけでなく，中流階級をも保護すべき対象とし，一方では個人積立制度（第2の柱，第3の柱）の拡充を，他方では「連帯年金制度」と呼ばれる制度を構築して第1の柱の見直しを図った．

　バチェレによれば，現行の年金制度は，期限の定めのない労働契約の下で安定した雇用に就き，定期的に継続して保険料を拠出できる労働者にとっては適しているが，現実には，チリの労働者の大部分はそのような状況にはない．そして，労働者の大部分が将来受け取る年金額は，現役時代の収入を下回る一方，国家が保障する最低年金を受給するには，20年の保険料拠出期間要件があるため，受給できないケースが多い．バチェレは，こうした問題の背景を以下のように述べる．

　「こうした問題や将来に関する予測は，社会的・経済的・人口動態的な点で，ここ25年に生じた変化と密接に関係している．すなわち，平均寿命が延びる一方で，労働市場への参入が（教育の拡充により）遅くなったため，社会保障貯蓄を積み立てる期間が，積立てをしない期間と比較して短くなった．同時に，女性の労働市場への参加は高まってきているものの，男性に比較すれば不安定な雇用形態であり，それが社会保障基金の積立てにも影響している．さらに，労働市場は，予想以上に労働者の転換が激しく，有期雇用やパートタイム雇用が増加し，期限の定めのない契約が減少している．自営業者が制度に加入しないという問題もある．要するに，こうした現状は，年金制度が当初に想定していた前提とは甚だ乖離している．年金制度は，現在のチリの現実を反映しておらず，将来に関してはなおさら反映しないであろう．そのため多くの人の必要性に応えるために，改革が必要である．」[71]

70）BCNC［2008］pp. 5-.

このように，バチェレは，寿命の伸長，就労開始年齢の上昇，雇用形態の変容の結果，保険料拠出期間が短くなる一方で給付受給期間が長くなるため，①低年金の問題が生じていると指摘した．その他にも，現行制度の問題点として，②低年金を補足する非拠出制年金がますます重要となるが，20年の保険料拠出期間要件を充足するのは難しいため，最低年金を受給できず，その結果，最低年金以下の年金を取得する者が増えるという問題[72]，③男女間の不平等の問題（女性の低年金・無年金），④自営業者[73]の低年金や無年金の問題を指摘した．現行の年金制度は，チリの現実を反映していないとして，年金制度の再構築を行い，現実に沿って人々のニーズに応えられるようにするとしたのである．

第2節　概　要[74]

以上のような問題意識の下で，2008年の改革では，社会保障のカバーの拡大と，より多くの人々に適切な年金を与えること，さらには，AFP間での競争を促進して，コストを低下させること等が具体的な目的とされた．バチェレは，安定した年金制度を再構築することが，チリに人生を捧げた人々に対する国家の義務であると強調した[75]．

第2次年金改革で実施された内容は，幅広い項目にわたるが，本書では，第1の柱，第2の柱，第3の柱の順に内容の一端をとりあげることにしよう．

---

71) BCNC［2008］pp. 5-.
72) AFP監督官庁の見通しでは，2020年から2025年にAFP制度に加入する年金受給者の46%は，最低年金を下回る年金しか受給できないが，国家による保障にアクセスできないとのことで，そのうちの65%は女性であった．
73) 自営業者と被用者の格差は大きく，2002年の社会保障アンケートによると，自営業者として働いた月数の全体のうち28%しか保険料が支払われておらず，就労生活の50%以上を自営業者として過ごす人々のうち，70%は，保険料を拠出した期間が50%を下回っていた．
74) 2008年改正では，労働社会保障省の設置を皮切りに，社会保障制度の組織的な改変も実施された（法律20255号39条以下参照）．従来のAFP監督庁に代わって連帯年金制度・強制加入の拠出制の年金制度・任意の補足的保障制度の各制度についての規制を行う年金監督庁も整備された．監督方法については，AFPによるリスク管理を評価する全体的で予防的な監督の仕組みに変更された（SP［2010］p. 198）．
75) BCNC［2008］p. 6.

I　連帯制度の確立

1　問題の所在

　1980年に導入された年金制度は，以下の点を暗黙の前提としていた[76]．すなわち，①積立方式の下，拠出が給付と牽連づけられるため，拠出へのインセンティブがあること，②労働者は就業期間を通じて拠出でき，拠出できないのは失業時に限られること，③低所得でも，少なくとも20年間は保険料を拠出できるため，国家による保障を得られることである．つまり，期限の定めなく安定した雇用に就いて，定期的に保険料を拠出できる男性をモデルとして制度は設計されていたのである．

　しかし，こうした暗黙の前提は，チリの現実を反映していなかった．1981年頃から，期間の定めのない契約による雇用が減少し，有期やパートタイムの雇用が増加していた．特に女性は労働市場への参加が高まったとはいえ，就労形態の面でも，賃金の面でも，男性に比較して不安定であった[77]．そのため，拠出される保険料額は低かった．そして，低い保険料拠出は，低年金という形でそれぞれの労働者に降りかかる．低年金は，世帯内での所得移転によって補てんできるものではなかった．かといって，国家保障の最低年金を受けるには，20年の保険料拠出期間要件があるため，それが障壁となって，パートタイマーや有期契約で働く労働者，特に女性は辿り着けなかった．

　実際，AFP監督庁等によれば，2005年に年金制度に保険料を拠出する者は，被用者の65.9％であり，全労働力人口では61.3％に過ぎない．年金制度への加入率は，1980年に比較すると約10％上昇したが，70年代半ばの記録と大して変わらなかった．強制的な被保険者である被用者と任意的被保険者である自営業者の間には，制度加入や保険料拠出に大きな格差が

---

76)　BCNC［2008］pp. 7-8.
77)　AFP監督庁によると，年金を受給するには，原資として1,800万ペソ必要であるのに，45歳から50歳の女性労働者の75％は個人積立勘定に500万ペソ以下しか積み立てていなかった．男性と同じ職務でも女性は男性より平均して賃金が30％少なかった．失業も多く，低賃金の不安定な雇用に就きやすく，出産時には通常，保険料を支払っていなかった．他方，年金の支給額を算定するには寿命が長いとの事情もあった．これらの理由から女性の年金額は，男性より30％から40％低かった（BCNC［2008］p. 520）．

あった．

　さらに，退職人口における年金受給者の割合は，拠出制・非拠出制を含めると，1992年から2003年にかけて76％前後の水準で一見，あまり変化がない．しかし，その内訳は，拠出制の年金を取得する者の割合が減り，その代わりに非拠出制の年金（扶助年金（PASIS））の受給割合が，1992年から2003年にかけて7.7％から18.6％に増えるという大きな変化が生じていた．

　バチェレによれば，高齢者のうち，拠出制の年金を受給しているのは，2006年現在で約65％だが，2020年には約50％に減少し，年金受給者の60％近くは，国家が保障する最低年金以下の年金しか受けられなくなる．AFP監督庁の将来見通しでは，2020年から2025年の間に新たに年金受給者となる者のうち，46％は最低年金を下回る額しか取得できない上，国家による保障も得られないとのことである．最低年金を下回るのに国家による保障も得られない者の65％は女性とのことであった．

　社会保障制度のカバーの低さや保険料の未払いに端を発する低年金，無年金問題を解決するために，第2次年金改革は，現行の第一の柱を再考し，連帯年金制度（Sistema de Pensiones Solidarias）という新たな仕組みを導入した．連帯年金制度は，第2次年金改革の一番の目玉であり，その目的は年金受給者に十分な保護と経済的な自立を保障することにあった．

2　連帯年金制度

　改革以前に高齢期の貧困のリスクをカバーしていたのは，無年金者に支払われる扶助年金（PASIS）と，20年の保険料拠出期間が必要な国家保障の最低年金（PMGE）であった．第2次年金改革では，全世帯のうち，より貧困な60％[78]に位置付けられる世帯に属する高齢者が，それまでの保険料拠出実績にかかわらず，基礎的な年金を受給できるように保障する連帯年金制度が導入された．これは，高齢者を対象とする連帯の制度で，国庫によって，強制加入の拠出制の年金制度（第2の柱）を下支えするものである（第1の柱）．この柱の目的は，高齢者が脆弱な状況で貧困に陥るのを予防することである[79]．

---

78) 60％という数は，マーシャル委員会の全員一致の提案であり，目的は一方では貧困層に焦点をあてつつ，同時にさまざまな理由で就労期間の全てに保険料を拠出できない中流階級のかなりの人々を対象とすることにあった（BCNC [2008] p. 534）．

連帯年金制度は，非拠出制の老齢連帯基礎年金（PBSv）と，拠出制の年金を補助する老齢連帯保障手当（APSv）から構成される[80]（法律20255号1条）．それぞれ，従来の扶助年金（PASIS）と国家保障の最低年金（PMGE）に代わるもので，その概要は以下のとおりである．

(1) 老齢連帯基礎年金（PBSv）[81]

老齢連帯基礎年金（Pensiones Básicas Solidarias de Vejez）は，他の社会保障制度から年金を受けられない人が受給する非拠出制の年金である．要件は，① 65歳になっていること，②チリの世帯のうち，所得の低い方から数えて60％までの間に位置付けられる世帯に属すること[82]（同法32条），③ 20歳以降に，継続的か否かを問わず20年以上チリに居住し，かつ給付の申請日から起算して5年以内に4年以上チリに居住すること[83]，④その他の年金の支給を受けていないことである（3条，7条）．

老齢連帯基礎年金（PBSv）の額は，2009年7月1日からは月々7万5,000ペソと法定された（7条）[84]．65歳以上の当時の月々の最低賃金額は，12万3,176ペソであるため（2009年法律1条2項），老齢連帯基礎年金PBSvの額は，最低賃金よりは低く設定されたようである．

(2) 老齢連帯保障手当（APSv）

老齢連帯保障手当（Aportes Previsionales Solidarios de Vejez）は，強制加入の拠出制の年金制度（第2の柱）から年金を受ける権利のある者を対象とし，

---

79) SP［2010］p. 11.
80) 連帯年金制度を運営するのは，法律20255号によって設置された社会保障機関であるが（24条1項），個人積立勘定の年金制度の被保険者は，自分の属するAFPに申請をすればよい（24条2項）．
81) チリでは，2002年から，極貧を克服するための政府主導プログラム「連帯するチリ（Chile Solidario）」がスタートしている．これは，脆弱な状況にある家族や人々，地区に対して社会的な保護制度を実施するもので，老齢連帯基礎年金PBSvもその一翼を担う（http://www.chilesolidario.gob.cl/test/test1.php?id=3（最終閲覧2014年8月25日））．
82) 対象世帯に該当するか否かは，社会保護ファイルと呼ばれるポイントをもとに決定される．社会保護ファイルとは，脆弱性をベースに社会階層を把握し，必要性の高い人々から低い人々までを配列し，社会的な保護政策を実施すべき対象者を特定するための概念であり，申請者の所得だけでなく，家族の所得も考慮される．
83) 居住要件の基本的な考え方は，チリで就労生活の大部分を行った点にあり，保険料の拠出実績は重要ではない（BCNC［2008］p. 533）．チリで実際に長期にわたって生活をした人に給付が付与され，給付目的での移住を阻止するために，居住要件が課された（SP［2010］p. 13）．
84) 2008年には経過的に6万ペソが支払われた．その後の支給額は，国立統計機関が決定する消費者物価指数の変動によって再調整される（8条）．

その要件は，①65歳になっていること，②チリの世帯のうち，所得の低い方から数えて60％までの間に位置付けられる世帯に属すること（法律20255号32条），③20歳以降に，継続的か否かを問わず20年以上チリに居住し，かつ給付の申請日から起算して5年以内に4年以上チリに居住すること，④「基礎年金額」が，「連帯手当上限年金額（PMAS）」未満の額であることである（9条）．

「基礎年金額」とは，大まかにいって自分が積み立てた額や，以下で触れる女性に対する手当のことである（遺族年金も含まれる）[85]．補足的保障制度（第3の柱）に加入しないインセンティブが生じないように[86]，基礎年金額には，任意保険料，任意保障貯蓄預金，集団的任意保障貯蓄（APVC）（後述），協定預金による補足的な積立金は，含まれなかった（同法2条3項）．つまり，補足的保障制度（第3の柱）に加入し，それによる積立てがあっても，強制的な保険料とその運用益の額が一定額に達しない場合には，国家から老齢連帯保障手当（APSv）を取得できる．

他方，「連帯手当上限年金額（PMAS）」とは，その名のとおり，老齢連帯保障手当（APSv）を受給できる年金額の上限であり，国家が設定する．連帯手当上限年金額（PMAS）を上回る場合は老齢連帯保障手当（APSv）は支給されない．なお，老齢連帯保障手当（APSv）の前身である国家保障の最低年金（PMGE）の取得には，一定の保険料拠出期間が要求されたが，それが障壁となって給付に辿り着けないケースが散見されたことから，その要件は削除された．その代わりにチリへの居住要件が課された．チリの発展に貢献した人を保護の対象とする考え方が窺える．

老齢連帯保障手当（APSv）の支給額は，基礎年金額が，連帯基礎年金（PBS）を下回るか否かによって異なる算定式で算出される（11条，2条1項f）．
〈下回る場合〉

基礎年金額が，連帯基礎年金（PBS）を下回る場合には，連帯保障手当（APS）の額は，「最終年金」額から導かれる（10条）．「最終年金」とは，基礎年金額と「連帯補足分」の合計である（2条4項h）．「連帯補足分」は，基

---

[85] 繰上げ支給の場合も，連帯保障手当（APS）にアクセスできるが，通常の年齢での年金取得と比較して，特に有利にならないように配慮された（BCNC［2008］p. 541，14条）．
[86] BCNC［2008］p. 531．

礎年金額が高ければ高いほど，低くなり，算定式は以下のとおりである（2条1項 f ）．

　　　連帯補足分＝連帯基礎年金－（連帯基礎年金÷連帯手当上限年金額×基礎年金額）

　つまり連帯補足分という形で連帯基礎年金や連帯手当上限年金額が複雑な算定式の下で考慮される．こうして算出される最終年金の額から受け取る年金額を控除したのが連帯保障手当（APS）の支給額となる（10条）．

〈上回る場合〉

　他方，連帯基礎年金（PBS）の額を上回る場合には，連帯保障手当（APS）の額は，原則として連帯補足分の額となる（11条，2条1項 f ）．

　このように複雑な算定式によって支給額は決定される．従来は単に保障されるべき額と積立額の差額が支払われたが，新制度では最終的に受け取る額が連帯基礎年金の額を下回らないよう配慮しつつ，積立額が多いほど，連帯保障手当（APS）の支給額は低くなるものの，最終的な取得額（積立額と連帯保障手当の総計）は，比例的に多くなるように設計された．老齢連帯保障手当（APSv）の存在が，拠出制の年金制度への拠出インセンティブを下げないように，第1の柱（連帯）と第2の柱（強制加入の拠出制の年金制度）の連携が図られた[87]のである．

(3) まとめ

　老齢連帯基礎年金（PBSv）と老齢連帯保障手当（APSv）から構成される連帯年金制度は，世帯所得水準の低い方から数えて60％までの世帯に属する高齢者を保護の対象とするため，低所得者層だけでなく，様々な理由で保険料を拠出できなかった期間を有する中所得者層にも保護が行き渡る[88]．以前よりも対象者が拡大した[89]といえる．

　また，従来の国家保障の最低年金制度では，20年の保険料拠出期間が必要であったが，新制度では不要とされ，従来保護を受けられなかった季節労働者や有期雇用の労働者に門戸が開かれた．さらに，女性が連帯年金制度を利用することも容易となった[90]．

---

87) SP［2010］p. 13, p. 30.
88) BCNC［2008］p. 14, p. 531, p. 534.
89) 扶助年金は貧困層にあたる23％をカバーしていた（http://www.bcn.cl/leyfacil/recurso/reforma-previsional-principales-beneficios（最終閲覧2014年8月25日））．
90) BCNC［2008］p. 531.

支給額も増額される[91]と共に，複雑な算定式の導入により少なくとも連帯基礎年金（PBS）の額は国家が保障しつつ，強制加入の拠出制の年金制度（第2の柱）への拠出インセンティブが低下しないように配慮された[92]．さらに，任意保険料等の補足的保障制度の積立金については，連帯年金制度の要否を決めるのに一切考慮しないこととし，補足的保障制度を利用するインセンティブも確保している．

このように，第2次改革では，高齢期の所得との関係で，国家の果たす役割が見直され，拠出制の年金制度ではカバーされない無年金者や低年金者に，連帯基礎年金（PBS）以上の保障が実施されることになった[93]．中所得層までに保護が拡大された点が特徴的である．連帯年金制度は，強制加入の拠出制の年金制度（第2の柱）とそれを補足する任意加入の補足的保障制度（第3の柱）とを底支えする第1の柱として，一貫したスキームを構築して，保護の対象を拡大し，給付水準の上昇を図ったのである[94]．

3 女性への特別手当

チリでは女性が労働市場に進出したのは遅い．また，一般に男性よりも専門性が低く，収入の低い職業に就く数も多い．たとえ男性と同様の雇用形態で就労し，同等の資格を有しても，賃金面で不利になる傾向もあった．出産や家事も女性の足かせであった．性別に端を発するこうした現役時代における収入の格差は年金の格差にも影響した．そのため，上記の連帯年金制度は，性別における平等の実現をも狙っていた．連帯年金制度は，従来の障壁であった保険料拠出期間要件を取り払った点に意味があることは既に述べたが，その恩恵を享受する者の60％は女性と見積もられた[95]．

---

91) 2008年3月の扶助年金PASISは，70歳未満には4万8,000ペソ（US$90），70歳以上75歳未満には5万1,169ペソ（US$96），75歳以上は5万5,949ペソ（US$105）であったが，老齢連帯基礎年金（PBSv）は2008年7月1日から6万ペソ（US$113）で人口の40％を対象とし，2009年7月には，7万5,000ペソ（US$141）で45％を対象とする（2009年6月30日のレートをベース）．2011年7月からは法定どおり，人口の60％を対象とする．ちなみに，2008年3月の国家保障の最低年金は，70歳未満で9万6,390ペソ（US$182），70歳以上で10万5,395ペソ（US$199），75歳からは11万2,453ペソ（US$212）であった（SP［2010］p. 12, p. 13）．
92) SP［2010］p. 13, p. 30.
93) BCNC［2008］p. 14, p. 531.
94) BCNC［2008］p. 529, p. 531.
95) BCNC［2008］p. 17.

さらに，2008 年改正は，女性の低年金・無年金問題を解決するために，連帯年金制度の他にも，女性への特別手当の支給を決定した．女性の個人積立勘定の積立額を増加させ，ひいては男女間の平等を保障することを目的とした[96]．

この特別手当は貧困状態か否かにかかわらず，居住要件[97]を満たし，年金制度の被保険者であるか，もしくは老齢連帯基礎年金（PBSv）の受給者である女性が，65 歳になったときに，生存する子ども[98]が 1 人いることにつき付与される（74 条）．なお，2009 年 7 月 1 日以降に年金を取得する場合に限られる（経過規定 24 条 1 項）．

手当の額は，子どもの誕生月に有効であった最低賃金額（18 歳以上 65 歳未満の労働者用）の 18 倍の 10％ に相当する額に，全ての基金 C の平均的利率で運用した場合の運用益をも加えた額で（法律 20255 号 75 条），65 歳になった翌月に，個人積立勘定に支払われる（76 条 1 項）．この手当は，連帯年金制度との関係では，自分が積み立てた額として基礎年金額に含まれる．これによって女性の年金額の増加が図られた．

4 若年労働者への特別手当

確定拠出の年金制度では，若いうちに保険料が支払われれば，長年運用できるため，最終的な年金額が増える可能性がある[99]．そこで，若年層の社会保障制度への加入を促し，個人積立勘定の積立額を引き上げるために，また，若年層における失業を減らし，正規の雇用を促進するために[100]，若年労働者に対する特別手当が設けられた．すなわち，18 歳から 35 歳の年齢で，収入が最低賃金の 1.5 倍を下回る若年労働者の個人積立勘定に，労働契約締結後最初の 24 カ月間，最低賃金に対する保険料の半額に相当する額を，国庫負担で投入する．さらにその若年労働者を使用する使用者にも同額の手当を支払うことにした（同法 82 条 1 項，2 項）．個人積立勘定に繰り入れられた特

---

96) BCNC [2008] p. 691.
97) 20 歳以降に，継続的か否かを問わず 20 年以上チリに居住し，かつ給付申請日から起算して 5 年以内に 4 年以上居住することである（74 条，3 条 c）．
98) 実子でも，養子でもよい（74 条，78 条）．
99) SP [2010] p. 15, p. 34.
100) BCNC [2008] p. 21, p. 342, p. 570.

別手当は，自己が拠出する保険料と同じく，将来の年金原資とするために自ら運用する．

このように第2次年金改革では低年金や無年金の問題に対処するために，国庫を財源とする保障が手厚くとり揃えられた．これらの保障は，高齢期に貧困に陥らないことを目的とし連帯の理念に拠っていた．こうして第1の柱が「連帯制度」として改めて位置付けられたのである．

II　強制加入の拠出制の年金制度の拡充

続いて，強制加入の拠出制の年金制度に関する変更点を概観しよう．

1　被保険者資格に関する変化

まず2008年改革は，社会保障の適用対象者を拡大するために，被保険者資格に関する2つの改正を行った．1つは，従来，任意加入であった自営業者を，徐々に強制加入としたことである[101]．任意加入のままでは，加入率が低く，加入しても保険料拠出状況が芳しくなかったためである．特に被用者と比較して自営業者の将来の無年金・低年金の問題が懸念されたことは，既述のとおりである．

もう1つは，年金を積み立てていない人，あるいは積み立てても不十分な人にも年金による保障を拡大する目的で，任意的被保険者のカテゴリーを創設したことである．就労活動をしていない人々，主に主婦を対象とした[102]．

2　AFP入札制度の導入[103]

2008年改革は，社会保障サービスを担うAFP間での価格競争を引き起こして，サービスや基金管理の質を下げることなく，被保険者がAFPに支払う手数料を引き下げることをも目的とした．というのも，被保険者はAFPが徴収する手数料の価格に鈍感であること（後述4参照）や，AFP市場に新規参入するには経済的な障壁があったこと等から，AFP間での手数料価格競

---

101) 2008年から2011年は，自営業者が年金制度に加入するよう，積極的な社会保障教育が実施され，2012年から原則として強制的被保険者となった．
102) BCNC［2008］p. 27.
103) BCNC［2008］p. 34, p. 450, p. 525.

争は乏しく，それを背景にAFP手数料が高騰していたからである．

　そこで，第2次年金改革は，AFPの手数料に関する入札制度を導入した[104]（大統領令3500号161条）．この入札制度の主たる対象者は，就労を開始して12カ月以内の労働者である[105]．既存のAFPだけでなく，未だAFPではない国内外の法人も，監督庁の承認を受けて入札に参加できる[106]（161条1項）．入札価格は，入札日に効力のある全てのAFPの手数料を下回る必要がある（163条1項）．最安値を入札したAFP又は国内外の法人が落札し，入札の対象となる新規加入の被保険者らは，一定期間，落札AFPへの加入が強制される（160条4項）．従来は，労働者が自由にAFPを選択できたが，この入札制度の導入によって，落札したAFPへの加入を強制された．そして，入札で決められた期間（24カ月以内）は，原則としてAFPを変更できないと規制された（169条3項，4項）．こうして一定の期間，一定数の被保険者を確保することで，AFPが積極的に入札に参加することを，さらには，低いコストで一定数の被保険者を一定期間獲得できる可能性を提供することで，新規参入が促されることを狙っていた[107]．一定期間の経過後は，被保険者は好きなAFPに移れる（163条4項）．

　落札したAFPは，24カ月間，落札価格である手数料額を引き上げることはできず[108]，加えて，画一的なサービス水準を維持するために，入札制度を介して当該AFPに加入する被保険者だけでなく，以前から当該AFPに預けていた被保険者にも落札価格を手数料とする必要がある（163条3項）．

　こうした入札制度の導入によって被保険者が手数料価格に関心を抱くようになり，AFP間での価格競争を活性化させること，取引コストを下げ，AFP市場への新規参入を促すこと，さらには，被保険者の財産上の利益を保護してAFP選択を容易にすることが企図された[109]．なお，新規参入への障壁を

---

104) この他に，AFP産業への新規参入についてのルールやAFPの徴収する手数料についての修正がなされた（BCNC［2008］p. 36）．
105) 新規加入者だけでなく，AFPを変更する被保険者も，一定の要件を満たすと入札に参加できる（165条1項）（BCNC［2008］p. 35）．
106) 競争を促し，新規参入を容易にするためである（BCNC［2008］p. 452）．
107) BCNC［2008］p. 450．
108) 決められた期間が終了すれば，管理会社は，自由に手数料を決定できる（29条，163条3項）．
109) BCNC［2008］p. 35, p. 449, p. 451．

引き下げるために，設立後 36 カ月に満たない AFP には，最低運用益のルールを緩和する仕組みもとり入れられた[110]（37 条 2 項）．

3 投資制度の導入と投資技術評議会の設置

年金基金の管理や投資の成果（運用益）は，将来の年金額を決定づける重要な要素であり，現役時代の運用益率が 1 ％違えば，将来の年金額が 20 ％も変わる可能性がある[111]．そのため，適切な財政管理が行われるように投資ルールの策定が重要である．しかし，それまではルールが細かすぎて複雑で，資金額が急速に増大した金融市場の中で投資を行うのに必要な柔軟性や順応性が不足していた．他方，過剰な規制のために，投資を管理する AFP の責任は軽視され，責任が行政当局に転嫁されていた．そのため，投資の決定に対して AFP が責任を負い，それによって適切な運用益や確実性を達成するように促す制度への転換が目的とされた[112]．

そこで改革では，投資構造をわかりやすく，柔軟性のあるものにするために「投資制度」と呼ばれる制度を導入した．法律では，投資の構造や投資先の制限について簡潔に規定するにとどめ，詳細なルールは「投資制度」に委ねた[113]．また，年金監督庁が投資のルールを策定する際に，事前に相談・諮問する専門機関として，投資技術評議会を設置した．

4 社会保障コンサルタントの設置

さらに，第 2 次年金改革では，被保険者が種々の決定をするために必要な情報の取得に関する環境の整備も図られた．というのも，2002 年に実施した社会保護アンケートによって，被保険者の多くが年金制度に関する十分な知識を有していないことが明確となったからである．アンケートの回答者のうち，47％は月々の保険料拠出額を知らず，97％は AFP に支払う手数料額を知らず，56％は個人積立勘定の残高を知らなかった[114]．さらに，年金の財源がどう形成され，支給額はどう決まるかについても年齢にかかわらず約 3 分

---

110) BCNC［2008］p. 589.
111) BCNC［2008］p. 28.
112) BCNC［2008］p. 29.
113) SP［2010］p. 158.
114) SP［2009］p. 162.

の1の人々が退職前の賃金をもとに算出されると誤解していた[115]。

　つまり被保険者は十分な情報のないまま，あるいは情報があっても十分に処理できないまま，重大な決定をせざるを得なかった。被保険者がすべき重大な決定とは，大きく分けて［保険料を拠出する局面］と，［年金給付を取得する局面］での決定のことである。［保険料を拠出する局面］では，保険料の拠出先を決定する必要がある。社会保障負担をできるだけ抑え，制度に組み込まれた税法上の優遇も利用し，貯蓄を最大にして将来の年金計画を立てられるように，適切な AFP を選択し，その上で運用先の基金を選択する必要がある。他方で，［年金給付を取得する局面］では，年金の要件を充足した者等が，ファイナンスのリスクや長寿のリスクを勘案して，年金額を最大化するためには，どこからどう年金を受け取ればよいか，いいかえれば個人積立勘定の積立金をどう利用するかを決定する必要がある。いずれの決定も，高齢期の所得を保障する年金額に大きく影響を及ぼす重要な決定であるにもかかわらず，十分な知識や情報を有しないまま，たとえ有してもそれらを処理する能力を兼ね備えないまま決定していたという問題があった[116]。

　こうした問題を解決するために，第2次年金改革以前にも，運用上のレベルで，いくつかの努力がされてきた[117]。AFP は，①個人積立勘定に生じる動き[118]を4カ月毎に Cartola として送付すること[119]，② Cartola と共に，各 AFP と各基金に関する一口の運用益や個人積立勘定における運用益[120]，手数料等に関する情報を送付すること，③個人の年金額見込み[121]を30歳以上の被保険者に対して年1回送付すること[122]等である。さらに，監督庁が AFP のサービスの質に関する指数を発表することで被保険者は比較できる

---

115) SP［2009］p. 162.
116) BCNC［2008］p. 650.
117) SP［2010］pp. 83-, SP［2009］pp. 165-.
118) 具体的には個人積立勘定に生じる保険料の払込み，手数料の控除，残高の推移等の動きがペソと Cuota（口数）の単位によって通知される。
119) 個人積立勘定に動きがない場合には，1年に1回送付すればよい。
120) 一口の運用益とは，資金の投資により得られる純運用益のことで，個人積立勘定における運用益とは，純運用益から手数料を控除して個人積立勘定に計上される実質運用益のことである。
121) これは，積立合計残高と支給開始年齢までの残年数，将来の運用益に関する予測，将来の保険料額と拠出の頻度等をベースに，被保険者が取得しうる年金額を予測し，提示することが目的である（SP［2010］p. 85）。

ようになっていた.

　こうした動きを踏まえて第2次年金改革は,被保険者に対する年金関係情報の提供を法律のレベルで強化した.具体的には,複雑な年金制度に関するセミナーの開催等を通じて教育を施し,制度の普及を図るために社会保障教育基金を設置した.また,年金制度についての評価や制度の教育,普及方法の提案をする年金制度利用者委員会[123]も設立された.さらに,とりわけ重要と思われるのが,拠出・運用・給付の受取方法等についての知識を提供し,被保険者がすべき数々の決定を手助けする社会保障コンサルタントを専門職として創設したことである (171条1項).社会保障コンサルタントは,個人と団体の2種類があり,年金監督庁と証券・保険監督庁の監督下に置かれ,監督庁に登録することで業務を実施できる (172条).

　コンサルタントの利用は被保険者の自由であり,希望する場合にはコンサルタントと契約を締結する (178条1項,2項).原則として社会保障コンサルタントに支払う報酬は,被保険者が負担し,個人積立勘定の積立金は使えない (179条1項).もっとも,報酬を支払う余裕がないために,必要なアドバイスを受けられないことのないよう,年金の支給要件を満たした者は,個人積立勘定の積立金から報酬を支払うこともできる (179条2項).報酬額は,個人積立勘定の積立金から,自由引出しが可能な額を控除した上での残高の2％を超えてはならず,さらに60UFを超えてはならないと規制された (179条3項).なお,従来特に年金の受取の局面での決定には,AFPや保険の仲介業者がコンサルタント業務を実施していたが,その助言は中立なものではなかった.というのも,AFPは被保険者を確保しておきたいのでAFPからの計画的な引出し(($β$))を勧めたし,保険の仲介業者は,生命保険会社から手数料を稼ぎたいので,生命保険会社の終身受取年金(($α$))を勧めたからである.数ある受取方法について特段の利害を絡めずに中立的な立場でアドバイスを与えることが新制度では求められた.そのため,AFPや生命保

---

[122] 30歳以上で男性55歳未満・女性50歳未満の場合は,支給開始年齢まで保険料を毎月拠出した場合の額とその時点で保険料の拠出をやめた場合の額とが送付される.男性55歳以上・女性50歳以上の場合は,法定年齢で支給を始める場合と3年支給を遅らせる場合の見込み予測額とが送付される.

[123] 労働者,年金受給者,公的機関,年金制度の民間団体のそれぞれの代表者と学識者から構成される.

険会社がコンサルタントに対して金品の授受を行うことは法律で禁止された (179条4項).

III 補足的保障制度の拡充

強制加入の拠出制の年金制度を補足する任意加入の補足的保障制度が第3の柱として徐々に拡充されたことは前章で触れた. AFP 以外の金融機関も制度に参画できるため, 被保険者の選択の幅は広がり, 補足的保障制度内における競争は有意義なものとなっていた[124]. しかし, 制度の利用者が高所得者層に限られるという問題があった. というのも, 補足的保障制度への加入インセンティブである税法上の優遇は, 一部の高所得者層しか享受できなかったからである. 補足的保障制度を中所得以下の人々にも魅力的なものとし, 彼らへも普及させることが課題であった[125].

そこで, 第2次年金改革では, 従来の税法上の優遇の内容を改善し, 中所得以下の人々に特別手当を支給することにした. 加えて, 集団的任意保障貯蓄という仕組みも導入した.

1 税法上の優遇の改善と特別手当の支給[126]

従来の任意保障貯蓄制度では, 保険料の拠出時にのみ税法上の優遇を与え, 引出し時には課税していた. しかし, 中所得以下の人々, 具体的には所得が 13.5UTM[127] を下回る人々は, 所得税法上そもそも税の支払いが免除されるため, 制度による恩恵を受けられなかった[128]. その反面, 積立額を前もって引き出せば税金と追徴金が課される. 中所得以下の人々は, 任意保障貯蓄制度を利用しても, 拠出時には税法上の優遇は享受できず, 引出し時には課税されており, こうした仕組みは, 制度を普及させる上で障壁であった[129].

---

124) BCNC [2008] p. 25.
125) SP [2010] p. 15.
126) BCNC [2008] p. 583.
127) UTM とは, 税金や罰金のために使用され, インフレに応じて更新される月々の税法上の単位である. 2008年法が制定された同年3月現在の 1UTM は3万4,668ペソなので, 13.5UTM は46万8,018ペソである. 第2次年金改革の説明に際して, 政府は, 40万ペソから150万ペソを中所得としているので, 所得税法上の免税対象者は, 低所得者だけでなく, 中所得者も含まれるようである. そのため, 本文では「中所得以下の人々」としている.
128) BCNC [2008] p. 373, p. 583, p. 752.
129) BCNC [2008] p. 583.

そこで，改革では，税法上の優遇を受ける方法に選択肢を設けた．すなわち，従来どおり保険料の拠出時に優遇を受けるか，それとも，引出し時に受けるかを選択できるようにした（引出し時の場合，運用益に対しては課税される）（20条L）．所得税を免除される人は，後者を選ぶことで税法上の優遇を享受できるようになった．拠出時には所得税法によって免税され，引出し時には任意保障貯蓄制度によって免税された．他方，拠出時に高い税率が課され，将来の引出し時には税率が下がることが予測される被保険者は，前者を選択すればよい．既に支払った保険料に関する税金の優遇方法は変更できない[130]が，その後に支払う保険料に関する優遇方法は変更できた（20条L3項）．このような税法上の優遇の選択肢は，以下に述べる集団的任意保障貯蓄制度にも同様に設けられた．
　さらに，引出し時の優遇を選択する場合には，年金取得時に，それまでの貯蓄額の15％に相当する特別手当を国庫から上乗せした（20条O第1項，2項）．もっとも，支給額には，6UTMという上限がある[131]．こうした特別手当は，中所得者層が任意保障貯蓄制度に加入するインセンティブを高めるために導入された[132]．

2　集団的任意保障貯蓄制度（APVC）の導入[133]

　任意加入の補足的保障制度（第3の柱）をより強力にし，中所得者層に普及させるために，新たに集団的任意保障貯蓄制度（Ahorro Previsional Voluntario Colectivo: APVC）が作られた．この制度は，年金額を増やすための任意保障貯蓄の一形態であり，原則として，使用者と労働者が保険料を負担する（20条F１項）．個々の労働者が個人ベースで行うその他の補足的保障制度とは異なり，同じ会社に勤務する労働者の有志が契約を通じて，貯蓄を行う点にこの制度の特徴がある[134]．また，制度の導入やその内容の決定に関して，使用者がイニシアティブを有する点も特徴的である．すなわち制度を導入す

---

130) BCNC［2008］p. 583.
131) 特別手当には，当該労働者が1年に支払った強制的な保険料総額の10倍を超えない範囲との規制もある（20条O第3項）．
132) BCNC［2008］p. 586.
133) BCNC［2008］p. 578.
134) BCNC［2008］p. 578.

るにはまず使用者と AFP 等とが，集団的任意保障貯蓄（APVC）の基金を管理する契約を締結する．契約を締結した使用者は，当該会社の全ての労働者に対して，集団的任意保障貯蓄（APVC）の契約を締結するか，オファーする．オファーする契約の内容や条件は，全ての労働者に画一である必要があり，使用者と AFP 等とが事前に決定する（20 条 F 2 項）．つまり使用者からの契約のオファーを受け入れるかは，各労働者の自由であるが，労働者の側で契約内容を変更したり，条件を付けたりすることはできない（20 条 F 4 項）．集団的任意保障貯蓄（APVC）の契約条件を決定するのはあくまで使用者であり，団体交渉の内容でもない[135]．

保険料は原則として使用者と労働者が負担する．使用者が保険料を負担する点が，任意保険料等とこのプランの違いである[136]．よりプランを柔軟化させ，保障貯蓄を増やすために，使用者だけが拠出することも認められた[137]（20 条 F 7 項）．

労働者が契約のオファーを受け入れれば，使用者は，契約で決められた保険料を，AFP 等に支払う（20 条 F 6 項）．労働者間での差別が生じないように，使用者が支払う保険料率は，全ての労働者に一律である．もっとも，使用者は支払う保険料額に上限を設定できる（20 条 F 3 項）が，この上限額も全ての労働者に同額とされる（同条同項）．労働者が負担する保険料は，使用者が月々もしくは定期的に賃金から控除し，納付する（20 条 H 1 項）．こうして支払われる保険料は，AFP 等に開設される個人積立勘定に積み立てられるが，強制的な保険料とは分けて記録される（20 条 H 3 項）．

集団的任意保障貯蓄制度（APVC）を通じて積み立てた資金の所有関係については，保険料の負担者に応じた違いがある．すなわち，労働者が負担する保険料を原資とする積立金（運用益も含む）は，常に労働者に帰属するのに対し，使用者が負担する保険料を原資とする積立金（運用益も含む）は，労働者が契約で決められた最低期間（24 カ月以内），その会社に在籍することで初めて労働者の所有となる（20 条 H 4 項）．使用者が保険料を拠出することで，有能な労働者を会社に惹きつけ，一定期間留め置き就労能力を向上さ

---

135) BCNC [2008] p. 579.
136) BCNC [2008] p. 579.
137) BCNC [2008] p. 579.

せるよう努めさせる点に，最低在籍期間設定の意味がある[138]．労働者が最低在籍期間の到来以前に退職する場合は，使用者がその資金を他の目的で利用できる[139]（20条H4項）．

集団的任意保障貯蓄制度（APVC）には任意保障貯蓄制度（APV）に適用されるのと同じ税法上の優遇が付与される（20条L1項）．すなわち，労働者負担の保険料は，拠出時か引出し時のどちらかに優遇を受ける．他方，使用者負担の保険料は，必要経費となる（20条L4項）．積立て期間中は，所得とは解されないため，課税されない（20条L4項）．

労働者が，一定の期間，会社に在籍することで，使用者拠出の保険料を元手とする積立金の所有権を取得した場合であって，年金以外の目的で引き出す場合には，年金の性質があるからこそ受けていた税法上の優遇はなくなり，課税される（20条L5項）．

この制度では，労働者が貯蓄を継続できない場合には保険料の支払いを中止でき，その場合は使用者の保険料支払義務も止まる（20条F6項，9項）．他方，支払いを再開すれば，使用者の支払義務も復活する（20条F10項）．こうした仕組みによって，労働者が容易に貯蓄できるインセンティブを付与している．また将来の年金を増やすために，積立額の増額を図る措置も講じられている[140]．

従来の任意保障貯蓄制度（APV）のように，利益を受けられる人を高所得者層に限定せず，同じ会社に属する全ての労働者に平等に参加の機会が与えられるため，集団的任意保障貯蓄制度（APVC）の導入は，大きな一歩といわれている[141]．こうした施策を通じて，2008年改革では，補足的保障制度の対象者に，中所得者層や低所得者層を幅広く巻き込み，より強力な第3の柱が再構築された．

---

138) SP［2010］p. 16, p. 107.
139) この場合，使用者の所得とみなされ，所得税を支払う必要がある（20条L5項）．
140) BCNC［2008］p. 579.
141) BCNC［2008］p. 527.

第3節 小 括

(i) 2008年の第2次年金改革は，チリに人生を捧げた人が高齢期に尊厳をもって生きられるよう安定した収入の確保を目的に実施された．その内容は，連帯を基軸とする第1の柱の確立と，個人積立方式の年金制度である第2の柱と第3の柱の拡充である．

(ii) まず，第1の柱については，連帯の理念の下に，高齢期の貧困の防止が具体的な目的となった．そして連帯年金制度の導入と，女性や若年労働者への特別手当の付与が定められた（連帯制度）．

連帯年金制度は，扶助年金（PASIS）に代わる老齢連帯基礎年金（PBSv）と，最低年金（PMGE）に代わる老齢連帯保障手当（APSv）を主たる内容とし，全世帯のうちより貧困な60％に位置付けられる世帯に属する高齢者が対象とされた．そこには低所得者だけでなく中所得者も含まれるのであり，対象範囲が拡大された．また，保障額も引き上げられた．さらに，従来の最低年金では20年の保険料拠出期間要件が障壁となって支給に辿り着けない人が多くいたため，この要件を取り払い，代わりに居住要件を課した．連帯年金制度は，複雑な算定式によって，少なくとも老齢連帯基礎年金（PBSv）の額は保障しつつ，第2の柱への拠出が多ければ多いほど，老齢連帯保障手当（APSv）の額は下がるが，最終的な年金額は増えるように給付水準を設定して拠出に対するインセンティブを与えている．

他方，女性や若年労働者への特別手当については，個人積立勘定に国庫を投入する方法がとられた．つまり，特別手当も強制的な保険料等と同じく将来，年金の原資となる．なお，女性への特別手当は，65歳到達時に，それまで基金Cで運用した場合の運用益も含めて投入されるのに対し，若年労働者への特別手当は，若いうちに元本だけが投入され，その運用は各人に任された．

こうした第1の柱の拡充は，個人積立方式による年金制度では十分な積立てを実施できず，低年金・無年金となるケースが多いことを背景に行われた．定期的に保険料を拠出できる者には個人積立方式は適しているが，チリの現実に即していないとして，第2の柱は維持されたまま，連帯の理念の下で第

1の柱が拡充されたのである．

　第1次年金改革では，「社会連帯」を捨てて個人主義の年金制度に傾斜したが，30年近くの運用を経てその問題点が明らかとなり，個人主義の年金制度を維持しつつも，第1の柱によって連帯への揺り戻しが行われたのである．

(iii) 第2の柱の基本的な考え方は維持されたが，2008年改革では，AFP間の競争強化のためにAFP手数料の入札制度を導入したり，投資に柔軟性を持たせるために規制方法を変更したりした．また，複雑な年金制度下での投資教育等の重要性も意識され，教育基金等が設置された．とりわけ重要な点は，社会保障コンサルタント制度の導入であろう．確定拠出型の年金制度では，将来の年金額は拠出した保険料とその運用実績に拠るため，運用は決定的に重要である．加えて，個人積立勘定の積立金をどう利用して年金を受け取るか，つまり年金の受取方法の選択も重要である．そこで，運用の局面と給付の受取りの局面における被保険者の重大な決定を，十分な情報の下，それを理解した上で行えるように中立的な立場からアドバイスする環境が整備されたのである．

(iv) 最後に，第3の柱については中所得者さらには低所得者への補足的保障制度の普及を目的とし，税法上の優遇方法の改善や特別手当の付与，集団的任意保障貯蓄制度の導入がなされた．集団的任意保障貯蓄制度は，使用者のイニシアティブの下で開始され，使用者による保険料の負担が中核に据えられる．高齢期の所得保障における使用者の役割が改めて見直されたようである．

(v) このように，2008年改革では無年金や低年金という喫緊の課題に対し，一方で連帯の仕組みを強固にし，他方で任意の貯蓄を促し，種々の環境整備を図って問題解決を目指した．第1の柱は，低所得者層に限らず中所得者層をも保護の対象とし，第3の柱は，中所得者層に限らず，低所得者層をも普及の対象として設定する．第2の柱を下からと上からとの両面からフォローして，チリに人生を捧げた人々が高齢期に尊厳をもって生活できるようにそれぞれの柱の連携が図られたのである．

(vi) 改革は，国家による保障を多く盛り込むため，新たな財源の確保が必要である．この点については，年金貯蓄基金からの資金や税収以外の財源として，移行費用の余剰分が計上された点を指摘しておこう．すなわち，1980年

以前の旧制度から新制度への移行のための費用が，時の経過と共に完全移行に近づくため（表参照），徐々に不要となっている．その浮いた分が新たな連帯の柱等のための基本的な財源として利用されるのである[142]．

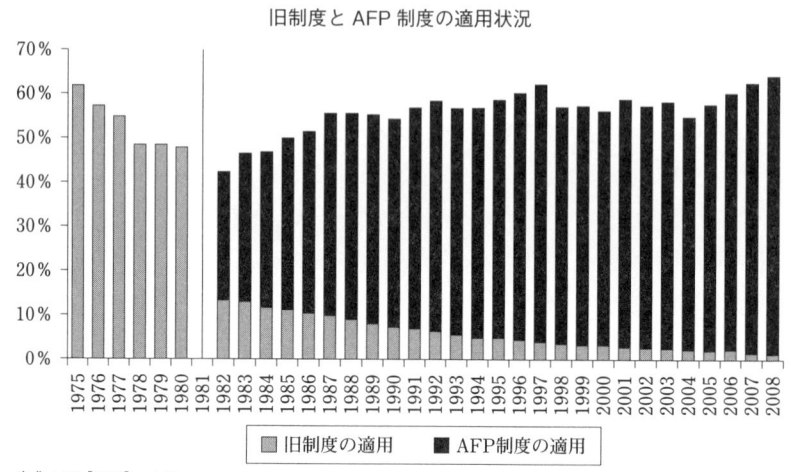

旧制度と AFP 制度の適用状況

■ 旧制度の適用　■ AFP制度の適用

出典：SP [2010] p. 144.

---

142) BCNC [2008] p. 693.

第 4 章　現行制度

　1980 年に創設された個人積立方式による年金制度は，種々の改正・改革を経て，現行制度に至る．ここまで個々の改正を辿ったため，制度の全貌が極めて把握しづらくなっている．そこで，本章では，これまでの経緯を踏まえて，現行制度の状況を概観する．
　チリでは，高齢期の所得を保障する3つの基本的な柱が構築されている．
　　第1の柱　連帯制度
　　第2の柱　強制加入の拠出制の年金制度
　　第3の柱　補足的保障制度
　3つの柱によって一方では退職しても現役時代と同じような生活水準を維持し，他方で高齢期に貧困に陥らないようにしている[143]．以下では，中核を占める第2の柱を扱った上で（第1節），それを補足する第3の柱（第2節），そして下支えする第1の柱（第3節）を見てみたい．

第1節　強制加入の拠出制の年金制度

　3つの柱の中でも中心に据えられるのが，強制加入の拠出制の年金制度である．先にその特徴を述べると，社会保険方式の中でも個人積立方式を採用し，確定拠出型で，年金資金の管理が民営化されていることが挙げられよう．

I　加　入

　現在では，被用者だけでなく，自営業者も強制的に制度に加入するが（現行大統領令3500号89条1項以下），以下では被用者を前提とする．被用者は，

---

[143] SP［2010］p. 11.

就労を開始すると当然に制度に加入し，民間の年金基金管理会社であるいわゆる AFP[144]に保険料を支払う（2条1項）．被保険者は，従来，自己の好みに合わせて AFP を選択できたが，第2次年金改革で AFP の入札制度が設けられたため，落札した AFP を一定期間利用することが新規加入者には義務付けられている（160条4項）．この入札制度には，既存の AFP だけでなく，国内外の法人も所定の要件を満たした上で監督庁の承認を受けることによって参加できる（161条1項）．入札する手数料価格は入札時の全 AFP の手数料を下回る必要があり（163条1項），最安値を入札したところが落札する（160条1項）．年金制度に新たに加入する被保険者は，入札で決められた一定の期間（24カ月以内），落札した AFP に年金基金の管理を委託する（160条4項）．入札制度によって AFP 同士の手数料価格競争を引き起こし，低手数料化を図ると共に，新規参入者を増やして AFP 市場を活性化すること等が企図された．一定期間経過後は，被保険者は好みに合わせて AFP を変更でき，その後の変更も事前に AFP と使用者に通知することで可能である（32条1項．年2回以上変更の場合は手数料を支払う[145]）．こうした AFP と被保険者間の法律関係は契約に拠るが，被保険者からの加入申込みを AFP は拒めない（2条7項）．年金制度の加入者数の推移は，後記表のとおりであるが，1980年に新制度が導入されて以来，右肩上がりで加入者数が増加している．

II　拠出と運用

1　拠　出

　この年金制度は，被保険者が月々決められた保険料を拠出し，それを各自の個人積立勘定に計上し，AFP が管理・運用する（1条2項，2条1項，23条1項，23条10項）．被用者は，毎月の賃金（上限60UF）の10％を，強制的な保険料として積み立てる（16条1項，17条1項）．使用者は，被用者に支払う

---

[144]　AFP の設立に必要な最低資本金は，5,000UF であり，被保険者数が増えるほど必要な最低資本金の額も増える（24条4項）．AFP は常に最低資本金額を保持する必要がある（24条3項，最低資本金額を6カ月以内に確保できないと，AFP は解散する（24条5項））．AFP の収入源は，加入者からの手数料であり（28条1項，2項），基本的に個人積立勘定から引き落とされる（28条1項）．手数料は，AFP が自由に設定できるが，加入者全員に同額である必要がある（29条1項）．

[145]　SP［2010］p. 83.

賃金から保険料分を控除して，翌月の10日を期限として AFP に納付する（19条1項，2項）．ここでは，使用者自身には保険料の負担義務がない点が特徴的である．強制的な保険料にあてられる賃金は，所得税法上の控除対象となる（18条1項）．なお，重労働業務に関しては特別なルールがあるが，これについては給付のところで述べよう．

では，保険料拠出者数の推移はどうか．加入者数の推移と共にみてみよう．見比べれば明らかなとおり，加入者数と保険料拠出者数は一致しない．直近の2015年2月28日付の資料でも加入者数は9,805,966人であるのに保険料拠出者数は5,089,264人にとどまる[146]．こうした差異は制度に加入はするものの保険料を拠出しない者が一定数いることを意味する．保険料を拠出しない理由には，「失業したから」（就労意思あり），「労働力から離脱したから」（就労意思なし），「使用者が保険料を支払ってくれないから」等が挙げられる[147]．必ずしも保険料の納付状況は芳しくないものである．

年金制度への加入者数と保険料拠出者数の推移

年[148]	加入者数①	保険料拠出者数②	②/①(%)	年	加入者数①	保険料拠出者数②	②/①(%)
1981	1,400,000	—		1996	5,571,482	3,121,139	56%
1982	1,440,000	1,060,000	74%	1997	5,780,400	3,296,361	57%
1983	1,620,000	1,229,877	76%	1998	5,966,143	3,149,755	53%
1984	1,930,353	1,360,000	70%	1999	6,105,731	3,262,269	53%
1985	2,283,830	1,558,194	68%	2000	6,280,191	3,196,991	51%
1986	2,591,484	1,774,057	68%	2001	6,427,656	3,450,080	54%
1987	2,890,680	2,023,739	70%	2002	6,708,491	3,431,277	51%
1988	3,183,002	2,167,568	68%	2003	6,979,351	3,618,995	52%
1989	3,470,845	2,267,622	65%	2004	7,080,646	3,571,864	50%
1990.11	3,739,542	2,289,254	61%	2005	7,394,506	3,784,141	51%
1991	4,109,184	2,486,813	61%	2006	7,683,451	3,956,992	52%
1992	4,434,795	2,695,580	61%	2007	8,043,808	4,329,412	54%
1993	4,708,840	2,792,118	59%	2008	8,372,475	4,572,327	55%
1994	5,014,444	2,879,637	57%	2009.06	8,504,703	4,367,625	51%
1995	5,320,913	2,961,928	56%				

出典：SP［2010］p. 206.

---

146) SP［2015］p. 1.
147) SP［2010］p. 139.

2 運用

保険料を原資とする資金を管理し，運用するのが AFP である．各 AFP には投資可能な証券の種類や投資割合に関する規制が異なる基金 A から E までの 5 つの基金が揃えられ149)（複数基金制：23 条 1 項，2 項），基金毎に会計管理される（27 条．なお，AFP の固有財産とも別個（33 条 1 項））．被保険者は自ら選択した基金で資金を運用する（23 条 3 項）．

確定拠出型の年金制度では将来の給付額は拠出された保険料とその運用実績によって決まるため，資産の運用が極めて重要である．運用に成功すれば，積立額は増えるが，失敗すればリスクを負う．基金 A が最もハイリスク・ハイリターンであり，文字を送る毎に安全性のある投資規制となり，基金 E が最もローリスク・ローリターンである．

各年金基金一口の実質年間運用益の帰趨

出典：SP［2010］p. 172．

年金基金の平均的な実質年間運用益

	基金 A	基金 B	基金 C	基金 D	基金 E
2002 年 9 月～2015 年 3 月	7.17%	6.03%	5.57%	5.06%	4.26%

出典：SP［2015］p. 1．

複数基金制が導入された 2002 年以降，基金 A が最も高い運用益を維持していたが，2008 年のリーマン・ショックに端を発する金融危機の影響を受けて急降下した．そのため，基金 A の平均的な実質年間運用益はそれほど高

---

148) 1990 年，2009 年を除いて，各年 12 月のデータである．
149) 基金 B から基金 E は設置義務があり，基金 A は設置可能であるが，全ての AFP が基金 A も設置しているようである（SP［2010］p. 44）．

くない．グラフをみることで基金Aはいかに変動幅が大きく，ハイリスク・ハイリターンのポートフォリオであるか，逆に基金Eはローリスク・ローリターンであるかがわかる．

　被保険者はリスクとリターンの異なる基金の中から，自分の好みと必要性に応じて，基金を選択し，保険料を運用する．2つの基金への振り分けも可能であり（23条9項），また基金の変更もできる（年2回以上変更する場合は手数料を支払い[150]（32条3項））．もっとも，好きな基金を選択できるといっても，年金を取得する年齢（男性65歳・女性60歳）の10年前（男性56歳以上・女性51歳以上）からはハイリスクの基金Aの選択は禁止される（23条3項）．というのも，高いリスクで運用して，それが失敗すれば，年金額にマイナスの影響があるからである．年金取得年齢に近づけば近づくほど，運用の失敗からのリカバリーは難しく，最終的には国家による保障に頼らざるを得なくなる．こういう事態が生じないように，年齢に応じた基金選択の規制がある[151]．そのため，一定額以上の積立て（後述の繰上げ支給の老齢年金（68条1項）の要件と同様）をできれば，年齢による規制は解除される（23条3項）．

　被保険者が自ら基金を選択しない場合には法律の規定にしたがって基金が割り当てられる．35歳までの男女は基金B，36歳から55歳の男性及び36歳から50歳の女性は基金C，56歳以上の男性及び51歳以上の女性は基金Dとなる（23条5項）．若いほど比較的高リスク・高リターンの基金が，高齢ほど低リスク・低リターンの基金が割り当てられる．

3　最低運用益の保障

　確定拠出型の年金制度では，与えられた情報をもとに被保険者がAFPを通じて個人積立勘定の運用を行い，運用のリスクは基本的に被保険者各自が負担する．もっとも，チリの制度では運用リスクの全てを被保険者に負わせてはいない．基金毎に，同種の基金の運用益の平均を基準にした最低運用益が設定され，実際の運用益がそれを下回る場合にはその差額が補てんされる（37条，39条）．

---

150)　余分な運営上のコストを避けて，資本市場に対するマイナスの効果を避けるためである（SP［2010］p. 44）.
151)　SP［2010］p. 42.

最低運用益は，同種の全ての基金の平均的な運用益から一定割合を控除して算出される値(a)と，かかる平均的な運用益からそれの50％の絶対値を控除して算出される値(b)の低い方に設定される．基金A・基金Bとそれ以外では，(a)の値の算出時に控除される「一定割合」に差異があり，前者は4％で，後者は2％である．そのため，(a)の値が(b)の値よりも低く最低運用益となる場合には前者の基金の方が平均的な運用益からかけ離れるため，相対的に低い最低運用益となる．基金Aと基金Bはハイリスク・ハイリターンのポートフォリオであるため，そこで保障される最低運用益も低い．他方，(b)の値が(a)の値よりも低い場合には基金による差異はない．一概にいいきれないものの，基金A・基金Bは，それ以外の基金よりも保障される最低運用益が低くなる可能性がある．

こうして算出される最低運用益を，実際の運用益が割る場合には，一次的には，AFPが補てんする（42条1項）．そもそもAFPは，最低運用益を保障するために各基金の1％にあたる資産を預託金として積み立てており，この預託金により補てんされる（40条，42条2項）．といっても，預託金の積立義務は基金毎なので，他の基金の預託金は流用できない（42条3項）．預託金を使用しても，AFPが最低運用益を確保できない場合には国家がそれを補てんし，その場合，AFPは解散する（42条4項，5項）．このようにチリの年金制度では，確定拠出型といいつつ，同種の基金の運用益を基準に設定される最低運用益が少なくとも保障されている．

4　選択に関する環境整備

チリの年金制度では最低運用益が保障されるものの，それでも運用のリスクは基本的に被保険者が負う．そのため，どのAFPに年金基金の管理・運営を任せるか，またどういう投資構成の基金にどういう配分で保険料を繰り入れて運用するかの選択は，被保険者にとって極めて重要である．こうした重要性に鑑み，十分な知識と情報を有した上で選択できるように環境が整備されている．具体的には，①種々の情報を被保険者に伝達し，②それらの情報をもとに選択するにあたっての社会保障コンサルタント制度がある．

(1) 情報の伝達

AFPは，4カ月毎に個人積立勘定等に生じた動きやペソで換算した価額，

手数料，年金基金の運用益等に関する情報を各被保険者に通知する必要がある[152](31条2項，3項)．また，AFPは監督庁の定める規定にしたがって，年金の受取方法やその特徴に関する情報も送付する（31条4項）．具体的には被保険者が将来の年金額を知れるように，30歳以上の被保険者に個人の年金額見込み[153]を送付する．すなわち男性55歳未満・女性50歳未満の被保険者には，年金支給の法定年齢まで保険料を支払った場合の年金支給額と予測時をもって保険料の支払いをやめた場合の支給額とを通知する．男性55歳以上・女性50歳以上の場合には，法定年齢で取得する場合の額と年金取得を3年遅らせた場合の額とを通知する．こうした数値を知ることで，被保険者は保険料の拠出の重要性を認識でき，予測される額では足りない場合には補足的保障制度の活用等の策を講じることができる．またいつから年金の支給を開始するかを決める上でも貴重な資料となる．

他方，監督庁は，AFPサービスの質についての指数を4カ月毎に発表する[154]．これは，各AFPが提供するサービスに関して，被保険者との関係，勘定の管理，年金の手続等，複数の変数をもとに監督庁が決定する指数である．この指数を比較して，被保険者はどのAFPに変更するかを決める．このように現在では被保険者が各種の情報を入手できるように環境が整備されている．

(2) 社会保障コンサルタント

社会保障コンサルタントは，中立な立場で被保険者に対して，社会保障のコストを抑え，将来の年金額を最大化できるように，資産の運用等に関する専門的なアドバイスを提供するものであり，コンサルタントを利用するかは被保険者の自由である（171条1項，178条1項）．被保険者とコンサルタントの関係は契約関係であり，被保険者は自己の負担で[155]報酬を支払う．

152) Cartolaという形で4半期毎に個人積立勘定に生じた保険料の拠出や手数料の控除，残高の推移といった情報が送付される．さらに，他のAFPや他の基金に関する情報を比較できるように，一口の運用益（純運用益）や個人積立勘定の運用益，手数料に関する情報の送付もAFPに義務付けられている．
153) これまでの積立額，支給開始年齢までの残年数，将来の運用益に関する予測，将来の保険料額と拠出回数等を基礎にする．
154) この指数は，AFPがCartolaと共に送付し，監督庁のWebサイトからでも閲覧できる．
155) 将来の年金額に影響を及ぼすため，個人積立勘定の積立金を使って報酬を支払うことはできない（179条1項）．

III 給付

続いて，給付について概観する．チリでは年金の支給を受けるには第一に年金の支給要件を充足すること，第二に年金の受取方法を選択することの2つが必要である．

1 年金の支給要件

男性では65歳，女性では60歳への到達が老齢年金の基本的な要件である（3条1項）．年金は原則として一定年齢への到達を理由に支給される．ただし，年金の取得には68条という例外がある．

68条1項では，所定年齢以前でも繰上げ可能な要件が規定される．具体的には，①それまでの平均賃金との関係で70％以上，かつ②連帯年金制度から保障を得る上限額である「連帯手当上限年金額（PMAS）」の80％以上に相当する年金を取得できるだけの積立てをしたことである（68条1項）．いいかえると一定額を積み立てれば年金の支給を早めることができる．

ただし，老齢年金あるいは繰上げ支給の老齢年金の支給要件の充足は，年金の支給に直結しない．支給要件の充足がもたらす法律上の効果は，それまで積み立てた個人積立勘定の資金を年金の原資に利用できる点にある（61条1項）[156]．つまり禁止されていた個人積立勘定からの引出しが，年金目的に限って解除される．実際に年金を受け取るには，第2のステップたる年金の受取方法の選択が必要となる（61条2項）．

ここでは，老齢年金（本則）と繰上げ支給の老齢年金（例外）の運用状況を確認しておこう．

2015年2月28日現在	老齢年金（本則）	繰上げ支給（例外）
受給者数（人）	442,094	239,159
平均的支給額（ペソ）	181,187	286,504

出典：SP [2015] p. 3.

---

[156] 第2の柱の概要を述べているため，拠出の局面では，強制的な保険料だけを扱っているが，給付の局面で年金の原資となるのは，強制的な保険料の積立金に限定されない．第3の柱からはいわゆる第2勘定から個人積立勘定へ移行された資金と任意保障貯蓄制度への積立金とが，第1の柱からは女性・若年労働者へ支払われる特別手当等が，それぞれ年金の原資となる．もっとも，手数料は控除される（SP [2010] p. 48）．

受給者数は老齢年金本則の方が多いが,平均的な支給額は繰上げ支給の方が高額である.一定の積立てができれば,所定年齢以前に比較的高額の年金を受給していることが窺える.そもそも繰上げ支給は,比較的高年齢で失業すると再就職が難しいので,そういう場合にアクセスできるように規定された[157].しかし,実際にはそれ以外でも幅広く利用されているようである.記録によれば,40歳に満たない年齢で受給する場合もあるようで,繰上げ老齢年金の存在は高所得者に有利であると共に,就労しながらの年金の取得を可能にすると指摘されている[158].

2 年金の受取方法

続いて年金の受取方法を検討しよう.61条2項では4つの受取方法が規定され,その内容は以下のようにまとめられる.

年金の受取方法

	(α) 即時終身受取年金—RVI	(β) 計画的な引出し—RP	(γ) 終身受取年金への移行を伴う期限付引出し—RTRVD	(δ) 計画的な引出し付終身受取年金—RVIRP
根拠条文	62条	65条	64条	62条 bis
運営	生命保険会社	AFP	AFP→生命保険会社	AFP+生命保険会社
種類の変更	不可能	可能	RVDの繰上げのみ可能	RVI:不可能 RP:可能
資金の所有権	生命保険会社	被保険者	RT:被保険者 RVD:生命保険会社	RVI:生命保険会社 RP:被保険者
年金額	定額	変動	定額+変動	定額+変動
国家保障への アクセス権	あり	あり	あり	あり

http://www.spensiones.cl/portal/orientacion/580/w3-article-3583.html(最終閲覧2014年8月25日)をもとに作成

生命保険会社から終身受取年金を購入する方法((α))と,AFPの個人積立勘定から徐々に年金を受ける計画的な引出しの方法((β))とが基本的な内容である.それらの組み合わせとして,時間差を設ける選択肢[159]((γ))

---

157) SALAS; SILVA [2003] p. 92, p. 99.
158) SALAS; SILVA [2003] p. 91.
159) この選択肢の場合,生命保険会社からの終身受取年金の支給額は,事前のAFPからの一時的な引出しの額の50%以上,100%未満にしなくてはならない.

と，同時期に受け取りその合計額を年金とする選択肢（(δ)）とがある．もっとも，生命保険会社から購入するには（(α)(γ)(δ)），第1の柱で述べる老齢連帯基礎年金（PBSv）の額を超える年金を購入できるだけの積立てが必要である（62条3項，62条bis 1項，64条3項）．そのため，それに満たないと必然的に計画的な引出し（(β)）となる．こうした制度設計であるためか，老齢年金（本則）としてAFPから計画的な引出しをする場合の平均的支給額（12万886ペソ）は，生命保険会社からの終身受取年金の平均的支給額（27万7,289ペソ）よりも低い[160]．

生命保険会社の終身受取年金を選択すると，生命保険会社が長寿のリスクやそれ以降のファイナンスのリスクを負う．その一方で，個人積立勘定に積み立てた原資は，生命保険会社の所有となるため，相続の余地がなくなる．他方で，AFPからの引出しでは，受給者が長寿やファイナンスのリスクを引き受けるが，所有権を維持でき，相続対象にもなる．受給者は積立額を勘案しつつ，好みや必要性に応じて，年金の受取方法を選択する．

3　選択に関する環境整備

年金受取方法の選択は，高齢期の所得保障を決定づけるため，運用に関する選択と同じく重要である．しかし，一般の被保険者には容易ではない．そこでSCOMPと呼ばれる年金額相談・情報提供制度が設けられ，その利用が義務付けられている（61条bis 1項）．SCOMP制度は，被保険者が年金の受取方法に関する相談をし，その意向，年齢，積立額等に応じて，生命保険会社やAFPが年金商品をオファーする仕組みである．制度によって年金の取得に関する情報を入手し，様々な種類のオファーを比較・検討し，受取方法を決められる．もっともいずれかのオファーを受けなくてもよく，再度SCOMP制度に相談してもよいし，制度外で相談してもよい．また，終身受取年金の入札も申請できる（61条bis 3項）．

加えて，資産運用の際にも触れた社会保障コンサルタント制度は，年金の受取方法に関しても機能する．中立的な立場での必要な情報と知識の提供が期待され，高齢期の所得を左右する重大な決定への環境整備がされている．

---

160) SP［2015］p. 3.

第 4 章　現行制度　245

　こうして，被保険者は，SCOMP 制度や社会保障コンサルタントによる情報を頼りに受取方法を選択する．この作業を経て初めて年金を手にできる．なお，4種のいずれを選択しても，受け取る年金の額が，連帯の柱である老齢連帯保障手当（APSv）を受給できる年金額の上限である連帯手当上限年金額（PMAS）を上回り，かつ直近 10 年の平均的な賃金月額の 70％を上回る年金を取得する場合には，年金に必要となる額を積立金から差し引いた残高を自由に引き出せる（過剰分の自由引出し：（α）62 条 6 項，（β）65 条 5 項，6 項，7 項，（γ）64 条 7 項，（δ）62 条 bis 2 項）．逆にいえば上記要件を満たさなければ引き出せないということである．

4　就労との関係

　チリの制度では年金の取得と就労との関係が明確ではない．年金は，退職後の生活水準を維持するためのものと位置付けられ，退職以前の平均賃金をひとつの基準に種々の要件が決められるため，制度は退職を前提とするようである．しかし，退職は年金取得の要件ではない．その上，69 条 1 項は「男性 65 歳以上・女性 60 歳以上の被保険者もしくは老齢年金の受給者で，被用者として働き続ける者は，（中略）保険料（強制的な保険料：筆者注）を支払う義務を免除する」と規定する．年金の受給と就労は両立し，その場合には保険料の納付義務を免除するのである．就労を継続しても支給される年金には影響がない．

5　重労働に従事する場合の特別ルール

　最後に重労働と評価される業務について触れておこう．重労働業務には，拠出の点でも，給付の点でも特別のルールがある．鉱山労働をはじめとする，肉体的，知的，精神的な消耗が激しく，労働者の多くが早く老化すると評価される[161]業務の場合には，労使共に，消耗の程度に応じて 2％か 1％の追加的な保険料を支払う必要がある（17 条 bis 1 項，2 項，5 項，6 項）．その見返りとして繰上げ支給の要件を満たさずとも，早期に年金を取得できる．
　年金の取得には，少なくとも 20 年，強制的な保険料を拠出する必要があ

---

161)　国立エルゴノミクス委員会と呼ばれる専門機関が特別ルールの適用の有無を判断する．

る（68条 bis）．その上で，追加的な保険料の料率（2％か1％）とその拠出期間に応じ，以下の要領で，支給開始年齢が繰り上げられる．すなわち保険料率が2％の場合は，5年毎に2歳，最大で10歳まで繰上げ可能である（男性の場合，最短55歳）．他方，1％の場合は5年毎に1歳，最大5歳繰り上げられる（男性の場合，最短60歳）．

第2節　補足的保障制度

　強制加入の拠出制の年金制度（第2の柱）を補足するのが補足的保障制度である．補足的保障制度の目的は将来の年金額を増やすこと，繰上げ支給を可能にすること，失業等により保険料拠出の叶わない期間を埋め合わせること，貯蓄として機能することである．この制度はあくまで拠出のバラエティを増やすものである．つまり，補足的保障制度から別個の給付が支給される訳ではなく，この制度による積立金と強制的な保険料を元手とする積立金が合わさって給付に辿り着く．補足的保障制度には，任意貯蓄勘定（いわゆる第2勘定）と任意保障貯蓄制度がある．

1　任意貯蓄勘定（第2勘定）

　補足的保障制度のうち第2勘定とも呼ばれる任意貯蓄勘定は，個人積立勘定とは異なる勘定である[162]．基本的には通常の預金勘定と同じく差押えの対象であり（21条6項，34条），ここへの拠出は，税法上，社会保険料ではない．そのため，所得税の控除はなく，途中に引き出すこともできて[163]，課税もされる（21条1項，4項）．もっとも，積立金を年金の原資にするために個人積立勘定に移行でき，その場合は免税される（22条1項，2項）．この仕組みによって第2勘定を設け，その積立金を年金の原資とするインセンティブが確保される．

---

162) 従前，第2勘定は個人積立勘定の管理を任せるのと同じAFPに開設する必要があったが，2011年改正によって別のAFPに開設できるようになった（21条1項）．競争を増やすために改正された（2011年法律第20552号）．
163) 年4回以上で監督官庁が決定する回数の引出しが許される（21条4項）．

2　任意保障貯蓄制度

　任意保障貯蓄制度には4つの仕組みがあるが，この制度ではAFP以外の金融機関も運営に参加できることが大きな特徴である．運営主体を増やすことでリスクとリターンのバリエーションを豊富にし，多くの人が任意に貯蓄をするように促している．

　また，基本的には保険料の拠出時に社会保険料控除として税法上の優遇を与え，引出し時には税金と追徴金を課すことで（18条1項，20条3項，20条B2項，20条L1項b），事前の引出しを控え，年金の原資とするインセンティブを付与している．もっとも，拠出時の税優遇によって恩恵を受けられるのは，高所得者に限られる．というのも，低・中所得者（13.5UTM以下の場合）は，そもそも所得税法で免税されるからである．そこで，第2次年金改革は，事前の引出しを行う場合に，本来支払うべき税金を免除する選択肢を設けた（20条L1項a）．この場合にも運用益は課税される（20条L2項）．これは，事前の引出しを容易にするため，一見すると，高齢期の所得保障に資さないことになるが，低所得者が任意の貯蓄を行う門戸を開くことこそ，第一に達成すべき課題と位置付けられたようである．

　加えて，低・中所得の場合には，それまでの貯蓄額（任意保険料，任意保障貯蓄預金，集団的任意保障貯蓄の労働者負担部分[164]）の15％に相当する額が，年金取得時に国家から支給される（20条O第1項，2項）．この特別手当の仕組みによって，任意貯蓄を促すと共に，貯蓄額の増強が図られている．積立額は強制的な保険料等と共に年金の原資となる．

　このように補足的保障制度は，税法上の優遇や特別手当を組み合わせて高所得者だけでなく，中所得者や低所得者にも普及するように設計されている．また，制度に加入するインセンティブが低下しないように，すぐ後でみる連帯制度（第1の柱）の支給要件を検討するにあたっては，補足的保障制度による積立金は考慮しないとの配慮がされている．

164）協定預金は特別手当の対象ではない（21条O第1項，2項）．

第3節　連帯制度

　最後に第1の柱を概観しよう．第1の柱の目的は，脆弱な状況で貧困に陥るのを防止することである．1980年の制度発足当初から最低年金（PMGE）等，国家による最低保障制度はあったが，第2次年金改革は連帯の理念を掲げて連帯制度という形で第1の柱を総入れ替えした．主たる内容は連帯年金制度であり，その他にも女性や若年労働者への特別手当も導入された．

1　連帯年金制度

　連帯年金制度は，チリの世帯のうち所得の低い方から数えて60％までに位置付けられる世帯に属する高齢者に基礎的な年金を保障するものである．連帯年金制度には，無年金者を対象とする老齢連帯基礎年金（PBSv）と低年金者を対象とする老齢連帯保障手当（APSv）があり，共に国庫が財源である．

　老齢連帯基礎年金（PBSv）の支給要件は，①年齢65歳以上，②チリの世帯のうち，所得の低い方から数えて60％までに位置付けられる世帯に属すること[165]（法律20255号32条），③20歳以降，継続的か否かを問わず20年以上チリに居住し，かつ給付申請日から起算して5年以内に4年以上チリに居住すること，④その他の年金の支給を受けていないことである（3条）．ここでは，年齢要件と低所得要件の他に居住要件が要求される．これによって，この給付目的での移住を阻止している[166]．給付額は，2014年7月1日より月8万5,964ペソである．なお，参考までに同時期の65歳以上の最低賃金額は，16万7,968ペソである（2014年法律第20763号1条2項）．

　老齢連帯保障手当（APSv）の支給要件は上記①ないし③[167]と⑤基礎年金

---

[165]　より貧困な人口に属するかは，以前は社会保護ファイルと呼ばれるポイントにより決定されていたが，2010年7月からはそれを引き継ぐ社会保障集中指数というポイントで判断される．このポイントは，国家企画経済政策省が有する家族世帯の所得生産能力に関するデータや基礎的な必要性の指数のデータ，年金監督庁の有する直近12カ月の平均的な賃金に関するデータや同期間の終身受取年金や計画的な引出しといった年金額のデータ，さらに国内税務局が有する資本に基づく所得等に関するデータにより決定される．2011年7月1日からは社会保障集中指数が1,206点以下の人が連帯年金制度の支給対象者である．

[166]　SP［2010］p. 13.

額が連帯手当上限年金額（PMAS)[168]を下回ること（つまり強制的な保険料を元手とした積立額が，国の設定する上限を下回ること）である（法律20255号3条，9条）．手当の支給額は老齢連帯基礎年金（PBSv）の額を下回らないことを前提に，積立額が高いほど低くなるものの，積立額による年金と手当の合計額は比例的には多くなるように設定されている．所得の低い方から数えて60％に位置付けられる世帯に属する高齢者全てに，保険料拠出実績にかかわらず，老齢連帯基礎年金（PBSv）以上の年金を保障して第1の柱と第2の柱を統合させている．もっとも積立額に応じて最終的な受取額を増やすことで，拠出インセンティブが低下しないよう，第1の柱と第2の柱の連携も図られている[169]．

また，既述のとおり連帯年金制度の支給要件を検討する際には補足的保障制度（第3の柱）による積立額は考慮されない．第3の柱のインセンティブが低下しないように配慮されて，第3の柱と第1の柱が連携されている．

最後に連帯年金制度の運用状況を確認すると，低年金者の方が多いとはいえ無年金者の数も多く，それが大きな課題となっているようである．

	老齢連帯基礎年金（PBSv）		老齢連帯保障手当（APSv）	
	人　数	平均的支給額	人　数	平均的支給額
2015年2月28日	398,712人	86,697ペソ	646,800人	52,487ペソ

出典：SP［2015］p. 4.

2　女性への特別手当

連帯制度には女性への特別手当もある．女性の低年金・無年金問題に対して個人積立勘定の積立額を増加させ，ひいては男女間の平等を実現することを目的とする[170]．

この特別手当の支給要件は，①20歳以降に，20年以上チリに居住し，かつ給付申請日から起算して5年以内に4年以上チリに居住すること（法律20255号74条，3条c），②強制加入の拠出制の年金制度（大統領令3500号）の

---

167) 居住要件は，20年以上の保険料拠出によって代えられる（法律20255号9条2項）．
168) 2014年7月1日より，連帯手当上限年金額（PMAS）は27万9,854ペソである．
169) SP［2010］p. 13, p. 30.
170) BCNC［2008］p. 691.

被保険者であるか，老齢連帯基礎年金（PBSv）の受給者である女性が，65歳になったときに生存する子がいること（法律20255号74条，78条），2009年7月1日以降に年金を取得すること（経過規定24条1項）である．

この手当は貧困状態にかかわらず支給され，手当の額は子ども1人につき，子どもの誕生月に有効であった最低賃金額（18歳から65歳の労働者用）の18倍の10％に相当する額に，運用益率をかけた額である[171]（法律20255号75条）．65歳になった翌月に各自の個人積立勘定に支払われる（76条1項）．連帯年金制度の支給要件の検討にあたっては自分が積み立てた額として扱われる（76条）．

3　若年労働者への特別手当

連帯制度には，若年者の雇用を推進し，社会保障制度への加入を促す若年労働者への特別手当も存在する．18歳から35歳の年齢で，賃金が最低賃金の1.5倍以下の若年労働者には，最初の24カ月間，最低賃金に対する保険料の半額に相当する額が特別手当として個人積立勘定に支払われる．特別手当は若年労働者が自ら運用し，将来の年金の原資とする．若年者の雇用促進のために使用者にも同額が支払われる（法律20255号82条1項，2項）．

第4節　小　括

チリの現行制度は連帯制度（第1の柱），強制加入の拠出制の年金制度（第2の柱），補足的保障制度（第3の柱）の3つから成る．こうした3本柱によって，一方では現役時代と同じ生活水準を達成し，他方で高齢期の貧困を予防している．

以下では，各柱の関係性，個人積立方式における運用，所得保障の形態，年金制度の運営主体，国家の役割に関して簡単にまとめて，チリの特徴を確認したい．

(1) 各柱の関係性

チリの制度は3つの柱が据えられ，各柱の中にも個々の制度・仕組みがあ

---

[171]　子どもの誕生月から自身が65歳になるまでの期間．基金Cの平均的な運用率で運用し，必要な手数料を控除したものである．

り，拠出から給付の流れが極めて複雑である．表にすることで大まかな流れを確認したい．表に沿って［拠出］の局面，［給付］の局面を概観し，最後に各柱の関係性についても言及しよう．

チリの現行制度における拠出と給付の流れ

柱	拠出の性質		事前引出し	年金の原資[*3]
3	任意貯蓄勘定（第2勘定）[*1]		◯税	×（移行なし）
				◯（移行分）
	任意保障貯蓄	任意保険料	◯税[*2]	◯
		任意保障貯蓄預金	◯税[*2]	◯
		集団的任意保障貯蓄預金	◯税[*2]	◯
		協定預金	×	◯
2	強制的保険料		×	◎
1	若年労働者への特別手当		×	◎
	女性への特別手当		×	◎

算出年金額	受取方法
・PBS 以上⇒	4種から選択[*4]
・PBS 未満⇒	計画的な引出し

・PMASの80%以上かつ平均賃金の70%以上
　→繰上げ支給の老齢年金を取得可能
・PMAS 以上かつ平均賃金の70%以上
　→残余分の自由引出しが可能

なかでも，◎は連帯年金制度の支給の要否・支給額の基礎となるもの
◎が連帯手当上限年金額（PMAS）以上→連帯年金制度からの支給なし
◎が連帯手当上限年金額（PMAS）未満→連帯年金制度からの支給あり
　個人積立額あり→老齢連帯保障手当（APSv）を支給（最終的な合計額は老齢連帯基礎年金（PBSv）以上）
　個人積立額なし（無年金）→老齢連帯基礎年金（PBSv）を支給

*1：第2勘定は，個人積立勘定への移行を希望する場合に限って，年金の原資となる．
*2：任意保障貯蓄は，拠出時の免税か，事前引出し時の免税かを選択できる．後者の場合には，国家から，特別手当も支給される．
*3：それぞれ運用益も含まれる．もっとも，女性への特別手当については，基金Cで運用した場合の運用益も国庫から投入される．
*4：年金の受取方法には以下の4種類がある．
　α）即時終身受取年金（生命保険会社）
　β）計画的な引出し（AFP）
　γ）終身受取年金への移行を伴う期限付引出し（α→β）
　δ）計画的な引出し付終身受取年金（α&β）

（i）まず［拠出］の局面を第3の柱，第2の柱，第1の柱のうちの各特別手当という順でみていこう．

　第3の柱には「第2勘定」とも呼ばれる任意貯蓄勘定と，任意保障貯蓄制度がある．このうち，任意貯蓄勘定（第2勘定）は，積立金を個人積立勘定に移行することを選択する場合に限って年金の原資となる．逆にいえば，選択しないなら年金とは無関係である．移行の場合は免税し，それ以外の引出しには課税することで，個人積立勘定への移行を促している．他方，任意保障貯蓄制度には，①任意保険料，②任意保障貯蓄預金，③集団的任意保障貯

蓄預金，④協定預金の4種がある．このうち②③④はAFP以外の金融機関も実施できる．これらの積立金は原則的に年金の原資となる．基本的には拠出時に免税とする一方，事前に引き出す際に課税することで，年金の原資とするインセンティブを高めている．もっとも，一部の中所得者や低所得者は，拠出時の税金が所得税法によってそもそも免除されるので，上記の優遇では意味がない．そこで，事前の引出しの際に本来負担するはずの税金を免除する選択肢を設けている．この場合は，国家から特別手当も支給される．税法上の優遇に選択肢を持たせ，特別手当を付与して低所得者等をも第3の柱に加入するよう促している．

このように第3の柱は事前の引出しを認めつつ，税法上の優遇と組み合わせることで，第2の柱を補足し，年金の原資が増えるように設計されている．高所得者だけでなく，中所得者や低所得者にも制度が普及するよう配慮されている点が注目に値する．

次に，中核的な位置を占める第2の柱をみてみよう．これは，賃金の10％を強制的な保険料として拠出させ，民間の年金基金管理会社AFPの年金基金で運用する仕組みである．強制的な保険料を積み立てて運用した資金は，将来の年金の原資となるため，原則として事前に引き出せない．

続いて，第1の柱を担う特別手当である．特別手当には若年労働者を対象とするものと，女性を対象とするものがある．いずれも強制的な保険料と同じく事前に引き出せず，将来的には年金の原資となる．もっとも，若年労働者への特別手当は，若年時に支給され，各人にその運用が託されるのに対し，女性への特別手当は，65歳到達時に支給され，運用益も含めて国庫から投入されるという違いがある．

(ii) [給付] の局面では，高齢期に関し，老齢年金と繰上げ支給の2種類がある．老齢年金を得るには男性65歳・女性60歳である必要があり，繰上げ支給の場合は国が設定する連帯手当上限年金額（PMAS）の80％以上，かつ従前の平均賃金の70％以上の年金を受けられるだけの積立てが必要である．いずれかの支給要件を充足すると，年金を取得できる．といっても，要件の充足は年金の受給へと直結しない．

要件の充足は，第3の柱，第2の柱，第1の柱（各特別手当）を通じた積立額を年金目的で利用できるにとどまり，実際の受取りには受取方法の選択

が必要である．具体的には，算出した年金額が，国が設定する連帯基礎年金（PBS）の額を上回る場合には生命保険会社から終身受取年金を購入できる．そのため，終身受取年金の購入を含む4つの受取方法から好きなものを選択できる．他方，算出した年金額が連帯基礎年金（PBS）を下回ると終身受取年金を購入できないので，必然的に AFP から計画的な引出しをすることになる．

第2の柱である強制的な保険料と第1の柱である各種特別手当，そしてそれぞれの運用益の合計が連帯手当上限年金額（PMAS）を上回れば，連帯年金制度は機能しない．これに対して下回る場合は連帯年金制度から支給される．少しでも積立てがある（つまり低年金の）場合は老齢連帯保障手当（APSv）が支給され，積立てがない（つまり無年金の）場合は，老齢連帯基礎年金（PBSv）が支給される．

最後に拠出と給付の特別ルールについて言及しておこう．重労働と評価される業務の場合には，労使共に1％か2％の追加的な保険料を支払う必要があり，一定の要件を充足することで早期の年金受給が可能となる．重労働によって身体が消耗することが考慮されて，最大で10年間，年金の受給を早められる．

(iii) 続いて，各柱の関係性を検討する．

まず，第2の柱と第3の柱の関係については，強制的な保険料を賦課する賃金に上限があり，これによって，任意の貯蓄（第3の柱）をできるように配慮されている．

では，第1の柱と第3の柱の関係はどうだろう．第1の柱のうち，老齢連帯保障手当（APSv）と老齢連帯基礎年金（PBSv）を内容とする連帯年金制度と第3の柱の関係を確認すると，連帯年金制度の支給の要否の判断には第3の柱での積立額を考慮しないルールが採用されている（表では◎となっていない部分）．第3の柱に加入するインセンティブが下がらないように配慮されているといえる．

次に，第2の柱と第1の柱の連帯年金制度との関係を確認しよう．連帯年金制度からの支給を受けられるかは，強制的な保険料と若年労働者への特別手当，およびそれらを運用した成果（運用益），さらに女性への特別手当（国から支給される運用益を含む）（以下，これらを「個人積立額」という）の総額によ

って決まる．中でも老齢連帯保障手当（APSv）の額は，老齢連帯基礎年金（PBSv）の額を確実に保障した上で，個人積立額を原資とする年金額が多いほど低くなるが，最終的な合計額は高くなるように設定される．複雑な算定式によって第2の柱への拠出インセンティブが低下しないように配慮されている．

　このようにチリの制度は各柱相互間の連携が配慮されている．特に第1の柱のうち連帯年金制度は，第2の柱，第3の柱への拠出インセンティブを阻害することのないように作られている点が特徴的である．

(iv) 第2の柱を下支えする第1の柱には，基本的に2つの下支え方法があるので，改めてまとめておこう．1つは，若年労働者や女性のための各特別手当であり，個人積立勘定の積立額を国庫からの支出によって上乗せし，年金の原資そのものを増やす手法がとられている．個人積立方式を採用するチリならではの下支え方法といえる．もう1つの下支えは連帯年金制度である．ここでは「連帯」を基調としながら積立方式により得られる年金とは別個の給付を国家が支給する仕組みがとられる．連帯年金制度は，高齢者の半分を超える規模の人々（60％）を保護対象とし，低所得者のみならず，中所得者までもが連帯の理念によって保障を受けられる点が興味深いと思われる．こうした2つの下支え方法を通じて，国家が，低年金・無年金に陥らないように，個人主義を基調とした年金制度を支えている．

(v) このように，チリの年金制度は，強制的な保険料による第2の柱を中核に据えつつ，一方では連帯の理念によって，貧困に陥らないよう第1の柱が下支えし，他方では，第3の柱が，任意の貯蓄を促して現役時代に近い所得を得られるように補足している．第1の柱では低所得者のみならず，中所得者をも保護対象とし，他方，第3の柱では高所得者だけでなく，中所得者や低所得者にも普及するように配慮された設計であり，下からかつ上から第2の柱が支えられている．

(2) 個人積立方式における運用

　第2の柱と第3の柱では個人積立方式の下，決められた保険料を支払う確定拠出型の仕組みが採用される．保険料の積立てとその運用実績によって将来の給付額が決まるため，保険料の拠出と年金資産の運用が鍵となる．運用に成功すれば年金の原資は膨らむ一方，失敗すればリスクを負わなければな

らないからである．もっとも，チリの制度では，強制的な保険料の運用に関して，同種の基金の平均的な運用益をもとに設定される最低運用益分をAFPと国家が保障するので，全てのリスクを被保険者が負う訳ではない点が特徴といえる．さらに，運用に関する決定の重要性に鑑みて，近年では情報の伝達が充実し，社会保障コンサルタント制度が設けられた．十分な情報を得た上で重大な決定をできるように環境の整備がなされている点も重要な点といえるだろう．

(3) 高齢期の所得保障の形態

チリの高齢期の所得保障の形態は大まかに以下の4つに分かれる．

- 繰上げ支給の老齢年金を取得する者
- 老齢年金（本則）を取得する者
- 低年金のため，年金に加えて老齢連帯保障手当（APSv）を取得する者
- 無年金のため，老齢連帯基礎年金（PBSv）を取得する者

このうち，繰上げ支給の方が，老齢年金の本則よりも平均的な支給額が高く，比較的高所得者が比較的若くして受給しているようである．その一方で，第1の柱である連帯年金制度からの保障を受けるのは国民の60%に及ぶ．老齢連帯保障手当（APSv）の受給者は，手当以外に自分が積み立てた年金も取得する．それぞれの保障形態での平均的な支給額には大きな格差が見られる．こうして現役時代の所得の格差を引き継ぐ形で高齢期も所得階層に応じた所得形態となっていることが窺える．

2015年2月28日現在	繰上げ支給	老齢年金(本則)	APSv	PBSv
受給者数(人)	239,159	442,094	646,800	398,712
平均的支給額(ペソ)	286,504	181,187	52,487	86,697

出典：SP [2015] pp. 3-4.

(4) 年金制度の運営主体

それぞれの柱の運営機関は，第1の柱は国家，第2の柱はAFP，第3の柱はAFPと承認を受けた金融機関であり，他方，給付の局面では連帯年金制度による給付を除いて，AFPか生命保険会社がその運営を担う．こうして，第1の柱を除いて，年金制度が民営化されている．AFP手数料に関しては入札制度が導入され，AFP市場への新規参入を促すと共に，同市場を活性化し，手数料額を低額化することが企図されている．また，生命保険会社が提供す

る終身受取年金に関する入札制度も SCOMP 制度内に設けられている．

このように，市場原理を軸に民営化された年金制度がチリの高齢期の所得保障の中核である．もっとも，個人主義ばかりに任せては低年金・無年金という問題が顕在化するので，近年，第1の柱を拡充することで国家の役割が見直された点が注目に値するだろう．

(5) 国家の役割

改めて民営化された年金制度の中での国家の役割を確認しておこう．国家には，拠出制の年金制度では十分な保護が得られない者，具体的には低年金者や無年金者に対して連帯を根拠に給付を支給する（第1の柱）役割が与えられ，近年その強化が図られている．その他にも，年金制度のルール・規制を策定し，統括する役割（労働・社会保障省，年金監督庁，年金相談評議会，投資技術評議会，利用者委員会等）や，民営化された年金制度の運営を監督する役割（年金監督庁，証券・保険監督庁等）がある．運用の場面（強制的な保険料）では，AFP が最低運用益を保障できない場合に，最終的に国家がそれを保障するという重要な役割も担う．加えて，AFP の解散時に被保険者を保護するのも国家である（最低運用益を保障する義務（42条4項）は倒産した AFP から新しい AFP に勘定残高分を移転するまで残る（43条4項））．

第5章　チリの法制度のまとめ

　第3編では，チリの高齢期の所得保障を概観した．チリでは3本柱（当初は2本柱）として制度がコンパクトにまとまり，各制度間の連携も見られたことから，日本やブラジルの考察とは異なって，制度毎に分断せず，時系列に沿って論述した．本編を締めくくるにあたって，本章では，ブラジルの場合と同様，本書が設定した課題（第1編第3章5参照）に沿ってチリの制度を整理したい．

　（課題A）公的年金制度における年金の基本構造
　強制加入の拠出制の年金制度である第2の柱を中心に分析してみよう．もっとも，第1の柱による手当や第3の柱による積立金も含めて年金の原資となる点には注意が必要である．
　① 拠出との関係
　チリの公的年金制度は，個人積立勘定による積立方式を採用する．しかも確定拠出型で，自分が拠出し運用した積立金が，将来の年金の原資となる．個人積立勘定の積立金は被保険者が所有し，年金の支給要件を満たすまでは引出しが禁止される．要件を満たしても，基本的には年金の原資となるようその用途が限定される．こうした仕組みによって，拠出と給付の間に牽連性を持たせている．拠出しても給付が得られない場合もあった旧制度への反省として現行制度が整えられた．もっとも，近年では被保険者による拠出に任せていては十分な所得を高齢期に保障できないという問題が顕在化し，拠出に基盤を置く年金制度の限界が露わになっている．すなわち，第2次年金改革は，第2の柱だけでは低年金や無年金に陥るケースが多いことを問題視し，国家が保障する連帯制度（第1の柱）を拡充し，再構築した．新たに導入された連帯年金制度の対象層は広範囲に及び，低所得者だけでなく，中所得者

をも対象とした．加えて，国庫を財源とする特別手当の仕組みも導入して，個人積立勘定の積立額が上乗せされた．こうした最近の動向は，拠出と給付の牽連性を重視するだけでは，十分な高齢期の所得を保障することは難しいことを示している．

　②　年齢との関係

　チリでは，原則として男性65歳・女性60歳になった場合に老齢年金を支給する．年金は，一定年齢への到達により付与される．

　しかし，こうした原則には2つの例外がある．1つは繰上げ支給であり，一定額以上の年金を得られる積立てをできれば，所定年齢以前でも年金が支給される．繰上げを決するメルクマールは積立額であり，年齢による枠付けはない．そもそもこうした繰上げ支給は，再就職が難しい比較的高齢での失業時の保障として導入されたが，そのような場合に限られず，幅広く利用されている．ある記録に拠れば，40代以前から支給を開始するケースもあるとのことである．個人主義の下，年齢に関係なく，積立分を年金の原資とするため，高所得者が早期に年金を受給している．もう1つの例外は重労働と評価される業務の場合であり，追加的な保険料を拠出することで最大10年早く受給できる．ここでは業務の身体にもたらす消耗の度合いと保険料の拠出実績が重視されている．

　③　就労との関係

　年金には就労できない場合の所得を保障する役割が与えられているし，年金に関する議論の多くで「退職」という用語が用いられるので，年金の取得は，退職を前提にしている．しかし，法的には退職自体が要件ではない．現行法には年金受給者の就労につき，保険料拠出義務を免除する規定も置かれており，年金の受給と就労との両立は許容されている．特に繰上げ支給の老齢年金に関する議論の際には，就労しながら年金を受給する人が存在するといった指摘もみられたところである．

　このように，チリでは理念としては年金の支給に退職を前提と考えているものの，法的には年金受給者の就労を認めている．年金受給者が就労をしても年金が停止されることはなく，保険料を拠出する必要もない．

　④　まとめ

　チリの年金制度の特徴はやはり個人積立勘定による積立方式の採用であろ

う．将来，年金の原資となる個人積立勘定への積立金は，個々人の所有とされ，そういう意識の植えつけも1つの理由となって使用者による保険料負担はなくなった．こうした仕組みから，年金には強制貯蓄の成果として与えられるという性格を確認できる．年齢は，禁止されていた個人積立勘定の引出しを，年金目的に限って解除するメルクマールとして機能している．もっとも，年齢の視点は，絶対ではなく，積立額次第で所定年齢以前でも受給できるし，また業務の種類（身体へもたらす消耗の度合い）によっては追加的に保険料を負担して早期に受給できる．

こうしてチリでは年齢の視点や業務による身体の消耗の視点を一定の範囲で考慮した上で，拠出との牽連性を主たる基盤に年金制度が構築されている．もっとも，最近では保険料の拠出ばかりを重視することの限界も指摘される点が興味深いだろう．

（課題B）公的年金制度における選択

チリの年金制度では，種々の局面で被保険者による選択が要請される．第一には保険料の拠出と運用方法についての決定，第二には給付の支給開始時期の決定，第三には給付の受取方法の決定という局面である．

① 保険料の拠出と運用

被保険者は，保険料の運用・管理を任せるAFPをいくつかの選択肢の中から選択する．第2次年金改革によって入札制度が設けられたため，新規加入者は，一定期間，落札したAFPに加入するが，その後は，好きなAFPを選択できる．AFPには異なる投資規制を受ける5つの年金基金が用意されているので，好みと必要性に合わせて基金も選択する必要がある．

② 年金の支給開始時期

チリでは原則として男性65歳・女性60歳から年金の支給を受けるが，例外的に一定の積立てをすることによって，年金の支給を繰り上げることができる．そのため，その要件を満たせば早期に年金を受給するか，それとも支給開始年齢まで待つかを選択できる．チリの制度では繰上げ支給を選択しても，日本のように支給額が減らされることはなく，それどころか，統計によれば，繰上げ支給の場合の方が平均的に高額という状況である．

③ 給付の受取方法

　年金を取得するには給付の受取方法の選択が必要である．チリでは年金の取得要件の充足は，給付に直結せず，主に生命保険会社から終身受取年金を購入するか，それとも AFP から計画的な引出しを行うかを選択しなくてはならない．個人積立勘定の所有権の帰趨，相続の有無，ファイナンスや長生きのリスクの負担を考慮して 4 つの選択肢から受取方法を選択する．

④ まとめ

　このようにチリの制度では各局面に幅広い選択肢が用意される．その一方で，選択に関しては，特に保険料拠出・運用の局面と給付の受取方法の決定の局面で，注目すべき法改正の動きがある．すなわち第 2 次年金改革は，被保険者による選択をより実質的にするために環境を整備した．保険料の運用も，年金の受取方法も，選択の自由がある反面，一定の責任が伴う．運用に失敗すれば，基本的に被保険者がそのリスクを負い，将来の年金額に不可逆的に影響する．他方，年金の受取方法の選択は，文字どおり，いつどこからどういった形式で年金を受け取るかの選択で，積立金をいかに使って高齢期にどういう所得保障を得るかにかかわる．いったん生命保険会社から終身受取年金を購入すれば，積立金は生命保険会社の所有となり，解約できなくなることからも，その選択の重要性を想像できる．かくして各選択の自由の背後には責任が伴う．

　選択が重要である反面，選択する当人は一般人であるため，納得のいく選択をするだけの前提知識や理解力を兼ね備えていないという問題が顕在化した．その点を補うための環境整備として，2008 年には社会保障コンサルタント制度が設けられた．その他にも投資教育をはじめ，年金制度に関する教育を充実させる必要性が確認された．また，2008 年改革に先立って整備された SCOMP 制度も，年金の受取方法の選択を支援する制度といえる．加えて，個人積立勘定に生じる動きや将来の年金予測についての情報を AFP が各被保険者に通知することも運用レベルで実施されており，選択のための環境が整備されている．

（課題 C）高齢期の所得保障の基本的な設計

(i) チリの公的年金制度では，老齢年金と繰上げ支給の老齢年金とが認めら

れ，両年金の平均的な支給額を比較すると，その格差を確認できる．個人主義の下で，年金は拠出と運用実績によって左右されるため，現役時代における所得の格差が高齢期の所得保障における格差に引き継がれるのはいわば当然なのかもしれない．

(ii) ところで，チリでは公的年金制度（第2の柱）の他にも，高齢期の所得を保障する補足的保障制度（第3の柱）と連帯制度（第1の柱）が存在し，3本柱構造である．もっとも，1980年に軍事政権が新制度を導入した際には，強制加入の拠出制の年金制度（第2の柱）と，それを下支えする国家による最低保障制度（第1の柱）の2本柱であった．当初から任意保険料の仕組みはあったが，補足的保障制度が第3の柱として重要な位置付けを与えられたのは1987年と2002年の改正を経た後であった．

そして，第2次年金改革は，3本の柱の内容も見直した．特に第1の柱を連帯制度と位置付けて，保護対象者の拡大や支給内容の充実を図った．第1の柱は，低所得者に限らず，中所得者までをも保護の対象とする一方，第3の柱は，税法上の優遇の選択肢を増やしたり，特別手当を設けたりすることで，中所得者や低所得者にまで裾野を広げる施策を実施した．このように，高齢期の所得保障の中核である第2の柱を，第1の柱によって下から，第3の柱によって上からそれぞれカバーするように作られた．第1の柱には，第2の柱によって生じる無年金や低年金を補強して下支えする機能が，第3の柱には，第2の柱による支給額をより増やす機能がそれぞれ認められる．

(iii) 各柱の関係性については，同編第4章第4節で詳述したため繰り返さないが，第2の柱への保険料拠出を促すように連帯年金制度の給付水準を設定したり，第3の柱を利用するインセンティブが低下しないように連帯年金制度の要否を決定するためには第3の柱による積立てを考慮対象から外したりして，3本の柱が有機的に連携するように配慮されて制度が設計されている点がチリの大きな特徴といえるだろう．

このように，チリの高齢期の所得保障は3本の柱によって構成され，各柱の連携がみられるのである．

（その他）
最後にやや唐突ではあるが，チリの法制度の考察を終えるにあたって，チ

リの高齢期の所得保障における国家と使用者の役割に関する変化をまとめておきたい．というのも，高齢期の所得保障を設計する上で，両者は重要な役割を担う可能性があるからである．

(1) 国家の役割の変化

チリの年金制度は基本的に民営化されるため，国家の役割は，民営化された年金制度の監督や規律の整備等が主たる内容である．もうひとつの重要な役目は，制度の発足当初から存在する第1の柱の運営である．すなわち，当初は最低年金と扶助年金の支給を国家が担っていたところ，第2次年金改革によってこの第1の柱は様変わりした．拠出制の年金制度に頼っていただけでは，無年金や低年金になってしまうからである．また，最低年金を取得するのに必要な保険料拠出要件を多くの人が充足できず，給付に辿り着けないという問題もあった．そこで，第1の柱が根本的に見直され，新たに連帯年金制度が導入された．保護の対象者が中所得者層にまで広げられると共に，支給額が引き上げられた．連帯年金制度の他にも，低年金の問題を対処するために特別手当等の仕組みが導入された．高齢期の所得保障における国家の役割が見直され，一段と強化されたといえるだろう．

こうした国家の役割の広がりは，被保険者の拠出とその運用に頼った確定拠出型の年金制度では，国家が適切な介入をしないと低年金・無年金の状態に陥り，十分に所得を得られない人が出現してしまうことを示している．第1次年金改革においては，それまでの連帯を捨てて，市場原理の下で個人主義へと舵を切ったにもかかわらず，第2次年金改革では，個人積立勘定による年金制度は維持しつつも，第1の柱という形で再び「連帯」に回帰した．国家の役割が再確認されたことは，チリの高齢期所得保障制度を考える上で重要な変化といえるであろう．

(2) 使用者の役割の変化

チリの強制加入の拠出制の年金制度（第2の柱）では，経営コストの引下げや労働者に個人積立勘定の積立金に対する所有意識を持たせることを理由として，使用者に保険料を負担させていない．この点は，使用者に重い保険料を負担させていた1980年以前の年金制度との大きな違いであり，第1次年金改革の特徴の1つでもある．いいかえれば，第1次年金改革は，高齢期の所得保障に関して使用者が担うべき役割はほとんどないと考えていたよう

である.

　強制的な保険料を使用者が負担しない傾向に変化はないものの，時の流れと共に，少しずつ使用者の存在が見直されている．というのも，重労働に従事させる使用者は，労働者の支払う追加的な保険料と同額の保険料を支払う義務があるとの特別なルールが策定されたし，補足的保障制度（第3の柱）の文脈でも，使用者の拠出に重要性が認められるようになったからである．2002年に導入された協定預金は，労働者が選択した場合に限られるが，使用者が高齢期の所得保障の一端を担う一例といえる．さらに，第2次年金改革で導入された集団的任意保障貯蓄制度（APVC）は，使用者によるイニシアティブの下で開始される補足的保障制度であり，使用者による契約の締結や保険料の拠出が前提である．本書では検討対象から外したが，第2次年金改革では，障害年金と遺族年金に関する保険料を徐々に使用者に課す改正もされていた．

　このように，第1次年金改革では高齢期の所得保障制度を考える上で軽視されていた使用者の役割が，近年重視されるようになるとの変化を確認できる．

第4編　総　括

本書では，第1編において日本，第2編においてブラジル，第3編においてチリの高齢期の所得保障に関する法制度を考察してきた．特に公的年金の基本構造や選択の視点，そして高齢期の所得保障制度全般の基本的な設計を分析軸としてきた．最終編の本編では，これまで検討してきた各国の法制度を比較検討し，本書の内容を総括したい．

　まず第1章ではブラジルとチリの法制度を比較法的に考察し，両者の共通点と相違点を明らかにし，それぞれの特徴を確認することにしたい．

　次に，第2章では，第1章で得られた結果を踏まえて，日本の法制度を検討する．ブラジルやチリの法制度と比較することによって日本法の特徴や問題点を分析すると共に，さらには今後検討すべき課題を探ることを試みたい．

　最後に，残された課題を指摘した上で，日伯社会保障協定について言及して，本書を締めくくる（おわりに）．

　なお，ここまでの検討では，日本の公的年金制度に対応する各国の制度を，各国で用いられる用語に従って説明してきた．すなわち，ブラジルでは，年金（具体的には老齢年金，保険料拠出期間年金ATC，特別年金）は，狭義の社会保障制度が提供する給付内容であった．他方，チリでは，最低運用益が国によって保障される強制加入の拠出制の年金制度が整えられていた．そこで，本編では，比較の便宜からこれらを「公的年金制度」と捉えた上で，検討を進めることにしたい．

第1章　ブラジルとチリの法制度の比較

　高齢期の所得保障制度として，ブラジルは社会扶助制度（BPC），公的年金を含む狭義の社会保障制度，補足的保障制度を用意し，チリは連帯の柱，強制的な拠出制の年金制度，補足的保障制度を用意する．両国共に，高齢期の所得保障を3層構造とする点で共通する．1層目が高齢者に関する扶助制度であり，これを第1の柱としよう．次の2層目が公的年金制度であり，これを第2の柱とする．最後の3層目が任意加入の補足的保障制度であり，これを第3の柱とした上で整理してみよう．

柱	ブラジル	チリ
第3の柱	民：補足的保障制度	民：補足的保障制度
第2の柱	国：狭義の社会保障制度	民：拠出制の年金制度
第1の柱	国：BPC	国：PBSv, APSv, 女性や若者への特別手当

　第1の柱を国が，第3の柱を民間が運営する構造は両国とも共通する．しかし，高齢期の所得保障の中核を占める第2の柱に関しては大きな違いをみてとれる．ブラジルでは国が運営するのに対し，チリでは民間の年金基金管理会社AFPが運営するからである．
　ブラジルの年金制度は，そもそもCAPsという会社単位から始まり，その後，同じ産業の労働者を対象とする産業・職域単位へ，さらに国家単位へと規模を拡大した．こうした社会保障制度の対象範囲拡大の背景には，できるだけ多くの人に制度を行き渡らせようとする意図や，制度の乱立による格差をなくし，効率性を高めるとの要請があった．国家が国民を体制にとり込む手段として社会保障制度を利用した時期もあり，国家による保障とコントロールの下で，国家の介入の度合いが強化されてきた．1988年にはそれまでの軍政への反省として，国家による社会正義の実現が強く求められて新憲法が制定され，その一内容に社会保障制度も位置付けられた．こうして憲法に

詳細な規定を置く現行の社会保障制度が国家主導で確立した.

これに対してチリでは，1980年の第1次年金改革以前は職域毎の連帯に基づく年金制度であった．しかし，コストが高いとか効率が悪いといった問題があり，第1次年金改革では年金制度が民営化される．AFP間での競争，すなわち市場原理を導入して問題を解決しようとしたのである．その後，制度の詳細については多くの改正が行われるが，運営体制等の基本的な方針は変更されずに現在に至っている.

第2の柱には運営主体の他にも多くの違いがある．そこで本書の主眼である第2の柱（公的年金制度）について，両国を比較してから本書が設定した課題（第1編第3章5参照）を考察しよう（第1節）．その上で，公的年金制度を含む高齢期の所得保障制度全般について比較し，高齢期の所得保障の基本的な設計に関して考察してみたい（第2節）.

第1節　公的年金制度

1　制度の概要

(i) 高齢期の所得保障の中核をなす第2の柱（公的年金制度）は，強制加入で，被保険者に保険料の負担義務を課す点で両国は共通する．しかし，ブラジルとチリの第2の柱は，以下のとおり，全く異なる様相を呈している.

(ii) まず，保険料の拠出や運用の局面での違いを表にまとめてみよう.

	ブラジル	チリ
財政方式	賦課方式	積立方式（個人積立勘定）
保険料額と給付額の決まり方	確定給付型	確定拠出型
使用者の拠出義務	重い	なし
運用	国家による	被保険者自ら選択し，決定
運営主体	国	AFP（民営化）

両国は，財政方式も保険料額と給付額の決まり方（給付プラン）も大きく異なる．ブラジルは，連帯の原則に依拠して国家が確定給付型[1]の年金制度を主導する．これに対してチリでは，国家は一歩引いて市場原理に任せるた

---

[1] 社会保障因数の適用等がありうるため，一概にはいいきれないものの，あらかじめ給付の算定方法が決まっているため，確定給付型としている.

め，民間による個人主義を基調とする確定拠出型の制度が構築されている．使用者に保険料の負担義務を課すかの違いもある．

(ⅲ) 両国は，給付の局面でも大きく異なる．まず給付額の決まり方が違う．ブラジルは基本的に確定給付型なので，将来得られる給付額（具体的には算定方法）はあらかじめ決まっている．他方，確定拠出型のチリでは，保険料額は固定されるが，給付額は決まっておらず，保険料の拠出実績と運用実績によって事後的に決まる．その他にも給付の局面では，①年金の種類，②給付への直結性，③第3の柱との関係で以下のような相違点，共通点がある．

① 年金の種類（年金の支給開始時期）

		ブラジル	チリ
年金の種類	（並列）	老齢年金 保険料拠出期間年金 ATC	（原則）老齢年金 （例外）繰上げ支給の老齢年金

チリでは，男性65歳・女性60歳を要件とする老齢年金と，決められた水準の年金を得られるだけの積立てをしたことを要件とする繰上げ支給の老齢年金とがある．そして，この2つの年金は前者が原則で，後者が例外である．原則として年金は一定の年齢に到達したから支給されるのであり，「老齢年金的な性格」[2]が窺える．他方，例外的な繰上げ支給の老齢年金は，比較的高齢期では失業時の再就職が難しいとの事情があることに鑑みて設けられた．

これに対してブラジルでは，男性65歳・女性60歳を主たる要件とする老齢年金と，男性35年・女性30年の保険料拠出期間を主たる要件とする保険料拠出期間年金 ATC とがある．保険料拠出期間年金 ATC は，さしあたり年齢それ自体を要件とせず，年齢に重きを置かない給付といえる．そして，この2つの年金は原則と例外という関係ではなく，並列的に位置付けられる．両年金のうち保険料拠出期間年金 ATC こそ，ブラジルで初めて保障された年金に起源を有し，多くの問題を抱えて常に議論の的となりながらも中心的な位置を占めてきた．こうした位置付けの違いによれば，両国には年金の支給開始事由として年齢を重視するか否かに微妙な差異があるといえる．

しかし，その一方で程度の差こそあれ，年齢に重きを置かない年金を給付内容にする点で両国は共通する．そのため，いずれの国でも一定の年齢に至

---

2) 「老齢年金的な性格」とは，一定年齢に到達したことによって年金を支給するという考え方のことである．

る以前であっても，所定の支給要件を満たせば，早期に年金を受給でき，年金の支給開始時期を自ら選択できる．所定の要件（チリ：一定の積立て，ブラジル：保険料拠出期間）は一見すると異なるが，つまるところは共通する．というのもチリの制度で必要な一定の積立ては事前の保険料の拠出を必然的に前提とするからである．積立方式と賦課方式という財政方式の違いに基づく差異に過ぎないであろう．

② 給付への直結性（年金の受取方法）

給付に関してはもうひとつの違いがある．ブラジルでは年金の支給要件を充足すれば年金が支給される（もっとも，請求と支給決定は必要）のに対して，チリでは年金の支給要件の充足は給付に直結しない点である．支給要件の充足は，あくまで個人積立勘定の積立金を，年金の原資とする目的で引き出せるようになるに過ぎない．実際に給付を受けるには，どこからいかなる形態で受け取るか，年金の受取方法を選択する必要がある．具体的には生命保険会社から終身受取年金を購入するか，AFPから計画的な引出しを行うかの2つを主たる内容としてそれらを組み合わせた4つの選択肢から長寿のリスクやファイナンスのリスクの負担等を検討して選択する．個人積立勘定の積立金をどう利用してどこから年金をどう受け取るかは個人の選択次第であり，これもチリの制度が基調とする個人主義の表れといえよう．

③ 第3の柱との関係

給付の局面でのいまひとつの重要な違いには，チリの制度では，後述の第3の柱（補足的保障制度）への積立金も年金の財源となる点がある．ブラジルのように第2の柱からは1つの年金が，第3の柱からは別個の年金が支給されるのではなく，第2の柱への積立金と第3の柱への積立金とが原資となり1つの年金が支給される．こうした違いが生じるのは，ブラジルでは第2の柱を国が，第3の柱を民間がというように，運営主体が異なるのに対し，チリでは，第2の柱も第3の柱も民間が主導するからである．

最後に給付に関する両国の共通点として，重労働に従事する場合の特別のルールを指摘しておこう．重労働は通常の就労の場合に比べて，身体的，知的，精神的な消耗が大きいことが考慮されて，保険料の追加的な支払いを条件に，年金を早期受給する途が両国共に用意されている．

(iv) 以上のような共通点や相違点を踏まえて，以下では本書の問題関心に沿

って整理する．公的年金制度について本書が設定した課題は，第1編第3章5で確認したとおり，大きく2つある．第一に，年金がカバーしようとするリスクや支給要件に着目しながら，特に①拠出，②年齢，③就労，といった3つの視点から年金の基本構造を模索することである（課題A）．第二に，年金制度ではどのような「選択」を想定できるか，「選択」の可能性を追究すると共に，選択の導入によって生じうる弊害やその解決策をも検討対象に含め，今後わが国が被保険者による「選択」の余地をさらに年金制度に加えることを議論する際に，素材となりうる点を模索することである（課題B）．

2　公的年金制度における年金の基本構造（課題A）
(1) 両国の法制度の比較
まず年金の基本構造についてブラジルとチリの制度を比較してみる．
　①　拠出との関係
(i) 拠出に関しては，チリは個人積立勘定による積立方式を採用することから，拠出と給付の牽連性が確実に認められる設計である．積立金の所有権は自己に帰属し，その積立金が原資となって年金の支給につながる．

　他方，賦課方式を採用するブラジルは，十分な財源を確保することなく，給付をいわば「ばらまいた」立法の経緯に対する反省として，近年，拠出と給付の牽連性を求める法改正を行った．1998年の憲法修正では，「財政的均衡・保険数理上の均衡」という新しい観点を憲法に盛り込み（201条本文），勤続期間年金ATSから保険料拠出期間年金ATCへの転換もした．さらに，低所得者を狭義の社会保障制度にとり込むために創設された社会保障簡易制度は，保険料の拠出義務を軽減することで，給付内容も限定した．給付を得るには，たとえ少しでも保険料を拠出する必要があると考えられて制度は作られている．ただし，ブラジルの現行法では年金受給者が就労する場合，保険料の拠出義務はあるのに，それに見合った給付がない．これは社会保障制度の財政赤字を解消する一連の改正で償還金（年金受給者が在職中に支払った保険料相当分を退職時に償還する仕組み）が廃止されたことに起因する．保険料の拠出と給付の牽連性を断ち切る状況に対しては，年金の放棄(Desaposentação)という新たな議論が考案され，今や立法府，司法府のホットなイシューとなっている．こうした動きは，間違いなく保険料の拠出と給付の牽連性を追求

する動きといえるであろう．

(ii) チリとブラジルは，財政方式に根本的な違いがあるが，「保険料の拠出なければ給付なし」という考え方に依拠して公的年金制度を設計する点で共通する．いいかえれば，年金の取得に「保険料を拠出したこと」は不可欠の要素である．そして，保険料を拠出しない結果，給付に辿り着けない場合については，両国とも，公的年金制度ではなく，後に検討する第1の柱によって対処する．もっとも，拠出と給付の牽連性の程度については両国間で差異がある．というのも，チリでは被保険者の保険料拠出実績が（運用実績と合わせて）そのまま給付の原資となるため（ただし，手数料分は控除される），拠出と給付の牽連性が強固に認められるが，賦課方式の下で運営されるブラジルでは，支給される給付に上限や下限が設定されたり，社会保障因数が適用されたりすることで，年金の支給額が調整され，保険料拠出実績がそのまま給付に反映される訳ではないからである．さらに，ブラジルの年金の財源には使用者が負担する社会保険料や社会負担金等も含まれるので，被保険者負担の保険料だけではない．こうしてチリの制度ほどには拠出と給付の牽連性が強くないのである．

　② 年齢との関係

(i) では，両国の年金制度における年齢の位置付けはどうか．両国とも，一定の年齢（男性65歳・女性60歳）に到達することで年金を支給する「老齢年金」を給付内容に含める点で共通する[3]．年齢には年金の支給開始時期を決定する機能が見られる．個人差はあるが，高齢になれば消耗するし，雇用によって生計を立てるには就労能力の点からも労働市場（雇用確保）の点からも困難が伴うことから老齢年金が設けられている．年金には「老齢年金的な性格」があるといえる．ただし，既に述べたとおり，老齢年金を原則的な給付とするチリに対して，保険料拠出期間年金ATCと並ぶ別の選択肢として並列的な位置付けしかしないブラジルでは，年齢を重視しようとする程度に若干の温度差がある．もっとも，最近では保険料拠出期間年金ATCにフォーミュラー85/95（90/100）が導入されつつあるところであり，ブラジルでも年齢を重視する傾向が窺える．

---

[3] 男女間に5年の差異がある点も両国は共通する．

さらに，両国は年齢を主要件とする老齢年金を用意する一方で，年齢それ自体を要件としない年金も提供する．ブラジルにはもう1つの選択肢である保険料拠出期間年金 ATC が，チリには例外的に支給される繰上げ支給の老齢年金がある．つまり，年齢にかかわりなく年金の支給を認める点で両国は共通し，こうした両国の共通点を考慮すると，年金の取得において年齢は絶対必要とされるべき要件ではないかもしれない可能性が浮かび上がる．先ほど年金の「老齢年金的な性格」を確認したが，年齢に関係なく支給される年金の存在をも考慮すると，この「老齢年金的な性格」というのはそれほど強いものではないようである．

(ii) では，年金の支給に年齢要件を課さないとどうなるか．特にブラジルでは，保険料拠出期間年金 ATC の起源である通常年金が1923年に初めて制度化されて以来，この年金に年齢要件を付すかが折に触れて問題とされてきた．財政逼迫や制度内の格差が特に問題とされてきたが，以下ではその経緯を探ることで，年金における年齢という視点について考察したい．

　まず，年齢要件の欠如によって問題となったのは，財政逼迫である．というのも，年齢要件が要求されない結果，比較的若い段階から年金が受給可能となり，その結果，寿命に至るまでの長期にわたった支給が必要となるからである．これは，1923年に初めて導入された後，比較的早い段階から顕在化した問題であるし，最近でも年齢要件の欠如が社会保障財政の赤字の原因の1つである．賦課方式の下で生じるこうした問題を考慮すると，年齢には寿命までの年金の支給期間を調整する機能や年金財政をコントロールする機能があるということであろう．

　年齢要件の欠如が原因となって生じるいまひとつの問題には，公的年金制度の枠内における格差を指摘できる．すなわち，ブラジルでは，老齢年金と保険料拠出期間年金 ATC（旧勤続期間年金 ATS）とが2つの選択肢として並列的に用意される．とはいえ，実態としては年齢要件の欠如や支給額の設定方法のために，後者の方が被保険者に有利である．そこで，安定雇用に就く高所得者は，若いうちから早熟にして比較的高額の保険料拠出期間年金 ATC を長期にわたって取得する．その一方で，それを取得できない低所得者が，比較的低額の老齢年金を比較的短期間取得する．高所得者と低所得者が異なる種類の年金を取得する結果，公的年金制度の枠内での格差となり，

「逆方向での連帯」と呼ばれる現象を生じさせる．

　年齢要件の欠如により早熟での年金取得や制度内格差の問題が生じたため，1988 年憲法制定時にも，1998 年の憲法修正時にも，政府は年齢要件を挿入しようとしたが，いずれも失敗した．年齢要件の挿入に反対する議員の主張は多岐にわたるが，主として「低所得者は，若いうちから就労を開始しなくてはならず，就労能力が減退し，寿命も短いので，年齢要件を加えたら年金に辿り着けなくなる」というものである（以下，この議論を「低所得者保護論」という）．

　年齢要件の挿入に失敗した政府が代わりに考案したのが，社会保障因数である．ここでは若くして受給すると支給額を引き下げることで支給開始年齢の引上げを狙ったが，効果は僅かであった．それどころか，支給額の落ち込みによって就労を継続せざるを得なくなる．その結果，年金受給者は保険料の拠出義務はあるのにそれに見合う給付は得られず，年金の放棄（Desaposentação）という新たな問題に直面する．社会保障因数は財政的には望ましいが，年金受給者を中心に批判も大きい．そこで，フォーミュラー 85/95（90/100）という形で年齢と保険料拠出期間の合計が女性で 85，男性で 95（最終的には 90/100）に至った場合に社会保障因数の適用を外して全額支給する改正が立法的暫定措置により行われたところである．根強かった低所得者保護論を乗り越えてブラジルが年金の取得にあたって年齢をも考慮する道を築こうとしているのであり，新たな一歩をまさに踏み出すところである．

　このように，保険料拠出期間年金 ATC が老齢年金と共に用意されている結果，ブラジルでは多くの問題が生じており，ようやく新たな局面を迎えようとするところである．なお，チリでもブラジルと同じように，公的年金制度の枠内に格差があることを確認できる．すなわち，年齢にかかわらず支給を認める繰上げ支給の老齢年金の平均的な支給額は，老齢年金のそれよりも高い．一定額を積み立てられる人は，繰上げ支給を選択するため，老齢年金は積み立てられない人を対象に機能し，ブラジルと同じような現象が起きている．繰上げ支給の導入意図からは乖離して，高所得者が早期に年金を取得するために同年金が利用されている．こうした両国での問題状況に鑑みると，年齢という指標には，所得状況にかかわらず，生きている限り誰でも満たしうる特徴があることを改めて確認できる．保険料の拠出に関する要件は，高

所得者が比較的容易に充足できる反面，低所得者にはそうはいかない．しかし，年齢は高所得であろうが，低所得であろうが，（少なくとも客観的には）同じスピードで増す．年金に年齢要件を付せば，ブラジルやチリのように高所得者が早期に年金を取得する事態を少しは生じさせずに済む．

(iii) 次に，こうした一連の問題を生じさせてまで，年金に年齢要件を入れずにその代わりにブラジルやチリの制度が重視する視点は何なのかを確認してみたい．

まず，ブラジルの現行制度である保険料拠出期間年金ATCは，保険料拠出期間を主たる要件とし，保険料の拠出の視点を重視する．他方，チリの繰上げ支給の老齢年金が重視するのは，保険料を拠出し運用した結果，一定額の年金を得られるだけの積立てを行ったことである．「運用」を含むかの違いはあるが，それは確定給付型か確定拠出型かに起因する違いであり，「保険料の拠出」の視点を重視する点で共通するといえそうである．保険料を拠出したからこそ，その対価として年金は支給される．

もっとも，ブラジルの保険料拠出期間年金ATCは今でこそ保険料拠出期間を主たる要件とするが，もとはといえばそうではなかった．保険料の拠出の視点が強化されたのは，1998年の憲法修正時であり，それ以前の勤続期間年金ATS（通常年金）は，30年から35年の勤続期間を要件としていた．そもそも，勤続期間年金ATS（通常年金）は，労働によるいばらと苦悩を乗り越えるための長年の就労への代償として「就労による消耗」の視点を重視して創設された．ここでは，「高齢による消耗」とは異なるリスクとして「就労による消耗」が捉えられた．就労開始年齢が低いことや寿命が短いことも考慮された．そして，こうした視点こそ，保険料拠出期間年金ATCへの年齢要件の挿入に反対していた議員が低所得者保護論のとおり重視していたものである．

加えて，ブラジルには第3の給付として特別年金があり，チリにも重労働の業務に関して特別ルールがある．両国共に，鉱山等の特に負担の重い業務や危険な業務に従事する人に，年金の早期受給を認めており，ここでは過酷就労によって体力的，精神的な消耗が生じることが配慮される．やはり就労による消耗の視点が重視されて制度が構築されているようである．

(iv) 以上のように，ブラジルとチリの年金制度の分析によれば，年金におい

て年齢の要素は絶対的な要件でない可能性があること，と同時に年齢要件が欠如すると数々の問題が生じることがわかる．こうした状況から年齢という指標には，年金の支給開始を決定する機能，年金の支給期間を調整する機能，年金財政をコントロールする機能等があることを導き，そして，年齢には所得にかかわらず，生きている限り誰でも満たしうるという特徴があることを確認した．一連の問題を生じさせてまで両国が年金に年齢要件を入れずに，その代わりに重視する視点は，保険料の拠出の視点や就労による消耗の視点であった．いいかえれば，これらの視点がブラジルやチリの年金の基本構造の一端を担っている．

(v) また年齢に関しては，チリに興味深い規制があるので最後に指摘しておこう．保険料の運用方法は原則として被保険者の自由であるが，年齢に応じた規制がある．すなわち，高年齢の場合には一定の積立額がある場合を除いて，高リスク・高リターンの基金を選択できない．また，運用先の基金を選択しない場合には，自動的に基金が割り当てられるが，その割当も年齢階層次第となる．若年層では比較的高いリスク・リターンの基金が，高齢層では比較的低いリスク・リターンの基金が割り当てられる．年金の支給開始年齢に近づくほど運用に失敗した際のリカバリーが難しいためこうした規制がある．年齢の視点は運用先の基金を決定するにあたって重要な機能を果たしているといえる．

③ 就労との関係

(i) まず，年金の支給要件として退職が必要か．両国共に理念としては，就労を終えたことによって，所得が喪失又は減少するので，それをカバーするために年金制度を設けている．ブラジルでは，年金は所得の喪失への保護を提供する仕組みの狭義の社会保障制度（Previdência Social）の一端を担う給付のひとつであるし，実際に，1960年のLOPS法は，年金の支給開始日を退職日とし，年金の支給に退職を要求していた．これに対し，チリでは，就労との関係に関する直接的な議論はみつけられなかったが，政府資料等の分析から退職を前提としていることを確認できた．年金には「退職年金的な性格」[4]を確認できる．

---

4) 「退職年金的な性格」とは，退職によって所得が喪失又は減少するので，年金を支給するという考え方のことである．

とはいうものの，両国の現行制度は退職を年金の支給要件とはしていない．ブラジルでは，年金の支給事務の遅延や年金の低水準の問題から，退職を要求しない立場に変更されたし，チリでも支給要件に退職を要求する条文はなく，年金受給者による就労を念頭に置く条文もあるからである．

こうして両国とも，理念としては年金に「退職年金的な性格」を見出したいようではあるが，そうはなっていないのが実情である．

(ii) 次に，年金を受給しながら就労した場合に年金はどうなるか．結論からいえば，年金には特に何の変化も見られない．在職しても年金は支給停止されない点で，両国は共通する．ブラジルでは，在職すると年金の支給を停止し代わりに復帰手当を支給する策を講じた時期もあったが，すぐにその仕組みは撤廃され，就労しても全額の年金が支給されるようになった．

(iii) では，年金受給者が就労すると，新たに保険料を負担する必要があるか，また，その後の給付にどう影響するか．この点では差異がある．ブラジルでは保険料の支払いを強制するのに対し，チリでは免除するからである．ブラジルは社会保障財源を豊かにすることを理由に年金受給就労者にも保険料を負担させる．もっとも，給付への跳ね返りは現行法では整備がないため，年金の放棄（Desaposentação）の議論につながる．これに対して，積立方式を採用するチリでは保険料を課しても，拠出した本人が後で利用するだけなので，わざわざ強制する必要まではないと考えられているようである．こうした両国の違いをみると，制度として賦課方式を採用する方が，年金取得後の就労の取扱いについて，問題（保険料の賦課や給付の跳ね返り）を顕在化させやすいようである．

(2) 検　討

(i) これまで，年金の基本構造を求めて3つの観点から両国の制度を分析してみた．その結果，両国の公的年金制度は，3つの観点のうち，とりわけ「保険料の拠出」の視点を重視して作られていることが浮かび上がってきたといえるだろう．というのも，両国共に，一方では年齢に着目した老齢年金を置いて年金に「老齢年金的な性格」を垣間見ることができる反面，年齢をあまり重視しない年金も同時に用意し，その性格があまり強固ではないからである．また，理念は別としても，年金の受給に退職を要求せず，「退職年金的な性格」もあまりみられないからである．こうして年金の基本的な性格

としてよく分析に用いられる「老齢年金的な性格」や「退職年金的な性格」という指標は，少なくとも両国の年金を説明する上では必ずしも有用な指標として機能していない．それらの代わりに両国の年金が重視するのは，保険料の拠出の視点であることが導かれた．

こうした結論は，特にチリの制度について納得しやすいだろう．チリでは個人主義の下，個人積立勘定による積立方式によって，自ら拠出し運用した積立金を年金の原資とする仕組みだからである．年金はいわば強制貯蓄をした成果として付与される．これに対してブラジルでも，近年，保険料の拠出への対価という位置付けが重視される．より広く制度を捉えると，公的年金が盛り込まれる狭義の社会保障制度（Previdência Social）は，広義の社会保障制度（Seguridade Social）の一部をなし，拠出制か非拠出制かという点で，同じくそれを構成する社会扶助制度（Assistência Social）や保健医療制度（Saúde）とは一線を画する．保険料の拠出なくして給付なしの原則に依拠している．

もっとも，拠出なくして給付なしの制度では，公的年金による保護を得られない人が生じうる．そうした問題は，公的年金制度の限界として受け入れ，両国では，別の制度（第1の柱）によって対処している．それについては，改めて述べることにしよう．

(ii) 最後に，両国の制度を遡って考察する中で浮かんできた年金の基本構造になにかしらのヒントを与えうる視点を抽出しておきたい[5]．

年金の基本構造に関係しそうな視点	参照箇所	
	ブラジル	チリ
保険料の拠出と運用，ファイナンスのリスク	全般 ATCへの転換 社会保障簡易制度	全般（確定拠出・積立方式） 特に受取方法の選択
一定年齢への到達	老齢年金	老齢年金
寿命・余命，長寿のリスク	特にATS	受取方法の選択
長年の就労による消耗/就労能力の低下 （就労開始年齢・職務の種類や内容も関連）	特にATS，特別年金	重労働への特別ルール
高齢期における雇用確保の困難性	老齢年金	繰上げ支給
財政上の制約	社会保障因数 ATC 年金受給就労者への給付制限	

3 公的年金制度における選択（課題B）

(i) 次に，「選択」の観点から検討してみよう．ブラジルとチリでは，公的年金制度において種々の選択の場面を設けている．特にチリは，至るところで被保険者による選択を必要とする．個人主義を基調とするため，個人の選択を重視する傾向が窺える．そこで，まず，比較的選択の場面の少ないブラジルの状況を確認してから，チリに目を転じてみよう．

(ii) ブラジルでは，①給付の種類の局面と②社会保障簡易制度利用の局面での選択が見られる．

ブラジルの給付（①）には，保険料拠出期間年金ATCと老齢年金の2つがある（なお，両年金は年齢要件の有無が異なるため，給付の種類の選択は，年金の支給開始時期を選択する側面も有する）．もっとも，両年金は被保険者が自由に選択できるといっても，既述のとおり，保険料拠出期間年金ATCの方が被保険者に有利なため，その要件を充足できれば，そちらに被保険者の選択は誘導される．

次に個人的拠出者や任意的被保険者は，社会保障簡易制度を利用するか否かを選択できる（②）．利用すれば保険料の負担義務を軽減できる代わりに給付内容が限定される．低所得であるほど，保険料の負担能力の都合上，制度を利用するしかなく，そもそもこのような低所得者を狭義の社会保障制度に組み込むことこそが，制度の導入目的であった．

こうしてブラジルの公的年金制度において確認できる2局面での選択は，選択の自由があるように見えて，実際にはないに等しいといえそうである．

(iii) 他方，チリの制度は，①保険料を拠出し運用する局面，②年金の支給開始時期を決定する局面，③給付の受取方法を決定する局面で，被保険者による選択が想定される．

①については，まず保険料の運用・管理を任せるAFPを選択する．もっとも，2008年の第2次年金改革によって新規加入者には入札制度が設けられたため，一定期間は落札したAFPが割り当てられる．一定期間の経過後は，好きなAFPを選択できる．次に，各AFPには投資規制によってリスクとリターンの異なる5つの基金が用意されるので，被保険者は好みと必要性に

---

5) これまでの考察で見られた視点をいささか強引に列挙した．不正確さは否めないが，年金とは何なのかを紐解くひとつの材料になればと思い提示している．

合わせて基金を又はその組み合わせを選択する．もっとも，年金の支給開始年齢に近づくと選択可能な基金の幅は狭まる．さらに，被保険者が年金基金を選択しない場合に備えて，年齢に応じた振分先がデフォルト・ルールとして整備されている．

②の局面は，チリでは，男性65歳・女性60歳になったときに年金を支給するのが原則であるが（老齢年金），例外的な繰上げ支給も一定額の積立てを条件に認めている．そのため，例外の要件を満たせば，自分で年金の支給開始時期を選択できる．

最後に，チリでは年金の支給要件を充足しても，年金の受給には直結しない．生命保険会社から終身受取年金を購入するか，それとも AFP から計画的な引出しをして年金とするかを主たる内容とする4つの受取方法から1つを選択しなくてはならない（③の局面）．積立金の所有権の帰趨，相続の有無，ファイナンスや長生きのリスクの負担を考慮して，年金受給予定者は年金の受取方法を選択するのである．

(iv)「選択」という観点からブラジルとチリを比較してみると，ブラジルではそもそも被保険者による選択の場面が比較的少なく，選択が想定されるといいうる場面でも，実際には選択肢が誘導的であったり，選択の余地がなかったりと，選択の自由がないに等しくなっている．これに対してチリでは，様々な局面で幅広い選択肢が用意される．こうした「選択」を軸に垣間見ることのできる両国の違いは，国家主導のブラジルと個人主義のチリという制度設計に対する根本的な両国の違いを表しているようでもある．

(v) こうして，選択の自由を幅広く保障することがチリのひとつの特徴と分析できそうだが，最近では選択に伴う責任に目が向けられ，特に上記①と③の局面に関して，注目すべき法改正が行われた．すなわち，第1次年金改革（1980年）によって選択の場面が創設された際には，特に選択を後押しする環境は整備されていなかった．しかし，時の経過と共に，各選択の持つ重要性が認識される．どの AFP のどの基金で運用するかによって，年金の原資となる積立額は大きく変動しえ，年金をどこからどのように受け取るかという選択は，高齢期の所得保障をいかに確保するかに直結する．選択に失敗して不都合を被るのは被保険者自身であり，その意味でこれらの選択には高齢期の所得保障を左右する責任が伴うといえる．にもかかわらず，選択すべき

当人は一般人で，納得のいく選択をできるだけの前提知識や理解力を兼ね備えていないことが制度を続ける中で明らかとなった．

そこで，十分な判断能力が補てんされて各選択をできるように，選択環境が整備された．たとえば，終身受取年金について年金受給予定者が相談できるSCOMP（年金額相談・情報提供）制度が導入されたし，どのAFPのどの基金に預ければどの程度の運用利回りが得られるかを比較できるように，将来の年金見込み額のシミュレーションも含めて，各種の情報が被保険者に通知されるようにもなった．さらに，中立的な立場から各選択をアドバイスする社会保障コンサルタント制度も創設された．選択の自由の背後にある責任を個々人に帰責できるようにするために，有意義な選択を可能とする環境が整備されたのである．

(vi) こうして「選択」を軸にチリとブラジルの法制度を検討してみると，以下のことを指摘できる．まず，選択を提供する場合には，誘導的な選択肢とするか，中立的な選択肢とするかによって，選択の自由を被保険者に与えるかの点で大きな違いが生じることである．その反面で，選択の自由を認めることは，高齢期の所得保障についての決定を被保険者に委ね，責任を負わせることにもつながるので，選択の余地を広げるのであれば，同時に選択できるだけの環境の整備も行う必要があるということである．また，選択しない場合に備えたデフォルト・ルールをどう設定するかも考慮すべき事柄といえる．

第2節　高齢期の所得保障制度

今までは第2の柱である公的年金制度に的を絞って検討したので，以下では，視野を広げて，公的年金制度を中核とする高齢期の所得保障制度全般の基本的な設計について，両国の法制度を比較してみたい．具体的には，第1の柱や第3の柱の内容を比較することで，両国の高齢期の所得保障の基本的な設計の特徴を分析したい（課題C）．

1　第1の柱

(i) まず，第1の柱については，ブラジルのBPC（継続的提供給付）とチリの

老齢連帯基礎年金（PBSv）とが対応する給付といえる．いずれも第2の柱から年金を得られないことを前提に，国家が支給する扶助的な給付である．両国は，第2の柱を「保険料の拠出なければ給付なし」と設計するため，拠出していなければ，無年金に陥る．そこで，無年金の状態を救済するために，2つの給付が設けられている．両給付の要件と支給額は表のとおりである．

	ブラジル	チ リ
給付名	BPC（継続的提供給付）	老齢連帯基礎年金（PBSv）
要 件	・年齢65歳以上 ・所得要件6)	・年齢65歳以上 ・所得世帯要件（低所得から60％） ・居住要件7) ・その他の年金の支給を受けていないこと
支給額	最低賃金額	8万5,964ペソ8)（なお，同時期の最低賃金額（65歳以上）は，16万7,968ペソ9)）

65歳以上を対象とする点で両給付は共通するが，その他の点では相違する．ブラジルでは，年齢要件の他に所得要件を課し，目安としては月々の所得が最低賃金の4分の1を下回る場合にBPCが支給される運用である．BPCの受給者数は，拡大傾向にあるとはいえ，今なお保護が必要な人全員を捕捉できておらず，適用対象者の拡大が課題である．これに対してチリでは，無年金者には老齢連帯基礎年金（PBSv）を支給し，他方，低年金者には第1の柱におけるもう1つの給付である老齢連帯保障手当（APSv）を支給するとしている．老齢連帯基礎年金（PBSv）と老齢連帯保障手当（APSv）の両給付を合わせて，全人口のうち，所得の低い方から数えて60％までの世帯に属する高齢者を保護する（連帯年金制度）．こうして，少なくとも理論的には，第2の柱と第1の柱の両方から何の給付も得られない人はいなくなるように設計している．

(ⅱ) このように，両国は第1の柱の設計方法が異なるため，第1の柱によって保護を受けられない人がいるか否かの違いがある．これは，第1の柱に，第2の柱による無年金者を保護する機能だけを与えるか（ブラジル），それと

---

6) 生計を維持するための手段がなく，家族によっても扶養されていないこと．
7) 20歳以降に，継続的か否かを問わず20年以上チリに居住し，かつ給付申請日から起算して5年以内に4年以上チリに居住すること．
8) 2014年7月1日から．
9) 2014年法律20763号参照．

も，その機能に加えて，低年金者をも保護する機能を与えるか（チリ）の違いとも捉えることができる．そして，この違いの背景には公的年金制度の組み方の違いが関係するように思われる．すなわち，ブラジルの第2の柱である公的年金制度では，年金額に最低賃金額という下限を付すため（憲法201条2項），最低賃金分は確実に保障され，それ以上の保護は不要となるのだろう．これに対してチリの第2の柱は，個人の保険料拠出実績と運用実績によってその支給額が決められるため，その実績次第では，無年金に類する程の低額にとどまる場合が想定される．そこで，低年金者にも第1の柱によるフォローが必要になると推測される．

また，BPCと老齢連帯基礎年金（PBSv）とでは，支給額が最低賃金額を下回るか否かとの違いも指摘できる．両国における最低賃金の決まり方等にもよるので一概に比較できないが，目安にはなるであろう．

(iii) チリでは，老齢連帯基礎年金（PBSv）や老齢連帯保障手当（APSv）以外にも，女性や若年労働者に対する特別手当が第1の柱に用意される．いずれも公的年金制度における低年金の問題を解決して将来の年金額を引き上げるために導入された仕組みであり，各人の個人積立勘定に国庫を投入するという個人積立勘定方式ならではの扶助方法となっている．

(iv) このように，第1の柱について両国を比較してみると，チリがブラジルよりも充実した仕組みを用意し，無年金だけでなく，低年金の問題にも対処するために，第1の柱を機能させていることがわかる．これは，第2の柱が個人主義を基調とする確定拠出型の設計であるため，低年金に陥るリスクが高いからであろう．これに対してブラジルでは，第2の柱に下限を設定して最低限の保護を確保することで低年金問題に対処しているようである．

	ブラジル	チリ
第1の柱の具体的内容	BPC	老齢連帯基礎年金（PBSv）
		老齢連帯保障手当（APSv）
		女性への特別手当
		若者への特別手当
保護の対象者	無年金者	無年金者および低年金者

もっとも，チリで上記のように第1の柱が充実したのは，第1次年金改革の時点ではなかった．確かに当時も扶助年金（PASIS）や最低年金（PMGE）

と呼ばれる現在の老齢連帯基礎年金（PBSv）と老齢連帯保障手当（APSv）に相当する給付が用意されていたが，支給対象者が限定され，支給内容も劣っていた．さらに，支給への事実上の障害となる要件もあり，支給に辿り着けないケースが多かった．個人主義の公的年金制度に任せたのでは無年金や低年金となって高齢期の所得を十分に保障できない問題が顕在化する中で，第1の柱の抜本的な再構築が喫緊の課題となり，第2次年金改革が実施され，充実した第1の柱が整えられた．第1次年金改革は，旧来の制度が重視していた「連帯」を捨て，個人主義の年金制度に舵を切ったのであるが，30年近くの運用の末，再び「連帯」の視点に光が灯り，国家の役割が見直され，第1の柱の再構築・拡充が行われた訳である．

2　第3の柱

(i) 続いて，第3の柱について両国を比較してみる．第3の柱である補足的保障制度は，民営化される点や任意加入である点で両国は共通する．しかし，そもそもの体系は異なる．ブラジルでは，第2の柱とは別個の給付を第3の柱が支給するのに対して，チリでは，第2の柱による積立金と第3の柱による積立金とが合わさって1つの年金給付を支給するからである．こうした体系の違いから，第3の柱に認められる機能にも微妙な差異が生まれる．

(ii) まず，ブラジルでは，公的年金制度による年金の支給額に上限があることや社会保障因数の導入によって，年金の支給額が低水準となる傾向がある．そこで，高齢期の所得水準を現役時代に得ていた所得に見合うよう引き上げるために，補足的保障制度が機能する．これに対してチリでは，年金の給付水準を引き上げるためだけでなく，できるだけ早く繰上げ支給の老齢年金を取得できるようにするためにも，補足的保障制度が利用されている．

(iii) 次に，第3の柱における使用者の役割という観点から両国を比較してみよう．まず，ブラジルでは，使用者によるイニシアティブの下，使用者の保険料拠出を前提とした補足的保障制度が比較的充実した形で用意されている．最近導入された職域単位の補足的保障制度（使用者に拠出義務はない）は，増加傾向にあり，それに着目していく必要はあるものの，それでもブラジルでは企業単位の補足的保障制度の方が団体数も適用対象者数も多い．使用者には高齢期の所得保障に関する重要な役割が与えられていることを確認できる

(第2の柱でも重い保険料の負担義務が使用者に課されていた).

　これに対して，チリの第1次年金改革の時点ではそもそも補足的保障制度の基盤自体がまだなく，その後に充実化された制度も基本的には被保険者個人が実施するものであった．使用者に保険料の負担義務を課さない第2の柱と同じく，高齢期の所得保障における使用者の役割はほとんど皆無であった．個人主義に立脚し，経営上のコストを引き下げることの方が重視されていた．

　このように補足的保障制度における使用者の存在について差異が見られた両国であるが，最近では，チリでも使用者の存在が見直されている．2001年改正では，労働者が使用者からボーナスを受け取る代わりに，「協定預金」を選択することができるようになった．協定預金は将来の年金の原資となるため，労働者がこの選択をすると使用者が高齢期の所得保障の一端を担うことになる．さらに，2008年の第2次年金改革では，使用者が制度の創設にイニシアティブを有し，保険料の拠出も行う集団的任意保障貯蓄制度も導入された．こうしてチリでも高齢期の所得保障における使用者の位置付けが見直されており，両国の第3の柱は近づき始めているといえるであろう．

(ⅳ) 近年，両国では補足的保障制度を多くの人に行き渡らせるための改正が行われており，これも第3の柱に関する共通する動きといえる．ブラジルでは，これまでの企業単位の仕組みの他に，職域単位の仕組みも導入され，主として職業をベースに制度の普及が図られている．他方，チリではそもそも第3の柱は個人ベースで発展してきたが，集団的任意保障貯蓄制度を導入することで職業ベースでの普及も目指された．さらに，チリでは所得に着目した手法によってより多くの人が第3の柱にアクセスできるように改正された点が注目に値する．というのも，それまでは，税法上の優遇を享受できる高所得者層しか利用できていなかったため，中所得者層や低所得者層をターゲットにした改革が行われた．具体的には税の優遇方法の選択肢を増やし，特別手当を支給することで，中所得者や低所得者も制度にアクセスできるように配慮されたのである．

(ⅴ) 最後にブラジルでは社会的正義を促進するという観点からも第3の柱の機能が指摘されているので触れておこう．すなわち，ブラジルでは公的年金制度の年金水準の低さが原因で，高所得者の高齢期の収入が大きく落ち込む可能性があることが問題視されている．大きく落ち込みすぎると，「歪み」

となりえ，それが社会正義の促進を阻むことになるため，高所得者に対してもある程度の保障を与える必要がある．この「歪み」を是正するためにも，補足的保障制度が機能すると解されているのである．

3　高齢期の所得保障の基本的な設計（課題C）

(i) 個々の柱の概要を踏まえて，ここでは，3つの柱の関係性にも注意しながら，簡単にチリとブラジルの高齢期の所得保障の基本的な設計をまとめてみたい．

(ii) 既に検討してきたとおり，チリの第2の柱は個人主義を基調とする確定拠出型の積立方式による年金制度である．強制的な保険料を賦課する賃金には上限が付され，補足的保障制度（第3の柱）に拠出できるだけの余裕を確保するように配慮される．第2の柱と第3の柱とを合わせて多くの保険料を拠出できる人は，その成果として高齢期に十分な所得保障を得ることができる．特に最近では第3の柱が高所得者だけでなく，中所得者や低所得者にも普及するように改革されたところである．

その一方で，第2の柱にあまり保険料を拠出できない人は将来，低年金や無年金に陥る危険がある．これは特に女性や自営業者に多い問題である．そこで，この問題を解決し，すべての人の高齢期に一定の所得を保障するように，第1の柱が設けられた．第1の柱は「連帯」の原則に依拠して，国家主導の所得保障を行っている．

もっとも，第1の柱を野放図に充実させたのでは，第1の柱による所得保障を得れば足りることとなり，第2の柱や第3の柱に対して保険料を拠出するインセンティブを阻害するおそれがある．そうなってしまえば個人主義を基調に年金制度を構築するチリの高齢期の所得保障制度の根幹を揺るがしかねない．そこで，第1の柱は，第2の柱や第3の柱の存在に十分配慮した上で組み立てられている．具体的には，低年金者に支給する老齢連帯保障手当（APSv）の支給額は，第2の柱による年金額が高いほど低くなるものの，それでも最終的な合計額（年金＋老齢連帯保障手当（APSv））は累進的に引き上がるように設計される．こうした設計によって，第2の柱に保険料を拠出するインセンティブが低下することがないように配慮している．また，第1の柱の連帯年金制度（老齢連帯基礎年金（PBSv），老齢連帯保障手当（APSv））の

支給要件を充足するかの検討にあたっては，第３の柱での積立金を考慮対象から外している．というのも，第３の柱（補足的保障制度）による保障があることを理由に国家からの支給は受けられないとしてしまうと，第３の柱への加入インセンティブが削がれるからである．

こうして拠出制の第２の柱を中心に据えて，第３の柱を高所得者だけでなく，中所得者や低所得者にも普及させて拠出制の年金制度を促進させる一方，その促進が阻害されないように配慮した上で人口の60％までをも対象とした第１の柱を構築するというのがチリの高齢期の所得保障制度の大枠である．個人主義を基調に年金制度を設計しつつも，その結果，低年金や無年金の問題が生じたので国家主導による連帯への揺り戻しが行われたことがチリの制度の最も興味深い特徴といえるだろう．第２の柱を，第３の柱として上から，第１の柱として下から，フォローして高齢期の所得保障が行われるように設計されている．チリのこうした立法の経緯を見てみると，民営化されていても，高齢期の所得保障制度の設計における国家の役割は極めて重要であることを理解でき（民営化されるからこそ重要なのかもしれない），制度の前提となる環境の整備はやはり国家が主導するしかないことを改めて確認できる．

(iii) 他方，ブラジルの高齢期の所得保障制度の特徴は，中核を占める第２の柱の存在感の大きさであろう．賦課方式の下，基本的には確定給付型の仕組みである第２の柱は，連帯の原則に依拠し，国家が主導する．そして，この第２の柱には，本書で検討しただけでも数多くの問題が山積している．高齢化も進む中，財政赤字の問題をはじめ，保険料拠出期間年金 ATC における年齢要件の欠如をひとつの原因として生じる早熟年金や逆方向での連帯の問題，社会保障因数の適用等によって引き起こされる年金の低水準化，それに伴う就労の結果としての年金の放棄（Desaposentação）等，枚挙に暇がない．このような第２の柱を支えるのが第３の柱と第１の柱なので，各柱の関係性を順に確認しよう．

まず，第３の柱は，公的年金の給付水準の低迷に伴って，ますます重要性が高まっている．2001年には従来から存在する企業単位の制度に加えて，職域単位の補足的保障制度も導入されており，多くの人が補足的保障制度にアクセスできるように環境の整備が図られている．こうした第３の柱と第２の柱の関係についてはチリと同じような配慮を確認できる．すなわち，強制的

な保険料（第2の柱）を賦課する賃金に上限を付すことによって，補足的保障制度に保険料を拠出する余裕を残すことが配慮される．

　他方，第2の柱を下支えするのが第1の柱，具体的にはBPCである．BPCは，無年金の場合に限って支給される．逆にいえば，第2の柱，第3の柱からたとえ低額でも年金を受けられる場合には，要件を満たさないため，BPCを得られない．既に述べたとおり，この点は，第2の柱が支給する年金は最低賃金額を下回ってはならないと憲法が保障すること（憲法201条2項）に関係しそうである．ブラジルでは第2の柱が最低限の保障をするため，それを超えて第1の柱による保護は必要ないと考えられているのであろう．また，第2の柱たる公的年金の支給額の下限と第1の柱のBPCの支給額とは共に法定最低賃金とされており，単純比較すれば特に第2の柱に拠出するインセンティブは確保されていないといえる．もっとも，第2の柱の下限は，法定最低賃金を上回って職種毎に設定される職能別最低賃金がある場合にはそちらとなるため，その場合には第2の柱への拠出インセンティブはある．加えて，BPCによる保護は，拡大傾向にあるとはいえ，未だ一部の者に限定されているという問題もある．無年金者全員が受給できる訳ではないので，この点からも，第2の柱へのインセンティブはかろうじて保持されているようである．

　これまで見たとおり，ブラジルでは多くの問題を抱えた第2の柱が中核として大きな位置を占め，第2の柱による年金の低水準の問題を第3の柱である補足的保障制度が補てんすると共に，無年金者（の一部）には第1の柱が機能する．しかし，それでも全ての人を保護の対象とはできていないというのが，高齢期の所得保障制度の大まかな全体像であろう．第2の柱と第3の柱との関係で配慮を加える点はチリの制度と類似するが，第1の柱については，チリの制度ほどには第2の柱や第3の柱へのインセンティブを確保するように意識した設計ではなく，各柱が分業的に設計されて機能するのがブラジルの特徴かと思われる．

4　公的年金制度の役割と限界

(i) 第1の柱，第3の柱，そして各制度間の関係性を検討した上で，改めて公的年金制度の役割とその限界について考えてみたい．

(ii) ブラジル及びチリの公的年金制度（第2の柱）は，保険料を拠出したことを前提に給付を与える仕組みとして，高齢期の所得を保障する上で中核的な役割を果たす．もっとも，ブラジルでは，低水準にとどまる年金の支給額をカバーするために，第3の柱（補足的保障制度）が用意され，チリでも，年金の支給額を増やすため，あるいは早期の年金取得を可能にするために，第3の柱（補足的保障制度）がある．両国とも，制度の組み方に違いがあるものの，第2の柱による年金の支給額を引き上げるために，第3の柱（補足的保障制度）を用意する点で共通している．いいかえると，第2の柱（公的年金制度）には，支給額が一定額に限られるという限界があるということである．

さらに，両国では，公的年金制度を下支えする仕組みとして，第1の柱を用意している．というのも，公的年金制度は，保険料の拠出を前提に給付に結びつけるため，そもそも保険料を拠出できない場合には，保護できないという限界があるからである．チリの場合には，無年金の場合だけでなく，第2の柱による年金水準が低い場合にも機能するように，第1の柱が設計されているので，第2の柱に対する保険料の拠出が十分でない結果，低年金になるとの限界も確認できる．ブラジルでは，第2の柱が，少なくとも法定最低賃金相当額の年金を保障することによって低年金の問題に対処している．

(iii) このように公的年金制度には，支給額が一定額に限定されること，無年金に陥ること，低年金に陥ること（特にチリ），といったいくつかの限界がある．そして，両国の公的年金制度を検討した結果として，もう1つの共通する限界を指摘できるように思われる．これは，公的年金制度における所得の垂直的な再分配にかかわる問題である．

まず，チリでは，個人主義の下，自分で積み立てた額を給付にまわす個人積立勘定による積立方式がとられている．そのため，高所得者は（第3の柱も合わせて）高額の保険料を頻繁に拠出し，運用することで，高額の給付を早期から得られる（繰上げ支給の老齢年金の利用）．その結果，現役時代の格差がそのまま高齢期にも引き継がれる．

他方，賦課方式を採用し，国家主導の連帯を追求するブラジルでは，公的年金制度の存在によって，一定の範囲で垂直的な所得の再分配を実現できていることは既に確認した（第2編第1章第7節Ⅳ参照）．これは，社会的な統合を目的として，低所得者を制度に加入させる仕組みが整備されたことの成果

といえるだろう．こうして公的年金制度によって高所得者から低所得者への垂直的な所得の再分配を実現しているといえる反面で，ブラジルでは逆の方向での所得の再分配も起きている．高所得者は若いうちから保険料拠出期間年金 ATC を取得する一方，低所得者はそれを取得できず，その結果，低所得者が負担する保険料が，高所得者の保険料拠出期間年金 ATC の財源となっている．保険料拠出期間年金 ATC を取得できない低所得者は，代わりに老齢年金を取得し，公的年金制度の枠内で所得階層による年金の棲み分けが生じている．年金の支給額は賃金をベースに決まるため，高所得者の取得する保険料拠出期間年金 ATC は高額，低所得者の取得する老齢年金は低額である．こうしてブラジルでも，チリと同じように，現役時代の格差がそのまま高齢期にも引き継がれるのである．

　加えて，ブラジルの場合には，年齢要件のない保険料拠出期間年金 ATC と年齢要件のある老齢年金との並存が格差に拍車をかけている．というのも，保険料拠出期間年金 ATC は，年齢にかかわらず支給されるため，早期の年金受給が可能であり，受給者は若いうちから死亡に至るまで，長期にわたって年金を取得できる一方，老齢年金の場合は，年齢要件があるため，保険料拠出期間年金 ATC に比較すれば短期間となるからである．高所得者は高額を長期にわたり受給する一方，低所得者は低額を短期間取得するとの構図が展開され，こうした状況は，「逆方向での連帯」とも呼ばれているのである．

　ところで，こうした問題を解決するために，1988年憲法制定時や1998年憲法修正時に引き続いて，保険料拠出期間年金 ATC に年齢要件を挿入することが議論されてきた．フォーミュラー85/95（90/100）によりようやく年齢を年金の取得にあたり考慮することが認められようとするところであり，今後の議論が注目される．しかし，立ち止まって考えてみると，年齢要件が挿入されれば，保険料拠出期間年金 ATC と老齢年金とは，年齢要件と保険料拠出要件という似たような支給要件を掲げることになる（なお，保険料の拠出に関する要件とは，正確には，両年金に要求される「最低拠出月数」と，保険料拠出期間年金 ATC に要求される「保険料拠出期間」のことであり，両要件には微妙な差異があるが（それについては，第2編第1章第7節Ⅲ3(2)参照），保険料の拠出を重視する点で一致する）．それにもかかわらず，両年金を一本化しようという議論は皆無であり[10]，両年金を並存する方向での検討だけがされている．この

原因はやはり，高所得者による保険料拠出期間年金 ATC の受給と，同年金を取得できない人による老齢年金の受給という棲み分けが根強いからであろう．また，公的年金制度を通した結果，高所得者は現役時代に比べて低い支給水準の年金を甘受する必要があるのであり，こうした「歪み」を是正することも，補足的保障制度の機能のひとつとブラジル社会保障省は把握している．現役時代の所得の格差は高齢期にもある程度引き継がざるを得ないのであり，そうしないとそれが逆に社会的正義の促進を害するとブラジルでは考えられている．

(iv) 積立方式によって個人主義を追求するチリ，賦課方式によって国家主導の連帯を実現しようとするブラジル，共に，公的年金制度の構造や考え方に根本的な違いがあるにもかかわらず，現役時代の所得格差を高齢期にも温存する点で両国は共通している．とすると，少なくともブラジルとチリといった比較的現役時代の社会格差が激しい国においては，公的年金制度によって，高所得者から低所得者への垂直的な所得の再分配を実現するのは難しいという限界が浮かび上がる．おそらく，両国とも程度の差こそあれ，年金に保険料を拠出したことに対する対価としての性格を重視するから，こうした帰結になるのであろう．拠出した分は，ある程度，給付に反映させないと，その人自身が高齢期に貧困に陥る危険が湧いてくるし，保険料の拠出にある程度の上限を設けないと，第 3 の柱による将来の蓄えをできなくなるおそれがある．こうして現役時代における格差は，高齢期にも引き継がざるを得ないことを，両国の法制度は物語っているようである．

---

10) この点は，社会保障省にヒアリングを行った際も何度も質問したが，問題意識を十分に理解してもらえなかった．語学力の問題もあるが，ブラジルでは高所得者と低所得者それぞれの高齢期の所得保障として，両年金が機能する以上，その一元化は夢のまた夢という印象を受けた．

第2章　日本の法制度に関する検討

(i) これまでのブラジルとチリの高齢期の所得保障に関する検討を踏まえて，以下では，日本の法制度（第1編参照）を振り返りながら，日本法への示唆を模索してみたい．検討のはじめに，日本の高齢期の所得保障制度（民間部門に限る）をブラジルとチリに共通した3層構造，いわゆる3本の柱にあてはめて整理してみよう．

　まず，第3の柱である補足的保障制度に該当するのは，わが国のいわゆる企業年金であり，具体的には厚生年金基金，確定給付企業年金，確定拠出年金（企業型・個人型）があてはまろう．このうち，厚生年金基金は基金独自の部分のみならず，厚生年金保険の一部も代行するため，第2の柱の一部も担うといえる．

　続いて，拠出制の強制加入の年金制度である第2の柱には，報酬比例の厚生年金保険と定額拠出・定額給付を基本とする国民年金とが該当しよう．わが国の第2の柱は，2つの公的年金制度によって2階建ての構造となっている点が特徴的である．加えて，国民年金の財源には国庫負担分があり，所得要件付での保険料免除制度もある．そして，免除者には保険料の全部又は一部が免除された期間・部分（いいかえれば保険料の全部又は一部の拠出がなかった期間・部分）について国庫負担分に相当する給付が支給されるため，その限りでは，国民年金には非拠出制の年金を支給する側面もあるといえる（扶助的な機能があるといえるであろう）．こうした扶助的な機能を捉えれば，国民年金制度は，拠出制の第2の柱だけではなく，第1の柱の一部も担う制度と整理できるかもしれない．

　では，国民年金以外の第1の柱はどうだろうか．わが国では，長年，ブラジルやチリのように高齢者を固有の対象とする扶助制度は設けられておらず，一般的な生活困窮者を対象とする生活保護制度が低年金や無年金の高齢者に

も機能してきた．しかし，2012年の社会保障・税の一体改革によって，福祉的措置として年金生活者支援給付金（以下では「給付金」という）制度が導入された（2017年4月施行予定）．給付金の分析は後述するが，さしあたり国庫を財源とすること，一定基準を下回る老齢基礎年金の受給者を支給対象とすることを考慮すると，給付金は第1の柱に位置付けられるであろう．その上で，（少なくとも）無年金者は給付金の対象から外れるから，今後も，生活保護がわが国の高齢期の所得保障における最後のセーフティネットとして，重要な役割を果たしていくのは間違いないであろう．

　こうした分類に従って日本の高齢期の所得保障制度の全体像を整理してみると，やや変則的ではあるが，以下のようになる．

第3の柱	企業年金	厚生年金基金
第2の柱	厚生年金保険	
第1の柱	国民年金	
	年金生活者支援給付金（・生活保護）	

(ii) この全体像を踏まえて，以下では第1に公的年金制度に関して（第1節），第2に視野を広げて高齢期の所得保障制度全般について（第2節），分析してみたい．

第1節　公的年金制度

1　制度の概要

(i) 第2の柱を構成するわが国の公的年金制度の構造は，どちらかといえば，ブラジルの設計に似ている．というのも，第1編で詳述したように，公的年金制度を運営し主導するのは国家であり，財政方式は修正積立方式とはいえ賦課方式に近い．保険料額と給付額の決め方も，マクロ経済スライドの適用があるため一概にはいいきれないが，あらかじめ給付の算定方法が決まるため確定給付型に近い[11]．加えて，厚生年金保険では使用者にも保険料の負担義務があり，この点もブラジルの制度と類似する．もっとも，労使折半での負担であり，使用者の保険料負担義務はブラジルほどは重くない．

(ii) 他方，給付についてはどうだろう．年齢（厚生年金は65歳に向けて段階的

な引上げ途中であるが，基礎年金（国民年金）は65歳）を要件とする老齢年金を原則的な給付とし，例外的に繰上げ支給を認めるため，この点を捉えるとチリの制度に似ていそうである．ただし，わが国で繰上げ支給が許されるのは60歳以上であるため，年齢による枠付けがある点や，年金数理的な観点から支給額の減額を伴う点がチリの制度とは異なる．加えて，支給額の増額を伴う繰下げ支給も70歳まで認められ，わが国独自の特徴といえる．

(iii) 年金の支給要件を充足すればただちに年金の支給に結びつく点では，年金の受取方法をさらに選択する必要のあるチリとは差異があり，ブラジルと同様の体系といえる（もっとも，被保険者による裁定請求と厚生労働大臣による裁定処分は必要）．第3の柱である企業年金は，厚生年金基金を除いて，公的年金制度による年金とは別個の給付を支給するので，この点でもブラジルの体系に近い．なお，ブラジルやチリで見られた重労働に従事する者への早期の年金受給措置は，わが国では廃止の方向であり，経過規定が残るのみである．

(iv) こうした理解をもとに，公的年金制度について本書が最初に設定した課題（第1編第3章5参照），すなわち公的年金制度における年金の基本構造（課題A）と「選択」の観点（課題B）について考察してみよう．

2　公的年金制度における年金の基本構造（課題A）

(1) 日本の法制度

年金の基本は何かを探るため，拠出，年齢，就労という3つの観点から，改めてわが国の公的年金制度を確認してみたい．

①　拠出との関係

(i) 日本の公的年金制度は，基本的に拠出と給付の牽連性を認めているといえよう．まず，厚生年金保険は報酬比例の給付であり，拠出に応じた給付が得られる．また，就労する年金受給者については，保険料の負担義務が課される反面，確定的に退職する際には在職中の保険料拠出をも基礎として年金の支給額が改定されるため（退職時改定），この点でも拠出と給付の牽連性を

---

11) 堀教授は，純粋な意味での確定給付年金と確定拠出年金は公的年金には必ずしも当てはまらないとした上で，保険料水準固定方式を導入した2004年改正を受けて，保険料水準を先に決めて，それによって年金水準が決まるという意味で確定拠出年金となったと説明される（堀［2013a］15-16頁，539-540頁）．

追求する姿勢をみてとれる．他方，定額給付である国民年金は，40年の保険料納付済期間がある場合を満額とし，40年に満たない場合には拠出に応じた減額をするため，拠出に応じた給付といえるであろう．

(ii) こうして基本的には拠出と給付の牽連性が認められる一方で，わが国の公的年金制度には，牽連性にあまり重きを置かない制度も同時に盛り込まれているようである．厚生年金保険制度における在職老齢年金制度（以下，「在老制度」という）がひとつの具体例である．確かに，在老制度には拠出と給付との牽連性を維持する側面があるものの，それまでどれほどの保険料を拠出しても，賃金収入があれば年金の一部又は全部が支給停止されるからである．ここでは，現役労働者との均衡や支給開始年齢到達後もなるべく支給額を少なくして年金財政を確保する視点等が重視されている．他方，国民年金制度には既述のとおり，保険料の免除制度がある[12]．保険料拠出期間の全期間にわたって全額の保険料免除を受ければ，一度も保険料を拠出することなく満額年金の2分の1に相当する給付を得られる[13]．免除されるには事前に，法定免除の要件を満たす（国年法89条）か，免除の申請をし厚生労働大臣から免除決定を受ける（同法90条）必要がある．低所得者にこそ年金による保護を与える必要があるとしてこの免除制度は導入されている．

(iii) このように，厚生年金保険には拠出するにもかかわらず給付が支給停止される仕組みが，他方，国民年金には拠出なくして給付が得られる仕組みがそれぞれ含まれており，拠出と給付の牽連性をあまり重視しない傾向を日本の公的年金制度から読みとれる[14]．保険料の拠出と給付の牽連性については，保険料拠出を条件として給付を行う局面と，拠出した保険料と比例する形で

---

12) 本文では免除の中でも，①保険料を納付しない期間が受給資格期間に算入され，かつその免除期間に対して国庫負担分の老齢年金の受給が認められる国民年金保険料の免除（法定免除，申請免除）を考察対象としたが，年金制度にはその他にも②受給資格期間に算入されるのみで，老齢年金の受給額に影響しない学生納付特例制度や若年者納付猶予制度，③受給資格期間に算入されつつ，その期間に対応する老齢基礎年金は満額認められる国民年金の第3号被保険者制度，④受給資格期間に算入され，かつその期間に対応する老齢厚生年金について，従前の水準が保障される育児休業中及び産前産後休業中の免除制度がある．これらの分類は高畠［2013］26-27頁に拠る（岩村［2012］237-239頁も参照）．

13) 本文では保険料の拠出をしなくても給付に辿り着ける観点から免除制度を捉えたが，視点を少し変えると，十分な保険料拠出をしていないからこそ拠出した場合に比べて支給額が低いとも分析できる（太田匡彦教授の指摘による）．その意味で拠出と給付の牽連性は担保されているといえる．

給付がされる局面とが区別される[15]が，日本の制度はいずれの局面でも基本的には牽連性を認めるものの，例外として拠出を条件としない場合（例：免除制度）や拠出に比例させない場合（例：在職老齢年金制度）も盛り込んで公的年金制度が組み立てられるといえるだろう．こうしたわが国の状況は，ブラジルとチリの検討によって得られた年金の基本構造に関する理解とは大きく異なるものといえる．というのも，ブラジルやチリでは，年齢の視点や退職の視点よりも，保険料の拠出の視点が不可欠の要素として重視されて年金制度が構築されていたからである．この観点によれば，基本的には給付は拠出に応じるもののそれが完全に貫徹される訳ではなく，拠出と給付に必ずしも強い牽連性を持たせていない点が，日本の公的年金制度の特徴といえそうである．

② 年齢との関係

(ⅰ) 続いて年齢の視点から考察してみたい．日本では，年金の支給にあたって，年齢に重要な位置付けを与えている．国民年金も厚生年金保険（引上げ途中ではあるが）も65歳を支給開始年齢とした老齢年金を原則的な給付と位置付けるからである．また，例外である繰上げ支給や繰下げ支給にも年齢による枠付けがある．この点が，年齢にあまり重きを置かないブラジルやチリとの違いである．年齢を重要な軸とした上で[16]，年金数理的な視点も導入して年金の支給額を調整することが日本の制度の特徴といえるであろう．ブラジル・チリの検討によって導かれた年齢の数ある機能のうち，年金の支給期間を調整し，財政をコントロールする機能が特に重視されており，近年の支給開始年齢のさらなる引上げ論も，加速する少子高齢化を背景にこの観点に起因している．

(ⅱ) では，ブラジル・チリの両国があまり重視しない年齢を重視する結果，

---

14) 拠出の水準と給付の水準は厳密に対応する関係にはないことがほとんどであり，拠出と給付の関係は緩やかなものにとどまることが多いのが社会保険方式の特徴でもある（堀［2009］34頁，笠木［2012］12頁）．

15) 太田［2012］329頁，太田［2013］74頁．

16) 太田教授は，老齢厚生年金について「老齢自体が何らかの必要をもたらすわけではない」とした上で，「老齢に伴って生じるであろう就労離脱による収入喪失が社会保障制度の対応すべき必要と位置付け」ており，「必要をもたらすと想定される典型事由がいわば近似値として要保障事由（たる年齢――筆者注）に用いられている」と分析される（太田［2012］323-324頁）．

わが国では両国が重視する視点，すなわち保険料の拠出の視点と就労による消耗の視点を比較的，重視しない傾向が窺えるのであろうか．

まず，現行の両国の制度が重視する保険料の拠出については，基本的には重視されているものの，それとは逆方向の傾向も公的年金制度の枠内で確認できたことは①で検討した．

他方，就労による消耗の点について日本の状況をみてみると，確かに従前は坑内労働者や船員を対象に過酷な就労による消耗の視点を考慮して，早期の年金受給を認めていた．しかし，1985 年にこの特例は廃止され，現在では経過措置が僅かに残るばかりである．こうして現在の公的年金制度は，（少なくとも正面からは）就労による消耗の視点をほとんど見出せない状況といえそうである[17]．

(iii) このようにわが国では，年金数理的な観点をも加味した上で，年齢の視点，特に財政コントロール機能を重視して年金制度が組み立てられている．その反面，保険料の拠出の視点にはそれほど重きを置かない傾向も見られ，就労による消耗の視点に至っては（少なくとも正面からは）ほとんど見出せない状況である．

③　就労との関係

(i) 厚生年金保険制度の創設当初には，年金の取得にあたって退職したことが必要とされ，年金には「退職年金的な性格」が認められた．支給要件として退職を課すか（日本），年金の支給開始日を退職日と設定するか（ブラジル），方法に違いはあるが，年金の取得に退職を要求する点で，ブラジルの旧制度（1960 年 LOPS 法）との共通性がみられた．

その後，日本では 1965 年に在職老齢年金制度が導入され，退職しなくても，年金を受給できるようになった（一部減額）．この在老制度導入の背景には，当時の年金水準の低迷という問題があった．この点，ブラジルでも年金水準の低迷という同じ理由で退職不要へと規律が変更された．こうした両国の類似性に鑑みると，年金の支給水準が就労状況に影響を及ぼすことがわ

---

17)　就労による消耗の視点は本文で指摘したとおり，正面からはわかりやすい形で見出せないだけで，日本の制度で重視されている「年齢」の観点に含まれて考慮されているのかもしれない．こう考えると，年齢という視点に複数の意味を読み込むのが日本の特徴といいうるかもしれない．

かる.

　このように日本ではそもそも年金の低水準を理由として在老制度が導入されたのであるが，その後，年金水準は改善する．しかし，それでも在老制度は廃止されなかった．正確にいえば，1985 年に 65 歳以上に対していったん廃止されたが，制度の発足以前のように退職必要という規律（退職年金的な性格）に戻るのではなく，逆の方向へと進んだ．すなわち，65 歳以上であれば在職の有無にかかわらず，年金を全額支給すると整理したのである．基礎年金との平仄を合わせるために，「老齢年金的な性格」へと衣替えが行われた．

　しかし，世界最速のスピードで少子・高齢化が進む中，賃金所得のある者にまで年金を全額支給していては当然のことながら年金財政を圧迫する．そこで，2000 年には年金財政を維持し，保険料負担の重い現役労働者との均衡を図るために，在職老齢年金制度が 65 歳以上に対しても復活したのである（2004 年には 70 歳以上へも拡大）．かくして一定の年齢に到達すれば年金の受給権が発生する（老齢年金的な性格）反面，在職する場合には，賃金の多寡に応じて，年金の全部又は一部が支給停止される（退職年金的な性格）現行制度が整った[18]．つまり，現行制度では退職は年金支給の直接的な要件ではないが，就労を継続すると，賃金額に応じて年金の一部又は全部が支給停止される．これにより現役世代とのバランスや年金財政の健全化・安定化が図られている．在老制度は，ブラジルやチリにはみられないわが国独自の仕組みであり，とりわけ現役世代とのバランスという視点は，世界最速で少子・高齢化が進むわが国ならではの観点といえるだろう．

(ⅱ) 次に，年金受給者が就労する場合の保険料拠出と給付の点を確認してみると，わが国ではブラジルと同様，保険料の負担義務を課している．もっとも，ここでも 70 歳未満という年齢による限定がかかるのが特徴的である（厚生年金保険の被保険者は 70 歳未満である（厚年法 9 条））．そして，終局的に退職すれば在職中の保険料分を勘案し支給額に反映させる退職時改定制度がある．この観点によれば拠出と給付の牽連性が維持されているし，年金には

---

[18]　老齢基礎年金は，65 歳になると支給されるので純粋な老齢年金であり，在職老齢年金制度も含む老齢厚生年金が，老齢年金と退職年金の要素を併せ持っている（堀［2013a］11-12 頁，堀［2013b］43 頁）．

「退職年金的な性格」があるといえる．

(2) 検　討

　ア　日本の公的年金の基本構造

　保険料の拠出，年齢，就労といった3つの観点から日本の公的年金制度を分析してみると，ブラジルやチリの法制度とは大きく異なる様相であることがわかる．すなわち，ブラジルやチリでは，保険料の拠出の視点が最も重視されて制度が作られていたのに対して，日本では必ずしもそうではないからである．わが国は，基本的には保険料の拠出に応じた給付体系をとるが，厚生年金保険の在職老齢年金制度や国民年金の保険料免除制度のように，拠出と給付の牽連性をあまり重視しない制度も組み込んで公的年金制度が作られている．日本では，年金数理的な観点に基づいて年齢の視点を特に重視した形で年金制度が設計されており，ブラジルやチリが重視する就労による消耗の視点は（少なくとも正面からは）ほとんど見出せない．「退職年金的な性格」と「老齢年金的な性格」との両方が入り混じった年金制度であることも日本固有の特徴といえる．また，現役世代とのバランスへの配慮もわが国独自の観点である．

　イ　最近の改革の流れ

(i) ところで，一連の社会保障・税の一体改革では，①公的年金制度における最低保障機能の強化や②年金の支給開始年齢のさらなる引上げも議論の俎上に上った（第1編第1章第3節参照）．これらの検討課題は本書が分析軸とした保険料の拠出や年齢という視点に大きくかかわるので，簡単に触れておきたい．

(ii) まず，①公的年金制度の最低保障機能を強化するために，改革で具体的に検討されたのは，基礎年金の国庫負担分を財源として低所得者層に加算する一方で，高齢者の世代内の公平および世代間の公平を図る観点から高所得者層には国庫負担分を年収に応じて減額調整する[19]という案であった．結果的には，加算は保険料の納付意欲を損なうことや社会保険方式にはなじま

---

[19]　高額所得者への老齢基礎年金の一部支給停止案を許容することは公的年金制度の財源構成の意味に大きな変容をもたらし，ひいては年金受給権の財産権としての保障に影響を与えることになるおそれがあると指摘し，財産権への制約について検討するものに嵩［2013］737頁がある．

いことから[20]，三党合意に基づく衆議院での修正によって削除され，年金生活者支援給付金という公的年金制度とは別枠の福祉的措置の形で結実した．他方，高所得者への減額調整については，年金機能強化法附則で引き続き検討が加えられるものと整理された[21][22]（附則2条の3）．本書は給付金を第1の柱と位置付けたため，その分析は後述し，ここではこうした改革の傾向をブラジルとチリの制度との比較の観点から述べておきたい．

これまでの基礎年金制度では，保険料の拠出実績に応じて給付内容が決まり，給付の財源が保険料負担分であろうと，国庫負担分であろうと，1つの給付と捉えられていた（年金額を規定する国年法27条は，財源による区別をしていない（なお，財源の規定は同法85条（国庫），87条（保険料）である））．いいかえれば，保険料の拠出実績に応じて，保険料負担分だけでなく，国庫負担分の支給が決まっていたといえるだろう．

これに対して高所得者への減額を認めるということは，給付を，保険料を財源とする部分と国庫を財源とする部分との2つに分断し，前者は従来どおり保険料の拠出実績に応じた支給とするが，後者は拠出実績ではなく所得を考慮して支給内容を決定するように組み替えることを意味する[23]．こうした形での扶助機能の強化は保険料の拠出と給付の牽連性を一段と弱めることになり[24]，保険料の拠出の視点を最も重視するブラジルやチリの法制度とはますます逆の方向へ進むことになる．

そして，こうした政策が検討課題となる背景には，保険料の拠出実績が少ないあるいはない結果，低年金や無年金になる人々の存在がある．ブラジル

---

20) 第181回国会厚生労働委員会における糸川大臣政務官による発言（第3号（平成24（2012）年11月14日）議事録）参照．
21) 個々の拠出記録に基づく給付という社会保険の基本的な性格から，高所得者の年金額の調整には問題があり，修正により削除されたのは適切と述べる見解に菊池［2012b］36頁がある（菊池［2013b］16頁も参照）．
22) いわゆる社会保障制度改革プログラム法（2013年法律112号）6条第2項4号でも高所得者への年金給付の在り方が年金課税の在り方と含めて見直すべき検討事項として整理された．
23) 堀教授は，同じ保険料を納めたものに老後の所得により年金額に差を設けるのは，保険の考え方から逸脱しているし，就労インセンティブにも悪影響を与えるとした上で基礎年金のみ受給している高所得者の年金が半分になることを最も問題とされている（講演での議論，週刊社会保障2701号（2012年）55頁）．
24) 社会保険として構築されている制度に給付との牽連性がないか，あるいは弱い負担が保険料名目で組み込まれている場合には，その法的説明が必要と指摘するものに岩村［2013］14頁がある．

やチリでは，公的年金制度においては拠出制を貫き，それによって無年金や低年金になる場合には，公的年金制度の枠外で別個の制度を用意して対処していた．この違いに鑑みると，公的年金制度の枠内で，低年金や無年金の問題を解決しようとするのが，最近の日本の傾向といえそうである．これらの問題については，高齢期の所得保障制度全般をどのように制度設計するかという点に大きくかかわるため，後で改めて検討したい．

(iii) 次いで，②支給開始年齢のさらなる引上げは，高齢化がますます進む中で年金財政の持続性を維持するために検討課題とされたが，一体改革においては，その大綱に今後の検討事項として記載されるにとどまった[25]．この問題については，特に雇用との接続の必要性といった観点から慎重な議論をすべきという意見が多いところであり[26]，本書もこの立場に賛成である．その上で本書の検討から得られる示唆には何があるだろうか．

年齢要件を設けない年金を用意するブラジルは常に財政逼迫の問題を抱えてきており，この点に鑑みると，年齢には年金財政をコントロールする重要な役割があることが窺える[27]．そのため，年齢要件を操作して財政の持続性を維持することは一定の範囲で必要である．また，ブラジルの制度をみる限り，年齢要件の欠如がもたらす混乱はすさまじい．年齢は基本的に万人にとって明確であり，誰しも生きている限り，客観的には同じスピードで増えるので公平でもある．年金制度を設計する上で，年齢という指標は極めて有用な基準といえる．制度の設計において年齢要件をなくすという選択はすべきでないのであり，年齢を重視したわが国の仕組みは評価することができるであろう．制度を維持するにはさらなる支給開始年齢の引上げも避けては通れない課題といえる．

もっとも，ブラジルとチリの法制度を検討した上で明らかとなったのは，年金の制度設計において年齢は必ずしも必要な要件ではない可能性があると

---

25) 社会保障制度改革国民会議が発表した「社会保障制度改革国民会議報告書〜確かな社会保障を将来世代に伝えるための道筋〜」（2013年8月6日）は，「2004（平成16）年の制度改革によって，将来の保険料率を固定し，固定された保険料率による資金投入額に年金の給付総額が規定される財政方式に変わったため，支給開始年齢を変えても，長期的な年金給付総額は変わらない」と指摘する．

26) 社会保障審議会年金部会第4回（2011年10月11日）議事録（逢見委員，佐藤委員，森戸委員，菊池委員他の発言参照），田中［2010］103頁他．

27) 財政方式に賦課方式を採用する場合に特にあてはまる性格である．

いうことである．この点から導きうる示唆は，年齢要件を課すのであれば，それは何のためなのかを問い直す必要があるということであろう[28]．つまり，年齢という要件は何を測るために要求されるかということである．この点は，年金とはそもそもどうして支給されるのかという本質的な理解にも深く関連するであろう[29]．

日本ではかねてより基本的には企業からの引退過程と年金の支給開始時期とを接合させるように配慮して雇用法制と年金法制が整えられ，年齢はその分水嶺として機能してきた．先ほど，わが国の年金制度では，就労による消耗の視点が正面からはほとんど見出せないと分析したが，就労による消耗の視点は，年齢という要件の中に読み込まれて考慮されてきたと理解した方がいいのかもしれない．平たくいえば，この年齢になれば，普通消耗し働けなくなるから，年金を支給しようという考え方である[30]．この考えによれば，年金の支給開始年齢と，一般に人々が消耗して働けなくなる時期とはできる限り接合している必要がある[31]．接合しないような年齢にまで支給開始年齢を引き上げるのは問題であり，支給開始年齢の引上げには消耗の観点より限界がありうるのではないかと思われる．

このように考えると，年金の支給開始年齢の引上げを議論する際には，一般に人々が消耗して働けなくなる時期がいつなのかが重要な観点となりうる[32]．消耗の程度には個人差[33]があり，長年就いてきた職種や職務内容によって異なりうること[34]も忘れてはならないであろう．また，引上げの根拠と

---

[28] 江口教授は，支給開始年齢の問題については，何のための引上げかを明確にする必要があり，それによってとるべき手段が変わってくると述べる（日本年金学会シンポジウムでの議論，週刊社会保障2752号（2013）44-46頁）．

[29] 年金の支給開始年齢の引上げを議論する際には社会の変容等をも前提として何を典型的なリスクと捉えるかを改めて議論する必要があるだろう（在老制度との関係で再検討の必要性を指摘するものに嵩 [2012a] 225頁，235頁がある．また，異なる観点からではあるが「公的年金給付はそもそも何を目的とするのか」という問題の議論の必要性を唱えるものに岩村 [2012] 249頁がある）．

[30] 関 [2011] 195頁は，特定の年齢を保障の支給要件とする法制度の正当化根拠を解明する必要性から，高齢者と年齢の関係を老年学等の学問領域をも紹介しつつ検討する．その上で，ニーズに加えて，高齢者の功績という視点を高齢者に社会保障を提供する根拠として提唱する．

[31] 社会保障制度改革国民会議の報告書も，年金制度の本質的役割を稼働所得の喪失の補てんとみて，現役時代の所得に応じた負担と給付の制度にすることを理想形としている（注(25)報告書40頁）．

[32] 支給開始年齢を決定する際に考慮すべき事項については氏原 [1978a] 12頁，氏原 [1978b] 72-75頁，良永 [1980] 97頁等参照．

して余命の伸長もいわれるが，余命の伸長は就労能力の伸長と必ずしも直結する訳ではない点には注意が必要である．年齢の有する財政コントロール機能ばかりをことさらに重視することには疑問があり，就労開始年齢の違いや職務の性質に応じた消耗の度合いの差異にも配慮した慎重な議論が求められよう[35]．

そして支給開始年齢の引上げがやむを得ないとしても，その際には支給開始年齢に到達する以前に就労できなくなる人の所得保障をどうするか[36]も合わせて検討する必要がある．具体的には現行制度にも含まれる繰上げ支給の老齢年金の整備[37]が重要となろう．また，退職から公的年金の支給開始までの期間を退職金や企業年金[38]によって埋め合わすことも考えられる[39]．

---

33) 老年学では「健康状態と社会的特徴に基づき，高齢者世代は均質とはいえない集団である」と指摘されているようである（関［2011］198頁）．
34) 嵩［2012b］29頁は，フランスにおける2010年の年金改革で，仕事の肉体的負荷の大小による寿命の違いを考慮して導入された早期受給措置を紹介している．その上で，こうした寿命の違いへの着目，すなわち被保険者間におけるリスクの違いを知覚することは，被保険者集団における再分配の中で「誰が得をして誰が損をしているのか」という視点を持ち込むことを意味し，社会保険の成立の基盤を揺るがすインパクトを内包し，「脱連帯化」を作動させると警鐘を鳴らす（嵩［2012a］220-222頁も参照）．他方，フランスの2014年改革において，職業別平均寿命の格差を是正するために，過酷労働予防個人勘定が創設されたことを紹介し，わが国でも過酷労働を続けたものとそうでないものとで平均寿命に差異はないか，検証を促す見解もある（江口［2014a］34頁以下）．
35) 社会保障制度改革国民会議の報告書では，支給開始年齢の問題は，年金財政上の観点というよりは，一人一人の人生や社会全体の就労と非就労（引退）のバランスの問題として検討されるべきとして，検討にあたっては職務の内容と高齢者の対応可能性等も考慮する必要があると指摘されている（注（25）報告書43頁）．
36) ブラジルの最近の議論を参考にすると，支給開始年齢への到達以前に就労できなくなる場合には，障害年金も所得保障の選択肢となるかもしれない．もっとも，日本の障害年金は稼得能力（就労能力）の喪失が基準ではなく，医学的に判定される機能障害の程度が基準となって支給の有無や程度が決まるので，障害年金による保障は難しいとの問題がある（障害年金と就労の関係については永野［2013］249頁，252-253頁，260-261頁が詳しい）．
37) 年金の支給開始年齢到達以前に就労能力を喪失した場合の保障が，現行制度のように支給額の減額を伴う繰上げ支給の老齢年金でよいかは，再考の余地があるかもしれない．就労能力のある人が早期受給に流れてはならないから一定の減額は必要とも思われるが，就労能力がないのであれば減額すべきでないというのも1つの考えである．結局，就労能力（稼得能力）の有無や程度を適切に測る術がないことが問題の根幹にあるように思われる．
38) 石田［2013］120頁，坪野［2013］48頁．
39) これまで厚生年金の支給開始年齢の引上げにあたっては，定年から年金支給開始年齢までの差を埋めるものとして退職金が想定されていた．

3　公的年金制度における選択（課題B）

続いて，「選択」という観点から日本の公的年金制度の特徴を確認した上で，両国の法制度の考察から得られる示唆を検討してみたい．

(1) 日本の法制度

(i) 日本の現行制度では65歳を原則的な支給開始年齢としつつ，繰上げ支給と繰下げ支給の老齢年金を用意しているので，60歳になればいつ年金を受給するか選択できる．支給開始年齢に応じて65歳以前では減額され，65歳以上であれば増額される．つまり，年金の支給開始年齢と支給額とが連動する．年齢を重視するか，額を重視するか，いずれの選択が好ましいかは個々人の判断によって異なるため，特に誘導的な選択肢ではない．そして，いったん年金の受給を選択すると，スライドによる変動はあるが，基本的に年金の支給額が固定され生涯引き継がれる．こうして支給開始年齢の選択は，年金の支給額の決定をも含んだ重要な決定となっている．

(ii) チリの年金制度では，選択に向けた環境整備が図られた経緯があったが，支給開始年齢の決定に関するわが国の環境整備はどうだろうか．法令によって減額率や増額率があらかじめ決められていることや日本年金機構から「ねんきん定期便」が毎年送られたり，インターネットでは自由に条件を設定して年金の見込み額を試算したりできることから[40]，繰上げ支給，繰下げ支給のメリットやデメリット等を知ることができるといえそうである．こうした点を考慮すると，支給開始年齢を受給者自身の選択によって決定するための環境は一応整っているといえそうである．なお，年金受給予定者から繰上げ支給等に関する相談も受け付ける年金事務所が，十分な情報を提供し，年金受給予定者が自らの判断で有意義な選択をできるように，適切な対応をする必要があることはいうまでもないだろう．

(iii) このように，日本の制度を「選択」の観点から分析してみると，支給開始年齢について特に誘導的ではない中立的な選択肢が設けられていること，支給開始年齢の選択は年金の支給額の決定をも含んだ重要な選択であること，選択に向けた環境は一応整備されていることを特徴として指摘できると思わ

---

[40] 日本年金機構は，保険料納付の実績や将来の年金給付に関する情報を国民年金および厚生年金保険の加入者に対して毎年「ねんきん定期便」の形で送付しており，電子版の「ねんきんネット」も整備している（岩村他編［2013］60頁も参照）．

(2) 検 討

(i) ではブラジルとチリの状況を踏まえて今後，公的年金制度に「選択」の場面を設けるかを議論する際に素材となりうる点を指摘してみよう．

(ii) 第一に，選択を想定できる場面としては，両国でみられたような選択の局面が参考になるだろう．すなわち，ブラジルでは年金の種類に選択の幅を持たせたり，保険料の軽減と給付の縮小を組み合わせた社会保障簡易制度を利用するか否かを選択させたりしていた．他方，チリでは，年金資金の管理を任せる AFP の選択，資金を運用する年金基金の選択，支給開始年齢の選択，年金の受取方法の選択という各種の局面で選択が想定されていた．もっとも，チリの制度は個人積立勘定による確定拠出型を念頭に組み立てられていることに留意する必要があり，上記の点は，わが国の第3の柱にあたる企業年金における選択として役立ちうるにとどまるかもしれない．

(iii) 第二に，選択の導入を検討するにあたっては，誘導的な選択肢とするか，中立的な選択肢とするかを吟味しないと，ブラジルのように実質的には選択の自由がないに等しくなってしまう．そのため，選択肢を設定する際には誘導的にするか否かを配慮すべきである．

(iv) 第三に，選択しない場合のデフォルト・ルールをいかに設定するかも慎重に見定める必要があるだろう[41]．一例としては，チリにおいて基金の選択を行わない場合に，年齢に応じてリスクの異なる基金が割り当てられること等が挙げられる．

(v) 第四に，選択の自由を被保険者に与えるということは，将来得られる年金についての決定を被保険者に委ねることになる．運用の場面がわかりやすいが，選択の余地を与えることはリスクを被保険者に負わせることでもある．つまり選択の自由には選択者の選択の結果に対する責任が伴う．そのため，制度の設計にあたっては選択の自由の背後にありうる責任を十分に意識しなければならない．その上で，被保険者に選択を委ねるのであれば，その選択が重要な決定であればあるほど，被保険者が十分な知識や能力を持った上で

---

41) 公的年金制度の文脈ではないが，確定拠出年金法の改正法案において，運用商品を選択しない者のために，「あらかじめ定められた指定運用方法（いわゆるデフォルト商品による運用）」に係る規定（新23条の2）が整備されたことは積極的に評価できる．

選択できるかを見極める必要がある．そして，必要とあれば，有意義な選択のための環境整備を同時に行うことが重要になるだろう．

(vi) 今後，わが国が支給開始年齢以外の選択の余地を設けていくかについては，極めて政策的な判断を要することになるが，選択の導入を検討するにあたっては，上述のような点も議論の素材になるかと思われる．

第2節　高齢期の所得保障制度

これまでは公的年金制度について考察してきたが，視野を広げて高齢期の所得保障制度全般に目を向けよう．第1の柱，第3の柱，各制度間の相互の関係性について日本の特徴を確認した上で，課題Cに関する検討として制度全般にわたった考察を加えてみたい．

1　第1の柱

日本では，免除制度を兼ね備える国民年金が非拠出制の年金をも支給することで第1の柱として扶助的な機能も果たす．また，高齢者固有の公的扶助制度は用意されていなかったが，昨今の一体改革によって，年金生活者支援給付金制度が創設され，高齢者に対する扶助の仕組みができたところである．もっとも，給付金は無年金者を対象から外しており，高齢者固有の扶助は低年金者にとどまる．その結果，今後も，一般の生活困窮者を対象とする生活保護制度が，補足性の原理を満たす限り，幅広く高齢者をも対象として機能していくと思われ，この点もわが国の特徴といえよう．こうしてわが国では複数のツールによって第1の柱が形成され，無年金者だけでなく，低年金者の保護も図られている．無年金者と低年金者の両方を保護対象にする点でチリの制度に近いといえよう．

2　第3の柱

企業年金を主たる内容とする第3の柱は，任意加入であること，民営化されること，現役時代の所得に近づくように公的年金を補足する機能を果たしていること等で，ブラジルやチリの補足的保障制度と共通する．

日本では，使用者が制度の導入や設計，保険料の負担の点でイニシアティ

ブを有している点が，特にブラジルの制度と類似するといえるし，最近の新しいチリの動きとも親和的である．高齢期の所得保障については，使用者が一定の役割を果たすことが期待される点で共通性を見出せる．他方，税法上の優遇を組み合わせて制度の普及を図る点はチリの制度と似ている．

　さらに，わが国の確定拠出年金については，同じく確定拠出型であるチリの第2の柱や第3の柱が参考になるだろう．ここでは具体例を3つ挙げておこう．第一に，チリでは確定拠出型の制度の下で，被保険者が十分な情報を得て，資金の運用等を決定できるように，環境が整備された経緯がある．こうしたチリの経験は，今後，確定拠出年金制度を見直していく際の先行事例と位置付けられよう[42]．第二に，最近，わが国では確定拠出型と確定給付型の中間的な企業年金制度が模索され始めている[43]．チリの公的年金制度は確定拠出型を基軸にしつつ，全基金の平均的な運用益を基準に設定される最低運用益はAFPと国が保障している．こうした仕組みは確定拠出型と確定給付型の中間的な仕組みの一例といいうる可能性があり，新しい法制を考えるヒントを提供する．もっとも，最低運用益の定め方や保障する主体等，検討すべき課題も多い．第三に，チリでは補足的保障制度が中所得者や低所得者にも普及するように税の優遇方法が多様化され，特別手当が導入された．わが国でも企業年金や個人年金の重要性が見直される中，チリの改革は参考になりうる．検討にあたってはまずわが国における税制措置の効果の実態を調査した上で改善点を探ることになろう．誰をターゲットにどういった手法で制度の普及を目指すのかや，そもそも任意加入の制度に国家がどこまでどのように介入できるのかが詰めるべき課題の一部になるだろう．

3　各柱の関係性

(ⅰ) 各柱の特徴を踏まえると，わが国の高齢期の所得保障制度の大まかな全体像は以下のようになろう．すなわち，厚生年金保険と，扶助的な機能も一

---

42) わが国の確定拠出企業年金における投資教育の現状や課題については渡邊［2013］176-177頁参照．なお，確定拠出年金法の改正法案では，継続投資教育が努力義務となり，投資教育の継続実施が促されている（新22条1項）．

43) 第23回社会保障審議会年金部会（2014年8月20日）資料「企業年金部会における検討課題」によれば，純粋なDB・DCの二者択一ではなく，諸外国の制度も参照しながら，労使間でのリスク分担をより柔軟にできる制度設計の選択肢の多様化が求められている．

部に見られる国民年金とによる2階建て構造の公的年金制度が中核に据えられ，この公的年金制度を現役時代に得ていた所得に近づけるためにいわゆる企業年金等が補足する．その一方で，低年金や無年金になる場合については生活保護制度が最後のセイフティネットとして機能し，いずれは年金生活者支援給付金もその一端を担うこととなっている．

(ⅱ) その上で各柱の関係性はどうか．チリは，第3の柱が促進するように，また第2の柱への拠出インセンティブが確保されるようにそれぞれ配慮されて第1の柱が設計され，各制度相互間の連携がみられるコンパクトなつくりであった．これに対して，ブラジルは，第2の柱が中核として大きな位置を占め，各柱同士の連携は若干みられるが，チリほどではなく，どちらかといえば各柱が分業的に機能する印象を強く受ける制度であった．こうして両国の制度体系は大きく異なったが，果たして日本の制度はいかに位置付けられるか．

わが国の制度は，ブラジル寄りのように思われる．というのも，基本的に公的年金制度が制度の中核として大きな存在感を持つところや全体的な見渡しがそれほどにはなされず，各柱が分業的に機能する点でブラジルの制度に似ているからである．とはいえ，ブラジルに比較すれば，一定の制度間の連携が図られ，その点でチリの制度に親和性がある．

ではどういった連携が図られているのか．たとえば在職老齢年金制度と年金生活者支援給付金制度を指摘できる．前者は，公的年金と賃金との調整を行うもので，わが国独自の連携の仕組みである．後者は，創設されたばかりではあるが，保険料の納付実績に応じて給付金の額が決まるので，未納期間が多ければ給付金の額が減少する．つまり，保険料を納付するインセンティブが低下しないように配慮されている[44]．また，給付金によって所得の逆転が生じないように，補足的老齢生活者支援給付金と呼ばれる仕組みも合わせて導入されている．

チリの立法の経緯（最低年金（PMGE）から老齢連帯保障手当（APSv）への転換）を辿ることで，最低保障機能を強化する際には，拠出のインセンティブ

---

[44] 給付金について，最低限，保険料免除手続を行っている者を対象としている点で未納・未加入者に給付を行うことによるモラル・ハザードを避けると共に，拠出制年金受給者との所得の逆転を生じさせないよう配慮されていると述べる見解に，菊池［2014b］155頁がある．

をいかに確保するかが重要であることを指摘したが，わが国でも同じような配慮がされて制度が作られた点は評価できる．今後，一段と最低保障機能の強化を図るのであれば，拠出インセンティブをいかに確保するかも必ず検討する必要があるだろう[45]．

また，最近の改革では，高所得者に対する負担の強化も検討された．ブラジルやチリでは年金給付への跳ね返りという点もさることながら，補足的保障制度へ拠出できるだけの余裕を持たせることも1つの根拠となって，公的年金の保険料を賦課する賃金に上限を付していた．これに対して，わが国では，企業年金等への余裕を残すといった発想はそこまで共有されていない可能性があり，参考になるだろう．

4　高齢期の所得保障の基本的な設計（課題C）

ここまでで確認してきたわが国における各柱の内容とそれらの相互の関係性を踏まえて，以下では高齢期の所得保障の基本的な設計を考察してみたい．(i) まず，これまで第1の柱として位置付けてきた年金生活者支援給付金制度はどのように評価できるか[46]．改めて経緯を確認すると，保険料の納付意欲を損なうことと社会保険方式にはなじまないことが理由となって，当初の低所得者への加算方式が廃案となり[47]，公的年金制度の枠外で福祉的措置として成立した．

加算方式であれば既に述べたとおり，年金給付を，保険料を財源とする部分と国庫を財源とする部分とに分断し，前者については拠出に応じた支給を維持する一方，後者については所得に応じた支給へと組み替えを行うことになりえた．しかし，給付金方式を採用したことで，上記のような財源構成による給付の分断を避け，財源構成にかかわらない拠出に応じた支給という従前どおりの体系を維持できた[48]．ここでは，当初案の加算方式であっても，

---

45) 低所得者への加算に関する検討ではあるが，保険料納付意欲に与える影響への慎重な考慮が必要と指摘するものに，中野［2012］203頁がある．
46) 菊池［2012a］247頁参照．
47) 加算制度案導入の背景やその課題，給付金への変更の経緯については，和田［2014］特に178-182頁，188-190頁，193-194頁が詳しい．「低所得・低年金者に対する何らかの施策を行おうとするのであれば，現行年金制度の下ではこのような方策しか無かったのではないか」と記されており，苦肉の策であったことが窺える．

少なくとも保険料を財源とする部分については拠出に応じた支給を維持しようとしていたことを確認でき，この意味で，拠出と給付の牽連性を保つ配慮がなされていたと評価できそうである．また，給付金方式として公的年金制度とは別枠に置くことで，財の流れの明確化も図られた[49]．もっとも，給付金制度については以下の点も指摘できる．第一に，公的年金制度との不可分な関係である．一見すると公的年金制度とは一線を画しているが，給付金の受給者は基礎年金受給者であり，これまでの保険料の拠出実績が評価されて支給に辿り着く．とすると，公的年金制度とは切っても切れない密接な関係があるといえる[50]．また，保険料の拠出実績を評価するため，当然の帰結ではあるが，拠出実績を持たない無年金者については保護できないという限界もある[51]．第二に，生活保護とどう調整するかという疑問である．給付金では世帯収入の考慮はあるが，ミーンズテストまでは要求されていない．補足性を要求する生活保護に先立って給付金が機能するが，どうして基礎年金受給者にはその他の者（たとえば無年金者やそもそも高齢者以外の者）には支給されない給付金が支給されるのか[52]．基礎年金受給者が特別扱いされる理由は，必ずしも十分には説明されていないように思われる．学説では，基礎年金受給者にのみ給付金を支給するこの法律は，法の下の平等に反する可能性もあると指摘されている[53]．こうして給付金に対する評価は厳しいものとならざ

---

[48] 菊池教授は，社会保険の枠内での制度設計には限界があるとして，年金生活者支援給付金という独立した制度に組み替えた点を積極的に評価する．その上で，実質的には年金を補完する所得保障給付として，国民年金に外付けされた小さな「最低保障年金」という見方を示す（菊池［2012b］36頁）．

[49] 公的年金の取得に必要な受給資格期間が10年に短縮することに伴って，低額の基礎年金を受給する者が増えるため，それを補うところに給付金制度の意義があるとの見解に，西村（健）［2014］82頁がある．

[50] 給付金制度の問題点として，実質的には年金への加算に近く，社会保険の特質である負担と給付の対応関係を損なう点や，低所得者対策であるにもかかわらず，無年金者を対象外とする一方，多額の預貯金等を持っていても給付を受けられる点を指摘する見解に石崎［2014］26頁，151頁がある．

[51] この点は，モラル・ハザードの発生を避けることと裏返しの関係にあり，難問である．

[52] 岩村［2009］10頁は，当初民主党が掲げていた最低保障年金制度について，生活保護との関係，高齢者世帯を優遇する根拠・理念について問題視した上で，「生活扶助の水準を最低保障年金並みに引き上げれば，年金水準との整合性は確保されるが，補足性の原理等の適用がないという問題は残る」と指摘する（その他にも江口［2009］103頁，中野［2012］212-213頁も参照）．

[53] 堀［2013a］222頁．

るを得ないように思われる[54]．

(ii) 次に，今後の検討事項となった高所得者への減額調整は，既述のとおり，基礎年金の国庫を財源とする部分を，拠出に応じた分配から，所得に応じた分配へと組み替えることを意味する．こうした動きは，保険料の拠出と給付の牽連性を弱める動きと評価できる[55]．保険料の拠出の視点が重視された制度設計であったブラジルやチリの法制度とはますます離れた内容にわが国の制度は進もうとしている．

(iii) 給付金制度も，高所得者への減額調整も，結局は，公的年金制度の扶助機能を高めるものであり，改革の傾向は，公的年金制度に特化し，公的年金制度を改革することで低年金者・無年金者の問題を解決しようと模索しているようである（給付金制度は建前としては別枠であるが，内実は公的年金制度と切っても切れない関係にある）．

(iv) では，なぜわが国では高齢期の所得保障全般を捉えた改革がなされるのではなく，主として公的年金制度に特化した改革が行われるのだろうか．この背景には，「国民皆年金」という日本の公的年金制度のひとつの，そして，大きな特徴[56]が関係するように思われる．この点，ブラジルやチリの公的年金制度は国民皆年金ではない．たとえば主婦や学生は任意的被保険者として強制加入の対象からは外れる．そして任意加入をしない場合には無年金となるので，公的年金制度では，その人に年金を支給できず，無年金に陥るという限界を制度自らが前提とする．そのため，強制加入制はとるものの，保険料を拠出しなかったことによって無年金や低年金になる場合にも，公的年金制度の限界として受け入れる土壌がある．これに対して，日本は，国民皆年金を謳うため，国民全員が制度に加入し，国民全員が年金の支給を受けることを制度は前提とする．そのため，保険料の未拠出によって無年金になるこ

---

54) 老齢年金は，障害年金や遺族年金と異なり，老齢というリスクの発生が確実であるという特徴があるとし，他の社会保険に比べて社会連帯をもとにして扶助原理による修正をなしうる余地は小さく，老齢年金で扶助原理による修正を及ぼし，高い給付水準を保障するには，要保障性が高いという理由だけでなく，さらに追加的な理由付けが必要になると主張するものに高畠［2013］27-28 頁がある．給付金制度では，「追加的な理由づけ」が十分になされたかという観点からも疑問が残る．

55) 社会保障審議会年金部会第 7 回（2011 年 12 月 1 日）菊池馨実委員の発言参照．

56) 国民年金について，建前としては社会保険方式を採用しつつ，保険料拠出能力を持たない者も含めた国民皆保険を達成している点を日本の制度の特殊性と分析するものに笠木［2012］27 頁がある．

とを，公的年金制度の限界として受け入れる発想にはなりづらく，公的年金制度の扶助機能を強化することで，低年金や無年金の問題を対処しようと模索するのではないだろうか[57]．低年金や無年金の問題を検討するには，皆年金を今後も維持すべきかという点も視野に入れて検討する必要があるということであろう[58]．

(v) 以上述べてきたとおり，改革では低年金者の問題を公的年金制度によって解決することを狙い，第2の柱だけでなく第1の柱の機能も有する公的年金制度のうち，特に第1の柱に位置付けられる部分を肥大化させようとしている．しかし，ブラジルとチリでは，年金とは拠出に応じた給付であることこそ重要であり，拠出制の仕組みによってフォローできない場合は別個の制度を第1の柱に用意していた．わが国の公的年金制度（特に国民年金）が免除制度を兼ね備え，第1の柱も担う制度であること自体を否定するつもりはないが[59]，「年金とは拠出制の仕組みである」という制度発足当初の原則は今後も貫いていくべきかと思われる（国民年金の発足当初には免除期間は給付額の算定基礎ではなく，少なくとも10年の保険料拠出期間が要求されていた（第1編第1章第1節II 1 (1) 参照））．こうして考えてみると，基本的には拠出と給付の牽連性を維持しながら，拠出なくして給付を認める方途がある点にわが国の制度のひとつの特徴があることは既に述べたが，拠出なくして給付にありつける場合というのは，本来なら保険料を拠出すべき時期に（つまり「事前」に），法定免除の要件を充足した場合や免除の申請をしてその決定を受けた場合である．このような「事前」の状況がなければ，公的年金制度では救えないだろう．あまりに扶助的な機能を強化し過ぎると，拠出制の仕組みが揺らぐ．拠出制の仕組みゆえ，なんらの「事前」手続なくして拠出してい

---

57) 無年金者・低年金者が増えるといった「名ばかり皆年金」になることを危惧する指摘に，島崎謙治発言「〈研究座談会〉社会保障法研究の道筋と展望——堀勝洋先生を囲んで」社会保障法研究第2号（2013年8月）145頁，150頁が，また社会保険方式で皆年金を達成するのは無理があるとの指摘に堀勝洋発言・同上149頁がある．さらに，国民皆年金は本当に維持しなければいけないのかを問題提起する指摘に岩村正彦発言・同上151頁がある．

58) 菊池教授は「実質的な意味での皆保険・皆年金の実現を図るのか，それとも『社会』性実現の限界を認め，社会保障制度全体の改革に踏み込むべきか，今まさに日本の社会保障制度は岐路に立っている」と指摘される（菊池［2012a］251頁）．

59) 社会保険方式の下で保険料負担能力のない者までをも含めた皆年金体制をとる以上，保険料の免除・猶予制度は必要不可欠と分析するものに，堀［2009］341頁，中野［2012］204頁がある．

ない人を救えないという限界は認めざるを得ない．今でも既に無年金者，低年金者を救っている生活保護制度や，公的年金制度を補足している企業年金制度等の仕組みをも見渡して各制度の役割分担にも配慮しつつ，今後の高齢期の所得保障の全体像を描く必要があるように思われる[60]．

(vi) つまるところ，公的年金制度による所得の再分配には限界があることを認めるべきではないだろうか[61]．公的年金制度によってできることとできないことを見極め，その他の所得保障制度をも見渡した上で，高齢期の所得保障のグランドデザインを描く必要があるように思われる[62]．無年金や低年金の問題を考えるには，まずもって皆年金を今後も維持するかを検討する必要があるだろう．皆年金を維持するとしても，公的年金制度の根幹たるべき「拠出」が認められなければ公的年金制度では救えないという限界を認め，制度の枠外での保護をいかに図るかを検討する必要がある．その検討にあたっては，既に法律として成立した給付金の存在も視野に入れながら，拠出インセンティブにも配慮する必要があるであろうし，生活保護との調整も重要な検討課題となるだろう．公的年金制度にはマクロ経済スライドも導入されており，縮小傾向にある分[63]，今後はますます企業年金等の重要性は増すだろう[64][65]．公的年金の支給開始年齢がさらに引き上げられれば，退職から公

---

[60] 社会保障制度改革国民会議においても低所得者に対するセーフティネットの強化に関しては，年金制度だけで対応するのではなく社会保障全体で対応するとの認識が共有された（注(25)報告書 41 頁）．

[61] 社会保障審議会年金部会第 7 回（2011 年 12 月 1 日）菊池馨実発言参照．菊池［2012a］参照．西村［淳］［2012］104 頁，中野［2012］214 頁も参照．

[62] 菊池［2014a］40 頁，森戸［2014］179 頁，福田［2012］54, 64 頁も参照．菊池教授は，高齢者への公的扶助制度のあり方としては，現役世代と別建てとし，年金による所得不足分を迅速に支給する仕組みを設けることも検討されている（菊池［2014a］40 頁）．

[63] 公的年金と企業年金の役割分担を考える際には，公的年金給付の十分性を確保すること，つまり，公的年金給付で基本的な生活ができることが重要であり，十分性が欠如すると公的年金制度は存在意義がなくなってしまうと指摘されている（坂本［2014f］29 頁）．

[64] 社会保障審議会年金部会において，森戸英幸委員は公的年金の縮小傾向に伴って企業年金や個人年金についての見直しや，自助努力等へのサポートの必要性を繰り返し指摘する．そして，最終的に公的年金を含め，全体として国民の老後所得保障システムをどう考えるか，グランドデザインを描く必要があると述べる（社会保障審議会年金部会第 4 回（2011 年 10 月 11 日），第 5 回（2011 年 10 月 31 日），第 7 回（2011 年 12 月 1 日）議事録参照，企業年金部会第 4 回（2014 年 6 月 4 日）同委員発言も参照）．

2013 年 10 月より社会保障審議会に企業年金部会が設置され，必要に応じて年金部会との合同会議も開きながら，高齢期の所得保障に関して議論がされる状況である（第 23 回社会保障審議会年金部会（2014 年 8 月 20 日）資料「今後の検討の進め方」参照）．

的年金の支給開始までの所得を企業年金等によって保障することも検討すべきである[66]．ブラジルやチリと同じように第3の柱がより多くの人に普及することが求められるであろうし，そのためには現行制度による税制措置の効果の実態を把握した上で，誰をターゲットに，どのような手法で普及を目指すのか等を検討する必要がある．第1の柱，第3の柱の両方をも含む高齢期の所得保障制度全般を見渡した制度設計が必要となるだろう．

また，ブラジルやチリのように現役時代における格差が大きい国では，高齢期においてもその格差は引き継がれていた（本編第1章第2節4参照）．高齢期における所得の格差をドラスティックに縮めようとしてもそれには限界があり，逆に「歪み」のしわ寄せを高所得者にだけ押し付けることにもなり兼ねないというのがブラジルで見られた指摘である．わが国における現役時代の格差はブラジルやチリのそれには及ばないとしても，現役時代の格差はある程度は高齢期にも引き継がざるを得ないという両国の法制度から得られた認識は，わが国の法制度を考える上で頭のほんの片隅に置いておくべきように思われる．

おわりに

本書では，高齢期の所得保障，中でも公的年金制度を主たる検討の対象として，ブラジルとチリの法制度をもとに基礎的な考察を行ってきた．年金とは何かを紐解く手がかりを求めて法制度の比較・分析を行い，わが国の制度の特徴や現在，議論の俎上に上がった改革についての検討をしてきた．

ここではブラジルとチリを比較対象国に置いた意味を改めて簡単に確認したい．最初に述べたとおり，年金制度は拠出から給付に至るまで長期のタイム・スパンが必要なため，制度改正の結果を見てそれを評価することは容易

---

65) 最近では，企業年金という限定がむしろより効果的な政策を制約するとし，企業年金という政策枠組み自体を問い直す必要性も論じられている（森戸［2013a］309 頁，森戸［2014］179 頁）．この見解は，公的年金を補完する大枠として「自助努力」を観念し，そのひとつに企業年金を位置付ける．また中小企業被用者や自営業者等も念頭に置いた老後所得保障手段確保に向けた仕組みの整備の必要性を唱えるものに菊池［2013］169 頁もある（社会保障審議会年金部会第 13 回（2012 年 10 月 24 日）菊池馨実発言も参照）．
66) 積立方式を柔軟に導入して公的年金を補完しようとする案もある（小塩［2014］33 頁）．

ではない．そのため，日本とは異なる制度を採用し，長年を費やしてきた国の実例は，わが国の制度設計を考える際に，ときにはモデルケースとして，またときには反面教師として参考になる．

　年金の支給開始年齢の引上げが先進国では当たり前のように議論され，実現される[67]現代に至ってでも，年齢それ自体を要件としない年金を用意し，それが中心的な位置付けを与えられているブラジルの状況を辿ることは，年金の制度設計において年齢という観点がいかに重要な指標であるかを確認する素材となったであろう．年齢は年金制度の設計の上で重要な観点であり，なくすべきではないが，年齢要件を付す意味を改めて考える必要があることを本書では導いた．また，わが国では沿革的に就労との連関が重視されてきたことやブラジル等の制度が年齢の代わりに重視する視点に鑑みて，支給開始年齢の引上げを検討するには，就労能力の測定という難題がありつつも，就労能力の消耗の観点からの限界がありうることを確認した．

　他方，公的年金制度の積立方式への移行が年金制度の改革における選択肢として今なお俎上に上りうる中，実際に移行し30年以上も維持するチリの経験は制度設計に関するヒントを与えてくれるだろう．チリでは積立方式の公的年金制度だけでは高齢期の所得を十分に保障できず，補足的保障制度（第3の柱）を低・中所得者にも行き渡るように拡充させる一方で，高齢者人口の半分を超える60％にまで連帯年金制度を整備する等（第1の柱），公的年金制度が上からも下からもフォローされた．こうして連帯への揺り戻しが行われた経緯を考えると，積立方式に転換すれば年金制度の問題が全て解決するというのはやはり幻想に過ぎないことを思い知る．かねてより二重の負担の問題が積立方式への移行に関しては指摘されてきたが，たとえ何らかの形で財源が確保されたとしても，積立方式への転換だけでは全ての問題は解決せず，扶助の仕組みや任意加入の補足的保障制度も合わせて，高齢期の所得保障の全体像を描く必要があるということだろう．

　もちろんブラジルもチリも日本とは経済の発展の度合いも違えば貧困の度合いも違う．人口構成も国民性も将来の貯蓄に対する考え方もかなりの程度異なるので，比較法的な示唆を得るには慎重に議論する必要があるが，ひと

　67）　岡［2012］52頁以下は諸外国の年金の支給開始年齢の引上げを論じている．

つのシミュレーションとして，本書の検討が高齢期の所得保障を考える上で少しでも寄与することがあれば望外の喜びである．

とはいえ，本書が残した課題は少なくない．特に，本書の結論として，各制度の役割分担にも配慮した上で，高齢期の所得保障の全体像を描く必要があると述べたものの，改革についての疑問や検討すべき課題を呈するにとどまり，具体的な全体像を提示するには程遠い．ブラジル・チリというこれまであまり法学的見地からは検討されていない法制度を学んだからこそ導き出せる示唆を今後，深めていきたい．また公的年金制度における年金受給権の理解[68]も不十分なままであり，今後の課題として残された．

さらに，よりミクロな視点では頭に浮かぶだけでも，以下のような課題を指摘できる．第一に使用者に重い負担を課すブラジルと，公的年金については全く負担を課さないチリ，その対称的な性格から使用者の保険料負担について何らかの示唆を得られるとは思われるものの，近年のチリにおける（その他の側面での）使用者の役割の見直しの点を捉えて，高齢期の所得保障には使用者の役割は欠かせないといういささか性急なまとめとなった．使用者には具体的にどのような規範的な責任が高齢期の所得保障に関して課されるのか，課されるべきなのかについての検討も今後の課題となるだろう．第二に，本書では，ブラジルやチリの高齢者雇用法制や税法制に関する検討が不十分である．雇用法制は，年金法制と密接不可分の関係にあるため，今後，理解を深める必要がある．また，税法制に関しては，特にブラジルの分析が皆無に等しい．チリの制度をみればわかるとおり，第3の柱の充実には税法上の優遇方法も重要な観点になると思われるので，本書の検討では不十分といわざるを得ない．第三に，ブラジルの公的年金は，狭義の社会保障制度（Previdência Social）に位置付けられており，年金以外の給付体系も十分に理

---

68) 公的年金制度における年金受給権の内容をどう理解するかが大切との指摘に江口［2012］288頁がある．また，ブラジルでは支給要件を満たした年金は既得権として憲法によって厚く保障される結果，削減の対象は将来の受給者に限られ，それゆえ，年金財政の逼迫はなかなか解消できないとの問題があった．こうしたブラジルの経験は，既得権保護のもたらす負の効果なのかもしれない．これに対して日本では，既に裁定を受けた年金であっても，既得権として絶対的な保護を受ける訳ではなく，場合によっては引下げもありうる．その上でどこまでが引下げ可能で，どこからが許されないか，法的にいえば年金の支給額を引き下げる立法の制定が立法裁量の逸脱にあたるのかが，特に憲法29条との関係で検討すべき課題となっている（菊池［2010］90頁，菊池［2002］78頁，中野［2005］71頁，嵩［2012a］218-220頁，嵩［2013］737頁以下）．

解した上で，同国の公的年金を捉える必要があるように思われる．

　本書が残した課題はこの他にも多岐にわたる．各国の法制度の理解，検討も十分でないところが多々あり，研究の最初の一歩を踏み出したに過ぎないことを肝に銘じたい．

　最後に，本書に取り組むひとつのきっかけにもなった日本・ブラジル間での社会保障協定[69]について若干述べておこう．本書では，ブラジルの公的年金制度の一端を垣間見てきた（第2編第1章参照）．そして，ブラジルでは，老齢年金の存在もさることながら，保険料拠出期間年金ATCの存在が，沿革的にも，現行制度においても，大きな位置を占めていることを明らかにした．しかし，本協定によって通算可能なブラジルの年金は，老齢年金に限られる．保険料拠出期間年金ATCは通算できないのである（本協定第2条2）．同年金はブラジル固有の年金であり，他国にはそれに相応するものがないというのが，協定の対象から外れた理由であり，ブラジル政府の意向によって通算対象から外されたようである[70]．ブラジルがこれまでに他国と結んだ協定においても，全て保険料拠出期間年金ATCは通算対象から外されている[71]．

　本書で検討したとおり，保険料拠出期間年金ATCは年齢にかかわらず取得できることから，年金の支給期間は長い．ブラジルにいる限り，同じ保険料を支払うにもかかわらず，保険料拠出期間年金ATCを取得できない結果，協定を利用して年金を取得する人（在伯日本人，在日ブラジル人）が年金の支給開始から死亡までにブラジルから取得できる額は，協定による通算の点を割り引いて考えたとしても，協定を利用しない人に比較して低くなるだろう．こうした点に鑑みると，通算協定は，老齢年金を取得する方途を築くことによって，両国を行き交う人々に最低限の所得保障を行うという意味があるにとどまり，ブラジルから支給される部分については，永続的にブラジルに住む人と同様の年金を得られる途を築いた訳ではないということを確認することができる．

---

69) 日伯社会保障協定の比較法的研究についてはTSENG［2014］を参照．
70) 厚生労働省年金局国際年金課で行ったヒアリングによる．
71) オマール・シャルモン連邦裁判官によれば，協定では相互互換性が必要だからとのことである．

こうした問題を内包するものではあるが，協定は両国を往来する人々の高齢期の所得を保障する上で，重要な一歩であることは間違いなく，協定のつつがない執行を期待して本書の結びとしたい．

引用文献一覧

* 文献は基本的に著者名(著者名不詳の場合は文献名の略記)と発表年号で引用する.

日本法引用文献
【あ】
荒木(誠)[1983]　荒木誠之「社会法における生存権法理の展開」『社会法の現代的課題　林迪廣先生還暦祝賀論文集』法律文化社 1 頁
荒木(誠)[1995]　荒木誠之「公的年金の性格と機能」ジュリスト 1063 号 25 頁
荒木(誠)[1999]　荒木誠之『生活保障法理の展開』法律文化社
有泉・中野編[1982]　有泉亨・中野徹雄編『全訂社会保障関係法　1　厚生年金保険法』日本評論社
有泉・中野編[1983]　有泉亨・中野徹雄編『全訂社会保障関係法　2　国民年金法』日本評論社
有森[2011]　有森美木『世界の年金改革』第一法規
石崎[2014]　石崎浩『年金改革の基礎知識』信山社
石田[2013]　石田成則「企業年金制度の課題と将来」週刊社会保障 2739 号 120 頁
岩村[1995a]　岩村正彦「労働者の引退過程と法政策――一九九四年年金法および雇用保険法等の改正の検討(上)」ジュリスト 1063 号 71 頁
岩村[1995b]　岩村正彦「労働者の引退過程と法政策――一九九四年年金法および雇用保険法等の改正の検討(下)」ジュリスト 1064 号 72 頁
岩村[1998]　岩村正彦「変貌する引退過程」岩波講座『現代の法　12　職業生活と法』岩波書店, 301 頁
岩村[2005a]　岩村正彦「第 9 章　社会保障における世帯と個人」岩村正彦・大村敦編『融ける境　超える法　1　個を支えるもの』東京大学出版会, 261 頁
岩村[2005b]　岩村正彦「2004 年公的年金改革　その概要と検討」ジュリスト 1282 号 43 頁
岩村[2005c]　岩村正彦「基調報告(1)　高齢者雇用安定法の改正をめぐって」ビジネス・レーバー・トレンド研究会『65 歳継続雇用時代にどう備えるか?――改正高齢法で求められる労使の新たなルール作り』独立行政法人 労働政策研究・研修機構, 3 頁
岩村[2007]　岩村正彦「外国人労働者と公的医療・公的年金」季刊社会保障研究 43 巻 2 号 107 頁
岩村[2009]　岩村正彦「高齢社会と社会保障」ジュリスト 1389 号 6 頁
岩村[2011]　岩村正彦「社会保障法の 10 年　高齢化への対応を中心に」ジュリスト 1414 号 178 頁
岩村[2012]　岩村正彦「第 12 章　公的年金給付をめぐる法的諸問題」日本社会保障法学会編『新・講座社会保障法　1　これからの医療と年金』法律文化社, 236

頁
岩村［2013］　岩村正彦「1　社会保障の財政」社会保障法研究第2号1頁
岩村他編［2013］　岩村正彦ほか編『目で見る社会保障教材（第5版）』有斐閣
氏原［1978a］　氏原正治郎「年金とはなにか」総合労働研究所『年金制度の再編成』季刊労働法別冊3号6頁
氏原［1978b］　氏原正治郎「Ⅰ　老齢年金における年金支給開始年齢」隅谷三喜男編『日本的雇用政策の展望』日本経済新聞社
江口［2008］　江口隆裕『変貌する世界と日本の年金　年金の基本原理から考える』法律文化社
江口［2009］　江口隆裕「年金制度の課題と将来」週刊社会保障2548号100頁
江口［2012］　江口隆裕「第14章　公的年金の財政」日本社会保障法学会編『新・講座社会保障法　1　これからの医療と年金』法律文化社，270頁
江口［2013］　江口隆裕「在職老齢年金再考」週刊社会保障2710号36頁
江口［2014a］　江口隆裕「2014年のフランス年金改革」週刊社会保障2771号34頁
江口［2014b］　江口隆裕「次期年金改正の課題」週刊社会保障2781号32頁
太田［2012］　太田匡彦「社会保障給付における要保障事由，必要，財，金銭評価の関係に関する一考察　とりわけ「従前所得の保障」に注目して」高木光ほか編『行政法学の未来に向けて』有斐閣，301頁
太田［2013］　太田匡彦「社会保障の財源調達——社会保障の構造を踏まえた法的議論のために」財務省財務総合政策研究所フィナンシャル・レビュー113号60頁
岡［2012］　岡伸一「老齢年金と高齢者雇用促進——諸外国における年金年齢の引上げをめぐって」週刊社会保障2702号52頁
岡本［1997］　岡本哲史「チリ」田中浩編『現代世界と福祉国家——国際比較研究』御茶の水書房，453頁
小塩［2014］　小塩隆士「積立方式で公的年金を補完」週刊社会保障2769号32頁
オタヴィオ［1994］　オタヴィオ・ブエノ・マガノ「第9章　ブラジル労働法序説」矢谷通朗ほか編『ブラジル開発法の諸相』アジア経済研究所，165頁

【か】

笠木［2012］　笠木映里「第1章　医療・年金の運営方式　社会保険方式と税方式」日本社会保障法学会編『新・講座社会保障法　1　これからの医療と年金』法律文化社，11頁
菊池［2000］　菊池馨実『社会保障の法理念』有斐閣
菊池［2002］　菊池馨実「既裁定年金の引下げをめぐる一考察　法的側面からの検討」年金と経済21巻4号76頁
菊池［2010］　菊池馨実『社会保障法制の将来構想』有斐閣
菊池［2012a］　菊池馨実「終章　社会保険の現代的意義と将来像」菊池馨実編『社会保険の法原理』法律文化社，233頁
菊池［2012b］　菊池馨実「一体改革の成果と課題」週刊社会保障2694号36頁
菊池［2013a］　菊池馨実「研究の窓　年金制度の公私のあり方」季刊社会保障研究49巻2号168頁
菊池［2013b］　菊池馨実「公的年金制度の課題と将来」週刊社会保障2739号114頁

菊池［2014a］　菊池馨実「基礎年金と最低保障——近時の年金制度改革と今後の課題」論究ジュリスト（2014 年秋号）11 号 33 頁

菊池［2014b］　菊池馨実『社会保障法』有斐閣

倉田［2009］　倉田聡『社会保険の構造分析　社会保障における「連帯」のかたち』北海道大学出版会

厚生省年金局監修［1994］　厚生省年金局監修『年金制度改正案の解説』社会保険研究所

厚生省年金局監修［1998］　厚生省年金局監修『21 世紀の年金を「選択」する（平成 9 年度版年金白書）』社会保険研究所

厚生省年金局監修［1999］　厚生省年金局監修『21 世紀の年金を「構築」する（平成 11 年度版年金白書）』社会保険研究所

厚生省保険局編［1958］　厚生省保険局編『厚生年金保険十五年史』

厚生年金基金連合会編［2002］　厚生年金基金連合会編『海外の年金制度　日本との比較検証』東洋経済新報社

駒村［2005］　駒村康平「老齢基礎年金・老齢厚生年金の給付水準——経済学の見地から」ジュリスト 1282 号 60 頁

駒村編［2009］　駒村康平編『年金を選択する——参加インセンティブから考える』慶應義塾大学出版会

子安［1997］　子安昭子「ブラジル」田中浩編『現代世界と福祉国家——国際比較研究』御茶の水書房，398 頁

子安［2001］　子安昭子「第 7 章　ブラジルにおける公的年金制度——改革を阻まれるカルドーゾ政権」宇佐見耕一編『ラテンアメリカ福祉国家論序説』日本貿易振興会　アジア経済研究所，209 頁

子安［2005］　子安昭子「ブラジルの普遍主義的な社会政策と社会扶助プログラムにおける重点主義」宇佐見耕一編『新興工業国の社会福祉——最低生活保障と家族福祉』アジア経済研究所，233 頁

近田［2004］　近田亮平「ブラジルの貧困と連邦政府による社会政策——セクター別から包括的な貧困削減政策へ」ラテンアメリカレポート 21 巻 2 号 12 頁

【さ】

坂本［2014a］　坂本純一「厚生年金基金の半世紀」週刊社会保障 2775 号 50 頁

坂本［2014b］　坂本純一「厚生年金基金の半世紀(2)」週刊社会保障 2776 号 24 頁

坂本［2014c］　坂本純一「厚生年金基金の半世紀(6)」週刊社会保障 2780 号 50 頁

坂本［2014d］　坂本純一「厚生年金基金の半世紀(7)」週刊社会保障 2781 号 56 頁

坂本［2014e］　坂本純一「厚生年金基金の半世紀(9)」週刊社会保障 2783 号 58 頁

坂本［2014f］　坂本純一「厚生年金基金の半世紀(終)」週刊社会保障 2784 号 28 頁

櫻庭［2004］　櫻庭涼子「年齢差別禁止の差別法理としての特質（一）——比較法的考察から得られるもの」法学協会雑誌 121 巻 12 号 2007 頁

佐藤［1994］　佐藤美由紀「ブラジル 1988 年憲法における大統領の立法的暫定措置の制度（一）（二完）」法学協会雑誌 111 巻 9 号 1343 頁，10 号 1532 頁

島崎［2006］　島崎謙治「確定給付企業年金の受給権と支払保証制度」みずほ年金レポート 65 号 38 頁

島村[2011]　島村暁代「第10章　コーポレート・ガバナンスと企業年金」荒木尚志編『コーポレート・ガバナンスの変化と労働法の課題』労働問題リサーチセンター，215頁

島村[2013a]　島村暁代「高齢期の所得保障――ブラジルとチリの法制度を端緒とする基礎的考察（一）」法学協会雑誌130巻2号1頁

島村[2013b]　島村暁代「第1章　ブラジルにおける労働契約の終了と使用者による金銭支払」山川隆一編『環境変化の中での労働政策の役割と手法』労働問題リサーチセンター，18頁

島村[2013c]　島村暁代「高齢期の所得保障――ブラジルとチリの法制度を端緒とする基礎的考察（二）」法学協会雑誌130巻7号115頁

島村[2014]　島村暁代「高齢期の所得保障――ブラジルとチリの法制度を端緒とする基礎的考察（三）」法学協会雑誌131巻1号150頁

島村[2015]　島村暁代「ブラジルの社会保障訴訟――年金の放棄Desaposentaçãoを題材にして」信大法学論集26号17頁

社会保険研究所編[2004]　社会保険研究所編『年金制度改正の解説』

社会保険実務研究所[2011]　社会保険実務研究所「ピックアップNews 社会保障協定」年金実務1904号12頁

菅野・堀・山口[1991]　菅野和夫・堀勝洋・山口浩一郎「『部分年金』の制度的論点」日本労働研究雑誌382号2頁

鈴木[2012]　鈴木亘『年金問題は解決できる！　積立方式移行による抜本改革』日本経済新聞出版社

関[2006]　関ふ佐子「日米の在職老齢年金制度にみる差別禁止と特別な保障」清家篤編『エイジフリー社会』社会経済生産性本部，137頁

関[2008]　関ふ佐子「論壇　高齢者と年齢」週刊社会保障2483号42頁

関[2009]　関ふ佐子「第9章　高齢者雇用法制」清家篤編『叢書・働くということ⑧　高齢者の働きかた』ミネルヴァ書房，214頁

関[2011]　関ふ佐子「第10章　「高齢」保障と高齢者の功績」小宮文人ほか編『社会法の再構築』旬報社，195頁

【た】

高橋[2006]　高橋直志「輸出主導型経済成長と所得分配問題――1980年代後半から2000年代前半までのチリの事例」ラテンアメリカレポート23巻1号34頁

高畠[2008]　高畠淳子「外国人への社会保障制度の適用をめぐる問題」ジュリスト1350号15頁

高畠[2013]　高畠淳子「2　社会保険料免除の意義　老齢年金における拠出と給付の関係」社会保障法研究第2号17頁

高藤[1983]　高藤昭「第4章　高齢化社会における社会保障法の課題」秋田成就編『高齢化社会における社会法の課題』日本評論社，97頁

嵩[2006]　嵩さやか『年金制度と国家の役割』東京大学出版会

嵩[2012a]　嵩さやか「第11章　所得比例年金の課題」日本社会保障法学会編『新・講座社会保障法　1　これからの医療と年金』法律文化社，215頁

嵩[2012b]　嵩さやか「第2章　新しい社会保険へのアプローチ」菊池馨実編『社会

保険の法原理』法律文化社，27 頁
嵩[2013]　嵩さやか「公的年金と財産権保障　高所得者への老齢基礎年金の支給停止案を契機に考える」荒木尚志ほか編『菅野和夫先生古稀記念論集　労働法学の展望』有斐閣，737 頁
橘木[2006]　橘木俊詔『格差社会——何が問題なのか』岩波新書
田中[2010]　田中秀一郎「6-3　年金保険給付」河野正輝ほか編『社会保険改革の法理と将来像』法律文化社，99 頁
坪野[2005]　坪野剛司『総解説・新企業年金』日本経済新聞社
坪野[2013]　坪野剛司「年金制度の課題と将来」週刊社会保障 2709 号 44 頁
手塚[2005]　手塚和彰『外国人と法（第 3 版）』有斐閣

【な】

中野[2005]　中野妙子「老齢基礎年金・老齢厚生年金の給付水準——法学の見地から」ジュリスト 1282 号 67 頁
中野[2012]　中野妙子「第 10 章　基礎年金の課題」日本社会保障法学会編『新・講座社会保障法　1　これからの医療と年金』法律文化社，195 頁
永野[2013]　永野仁美『障害者の雇用と所得保障』信山社
中村[1995]　中村秀一「94 年年金改正の概要」ジュリスト 1063 号 31 頁
西村（淳）[2012]　西村淳「第 5 章　社会保険を中心とした所得保障の制度体系のあり方」菊池馨実編『社会保険の法原理』法律文化社，91 頁
西村（健）[2014]　西村健一郎『社会保障法入門（第 2 版）』有斐閣
二宮[2005]　二宮正人「ブラジル連邦共和国憲法および普通立法における社会保障制度の変遷」海外社会保障研究 153 号 15 頁
二宮・矢谷編[1993]　二宮正人・矢谷通朗編『ブラジル法要説——法令・判例へのアプローチ』アジア経済研究所
日本国民年金協会広報部[1980]　日本国民年金協会広報部『国民年金二十年秘史』日本国民年金協会
年金審議会[1988]　年金審議会「国民年金・厚生年金保険制度改正に関する意見」週刊社会保障 1514 号 42 頁

【は】

八田・小口[1989a]　八田達夫・小口登良「賦課方式から積立方式への移行」季刊社会保障研究 25 巻 1 号 66 頁
八田・小口[1989b]　八田達夫・小口登良「賦課方式から積立方式への移行と財政収支」季刊社会保障研究 25 巻 2 号 166 頁
濱口[2008]　濱口桂一郎「第 6 章　高齢化社会と労働法政策」岩村正彦編『高齢化社会と法』有斐閣，165 頁
福田[2012]　福田素生「第 3 章　社会保険方式と社会扶助方式（いわゆる税方式）老齢基礎年金の社会扶助化を中心に」菊池馨実編『社会保険の法原理』法律文化社，49 頁
藤田[1989]　藤田至孝「日本型部分年金・部分賃金の方向」週刊社会保障 1526 号 42 頁
ブラジル日本商工会議所編[2005]　ブラジル日本商工会議所編『現代ブラジル事典』

新評論
法研編[2002]　法研編『厚生年金保険法解説』
堀[1994]　堀勝洋「平成6年年金制度改正の意義と課題」日本労働研究雑誌410号 38頁
堀[1997]　堀勝洋『年金制度の再構築』東洋経済新報社
堀[2009]　堀勝洋『社会保障・社会福祉の原理・法・政策』ミネルヴァ書房
堀[2013a]　堀勝洋『年金保険法　基本理論と解釈・判例（第3版）』法律文化社
堀[2013b]　堀勝洋「在職老齢年金はどうあるべきか」週刊社会保障2718号42頁
堀[2013c]　堀勝洋「社会保険制度改革国民会議報告書とその「社会保険」観」週刊社会保障2751号50頁
本沢[2008]　本沢一善『社会保障と年金制度（第2版）』ミネルヴァ書房

【ま】

森戸[1992]　森戸英幸「雇用法制と年金法制（一）」法学協会雑誌109巻9号1447頁
森戸[1994]　森戸英幸「ドイツにおける年金の早期支給に関する研究――1992年改革における部分年金制度導入を中心に」成蹊法学39号240頁
森戸[2001]　森戸英幸「第2章　厚生年金保険の現状と課題」日本社会保障法学会『講座社会保障法　第2巻』法律文化社, 77頁
森戸[2013a]　森戸英幸「企業年金法における「デフォルト・アプローチ」が示唆するもの」荒木尚志ほか編『菅野和夫先生古稀記念論集　労働法学の展望』有斐閣, 309頁
森戸[2013b]　森戸英幸「第26講　企業倒産・再編と厚生年金基金――事業所脱退と基金解散をめぐる実務上の論点」「倒産と労働」実務研究会編『詳説　倒産と労働』商事法務, 400頁
森戸[2014]　森戸英幸「高齢化社会における雇用と引退」荒木尚志編『岩波講座　現代法の動態　3　社会変化と法』岩波書店, 161頁
森戸[2015]　森戸英幸「退職金と企業年金」日本労働研究雑誌657号82頁

【や】

矢谷編[1991]　矢谷通朗編『ブラジル連邦共和国憲法1988年』アジア経済研究所
山田[2004]　山田昌弘『希望格差社会――「負け組」の絶望感が日本を引き裂く』筑摩書房
山田[2009]　山田昌弘『新平等社会――「希望格差」を超えて』文藝春秋
湯浅[2008]　湯浅誠『反貧困――「すべり台社会」からの脱出』岩波新書
良永[1979]　良永彌太郎「老齢年金受給要件の意義――引退要件を中心として」九大法学38号1頁
良永[1980]　良永彌太郎「定年退職者と社会保障法制」日本労働法学会誌56号85頁
良永[1986]　良永彌太郎「所得保障原則と老齢年金受給権――イギリス公的年金における引退要件を中心として」『現代の生存権――法理と制度　荒木誠之先生還暦祝賀論文集』法律文化社, 125頁
吉原[2004]　吉原健二『わが国の公的年金制度　その生い立ちと歩み』中央法規

【わ】

和田[2014]　和田幸典「平成24年年金制度改革の立法過程」社会保障法研究第3号

173頁
渡邊[2013] 渡邊絹子「企業型確定拠出年金制度の意義と課題」季刊社会保障研究49巻2号170頁

ブラジル法引用文献

AMADO[2011] AMADO, Frederico Augusto Di Trindade. Direito Previdenciário Sistematizado, 2a edição. Salvador, Editora Jus Podivm.
BACHES[2009] BACHES, Ana Luiza et al. Audiências Públicas na Assembléia Nacional Constituinte: A Sociedade na Tribuna. Biblioteca Digital de Câmara dos Deputados.
BALERA[1989] BALERA, Wagner. A Seguridade Social na Constituição de 1988. Revista dos Tribunais.
CARDOSO[2011] CARDOSO, Oscar Valente. Relação Jurídica do Plano de Previdência com Entidade Complementar Fechada. Reportório de Jurisprudência IOB 1a quinzena de março de 2011 No. 05/2011, Volume II, p. 155.
CASTRO; LAZZARI[2011] CASTRO, Carlos Alberto Pereira de, e LAZZARI, João Batista. Manual de Direito Previdenciário, 13a edição. São Paulo, Editora Modelo.
CECHIN[2002] CECHIN, José. Livro Branco da Previdência Social 2002. Brasília.
CHAMON[2005] CHAMON, Omar. Introdução Direito Previdenciário. São Paulo, Editora Manole.
COIMBRA[2001] COIMBRA, Feijó. Direito Previdenciário Brasileiro, revisto e aumentada 11a edição. Rio de Janeiro, Edições Trabalhistas.
CORREIA[2009] CORREIA, Marcus Orione Gonçalves. Legislação Previdenciária comentada, 2a edição revista e atualizada. São Paulo, DOJ Editora.
CORREIA[2011] CORREIA, Marcus Orione Gonçalves. Extinção do fator previdenciário é uma medida necessária. Folha de São Paulo.
CORREIA; CORREIA[2010] CORREIA, MarcusOrione Gonçalves, e CORREIA, Érica Paula Barcha. Curso de Direito da Seguridade Social, 5a edição. São Paulo, Editora Saraiva.
DUARTE[2003] DUARTE, Marina Vasques. Desaposentação e revisão do benefício no RGPS. In: ROCHA, Daniel Machado da (org.). Temas Atuais de Direito Previdenciário e Assistência Social. Porto Alegre, Livraria do Advogado, p. 73.
FORTES; PAULSEN[2005] FORTES, Simone Barbisan, e PAULSEN, Leandro. Direito da Seguridade Social. Porto Alegre, Livraria do Advogado Editora.
IBRAHIM[2010] IBRAHIM, Fábio Zambitte. Curso de Direito Previdenciário, 15a edição. Niterói, Editora Impetus.
LADENTHIN; MASOTTI[2010] LADENTHIN, Adriane Bramante de Castro, e MASOTTI, Viviane. Desaposentação Teoria e Prática. Curitiba, Juruá Editora.

MAGALHÃES[1987]　MAGALHÃES, Raphael de Almeida. Repensando a aposentadoria. RPS, N. 82, p. 531.
MALLOY[1979]　MALLOY, James M. The Politics of Social Security in Brazil. Pittsburgh, University of Pittsburgh Press.
MARTINEZ[1988]　MARTINEZ, Wladimir Novaes. Reversibilidade da Prestação Previdenciária. Repertório IOB de Jurisprudência da 2a quinzena de julho de 1988, n. 14/88, p. 187.
MARTINEZ[2010]　MARTINEZ, Wladimir Novaes. Curso de Direito Previdenciário, 3a edição. São Paulo, LTR.
MARTINS[2006]　MARTINS, Sergio Pintos. Reforma Previdenciária, 2a edição. São Paulo, Editora Atlas.
MARTINS[2014]　MARTINS, Sergio Pintos. Direito da Seguridade Social, 34a edição. São Paulo, Editora Atlas.
Ministério da Previdência e Assistência Social(MPAS)[2002]　Ministério da Previdência e Assistência Social. Os 80 anos da Previdência Social – Patromônio do Trabalhador Brasileiro. Brasília.
Ministério da Previdência Social(MPS)[2005]　Ministério da Previdência Social. Guia do Autônomo. Brasilia.
Ministério da Previdência Social(MPS)[2008]　Ministério da Previdência Social. Panorama da Previdência Social Brasileira, 3a Edição. Brasília.
Ministério da Previdência Social(MPS)[2010]　Ministério da Previdência Social. Boletim Estatístico da Previdência Social, Vol. 15, No. 12.
Ministério da Previdência Social(MPS)[2012]　Ministério da Previdência Social. Anuário Estatístico da Previdência Social 2012, Brasília.
Ministério da Previdência Social(MPS)[2015]　Ministério da Previdência Social. Boletim Estatístico da Previdência Social, Vol. 20, No. 2, Brasília.
Ministério da Previdência Social, Secretaria de Previdência Complementar (MPSSPC)[2008]　Ministério da Previdência Social, Secretaria de Previdência Complementar. Previdência Complementar Cartilha do participante, novembro de 2008.
Ministério do Trabalho, Indústria e Comércio(MTIC)[1952]　Ministério do Trabalho, Indústria e Comércio, Comissão Nacional de Bem-Estar Social, Subcomissão de Seguro Social, Anteprojeto da Lei Orgânica da Previdência Social. Departamento de Imprensa Nacional.
PREVIC[2010]　PREVIC – Previdência Complementar. Boletim Estatístico Semestral de População e Benefício. Julho a Dezembro de 2010.
ROCHA[2004]　ROCHA, Daniel Machado da. O Direito Fundamental à Previdência Social. Porto Alegre, Livraria do Advogado.
ROCHA; JUNIOR[2005]　ROCHA, Daniel Machado da, e JUNIOR, José Paulo Baltazar. Comentários à Lei de Benefícios da Previdência Social. Porto Alegre, Livraria do Advogado.

RUSSOMANO[1962] RUSSOMANO, Mozart Victor. Comentários à Lei Orgânica da Previdência Social. São Paulo, Editora Revista dos Tribunais.
RUSSOMANO[1967] RUSSOMANO, Mozart Victor. Comentários à Lei Orgânica da Previdência Social. São Paulo, Editora Revista dos Tribunais.
RUSSOMANO[1977] RUSSOMANO, Mozart Victor. Comentários à Lei Orgânica da Previdência Social. São Paulo, Editora Revista dos Tribunais.
SCHWARZ[2007] SCHWARZ, Rodrigo Garcia. Direito do Trabalho. São Paulo, Campus Jurídico.
Secretaria de Políticas de Previdência Complementar(SPPC)[2012] Secretaria de Políticas de Previdência Complementar. Informe da Previdência Complementar Dados relativos às Entidades Fechadas de Previdência Complementar, Junho 2012.
Superintendência Nacional de Previdência Social(SNPS)[2014] Superintendência Nacional de Previdência Social-Previc. Estatística Trimestral, Março 2014.
TSENG[2014] TSENG, Melissa Chyun Yea. Estudo Comparado dos Sistemas de Seguridade Social do Japão e do Brasil a proteção aos trabalhadores de ambos os países. http://www.teses.usp.br/teses/disponiveis/2/2135/tde-06092014-214311/pt-br.php(2014年9月11日最終閲覧) São Paulo, 2014.
ZANIRATO[2003] ZANIRATO, Silvia Helena. O Descanso do Guerreiro Um estudo sobre a instituição da Previdência Social no Brasil. Maringá, Editora da Universidade Estadual de Maringá.

チリ法引用文献

Asociacion internacional de organismos supervisores de fondos de pensiones (AIOSFP)[1996] Asociacion internacional de organismos supervisores de fondos de pensiones. Reformas a los Sistemas de Pensiones Argentina Chile Peru. Superintendencia de Administradoras de Fondos de Jubilaciones y Pensiones.
Biblioteca del Congreso Nacional de Chile(BCNC)[2001] Biblioteca del Congreso Nacional de Chile. Historia de la Ley No. 19768 Introduce adecuaciones de índole tributaria al mercado de capitales y flexibiliza el mecanismo de ahorro voluntario, Santiago.
Biblioteca del Congreso Nacional de Chile(BCNC)[2002] Biblioteca del Congreso Nacional de Chile. Historia de la Ley No. 19795 Modifica el D. L. No. 3500, en materia de inversión de los Fondos de Pensiones, Santiago.
Biblioteca del Congreso Nacional de Chile(BCNC)[2004] Biblioteca del Congreso Nacional de Chile. Historia de la Ley No. 19934 Modifica el D. L. No. 3500, de 1980, estableciendo normas relativas al otorgamiento de pensiones a traves de la modalidad de Renta Vitalícias, Santiago.
Biblioteca del Congreso Nacional de Chile(BCNC)[2008] Biblioteca del Congreso Nacional de Chile. Historia de la Ley No. 20255 Estabelece Reforma Previsional,

Santiago.
Centro de Estudios Públicos (CEP) [1992]　Centro de Estudios Públicos. El ladrillo : bases de la política económica del gobierno militar chileno. Santiago, Andros Impresores.
OECD [1998]　OECD. The Chilean Pension System. Ageing Working Papers.
SALAS; SILVA [2003]　SALAS, Eduardo Miranda, SILVA, Eduardo Rodríguez. Examen Crítico del Sistema de AFP. Santiago, Editorial Universitaria.
Superintendencia de Pensiones (SP) [2009]　Superintendencia de Pensiones. Chile 2008: Una Reforma Previsional de Segunda Generación. Santiago.
Superintendencia de Pensiones (SP) [2010]　Superintendencia de Pensiones. El Sistema Chileno de Pensiones Ⅶ Edición. Santiago.
Superintendencia de Pensiones (SP) [2015]　Superintendencia de Pensiones. Ficha Estadística Previsional N° 29-Abril 2015.

索　引

あ　行

アルヴェス法案　87
医療保健制度　104
エロイシャベス法　75, 161
恩給制度　9

か　行

改正
　1962年改正　97
　1966年改正　98
　1980年改正　101
　1981年改正　101
　1987年改正　205
　1999年改正　121
　2001年改正　206
確拠出改正法案　56
確定給付企業年金　51, 54
　基金型　54
　規約型　54
確定拠出型　3, 185, 235
確定拠出年金　51, 56
　企業型　56
　個人型　57
企業年金　51
既得権　136
逆方向での連帯　140
逆方向の所得分配　139
給付算定基礎賃金　133
狭義の社会保障,制度　74, 103, 104, 105, 125, 151
　一般社会保障制度 RGPS　125, 126
　独自の社会保障制度　125
強制加入の拠出制の年金制度　185, 223, 235
勤続期間年金 ATS　94, 98, 108, 111
　追納　95

年齢要件の削除　97
年齢要件の挿入論　108
比例年金　106, 109, 111
比例年金の廃止　120
問題　116
勤続期間年金 ATS から保険料拠出期間年金 ATC への転換　117, 120
繰上げ支給の老齢年金　189, 200, 202, 242
憲法
　1934年憲法　81
　1937年憲法　81
　1946年憲法　86
　1988年憲法,現行憲法　103
憲法修正　114, 162
広義の社会保障制度　103, 104
厚生年金基金　51, 52
　基金改正法　51, 59
　代行部分　53
　代行返上　59
　代行割れ　51
厚生年金保険,法,制度　1, 8, 10, 12, 16, 35
　いわゆる部分年金　20
　繰上げ・繰下げ制度　38
　坑内労働者への特例　21
　在職老齢年金制度　21, 39, 62
　　高在老　22, 23, 39
　　低在老　23, 39
　支給開始年齢の引上げ　2, 17
　退職時改定　38
　脱退一時金　40
　特別支給の老齢厚生年金　18, 38
　特例水準の解消　37
　被保険者資格喪失要件,退職要件　21, 47
　標準報酬制度　35
　本来支給の老齢厚生年金　18, 37
　マクロ経済スライド　37

老齢厚生年金　13, 29, 36
公的年金制度　1, 5, 8, 9, 29, 67, 266, 268, 294
公的年金制度の役割と限界　288
公的扶助　63
高年齢雇用継続給付　40
高年齢者雇用安定法　61
高齢期の所得保障の基本的な設計　70, 72, 177, 260, 281, 286, 307
高齢者雇用　59
高齢者法　170
国民皆年金　12, 45, 312
国民年金, 法, 制度　1, 8, 11, 12, 14, 29
　合算対象期間（カラ期間）　31, 32
　基礎年金拠出金　32
　繰上げ・繰下げ制度　34
　国庫負担　31
　脱退一時金　34
　追納　31
　特例水準の解消　33
　被保険者　29
　保険料免除制度　15, 30
　保険料猶予制度　30
　マクロ経済スライド　33
　満額年金　33
　老齢基礎年金　12, 29, 32
　老齢年金　11
　老齢福祉年金　11
個人積立勘定方式　3, 185, 235
国家による最低保障　191
　国家保障の最低年金 PMGE　191, 217
　扶助年金 PASIS　192, 217
国家の役割　151, 256, 262

さ　行

在職手当　95, 111, 114
財政の均衡・保険数理上の均衡　119
最低運用益　188, 198, 239
最低拠出月数　110, 132
最低保障機能の強化　300
支給開始年齢の引上げ　302
自社年金　51
市場原理の導入　185

社会的リスク　137
社会扶助制度　74, 104, 168
社会負担金　104, 119, 128
　社会保険料　128, 129
社会保障因数　122, 133, 155
　見直し　142
社会保障簡易制度　130
社会保障協定　2, 35, 318
社会保障コンサルタント　225, 241
社会保障財政の赤字　97, 150, 160
社会保障資金の他目的流用　90
社会保障, 税の一体改革　41, 49
　社会保障制度改革推進法　44
　社会保障制度改革プログラム法　44
　年金関連四法　43
　年金機能強化法　32, 43
　被用者年金一元化法　43
若年労働者への特別手当　222, 250
修正積立方式　10
重労働従事者への早期老齢年金制度　199, 245
就労する年金受給者の取扱い　98, 127, 131
就労との関係　245
小委員会草案　88
償還金　98, 100, 111, 113
使用者　119, 129
使用者の役割　152, 262
女性への特別手当　221, 249
生活保護　13, 33, 63
選択　70, 71, 176, 259, 279, 305
選択に関する環境整備　240, 244
早熟年金　97, 138

た　行

第1次年金改革　182, 183
第2次年金改革　182, 213
第1の柱　267
第2の柱　267
第3の柱　267
退職金　18
退職年金的な性格　22, 28, 47, 277
大統領令3500号　186

脱憲法化　117, 121
通常年金　78
　問題　154
積立方式　3, 10, 11, 185
定年制　59, 61
適格退職年金　51, 54
統一社会扶助制度 Suas　169
投資制度　225
特別手当　229
特別年金　94, 135

な　行

任意貯蓄勘定／第2勘定　205, 246
任意保障貯蓄制度 APV　207, 247
　協定預金　208
　集団的任意保障貯蓄制度 APVC　229
　任意保険料　205, 207
　任意保障貯蓄預金　207
年金基金　162, 187
　複数基金制　196
年金生活者支援給付金　44, 63, 294, 310
年金と就労の関係　136
年金の受取方法　190, 201, 202, 243
　計画的な引出し RP　191
　計画的な引出しを伴う終身受取年金
　　RVRPI　202
　終身受取年金 RV　190
　終身受取年金への移行を伴う期限付引出
　　し RTRVD　201
年金の基本構造　5, 67, 71, 173, 257, 271, 295
年金の棲み分けと制度内格差　156
年金の放棄　144

は　行

被保険者　127
フォーミュラー85/95（90/100）　143
賦課方式　3, 126
復帰手当　100
平均寿命の伸長　150
法案2119B 号　90
法律8212 号　110, 128

法律8213 号　110
保険料拠出期間年金 ATC　120, 135
保険料算定基礎賃金　129
補足的保障制度（ブラジル）　74, 125, 161
　開放的な保障制度　162
　閉鎖的な保障制度／年金基金　162, 163
補足的保障制度（チリ）　205, 228, 246
補足法　114

ま・ら　行

民営化　185, 235
立法的暫定措置　143
連帯するチリ　218
連帯制度　216, 248
連帯年金制度　214, 217, 248
老齢連帯基礎年金 PBSv　218, 248
老齢連帯保障手当 APSv　218, 248
　基礎年金額　219
　最終年金　219
　連帯手当上限年金額 PMAS　219
　連帯補足分　219
連帯の原則　126, 128
労働者年金保険法　9
　養老年金　10, 17
老齢年金　94, 134, 189, 242
老齢年金的な性格　22, 28, 47, 227

欧　文

AFP（年金基金管理会社）　185, 186, 236
AFP 入札制度　223, 236
BPC（継続的提供給付）　168
CAPs　78
Cuota　188
IAPs　82
INSS（国家社会保障院）　126
ISSB 計画　85
LOAS 法（社会扶助組織法）　169
LOPS 法（社会保障組織法）　85, 93
RMV（終身月払所得）　168
SCOMP（年金額相談・情報提供）制度　203

著者略歴
1981 年　東京都生まれ
2005 年　東京外国語大学外国語学部卒業
2008 年　東京大学大学院法学政治学研究科修了
　最高裁判所司法修習生，東京大学大学院法学政治学研究科助教，同大学院講師，信州大学経済学部准教授を経て
現　在　信州大学学術研究院社会科学系准教授

高齢期の所得保障
ブラジル・チリの法制度と日本

2015 年 10 月 27 日　初　版

［検印廃止］

著　者　島村暁代
　　　　（しまむらあきよ）

発行所　一般財団法人　東京大学出版会

代表者　古田元夫
　　　　153-0041 東京都目黒区駒場 4-5-29
　　　　電話 03-6407-1069　Fax 03-6407-1991
　　　　振替 00160-6-59964

印刷所　株式会社平文社
製本所　誠製本株式会社

Ⓒ 2015 Akiyo Shimamura
ISBN 978-4-13-036147-7　Printed in Japan

JCOPY〈(社)出版者著作権管理機構　委託出版物〉
本書の無断複写は著作権法上での例外を除き禁じられています．複写される場合は，そのつど事前に，(社)出版者著作権管理機構（電話 03-3513-6969，FAX 03-3513-6979，e-mail: info@jcopy.or.jp）の許諾を得てください．

年金制度と国家の役割 嵩 さやか	A5	5700 円
中国の公的年金制度改革 何 立新	A5	6800 円
日本の社会保障政策 小塩隆士・田辺栄治・府川哲夫	A5	3800 円
日本の所得分配 小塩隆士・田辺栄治・府川哲夫 編	A5	3800 円
高齢社会と医療・福祉政策 塚原康博	A5	4800 円
高齢期と社会的不平等 平岡公一 編	A5	5200 円
アジアの社会保障 広井良典・駒村康平 編	A5	5400 円

ここに表示された価格は本体価格です．御購入の際には消費税が加算されますので御了承下さい．